Land Yachting

Wohnmobil-Bildreiseführer

Oberbayern

Von bayrischen Seen bis
zu hohen Alpengipfeln

Band 3

DANKE

Unser Dank gilt allen, die bei der Entstehung des Buches mitgewirkt haben.
Den Vielen, die Hintergrundwissen und Materialien zur Verfügung stellten, den Künstlern,
die eine Verbreitung ihrer Werke genehmigten und allen, die das Vorhaben unterstützten
und so erst ermöglichten.

Wir danken allen Mitwirkenden, ganz besonders:
Prof. Dr. Petra Eisele, Kunsthistorikerin · Andrea Crumbach, Architektin · Hans Käse & Ursula Käse,
Lektoren · Corinna Rieber

Sowie den Institutionen:
Archiv Tölzer Land Tourismus; Bayerische Staatsgemäldesammlungen; Bayerische Verwaltung der
staatlichen Schlösser, Gärten und Seen; Bayerische Zugspitzbahn Bergbahn; BMW Group;
Chiemsee-Alpenland Tourismus; DASMAXIMUM KunstGegenwart; Füssen Tourismus und Marketing;
Garmisch-Partenkirchen Tourismus; Herrmannsdorfer Landwerkstätten; Pinakotheken im Kunstareal
München; RESIDENZ HEINZ WINKLER; Tourist Information Aschau im Chiemgau; Tourist Information
Walchensee; Verschönerungs- und Fremdenverkehrsverein Dießen am Ammersee e.V.

Vorwort

Liebe Leserinnen, liebe Leser,

Zeit haben, frei sein und die Möglichkeit haben, die schönsten Gegenden zu bereisen, das ist heute wahrer Luxus.
Die Freiheit und Spontanität des mobilen Reisens schätzen wir schon seit einigen Jahren und möchten mit diesem Reiseführer dazu beitragen, Ihre Reise mit unseren wertvollsten Erlebnissen und Geheimtipps zu bereichern.

Die faszinierende Region Oberbayern ist mit ihrer Vielfalt und Einzigartigkeit zu Recht eine der beliebtesten Ferienregionen in Deutschland. Die Landschaften, die überwältigende Natur und die Metropole München bieten eine Unzahl von Schätzen.
Da wir seit 25 Jahren in dieser Region unterwegs sind, möchten wir Ihnen neben den sehenswerten touristischen Highlights auch einige ganz besondere Ziele vorstellen: klein, unbekannt und überraschend schön.
In Oberbayern gibt es wenige offizielle Reisemobil-Stellplätze. Umso wichtiger ist es zu wissen, wo die versteckten freien Stellplätze zu finden sind und wo sich die nächste Servicemöglichkeit befindet.
Deshalb finden Sie in unseren Stellplatz-Empfehlungen immer mehrere Plätze in unterschiedlichen Kategorien - vom Parkplatz über den Stellplatz bis zum Luxus-Camping-Resort. So finden Sie immer Ihren individuellen ›Traumplatz‹.

Zusätzlich sorgen viele Specials mit Top-Tipps dafür, dass Kunst & Kultur und die aktive Freizeitgestaltung nicht zu kurz kommen.
Einen besonderen Platz nimmt König Ludwig II. ein. Unsere Specials zeigen sein Leben und laden ein, die Lieblingsorte des Königs kennenzulernen.

Auch auf die besonderen Gaumenfreuden der oberbayrischen Gastronomie, von bodenständig bis edel, haben wir Wert gelegt - damit das Land auch kulinarisch entdeckt werden kann.

Die Empfehlungen sind aktuell, individuell ausgewählt und persönlich vor Ort recherchiert, damit Sie die schönsten Highlights nicht versäumen - kommen Sie mit uns auf eine spannend und entspannend schöne Reise.

Unser Anspruch ist Ihre gelungene Reise

Die Region Oberbayern

München und Umland

Fünfseenland

Tegernsee, Schliersee & Chiemgau

König Ludwig Land & Blaues Land

Service-Teil

Stellplatz-Finder

Das besondere Reisen

Der LandYachting-Bildreiseführer dient als besonderer Navigator, damit Entdeckungsfreudige einfach und sicher das Besondere finden und immer den richtigen Hafen ansteuern. Ganz nach dem Motto:

»Der Weg ist das Ziel und nur was man weiß, kann man auch sehen.«

(frei nach Konfuzius, 541-479 v.Chr.)

Das besondere Reisen

**Oben:
Das Wappen von Schloss Maxlrain**

**Unten:
Schöne Plätze zum Entspannen finden sich auf der Fraueninsel im Chiemsee**

Wer mit dem Wohnmobil unterwegs ist, sieht die Welt mit anderen Augen. Die Möglichkeit fast überall anzuhalten und zu übernachten, macht jede Reise zu einer Entdeckungsreise.

Wir haben jedoch öfters festgestellt, dass man ohne Tipps bei der Entdeckungsreise besondere Highlights leicht übersieht – selbst wenn sie nur ein paar Meter entfernt sind. Die ganz besonders interessanten Dinge liegen eben doch meist abseits der großen Besucherströme. Auch gibt es besondere Herausforderungen für den Wohnmobil-Fahrer oder die Wohnmobil-Fahrerin: enge, verwinkelte Gassen, niedrige Brücken und ein voller Stellplatz ohne Alternative bei Beginn der Dämmerung.

Weil wir all das kennengelernt haben, möchten wir Ihnen mit unseren Empfehlungen das Reisen mit Ihrer Landyacht so vielfältig, angenehm und so einfach wie möglich machen. LandYachting bedeutet: die schönsten Orte sehen, die besten Freizeitaktivitäten unternehmen und besonders schöne Übernachtungsmöglichkeiten finden – viele exklusive Empfehlungen gibt es in dieser Form nur in diesem Band.

Die besten Tipps für Genuss, Kunst, Kultur, Natur und Aktives Leben

Die LandYachting-Bildreiseführer richten sich an Reisende, die neugierig auf die Welt sind, das Leben genießen wollen, sich von Kunst & Kultur inspirieren lassen, sich aktiv betätigen, aber auch entspannen und schlemmen möchten. Das Buch ist weder Reisetagebuch noch Kulturreiseführer – sondern der praktische Reisebegleiter mit den besten Tipps für Genuss, Kunst, Kultur, Natur und Aktives Leben.

Die meisten Empfehlungen sind nicht nur die typischen Touristen-Highlights vieler Reiseführer, sondern auch die versteckteren kleineren Perlen.

Der persönliche Navigator

LandYachting vereint erstmals Bildband, Reiseführer, Lifestyle-Guide und Service-Ratgeber in einem einzigartigen Konzept für moderne Wohnmobil-Reisende

Besondere Ziele mit dem Blick des Reisemobil-Fahrers

Wir haben für Sie nur die schönsten Destinationen ausgesucht – immer mit den besonderen Anforderungen des Wohnmobil-Reisenden im Blick:

- die Erreichbarkeit der Destination und das Abstellen des Reisemobiles
- das Übernachten an den schönsten Plätzen
- die Versorgung und Entsorgung für das Mobil

Da jeder ein anderes Mobil fährt, haben wir bei der Auswahl und der Bewertung von Stellplätzen auch die Anforderungen von großen und langen Mobilen als von auch von Caravans berücksichtigt und ausgewiesen.

Persönlich, individuell, aktuell

Das LandYachting-Team hat für die Recherche dieses Bandes über 3 Jahre und 30.000 Straßenkilometer Reisen sowie etliche Erkundungs- und Fotoflüge unternommen, um vor Ort die besten Ziele zu erkunden und abzubilden. Daher sind die meisten Fotos eigene Aufnahmen von den jeweiligen Destinationen.

Die besten Stellplätze an den schönsten Stellen

Im LandYachting-Reiseführer finden Sie einen großen Stellplatzfinder mit zahlreichen Plätzen in der Region und in allen Kategorien – vom zentralen Stadtparkplatz über freie Stellmöglichkeiten, Wohnmobil-Stellplätze, ganz besondere Campingplätze bis hin zu schönen Bauernhöfen im Grünen.

Das LandYachting-Qualitätssiegel zeichnet darüber hinaus Plätze aus, die sich durch ihre Lage, Ausstattung und Attraktivität ganz besonders hervorheben und sich als LandYachting-Hafen qualifizieren. Alle Stellplätze sind mit überprüften und exakten GPS-Koordinaten versehen, um Ihnen ein entspanntes Ankommen zu ermöglichen.

Die besten Destinationen für das Wohnmobil erschlossen

In den attraktivsten Regionen sind die Top-Ziele ausgewählt – von den großen Metropolen bis zum kleinen Dorf, von den Bergen bis zu den Seen und von Kunsthochburg bis zu beeindruckenden Naturschönheiten.

Durch die besonderen Tipps sind Ziele erreichbar, die ansonsten den Wohnmobilfahrern vorenthalten sind. Als besonderen Service gibt es immer die Empfehlung für den ersten Anlaufpunkt – besonders hilfreich in engen Altstädten oder unübersichtlichen Großstädten.

Für alle die das Besondere suchen, zur Vorbereitung daheim und ›on-tour‹

Das Buch eignet sich für die Reisevorbereitung daheim – hier wird der besondere Charme und Charakter der Reise schon im Vorhinein sichtbar – und als Reiseführer während der Tour mit vielen praktischen Information und Tipps.

Mit LandYachting sehen Sie Oberbayern aus einem ganz besonderen Blickwinkel

LandYachting-Lifestyle

Weil die schönsten Destinationen mit den richtigen Empfehlungen für Kunst & Kultur, Naturerlebnissen und tollen Restaurants noch schöner sind, haben wir für Sie immer interessante Highlights ausgesucht

Moderne Kunst, Architektur und Automobilikonen: In Oberbayern finden sich zahlreiche, sehenswerte Schätze

Alle Empfehlungen basieren auf eigenen Erfahrungen und Augenschein. Somit entsprechen sie dem Blick der Autoren, die das Schöne, Langsame und Besondere bevorzugen.

Rechts: Flüsse, Seen, Wälder und Berge laden zum Erkunden ein

Kunst & Kultur als Inspiration

Die Werke der Kunst sind Quellen der Inspiration, des Staunens und der Bewunderung. Unser Kunstbegriff ist bewusst weit gefasst, so zählen kunstvoll angelegte Gärten mit ihrer strengen Ordnung und ihren Skulpturen, klassische Meisterwerke auf der Leinwand, moderne Kunst in den schönsten Museen, aber auch expressive, ultramoderne Gebäude oder neueste Design-Trends dazu.

Bei LandYachting gilt die Aufmerksamkeit nicht nur den alten Schätzen aus Kunstreiseführern - von ›Kirchentür zu Kirchentür‹ -, sondern auch unbekannten kleinen Ausstellungen oder Dingen, die dem Betrachter einfach ein Lächeln auf das Gesicht zaubern. Auch die Musik

findet ihren Platz: Tipps für Konzertreihen, besondere Festivals und kleine Bühnen von Klassik bis zur Moderne dürfen nicht fehlen.

Aktives Leben von Herausforderung bis zur Entspannung

Aktives Leben bedeutet für uns ›Zeit zu leben‹ und all die Dinge zu unternehmen, die Geist und Körper fordern und regenerieren. Dies kann die herausfordernde sportliche Betätigung sein, die leichte Wanderung, aber auch das Chill-

Out an einem ganz besonders inspirierenden Ort.

Natürlich sind immer die Besonderheiten der Region berücksichtigt, vom Wandern in den Alpen bis zum Schwimmen und Erholen in der Therme.

Genuss-Empfehlungen für die kulinarische Entdeckung

Die Kulinarik-Empfehlungen leiten sich aus dem Anspruch ab, die neue Gegend auch mit dem Gaumen zu entdecken. Unsere bevorzugten Gastwirte bereiten die Speisen und Spezialitäten der Region mit frischen Zutaten aus der näheren Umgebung zu. Ganz im Sinne der Slow-Food-Bewegung, die auch in Deutschland immer mehr Anhänger findet. In den Empfehlungen finden sich deshalb keine Luxus-Gourmettempel, sondern eher erschwingliche Gasthöfe oder familiengeführte Restaurants, wobei auch der ein oder andere Michelin Stern als besonderes Highlight berücksichtigt wird.

Besondere LandYachting-Häfen

Für Übernachtungsplätze gibt es als besondere Empfehlung die LandYachting-Häfen. Diese Bezeichnung erlangen nur die Stellplätze, die unter Berücksichtigung von Lage und Qualität, wie schöner, ruhiger Platz, Naturnähe und Erreichbarkeit der empfehlenswerten

Restaurants besonders qualifiziert sind. Die Empfehlungen wurden alle selbst überprüft und die Auswahl speziell vorgenommen und mit einem Qualitätssiegel gekennzeichnet.

Links:
Gaumenfreuden in Oberbayern

Oben:
Das LandYachting Qualitätssiegel kennzeichnet unsere Lieblingsplätze

Links:
Wir zeigen Ihnen die schönsten Plätze in Oberbayern

Einfach und schnell vom Gesamtüberblick zu den Details: Die Vogelperspektive sorgt für beste Übersicht über die Region Oberbayern

Beste Übersicht von oben: Ein Milan zieht seine Kreise

Das LandYachting-Flugzeug auf Erkundungstour für Sie

Die Grundidee für den Aufbau des Reiseführers ist:
›Der Adler sieht mehr als die Maus‹.

So wird die Welt aus der Vogelperspektive betrachtet, um einen Überblick über das ganze Gebiet zu bekommen und ein schrittweises Annähern, bis hin zu den kleinsten Details zu ermöglichen.
Ebene für Ebene wird der Zoom-Faktor größer: Die Satellitenkarten ermöglichen erstmals, die ganze Region von oben zu erfassen, Besonderheiten zu erkennen und den Gesamtzusammenhang herzustellen – Luftaufnahmen lassen ganze Städte erkennen und die Detailaufnahmen zeigen die kleinsten Einzelheiten vor Ort.

Der ›Zoom‹-Faktor:

1. Übersichts-Ebene:
Aus der Satellitenperspektive wird die gesamte Region überschaubar und die Zusammenhänge sieht man auf einen Blick.

2. Regional-Ebene:
Auf der Regional-Ebene werden die Highlights der Regionen erkannt und die Touren können mit Übersicht von Punkt zu Punkt geplant werden.

3. Städte-Ebene:
Auf der Städte-Ebene sind die Ziele für Kunst, Kultur, Natur, Aktives Leben, Genuss und Wohnmobil-Stellplätze beschrieben.

4. Detail-Ebene:
Jeder empfohlene Stellplatz wird mit seinen Besonderheiten beschrieben und Alternativen werden angeboten. Für alle weiteren Freizeit-Empfehlungen gibt es einen ausführlichen Infoteil mit vielen aktuellen Internet-Links.

Der Aufbau des Bandes

**Übersicht bis zum kleinsten Detail:
Mit diesem Aufbau kommen Sie einfach und schnell zu
den detaillierten Informationen**

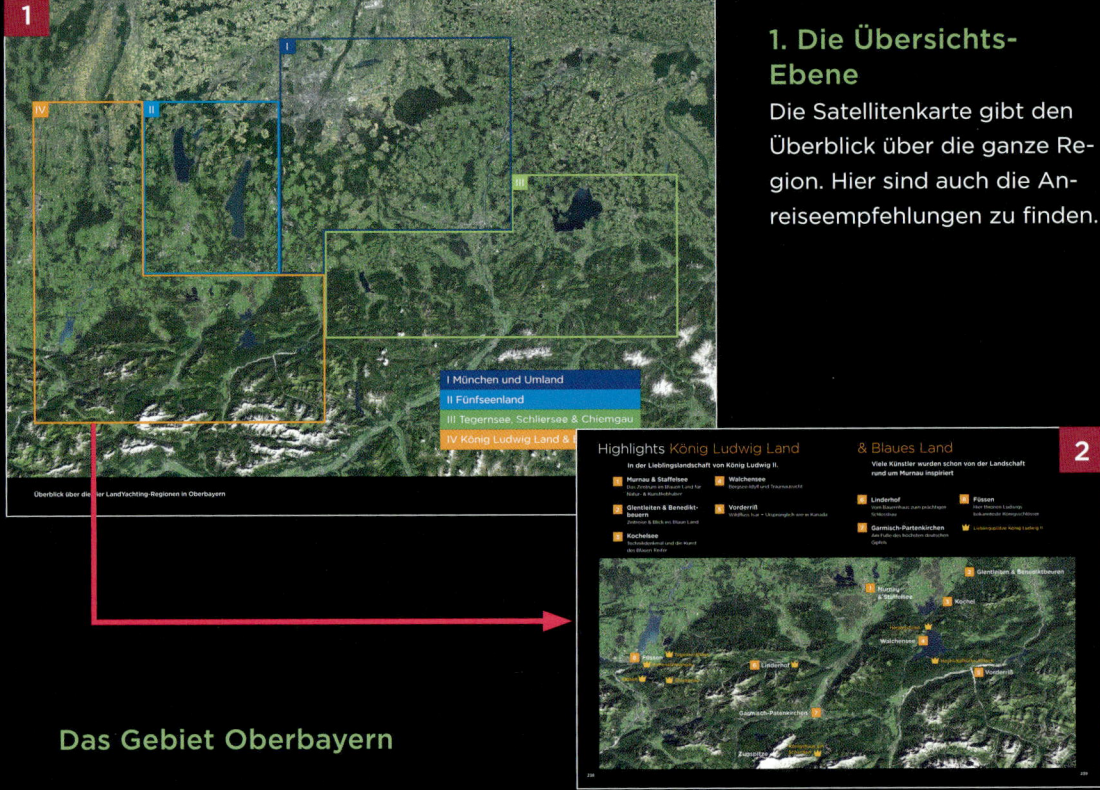

Überblick über die der LandYachting-Regionen in Oberbayern

1. Die Übersichts-Ebene

Die Satellitenkarte gibt den Überblick über die ganze Region. Hier sind auch die Anreiseempfehlungen zu finden.

Das Gebiet Oberbayern

I   München und Umland

II   Fünfseenland

III   Tegernsee, Schliersee & Chiemgau

IV   König Ludwig & Land Blaues Land

2. Die Regional-Ebene

Mithilfe der lokalen Satellitenkarte überblickt man schnell die Highlights. In diesem Kapitel wird jede Region in ihrer ganzen Bandbreite charakterisiert; Panoramabilder geben hier eine bildmalerische Einstimmung. So bekommt man einen guten Eindruck der Stimmung, der Schönheiten und des Charakters der Landschaft.

3. Die Städte-Ebene

Im detaillierten Städteteil werden alle Städte oder Destinationen genau beschrieben, damit Sie keine der lokalen Attraktionen verpassen - natürlich immer mit dem besonderen Augenmerk auf die Bedürfnisse des Wohnmobil-Fahrers.

4. Infoseiten

Hier finden sich alle Empfehlungen mit genauen GPS-Daten, Beschreibungen und Internetadressen.

Farbregister

Schnelle Kapitel-Übersicht durch farbiges Register.

LandYachting-Qualitäts-siegel

Besondere Wohnmobil-Häfen werden optisch hervorgehoben.

Anlaufpunkt und Stellplatz-empfehlungen

Die Besonderheit ist der **zentrale Anlaufpunkt.** In der Stadt oder beim Freizeitziel wird immer ein erster Platz mit GPS-Koordinaten angegeben. Die **schönsten Übernachtungs-Empfehlungen** und Alternativen finden sich immer im ›Stellplatzkasten‹.

5. Stellplatz-Finder

Hier gibt es zusätzlich viele Stellplatz-Alternativen, damit man auf der individuellen Tour immer seinen Platz findet. Die Plätze sind nach den LandYachting-Regionen geordnet (M, STA, CHI, GAP, wie die Autokennzeichen der wichtigsten Städte).

6. Stellplatz-Atlas & Straßenkarte

Hier finden sich die Tourenvorschläge und alle Stellplätze sowie viele Freizeiteintragungen.

Gebrauchsanleitung

Step-by-Step zur individuellen Tour

Berge oder Seen? Egal! Jede Tour ist schön in Oberbayern

Die große Tour oder eine Wochenendfahrt kann mit dem LandYachting-Bildreiseführer nach persönlichen Vorlieben zusammengestellt werden.

1. Ziele auswählen

Als Erstes können die attraktivsten Ziele auf der Satellitenübersichtskarte mit den Kurzbeschreibungen der Highlights der Region ausgewählt werden.

2. Anreiseweg wählen

Schwarze Seiten / Regionalteil: Für die Anreise gibt es hier verschiedene Routen-Optionen.
Kartenteil: Hier gibt es lokale Tourenvorschläge in den Regionen, die als Anregungen für den Reiseverlauf dienen können.

3. Anlauf-Hafen auswählen

Weiße Seiten / Städteteil: Hier finden Sie die GPS-Koordinaten für den ersten ›Anlaufhafen‹ aller Ziele. Das Navi hierauf eingestellt - und man findet schnell seinen Platz in der Nähe der Sehenswürdigkeiten.

4. Highlights vor Ort auswählen

Im Städteteil gibt es viele Informationen zu Freizeitgestaltung, Sehenswürdigkeiten und Kulinarik-Tipps. Zur schnellen Identifikation sind sie im Text farbig hervorgehoben. Alle Adressen und Koordinaten sowie weitere nützliche Detailangaben wie Öffnungszeiten, Preise und Internetseiten finden sich in den Infoseiten am Ende des jeweiligen Kapitels.

5. Übernachtungsplatz ansteuern

In den Städteseiten wird immer ein bevorzugter Übernachtungsplatz mit Kurzbeschreibung im Stellplatzkasten empfohlen. Falls dieser belegt ist oder nicht zusagt, sind weitere schöne Übernachtungsalternativen im Stellplatzkasten angegeben. Teilweise können sie auch ein paar Kilometer entfernt sein, da Plätze von uns immer nach ihrer Qualität ausgesucht wurden. Aber auch hierzu gibt noch es eine Vielzahl von Alternativen im großen Stellplatz-Finder (Gelbe Seiten) am Ende des Buches.

6. Übernachtungsalternativen im Stellplatz-Atlas

Im Kartenteil sind alle Stellplätze mit ihrem Kürzel eingetragen, so dass man leicht erkennen kann, welche Plätze sich in der Nähe der Wunschdestination befinden. Alle Detailangaben zu den Plätzen finden sich im Stellplatz-Finder.

Die praktischen Seiten

Der Service-Ratgeber

In diesem Teil des Buches findet sich allerlei Wissenswertes rund um das Wohnmobil und Hinweise auf spezielle lokale Regelungen. Auch die Besonderheiten im Straßenverkehr werden hier herausgestellt.

Das Kapitel ›GPS-Navigation‹ behandelt die Funktion des GPS-Systems und die Bedienung der Navigationsgeräte. Im Kapitel ›Energie an Bord‹ wird auf das Stehen auf freien Plätzen und die Notwendigkeit der autarken Energieversorgung eingegangen. ›Reisen im Winter‹ beschäftigt sich mit Besonderheiten und Tipps für die weiße Jahreszeit.

Darüber hinaus erleichtern besondere Tipps sowie diverse Checklisten für das Wohnmobilreisen und die Fahrt für Neulinge und ›alte Hasen‹.

Internet-Applikation

Mit dem Buch hört es noch nicht auf: noch mehr Informationen, Specials und Service für die Reiseplanung – nutzbar auf jedem Smartphone, Pad oder Computer – stehen für Sie im Internet auf der Homepage: www.landyachting.de für Sie bereit.

Der Stellplatz-Finder

In den Gelben Seiten finden sich eine große Vielfalt und Anzahl von Stellplatzoptionen, falls der bevorzugte Top-Stellplatz voll ist, eine räumliche Alternative oder eine andere Tour bevorzugt wird. Hier gibt es viele Plätze, die so noch nirgends beschrieben sind.

Berücksichtigt werden alle Arten: von freien Standplätzen über ausgewiesene Wohnmobilstellplätze, bis zu ganz speziellen Campingplätzen oder Stellplätzen auf dem Bauernhof in besonders attraktiver Lage.

Die Plätze sind in verschiedene Qualitätsgruppen eingeteilt und in jeder Gruppe mit 1–3 ›Sternen‹ bewertet.

- Die Gruppeneinordnung beinhaltet: Ausstattung und Lage
- Die Sterne bewerten: Qualität, Freizeitwert und Ambiente
- Die Euro-Zeichen: Preis für 2 Personen pro Übernachtung in der Hauptsaison

Der Touren- und Kartenteil

In diesem Teil finden sich lokale Tourenvorschläge in den Regionen. Detaillierte Straßenkarten im Stellplatzatlas in großem Maßstab zeigen viele touristische Eintragungen und alle Stellplätze mit ihren Kennungen.

Oben:
Der Stellplatzfinder weist viele Plätze aus - so findet jeder seinen Traumplatz

Neuste Tipps & aktuelle Stellplatz-Empfehlungen stellen wir auf unserer Homepage und auf facebook für Sie bereit

Die Region
Oberbayern

Blick über die Osterseen und den Starnberger See Richtung München

Strandbad beim Unterwössner Weiher

Badeplattform am Riegsee

Kleiner Weiher beim Kloster Reutberg

Schöne Aussichten
Freier Blick ins weite Land

Blick hinunter auf das ›Blaue Land‹

Über den Wolken: Herzogstand

Das goldene Gipfelkreuz der Zugspitze

Schöne Häuser
Entdeckungsreise

Münchner Innenstadtfassade

Sonnenuhr auf einer Internatsschule nahe Glonn

Geographie der Region Oberbayern

Von hohen Alpengipfeln über kristallklare Bergseen bis zum bayrischen Meer

Oben:
Das Wappen des Freistaats

Rechts:
Typisch bayrische Kirche in der Chiemsee-Region

Unten:
Die Regionen in Bayern

Für den Mobil-Reisenden ist die Region Oberbayern eine wahre Schatztruhe mit vielen unterschiedlichen Entdeckungen. Atemberaubende Naturerlebnisse in ruhiger Landidylle treffen auf kulturelle Highlights in der Kulturmetropole München. Tradition trifft hier auf Moderne und umgekehrt. So steht in Oberbayern neben der jahrhunderte alten Wallfahrtskirche die modernste Satelliten-Kom-munikationsanlage und neben der 500 Jahre alten Brauerei einer der innovativsten Automobilhersteller der Welt. Der lange Austausch in dieser Durchgangsregion - durch die römische Handelsstraße Via Augusta, die Salzstraße und die Handelsschifffahrt auf den Flüssen - hat darüber hinaus zahlreiche Schätze der Kulturgeschichte hervorgebracht. Und auch die liebens- und sehenswerten Eigen-

arten der Einheimischen mit ihrem regional unterschiedlichen Brauchtum machen die Vielfalt der Eindrücke und den Reiz dieser Region aus.

Die Berglandschaften sind vielfältig und einzigartig; die Seenlandschaften mit dem drittgrößten See Deutschlands nicht minder.

München gilt als nördlichste Stadt Italiens - natürlich wegen des ›dolce vita‹. Und die vollen Straßencafés und Biergärten zeigen, wie gern der Bayer seine Zeit unter dem weiß-blauen Himmel verbringt. Dank des Föhns, dem warmen Fallwind aus den Alpen, gibt es über das Jahr noch etliche zusätzliche Sonnenstunden.

Lassen Sie sich ein auf ein ganz besonders Stück Deutschland, das so eigen und ausdrucksstark ist, dass im Ausland das Bier, die ›Lederhosn‹ und die ›Brezn‹ zu dem Erkennungsmerkmal aller Deutschen geworden ist.

Unterfranken

Oberfranken

Mittelfranken

Oberpfalz

Niederbayern

Schwaben

München

Oberbayern

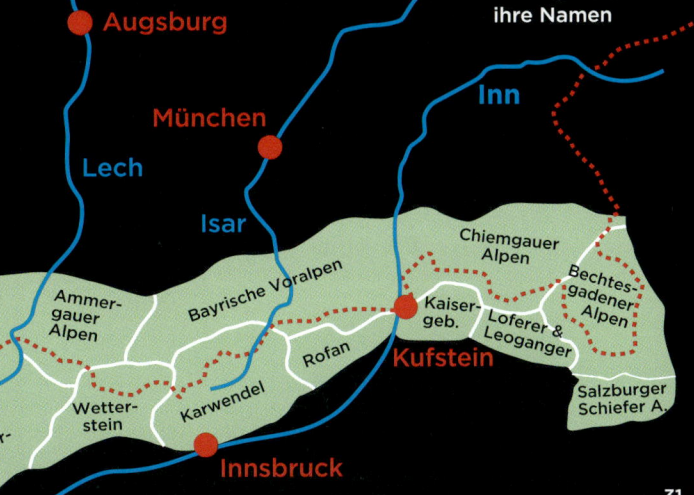

Die Alpen – einer der größten Hochgebirgszüge der Welt

Das Hochgebirge der Alpen entsteht durch das Aufgleiten der eurasischen und der afrikanischen Kontinentalplatte. Glücklicherweise bleiben hier nördlich des Alpenhauptkammes die zerstörerischen Erdbeben wie auf der Südseite der Alpen aus.

Dennoch formen die Kräfte der Natur seit Urzeiten die Landschaft. Die zurückweichenden Gletscher der letzten großen Eiszeit schufen die Moränengebiete der Voralpenregionen, die nördlichen Schotterebenen und hinterließen die zahlreichen Seen. Die erste Kette der 2000 bis fast 3000 m hohen Gebirgszüge der nördlichen Kalkalpen haben die höchsten und schönsten Berggipfel Deutschlands. Von West nach Ost ziehen sich die Allgäuer und die Ammergauer Alpen; das Werdenfelser Land zieht sich bis nach Garmisch Partenkirchen und besitzt mit der Zugspitze (2962 m), den höchsten Gipfel Deutschlands im Wettersteingebirge.

Vorbei an Mittenwald in das Karwendelgebirge, und den vorgelagerten Bayrischen Voralpen mit dem Mangfallgebirge, südlich des Tegernsees mit dem beliebten Wallberg, weiter zum Wendelstein nahe des Inntals und weiter zu den Chiemgauer Alpen südlich des Chiemsees. Den östlichen Abschluss vor Österreich bilden die Berchtesgadener Alpen mit dem bekannten Watzmann (2713 m).

Hier in den deutschen Alpen, an der nördlichen Grenze zu Österreich, liegen kleine Bergdörfer und auch die bekannten deutschen Skigebiete.

Die Geographie ist vielfältig und einmalig: alpine Bergwelt, anmutiges Voralpenland, sanft gewellte Moränenhügel und die großen weiten Ebenen.

Die südliche Begrenzung der Region bildet die erste Alpenkette, davor breitet sich das hügelige Voralpengebiet mit seinen vielen Seen aus. Südlich von München liegen die großen noch weitgehend geschlossenen Waldgebiete, in denen aus der Vogelperspektive gut die

Oben:
Eingebettet ins Waldgebiet:
Die Ski-Sprungschanze von Garmisch-Partenkirchen

Unten:
Die Regionen der Alpen und ihre Namen

Augsburg

Inn

München

Lech

Isar

Chiemgauer Alpen

Bechtesgadener Alpen

Bodensee

Allgäuer Alpen

Ammergauer Alpen

Bayrische Voralpen

Kaisergeb.

Loferer & Leoganger

Oberstdorf

Wetterstein

Rofan

Kufstein

Bregenzer Wald

Karwendel

Salzburger Schiefer A.

Lechquellung

Lechtaler-Alpen

Innsbruck

kreisrunden, ursprünglichen Rodungs-
flächen zu sehen sind. Diese sind meist
um kleine Dörfer herum geschlagen
worden, deren Mittelpunkt ein Brunnen
war. Daher hier die vielen Ortsnamen die
auf Brunn enden (Ottobrunn, Hohenbrunn etc.). Nördlich von München
schließt sich die Schotterebene an und
die Landschaft wird immer ebener.
Kennzeichnend sind auch die großen
Moorgebiete wie das Erdinger Moos
oder die Moorflächen rund um Kolber-
moor.

Naturparks

In Bayern gibt es 18 Naturparks; die
meisten liegen im nördlichen und östlichen Teil von Bayern. Der Nationalpark
Berchtesgaden ist der einzige in den Alpen. Zu seinen landschaftlichen Attraktionen zählt der Watzmann mit seinem

Gipfel auf 2.713 m und das Biosphären-
reservat. Mehr Informationen zu den
bayrischen Naturparks unter:
www.natur.bayern.de

Flüsse und Seen

Oberbayern ist sehr wasserreich, viele
der Flüsse werden daher auch mit Was-
serkraftwerken zur Energieerzeugung
genutzt.
Die Isar, Lech, Salzach und der Inn sind
schon seit Urzeiten für den Transport
von Holz, Waren und Salz genutzt worden.
Die wichtigsten Flüsse, die in und durch
Oberbayern fließen, sind die Donau, die
Altmühl, der Lech, die Isar, der Inn und
die Salzach.
Schon die Schüler merken sich die wichtigsten Flüsse so:
»Iller, Lech, Isar, Inn fließen rechts zur
Donau hin - Altmühl, Naab und Regen
kommen ihr von links entgegen«.
Die fast 200 Seen in allen Größen liegen
eingebettet in den Hügeln der Voralpen
oder in den Bergen als kristallklare
Bergseen. Der Chiemsee mit seinen 80
qkm Fläche ist nach Müritz und Bodensee der drittgrößte See Deutschlands.
Der Walchensee und der Königssee sind
mit 192 m Tiefe nach dem Bodensee die
tiefsten Seen und der Starnberger See
nach dem Bodensee der wasserreichste
See Deutschlands.

Die Entstehung der Bayrischen Landschaften

Die Bayerischen Alpen, als Teil der
Nördlichen Kalkalpen, und das Alpenvorland sind durch die letzte Eiszeit geprägt. Die Würm-Kaltzeit, auch Würm-
Glazial, ist die jüngste Kaltzeit, in der die

Gletscher sich ausbreiteten. Zeitlich wird diese Phase etwa 115.000 bis 10.000 Jahre vor heute datiert. Der Fluss Würm ist der Namensgeber dieser Epoche. Die Jahresmitteltemperaturen lagen im Alpenvorland bei -3°C gegenüber +7°C heute.

Die Gletscher dieser Kaltzeit haben die Landschaften durch ihre Vorstöße und Rückzüge modelliert. Die Hügel der Voralpen wurden durch Endmoränenwälle und -kuppen gebildet und in den Tälern sammelte sich Schotter zu großen Terrassen. Auch die Bildung der Moore ging auf diese Kräfte zurück. Das Becken, das durch den Rheingletscher entstand, erschuf den heutigen Bodensee.

Weiter östlich folgten kleinere Zungen des Iller- und Lechgletschers, seine Schotterflächen reichen heute bis an die Donau. Wieder weiter östlich formte der Isar-Loisach-Gletscher die Gegend von Tölz, Wolfratshausen, den Starnberger See und den Ammersee. Nach dem Schmelzen des Eises entstanden hier die Seenlandschaften - besonders schön an den Seenplatten der Osterseen und der Eggstädter Seen zu erkennen. Der Inngletscher und der kleinere Chiemsee-Gletscher bildeten einen großen Eis-Stausee - das Rosenheimer Becken, aus dem der heutige Chiemsee hervorgegangen ist.

Oben:
Von den Flüssen der Region haben viele ihren Ursprung in den Alpen und eine lange Reise vor sich

Links:
Die Eggstädter Seenplatte von oben zeigt die Überbleibsel der großen Gletscherbewegungen der Eiszeit

Bayern & Oberbayern
Steckbrief & Fakten

Der Freistaat Bayern ist mit 70.551 qkm das größte Bundesland in Deutschland

Die Statistik:

Bezirk	Sitz	qkm	Einw. (Mio.)	Einw. / qkm	Land- kreise	Kreisfreie Städte
Oberfranken	Bamberg	7.231	1,07	148	9	4
Unterfranken	Würzburg	8.531	1,31	154	9	3
Mittelfranken	Ansbach	7.245	1,72	237	7	5
Oberpfalz	Regensburg	9.691	1,08	112	7	3
Niederbayern	Passau	10.330	1,19	115	9	3
Schwaben	Augsburg	9.992	1,79	179	10	4
Oberbayern	München	17.530	4,43	253	20	3
Bayern	München	70.552	12,6	159		
Deutschland	Berlin	356.900	82,80	232		

Oben:
Kleine Bayern in Tracht sieht man in Oberbayern nicht nur auf dem Oktoberfest

Bayern ist politisch in acht Regierungs-bezirke eingeteilt. Von Nord nach Süd sind es: Oberfranken, Unterfranken, Oberpfalz, Mittelfranken, Niederbayern, Schwaben und der südöstliche Regie-rungsbezirk Oberbayern.

Die größten Städte in Bayern sind nach Einwohnerzahlen: München, Nürnberg, Augsburg, Würzburg, Regensburg, In-golstadt, Fürth und Erlangen.

Oberbayern ist mit einer Fläche von 17.530 Quadratkilometern auch der größte Bezirk. Das Bezirksgebiet Ober-bayern umfasst 20 Landkreise, drei kreisfreie Städte: München, Ingolstadt und Rosenheim und 497 Gemeinden.

In Oberbayern leben etwa 4,4 Mio. Ein-wohner – also ca. 34% aller Einwohner, Bayerns (12,6 Mio. Gesamtbevölkerung) Die größten Städte in Oberbayern sind: München 1,3 Mio Einwohner, Ingoldstadt 126.000 Einwohner und Rosenheim 61.000 Einwohner. Schon daran lässt sich die Dominanz der Landeshaupt-stadt München erkennen.

Oberbayern hat eine Bevölkerungsdich-te von 253 Einwohnern pro qkm, sie ist regional jedoch sehr unterschiedlich.

Im Nordosten grenzt Oberbayern an Niederbayern und die Oberpfalz, im Nordwesten an Mittelfranken, im Süden und Osten liegt Österreich.

Im Westen grenzt hinter dem Lech Schwaben, mit dem Allgäu – landläufig wird es auch bayrisches Schwaben ge-nannt.

Touristisch wird der Begriff Oberbayern eher mit dem südlichen Raum von Mün-chen bis zu den Alpen verstanden, je-doch reicht Oberbayern hinauf bis in die Hopfengegend Hallertau und bis hin zur Donau und zur Altmühl. Da geschicht-lich und auch touristisch Schwaben sehr eng an Oberbayern geknüpft ist und die schönsten Allgäuer Landschaften und Neuschwanstein nicht fehlen dürfen, sind in diesem Band auch Teile aus Bay-risch Schwaben beschrieben.

Das Gebiet Oberbayern

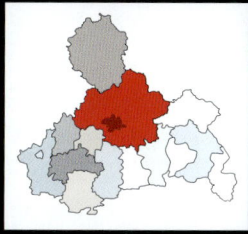

1. München und Umland

München liegt in einer Kies- und Schottere- bene mit enor- men Ausmaßen. Sie entstand durch Ge- schiebe der letzten Eiszeit und hat eine Ausdehnung von 1.500 qkm. Sie beginnt in Süden hinter dem Mangfall in Weyern und reicht im Nordosten bis nach Moos- burg an der Isar und nach Fürstenfeld- bruck im Westen. Von Süd (700 m NN) nach Nord (400 m NN) fällt die Schot- terebene stetig ab, so dass das Grund- wasser nördlich von München bis zur Oberfläche reicht und so die Moore rund um Dachau, Freising und Er- ding entstanden.

Die Metropole München wird auch das ›Millionendorf‹ genannt, was den Charakter dieser Stadt ganz treffend beschreibt. Jedes Stadtvier- tel für sich stellt noch eine kleine Insel dar, in dem die Geschichte durch Archi- tektur vom Mittelalter bis zur Moderne ständig sichtbar präsent ist. Von klei- nen bunten Handwerker-Häu- sern in Haidhausen, bis zur königlichen Residenz mit- ten in der Altstadt und dem präch- tigen Schloss in Nymphenburg.

Das Ostallgäu gehört schon zu Bayrisch Schwaben

Die protzigen Glasfassaden-Hochhäuser anderer Großstädte sucht man in Mün- chen ›Gott sei Dank‹ vergebens, da ihr Bau weitgehend durch einen Bürgerent- scheid eingeschränkt wurde.

Die Natur ist mitten in der Stadt - wie ein grünes Band schlängelt sich die Isar durch das gesamte Stadtgebiet. Die Isar ist aber kein großer Fluss mit Schiff- fahrt, sondern noch ein richtiger Natur- bach, der auf weiten Strecken wieder renaturiert wurde. So lockt der Isar- strand bei schönem Wetter die Scharen zum Grillen und Sonnenbaden. München ist mit dem größten europäischen Stadtpark - dem Englischen Garten - die einzige deutsche Großstadt in der die ›Nacker- ten‹ mittendrin am Eisbach großzügig toleriert werden.

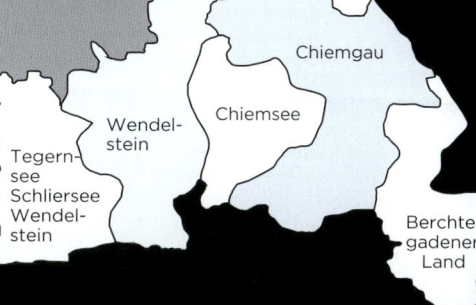

Region um Ingolstadt

Münchner Umland

Inn-Salzach

München

Amersee- Lech

Fünf- Seen- Land

Chiemgau

Chiemsee

Kauf- beuren

Pfaffenwinkel

Wendel- stein

Ostallgäu

Tölzer Land

Tegern- see Schliersee Wendel- stein

Berchtes- gadener Land

Zugspitz- Region

**Oben:
Wer möchte im
Fünfseenland
nicht gerne ins
Wasser springen?**

**Oben:
Schroffe Felsen
folgen direkt auf
sanfte Seen**

Die Kunst- und Kulturangebote sind ungeheuer vielfältig. Museen aller Richtungen, Musik- und Filmfestivals, Theater und Oper bieten für jeden etwas Interessantes. Kein Wunder also, dass jedes Jahr über 14 Mio. Besucher das Millionendorf besichtigen.

Das Münchner Umland ist genauso vielfältig und bietet einen unglaublichen hohen Freizeitwert. Im Norden findet man das Dachauer Land - eine flache Ebene, mit vielen kleinen Flüsschen, wie der Amper, Würm und Isarkanälen. Hier gibt es kleine Kirchen, herrliche Gasthöfe und eine ganz besonders beschaulichen Stimmung. In dieser flachen Gegend ist das Radeln besonders einfach. Westlich von München ist es nicht mehr ganz so homogen - hier wird es schon leicht hügelig, denn die Isar hat sich hier tief ins Gelände geschnitten. Bis hin zum Lech liegt die Schotterebene der Landsberger Platte. Südwestlich finden sich die Münchner Badeseen im anschließenden Fünfseenland.

Östlich von München findet sich mit 90 qkm eine der größten geschlossenen Waldgebiete Deutschlands, der Ebersberger Forst. Noch weiter östlich geht es zum sich schlängelnden Fluss Inn, vorbei an vielen landwirtschaftlich genutzten Flächen zu den sehenswerten Städten Haag in OB. und Wasserburg. Südlich von München beginnt der Waldgürtel mit den vielen Rodungsinseln, um dann vom hügeligen Voralpengebiet ›dem Oberland‹ abgelöst zu werden. Hier liegen viele sehenswerte kleine Dörfer mit dem typischen Anblick des Maibaums vor dem Gasthaus und der Zwiebelturmkirche. Weiter südlich schließt sich dann das Gebiet um den Tegernsee und den Schliersee an, sowie weiter östlich das Gebiet des Chiemgau.

2. Das Fünfseenland

20 km südlich von München liegt das Fünfseenland, dessen Landschaft geprägt ist von sanften Hügeln und den Überbleibseln der letzten Eiszeit - den unzähligen Seen. Die Namensgeber des Fünfseenlandes sind: Starnberger See, Ammersee, Wörthsee, Pilsensee und Weßlinger See. Wobei der Name eigentlich nicht ganz treffend ist, da in diesem Gebiet noch viele weitere Seen zu finden sind: Deixlfurter See, Egelsee, Eßsee, Maisinger See, die Osterseen Platte mit Gartensee, Lustsee, Gröbensee, Frechensee, Großer Ostersee, Fohnsee.

Die Region ist voll mit kulturellen Schätzen wie z.B. dem Kloster Andechs und dem Buchheim-Museum. Das glasklare Wasser der Seen lädt zu allerlei Wassersportaktivitäten ein und der Blick auf die Alpen ist grandios.

3. Tegernsee, Schliersee und Chiemgau

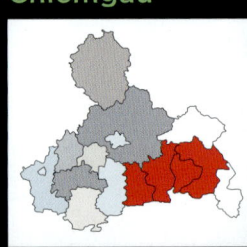

Die Tegernsee-Schliersee-Region liegt ca. 50 km südlich von München in den Bayerischen Voralpen des Mangfallgebirges. Am bekanntesten ist der Tegernseer Hausberg ›Wallberg‹ der schon von weitem an den Drachen-

und Gleitschirmfliegern im weiß-blauen Himmel am Gipfel zu erkennen ist.

Die Seen sind ein Traum und der Blick auf die nahen Berge kann man nur sensationell nennen. Die idyllische Hügellandschaft vor den Bergen mit den vielen Weidewiesen wird ›Haglandschaften‹ genannt. Denn die Weiden werden seit Jahrhunderten durch ›lebende Zäune‹ - der Hage - abgegrenzt. Sträucher und Bäume spenden Schatten und sind ein wertvoller Lebensraum für Vögel und Kleintiere.

Östlich des Schliersees, entlang des Leitzachtales bis nach Bayrischzell, kommt man in die Wendelsteinregion. Diesen Aussichtsberg sollte man sich nicht entgehen lassen. Vom Wendelstein hat man ein 360° Blick: im Nordwesten die Münchner Ebene, im Osten das Inntal und das Kaisergebirge, im Westen die Münchner Hausberge und im Süden der Blick zum Karwendel und den Kitzbühler Alpen.

Östlich des Inns beginnt dann der Chiemgau - man kann auch sagen das Gebiet um die ›Südsee‹ Bayerns. Hier sind noch viele weitere Seen rund um den Chiemsee in die sanfte Voralpenlandschaft eingebettet. Der große Chiemsee mit seinen Inseln und wunderschönen Ufern hat sehr viel zu bieten. Hier findet man große touristische Sehenswürdigkeiten wie Herrenchiemsee, aber auch ruhige Gegenden, an denen man selbst im Hochsommer noch einen ruhigen Badeplatz findet. Die Chiemgauer Alpen mit Kampenwand (1669 m), Hochgern (1748 m) und Hochfelln (1674 m) laden mit schönsten Gipfeln, vielen Seilbahnen und Almen zum Wandern ein. Im Winter lockt das erste große Skigebiet, die bekannte Winklmoosalm, die Ski- und Snowboardfahrer an.

4. König Ludwig Land und ›Blaues Land‹

Die Region um den Staffelsee und Murnau wird ›Blaues Land‹ genannt und ist in zweifacher Hinsicht einmalig - durch die Landschaft und durch die Kunst. Erstere hat dazu geführt, dass sich weltbekannte Künstlerinnen und Künstler hier niedergelassen haben und (zweitens) der ›Blaue Reiter‹ hier gegründet wurde. Weiter nordwestlich schließt sich der sogenannte Pfaffenwinkel an, der seinen Namen durch die zahlreichen Klöster und Wallfahrtskirchen erhielt. Beispiele hierfür sind die Wieskirche und die Klosterkirche in Ettal.

Südlich des Blauen Landes liegt das Werdenfelser Land mit Garmisch-Partenkirchen am Fuße der Zugspitze, das Geigenbaudorf Mittenwald sowie der Wallfahrtsort Oberammergau mit seinen Holzschnitzern und den Passionsspielen. König Ludwig II. hat die Fertigstellung seiner Schlösser Neuschwanstein und Herrenchiemsee nicht mehr erlebt, und so recht anfreunden konnte er sich auch nie mit dem Chiemgau, weshalb er sich überwiegend im Schloss Linderhof im Graswangtal bei Oberammergau aufgehalten hat. Auch sein Königshaus am Schachen, südlich von Garmisch-Partenkirchen im Wettersteingebirge, liegt in dieser Region.

In diesem Kapitel sind auch Teile von Bayrisch-Schwaben mit Neuschwanstein beschrieben, daher haben wir es ›König-Ludwig-Land‹ genannt.

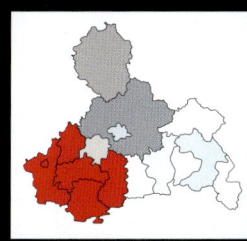

Unten:
Wunderschöne-Aussichtspunkte gibt es im König Ludwig Land

Flora & Fauna

Moore, Flüsse, Seen, Waldgebiete und hohe Berge - die Region bietet einiges an Pflanzen & Tieren

Die Schneegrenze über 2.300 m NN: Moose, Flechten, Geröllflächen, Schnee- felder und Gletscher.

Die Pflanzenwelt

Die Alpenregion gliedert sich entspre- chend der jeweiligen Höhenlage in die verschiedenen Vegetationszonen.
In der Hochgebirgszone findet sich nur spärlicher Bewuchs, der dem rauen Kli- ma widersteht. Oberhalb der Schnee- grenze können nur noch wenige Moose, Algen und Flechten dem Klima trotzen. Auf den hoch gelegenen Almen findet man dagegen unzählige Pflanzen. Selte- ne Wildblumen wie Alpenrosen, Alpen- veilchen, Primeln, Eisenhut und Enzian sowie Silberdisteln und viele Wildgräser gedeihen hier. In höheren Lagen findet sich als größere Pflanze nur noch die Zirbelkiefer.
Das nördliche Voralpengebiet ist gemä- ßigter und eine der schönsten Land- schaften Deutschlands. Hier wechseln sich die hügeligen Weideflächen, auf deren Kuppe meist ein mächtiger Land-

Oben:
Traditionelles Bauernhaus mit Geranien und Sonnenblumen

Rechts:
Glückliche Kühe sind in Oberbay- ern überall anzu- treffen

Oben:
Enzian gibt es nicht nur auf den Bergen, sondern auch in den Isa- rauen

Die Flora und Fauna ist abhängig von der Höhenlage. Wer einen Berg be- steigt, kann die unterschiedlichen Zonen deutlich sehen und spüren. Die Nieder- schlagsmenge steigt mit der Höhe be- trächtlich, das Wettergeschehen wech- selt schnell und die Temperatur fällt um 1° C pro Hundert Höhenmeter.
München liegt auf ca. 520 m NN. Wäh- rend das Alpenvorland zwischen 600 -700 m NN hoch liegt, ist der Wendel- stein schon 1.838 m hoch.
Die Höhenstufen können wie folgt ein- geteilt werden:
Das Flachland 350 m - 450 m NN: Getreide Anbau
Die Voralpen-Hügel bis 500 m-700 m NN: Obst, Gemüse, Weideland
Die Bergstufe bis 1.200 m NN:
mit Laubwald und Almen
Die untere Alpenstufe bis 1.800 m:
Baumgrenze bis dahin Nadelwald
Die obere Alpenstufe bis 2.300 m NN:
einzelne Bäume, Almen und Latschen

schaftsbaum steht, mit dunklen, geschlossenen Wäldern und den vielen Seen ab. Eiche, Fichte und Kiefer stehen hier. Rings um die Seen gibt es, in den geschützten Gärten - schon die ein oder andere Palme. Die Landwirtschaft bringt die vielen gelben Rapsfelder und ausgedehnte Maisflächen hervor - der Tribut an die Biogas-Energie-Erzeugung.

Die Tierwelt

Die Tiere im Hochgebirge verbringen oft den Winter im Tal und den Sommer hoch ›droben‹. Gams und Steinbock kommen im Winter in die oberen Regionen der Waldzone, im Sommer ziehen sie sich in die Felsregionen zurück, denn dort kann ihnen kaum jemand folgen.

Die Murmeltiere halten Winterschlaf in ihren mit Heu ausgepolsterten Bauten und warten, bis es wieder Frühling wird. Die Schneemaus legt unter dem Schnee Gänge an und ernährt sich vom Wurzelwerk.

Auf den blühenden Bergwiesen trifft man viele Insekten, Hummeln sowie Schmetterlinge und in den Bergwäldern leben viele Ameisen.

In den Alpenregionen leben Murmeltier, Kaninchen, Schneerebhühner und Hermeline sowie Dachs, Marder und Siebenschläfer.

An größeren Säugetieren gibt es Steinbock, Gämse, Reh und Hirsch in der Al-

penregion. Der Braunbär ist in den deutschen Alpen nicht gerne gesehen, obwohl einige aus den italienischen Naturschutzgebieten umherziehen - man erinnert sich an den ›Schadbär‹ Bruno. Luchs und Fuchs sind nur selten zu finden. In den Alpen können noch vereinzelt Steinadler beobachtet werden, öfter sind hier Geier und die frechen Dohlen zu sehen.

Die großen Seen haben eine gute Wasserqualität und eine große Fischdichte. Die wichtigsten Vertreter der Fischwelt sind Renke, Felchen, Seesaibling, Seeforelle Hecht und Zander.

In Bayern sind viele Amphibien- und Reptilienarten heimisch.

Im Alpenraum, in Höhen von ca. 750 m bis 2.000 m, kommt der Alpensalamander vor, der Feuersalamander lebt in den hügligen Gebieten bis in eine Höhe von ca. 1.000 m. Die Bergeidechse oder Waldeidechse kommt in ganz Bayern vor.

Die Ringelnatter kommt in Südbayern in Seengebieten und Flussauen vor.

Die seltene giftige Kreuzotter bevorzugt Hoch- und Übergangsmoore sowie Feuchtflächen wie Flussauen (Isar- und Lechtal), und in höheren Lagen feuchte Almflächen und Latschengebüsche.

Links:
Fisch gibt es genug in den klaren Seen des oberbayrischen Landes

Oben:
Eine Dohle läßt sich in der Hoffnung auf Futter geduldig fotografieren

Unten:
Maisanbauflächen für Biogas im Chiemgau

Klima & Reisezeit

Von kühlenden Bergwinden über mildes mediterranes Seeklima bis zur flirrenden Sommerhitze

Oben:
Mildes Wetter gefällt auch den Rosen im Garten von Kloster Schäfflern

Unten:
Im Winter liegt genug Schnee in den Bergen

Bayern liegt in der warmgemäßigten Klimazone im Übergangsbereich des maritimen Klimas Westeuropas zu dem kontinentalen Klima in Osteuropa. Westwinde bringen somit das maritime Klima mit eher milden Wintern, kühlen Sommern und einer hohen Luftfeuchte. Bei östlichen Wetterlagen überwiegt das kontinentale Klima, das bedeutet kalte Wintertemperaturen und heiße Sommerperioden mit geringer Luftfeuchte. In Oberbayern wird das Wetter häufiger kontinentaler geprägt als im Norden von Bayern.

Die Jahresdurchschnittstemperaturen sind in Bayern natürlich von der Höhenlage abhängig und liegen bei knapp unter 10 °C in München (520 m NN), 6 °C im Allgäu und ca. -5 °C auf der Zugspitze in knapp 3.000 m Höhe.

Der wärmste Monat ist der Juli, während der kälteste Monat überwiegend der Januar ist. Die kleinräumigen Unterschiede durch orographische Gegebenheiten sind groß: Tallagen sind wärmer, große Seen mildern die Temperaturschwankungen und die Waldgebiete kühlen.

Die Niederschläge variieren örtlich stark, die meisten Niederschläge und ihre räumliche Verteilung werden durch die Tiefdruck-Westlagen bestimmt. Sie bringen feuchte Luft aus südwestlichen bis nordwestlichen Richtungen nach Bayern. Treffen diese auf die Alpen, kommt es zu längeren Niederschlagsperioden; daher ist die Niederschlagsmenge in Richtung Norden geringer als im Süden.

Besondere Wetterlagen

Ausgleichend für den Landregen vor den Bergen sind die Südwindlagen mit Föhn, dann ist es an den Alpen schön und warm und meist schon nördlich von München regnet es. Föhnlagen entstehen wenn ein Hochdruckgebiet östlich von Bayern (südöstliches Alpengebiet/ nördliche Adria) und ein Tiefdruckgebiet westlich von Bayern (über Ostfrankreich, dem Jura) liegt. Diese Wetterperiode kann 1-3 Tage andauern. Charakteristisch sind dann die langgestreckten linsenförmigen Föhnfische, die Lenticularis Wolken, am blauen Himmel zu sehen. Bei Wetterfühligen kann es dabei leider zu Kopfschmerzen und Unwohlsein kommen.

Im Herbst und Winter können bei Hochdruck zähe Hochnebellagen mit trübem grauem Wetter entstehen - selbst nachmittags reißt es nicht auf. Aber auf den vielen Gipfeln ist man oberhalb dieser Hochnebelschicht, es herrscht fantastische Fernsicht und relativ milde Temperaturen. Dann unbedingt Gipfel-TV, Webcam www.bayernwebcam.de oder www.panoramablick.com anschauen und den richtigen Gipfel auswählen.

Die Temperaturen

Das Klima der einzelnen Regionen kann man exemplarisch an den folgenden Klimatabellen ablesen. Klima ist die statistische Summierung des tatsächlichen Wettergeschehens - so kann natürlich das Wetter je nach Laune der Natur in dem jeweiligen Jahr eben auch nicht der Statistik entsprechen. Daher sind die Daten auch nur als grober Anhaltswert zu verstehen.

München

	Jan	Feb	Mär	Apr	Mai	Jun	Jul	Aug	Sep	Okt	Nov	Dez
	2	4	8	13	17	21	23	22	19	14	7	3
TAGESTEMPERATUR IN °C												
	-5	-4	-1	3	7	10	12	12	9	4	0	-4
NACHTTEMPERATUR IN °C												
	2	3	4	5	6	7	8	7	6	4	2	2
SONNENSTUNDEN / TAG												
	11	10	11	12	13	14	12	12	9	8	11	11
REGENTAGE / MONAT												

Garmisch-Partenkirchen

	Jan	Feb	Mär	Apr	Mai	Jun	Jul	Aug	Sep	Okt	Nov	Dez
	2	4	8	12	17	20	22	21	19	15	7	2
TAGESTEMPERATUR IN °C												
	-6	-5	-2	1	5	9	10	10	8	3	-1	-5
NACHTTEMPERATUR IN °C												
	2	3	4	5	6	6	7	6	6	5	3	2
SONNENSTUNDEN / TAG												
	16	15	15	16	17	19	18	18	14	13	14	15
REGENTAGE / MONAT												

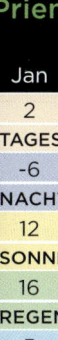

Oben:
Vom Frühling bis Spätherbst ist Bayern wunderschön

Prien /Chiemsee

	Jan	Feb	Mär	Apr	Mai	Jun	Jul	Aug	Sep	Okt	Nov	Dez
	2	4	9	14	19	22	24	23	20	14	8	2
TAGESTEMPERATUR IN °C												
	-6	-4	0	4	7	11	13	13	10	5	0	-4
NACHTTEMPERATUR IN °C												
	12	12	5	5	6	5	5	5	5	5	3	2
SONNENSTUNDEN / TAG												
	16	14	13	16	17	18	18	17	14	13	14	14
REGENTAGE / MONAT												
	5	5	4	12	12	17	24	20	16	12	6	5
WASSERTEMPERATUR IN °C												

Aktuelle Wettervorhersage für Oberbayern: www.br.de/wetter

Oben:
Schön, wenn im
Sommer alles
blüht

Unten:
Kleine Kapelle
in Feldwies am
Chiemsee

Reisezeit

Eine beste Reisezeit gibt es nicht. Oberbayern ist ein Ganzjahresziel. Die warmen Sommer locken und in den Alpen gibt es richtigen Winter mit genug Schnee. Allerdings herrscht zum Oktoberfest in ganz München der Ausnahmezustand - ein Besuch ist hier nur denjenigen zu Empfehlen, die bei dieser ›Gaudi‹ dabei sein wollen.

Die Wochenenden zu Ferienbeginn und -ende der großen deutschen Bundesländer sollte man meiden. Der Stau auf allen Anreisewegen ist garantiert.

Feiertage

Glücklicherweise gibt es in Bayern die meisten Feiertage in Deutschland. Kirchliche und gesetzliche Feiertage laden ein, mitzufeiern.

Ladenöffnungszeiten

Mo.-Fr.:	6.00 - 20.00 Uhr
Samstag:	6.00 - 20.00 Uhr
Sonntag:	geschlossen
Heiligabend:	6.00 - 14.00 Uhr
Silvester:	geschlossen
Gründonnerstag:	geschlossen

FEIERTAGE IN BAYERN

1.1.	Neujahrstag
6.1.	Heilige Drei Könige
var.	Karfreitag
var.	Ostersonntag & Ostermontag
1.5.	1. Mai / Tag der Arbeit
var.	Christi Himmelfahrt
var.	Pfingstsonntag & Pfingstmontag
var.	Fronleichnam
8.8.	Friedensfest (Augsburg)
15.8.	Mariä Himmelfahrt
3.10.	Tag der Deutschen Einheit
1.11.	Allerheiligen
25.12.	1. Weihnachtsfeiertag
26.12.	2. Weihnachtsfeiertag
31.12.	Silvester

Freizeitkarten

Detaillierte Karten mit großem Maßstab bekommt man von:

▪ Dem Alpenverein

Die Alpenvereinskarten zeigen Wanderwege und Skitouren und das Gelände ist detailliert dargestellt, meist im Maßstab 1:25.000.

Link: www.alpenverein.de/Huetten-Wege-Touren/Karten/

▪ Bayerischen Vermessungsämtern

Die TK25 Topographische Karte zeigt ganz Bayern im Maßstab 1: 25.000

Die UK50 (Topographische Umgebungskarten 1:50.000) zeigt die touristischen Regionen mit Wander- und Radwegen

Link: http://vermessung.bayern.de

▪ Den Landkartenverlagen

kompass und freytag & berndt haben die größte Auswahl an Karten für Wanderer, Radfahrer und sonstige Freizeitsportler mit allen nötigen touristischen Hinweisen. Die Karten gibt es im Maßstab 1:50.000.

Link: www.kompass.de und www.freytagberndt.at

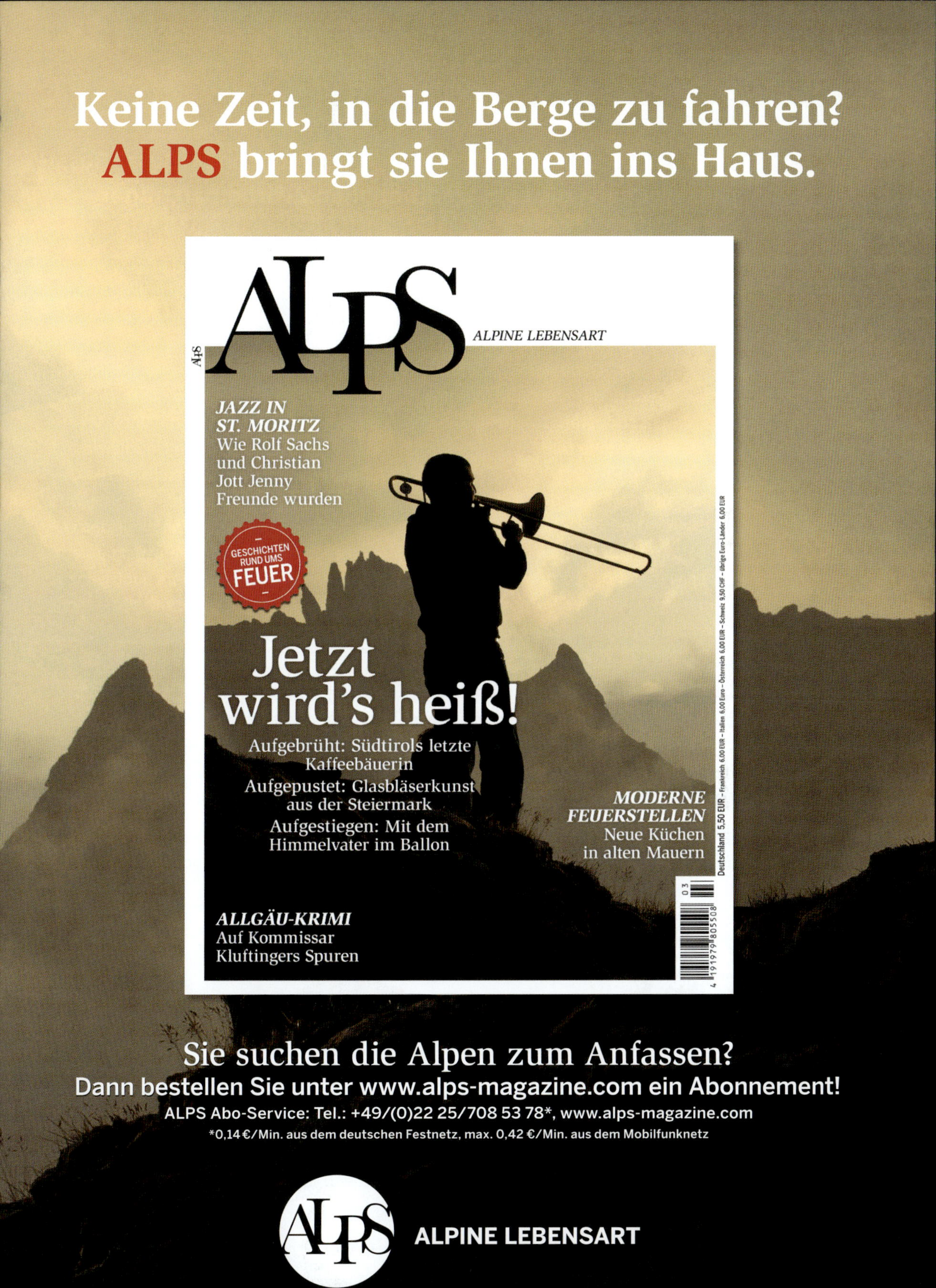
Keine Zeit, in die Berge zu fahren?
ALPS bringt sie Ihnen ins Haus.
ALPS
ALPINE LEBENSART
JAZZ IN ST. MORITZ
Wie Rolf Sachs und Christian Jott Jenny Freunde wurden
GESCHICHTEN RUND UMS FEUER
Jetzt wird's heiß!
Aufgebrüht: Südtirols letzte Kaffeebäuerin
Aufgepustet: Glasbläserkunst aus der Steiermark
Aufgestiegen: Mit dem Himmelvater im Ballon
MODERNE FEUERSTELLEN
Neue Küchen in alten Mauern
ALLGÄU-KRIMI
Auf Kommissar Kluftingers Spuren
Deutschland 5,50 EUR – Frankreich 6,00 EUR – Italien 6,00 Euro – Österreich 6,00 EUR – Schweiz 9,50 CHF – übrige Euro-Länder 6,00 EUR
Sie suchen die Alpen zum Anfassen?
Dann bestellen Sie unter www.alps-magazine.com ein Abonnement!
ALPS Abo-Service: Tel.: +49/(0)22 25/708 53 78*, www.alps-magazine.com
*0,14 €/Min. aus dem deutschen Festnetz, max. 0,42 €/Min. aus dem Mobilfunknetz
ALPS
ALPINE LEBENSART

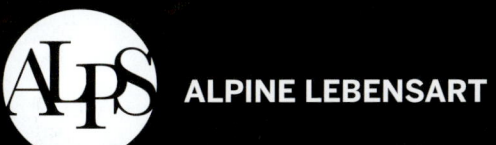

Land & Leute

Hier findet alles zusammen: Von der Münchner ›Bussi-Bussi Gesellschaft‹ bis zum traditionellen Zwirbelbartträger

Oben: Entspannen im Winter auf der Kampenwand ...

... und im Sommer im Beach-Club am Chiemsee

Wer sind die heutigen Bajuwaren oder einfach der Bayer. Das ›gstandene‹ Mannsbild in ›Hirschledernder‹, den Hut mit ›Gamsbart‹ geschmückt und die ›feschen Madln‹ in schönsten Trachten. So das gängige Bild.

»Mia san Mia« und der Autoaufkleber »a Bayer derf des« kennzeichnen das Selbstverständnis eines Bayern.

Aber wer gehört dazu und wer ist nur Zugereister in einer Region, in dem zu allen Zeiten die Völker durchzogen und auch sesshaft wurden?

Noch schwieriger im Millionendorf München - hier hat sich eine ganz eigene Kultur entwickelt und die ›Bussi-Bussi-Gesellschaft‹ gehört eher zum internationalen ›Jetset‹ als zum typischen Bild des Bayern.

Es ist also nicht einfach, den ›Bayern‹ zu finden, aber gehen Sie auf Entdeckungstour es gibt einiges Liebenswertes zu finden:

Die bestechende bayrische Logik, die die doppelte Verneinung nutzt, die Traditionsverbundenheit, die alte Werte und die Natur erhält, die Neugierde auf alles Neue und den Fortschritt, die Gelassenheit und Zuversicht, »A bissl wos geht allaweil«, und die Fähigkeit das Leben zu genießen und die Feste zu feiern, alles dies ist hier besonders häufig anzutreffen. Die schöne Natur prägt die Menschen und das Beste:

Sie sind sehr warmherzig und offen, immer nach dem Motto: ›Leben und leben lassen‹.

Wer mehr wissen möchte sollte sich Bruno Jonas' Buch, die nicht ganz ernst zu nehmende ›Gebrauchsanweisung für Bayern‹ zu Gemüte führen.

Dont's:

- Sich an den Stammtisch setzen - er ist heilig und gehört denen, die immer da sitzen.
- Versuchen Dialekt zu sprechen – ist meist nur peinlich, dennoch gehören Grundbegriffe zum Einkauf und in der Gaststube einfach dazu: die ›Brezn‹, die ›Semmel‹.
- ›Tschüss‹- freie Zone: Hier heißt es noch ›Grüß Gott‹ und ›Servus‹
- Weißwurst nach dem 12 Uhr-Läuten - geht zwar, schickt sich aber nicht
- Ein billiges Gewandt: Trachten sind Kulturgut und kosten ihr Geld. Besser das Dirndl oder die ›Hirschlederne‹ in Traditionsgeschäften kaufen

Links:
In München, hier in den ›Fünf Höfen‹, geht es schick und teuer zu - ob weltweite Designer-Fashion oder Traditionstrachtenmode

Do's

- Ins Treiben auf ein Dorffest gehen
- Einmal im Leben aufs Oktoberfest
- Ein Gottesdienst in einer kleinen Landkirche besuchen
- In eine urige Almstube wandern, die Brotzeit mit Buttermilch genießen und der Stubenmusi lauschen

Alles richtig machen beim ›O'trachteln‹

Bei der traditionellen Tracht muss jedes Detail stimmen, damit man sich nicht als Tourist outet:

Für den Mann (›Buam‹):
Zur hirschledernen Lederhose gehören Haferlschuhe - Bergschuhe sind tabu. Lange Strümpfe ohne Applikationen, am besten grau mit grünem Rand, die bis zum Bund hochgezogen werden. Auch das Trachtenhemd ist schlicht und ohne Stickerei oder Aufdrucke, aus weißer Baumwolle oder Leinen – darüber kommt eine schlichte, braune Lodenjacke mit Hirschhornknöpfen.

Für die Dame - (›Madln‹):
Das Dirndl sollte dezent sein. Der Rock ist knöchellang und die dazu passende weiße Bluse mit Pluderärmeln sollte nicht allzu tiefe Einblicke gewähren. Dazu passen schwarze Ballerina-Schuhe.

Anreisewege

Die besten Routen nach Oberbayern aus Deutschland, der Schweiz und Österreich und ihre Besonderheiten

Rechts:
Die A8 ist eine der meistbefahrenen Autobahnen Deutschlands. Da lohnt es sich, die Route genau auszuwählen, um dem Stau vorzubeugen

Oben:
In Bayern gibt es stellenweise eigene Verkehrsschilder

1. Ost - West A 8

Der einfachste Weg ins Herz von Oberbayern ist die A 8 aus Richtung Westen über Stuttgart, Ulm und Augsburg. Von Osten kommend von Salzburg, Inntal-Dreieck, Irschenberg bis nach München. Nachteil dieser Route: Hier fahren alle, entsprechend lang sind hier zu Stoßzeiten die Staus. Die klassischen samstäglichen An-/Abreisewellen (Bettenwechsel) sind unbedingt zu vermeiden.

2. Westliche Alternative:

Von Westen aus über Ulm A 7 bis Memmingen und über A 96 bis nach München.

3. Östliche Alternative:

Umgehung der A 8 - Irschenberg:
Wenn der Autobahnring A 99 und die A 8

schon überfüllt sind, von München über die A 94 bis nach Forstinning, dann über die B 12 nach Haag in OB., weiter auf der B 15 nach Wasserburg, dann über Amerang und Bad Endorf nach Prien am Chiemsee. Schöne Landstraßen mit vielen entdeckenswerten Orten.

The map shows route labels: Nürnberg, Stuttgart (1.), A8, Ulm, A7 (2.), Augsburg, München, A94, B12, Haag i. OB. (3.), B15, A96, Memmingen, A96 (6.), Bregenz, A95, Irschenberg, Chiemsee, A8, Salzburg, Inntal-Dreieck, A12, 4., A9, Innsbruck, 177, 5a., 5.

4. Nördliche Route

Auf der A 9 über Nürnberg, Ingolstadt nach München.
Wie bei 1. gilt auch hier: Urlaubswellen am Anfang und Ende der Ferienzeiten unbedingt vermeiden.

5. Aus Österreich

Die A 12 Inntal- Autobahn bis zum Inntal-Dreieck und weiter mit der A 8 oder alternativ:

5a. Der Zirler Berg

Von Innsbruck über den Zirler Berg nach Garmisch und weiter auf der A 95 Richtung München. Der Vorteil: keine Autobahnmaut – Nachteil: Passhöhe 1.057 m Max. Steigung: 16 % ! Caravans:

Nordrichtung verboten, Südrichtung erlaubt.

6. Aus der Schweiz

Über Bregenz mit oder ohne Pfändertunnel (Maut) zur A 96 über Lindau, Wangen, und Landsberg nach München.

Linke Seite:
Endlich ange-
kommen
im weiß-blauen
Oberbayern

Links:
Willkommen
im Freistaat
Bayern

Von den Bajuwaren bis zum bayrischen Freistaat

Bayern ist einer der ältesten Staaten Europas, im 6. Jh. n. Chr. liegen seine Anfänge. Im Mittelalter war Bayern erst unter den Welfen und dann unter den Wittelsbachern ein mächtiges Herzogtum. Regensburg und Augsburg waren wirtschaftliche und kulturelle Zentren. Nach dem Dreißigjährigen Krieg war Bayern auf der Siegerseite und hatte eine starke Position als Kurfürstentum in der Politik der Großmächte.

Im 19. Jahrhundert wurde die Monarchie eingeführt und Bayern erlebte eine große Blütezeit. Nach dem Ersten Weltkrieg regierte zunächst eine kommunistisch geführte Räterepublik, bevor 1919 eine parlamentarische Demokratie in Kraft trat. In der NS-Zeit verlor Bayern seine Staatlichkeit, die am 1.Dezember 1946 mit der Verfassung für den Freistaat Bayern wiederhergestellt wurde.

Baiern oder Bayern? Erst König Ludwig I. hat 1825 erlassen, dass Bayern mit ›y‹ geschrieben werden soll. Bayern ist ein Binnenland, aber schon immer war ein reger Austausch mit den Nachbarn vorhanden und prägte Politik, Kultur und Gesellschaft. Besonders intensiv war der Austausch mit dem romanischen Süden - so dass man auch noch heute sagen kann: ›in jedem Bayer steckt noch ein ein kleiner Römer‹.

500 v. Chr.

Die Kelten

15 v. Chr.

44 v. Chr.: Tod des Julius Caesar

Die Römer

500 v. Chr.: Keltische Stämme besiedeln die Region.
250 v. Chr.: das Oppidum von Manching war eine keltische ›Großstadt‹ mit bis zu 10.000 Einwohnern innerhalb der Stadtmauern.

Die römischen Feldherren Drusus und Tiberius (Büste) eroberten Gebiete bis hin zur Donau und setzten die Trennlinie zu den Germanen im Norden, die bis zum Ende des römischen Reiches Bestand hatte. Das Gebiet nannten sie Raetia. Die Bevölkerung wurde christianisiert und die Gesellschaft romanisiert.

1. - 3. Jh. Gründungen von römischen Miltärposten und Handelssiedlungen. Augusta Vindelicorum (Augsburg) wird die Provinzhauptstadt, Castra Regina (Regensburg) und Castra Batava (Passau) gegründet. Entstehung der römischen Fernstraßen-Netze, wie die ›Via Claudia Augusta‹ über die Alpen.

Mit der Völkerwanderung drängen germanische Volksgruppen die romanisierte Bevölkerung zurück bis in die Alpen. Die nördliche Limesgrenze wurde 360 an die Donau zurückgenommen.

Im 4-5 Jh. zerfällt das Weströmische Reich und die Römer ziehen sich zurück.

Ein bairisches Herzogtum mit Sitz in Freising wird in der Geschichtsschreibung erwähnt.

Das Frankenreich wurde nach dem Zerfall des Römischen Reichs zur Großmacht in West- und Mitteleuropa.
Die Macht hatten die Dynastien der Merowinger und später der Karolinger. Die Blüte erlangte das Frankenreich unter Karl dem Großen. Aus der späteren Teilung wurde im Westen Frankreich und im Osten das mittelalterliche Deutsche Reich (Heiliges Römisches Reich).

620: Erfindung des Porzellans in China

Die Germanen

Das Frankenreich

Die Merowinger und Karolinger

Der Germanenfürst Odoaker setzt den weströmischen Kaiser Romulus Augustus ab und ernennt sich zum König von Italien. Damit endet das weströmische Reich. Die römischen Bewohner verließen 488 auf Befehl des Odoakers Rätien und siedelten zurück nach Italien.
Die verbliebene Restbevölkerung vermischte sich nicht nur mit germanischen Stammesgruppen sondern auch mit vielen anderen wie den Goten und Langobarden. Dieses sind die Wurzeln der Bajuwaren.

Bayern ist nun ein Herzogtum im Merowingisch-Fränkischen Reich unter der Führung des Fürstengeschlechts der Angolfinger.
Es entsteht die ›Lex Baiuvariorum‹ die älteste Sammlung von Gesetzen des Bayernstammes, die in der Zeit des 6.-8. Jahrhunderts als Pergamenthandschrift entstand.
Die Lex war bis 1180 in Kraft.

615 begann die Missionierung zum katholischen Glauben durch irisch-schottische Wandermönche. Um das Jahr 700 wurden katholische Bistümer im päpstlichen Auftrag durch den Angelsachsen Winfrid Bonifatius, im bairischen Herzogtum eingesetzt: Salzburg (696), später Regensburg (um 700), Freising (716), Passau (739).

744 Karl der Große aus dem Geschlecht der Karolinger besiegt die Langobarden und auch Oberitalien gehört nun zum Frankenreich.

788 Sieg Karls des Großen über Bayernherzog Tassilo III. Baiern wird in das Frankenreich integriert und wird Provinz im Reich der Karolinger.

Unter Heinrich dem IV. wurden die Welfen ab 1070 als Herzöge mächtig. Diese Zeit ist durch den Investiturstreit zwischen Kaiser und Papst gekennzeichnet. Die Welfen standen auf Seiten des Papstes und wurden dadurch mächtiger.

1158 Heinrich der Löwe gründet München

---

6. – 7. Jh.
Missionierung

1070 – 1180
Regentschaft der Welfen
Beginn der Regentschaft der Wittelsbacher

817 – 876 Ludwig der Deutsche aus dem Adelsgeschlecht der Karolinger nannte sich ab 817 ›König der Baiern‹ und war von 840 bis 876 König des Ostfrankenreiches. Regensburg wurde wieder Residenz und Verwaltungszentrum.

957 – 976 Größte Ausdehnung Baierns bis an die Adria. König Otto I. der Große erobert das Königreich Italien, fügt es zum Reich Deutscher Nation hinzu und wird von Papst Johannes XII. in Rom zum Kaiser gekrönt. Verona und der Gardasee gehören nun zum Bairischen Königreich.

1180 – 1918 König Friedrich Barbarossa aus dem Geschlecht der Staufer stürzte Heinrich 1180. Viele Gebiete gingen Bayern dadurch verloren, Otto I. aus dem Geschlecht der Wittelsbacher wurde neuer Herzog. Von 1180 bis 1918 stellten die Wittelsbacher die Herrscher Bayerns, zunächst als Herzöge, später als Kurfürsten und Könige. Durch Erbteilung wurde 1255 Oberbayern und Niederbayern geteilt, eine Unterscheidung die bis heute andauert.

1328 Ludwig IV. der Bayern erlangt als erster Wittelsbacher die Kaiserwürde.

1492 Die Kesselbergstraße zwischen Mittenwald und München wird angelegt. Die Passverbindung vom Voralpenland in das obere Isartal ermöglicht den Zugang zum Brenner- und Reschenpass. Herzog Albrecht IV. baute die Straße aus, um München stärker in den Venedig-Handel einzubeziehen.

1662 - 1726 Kurfürst Max Emanuel der absolutistische Herrscher, entfaltet in Bayern die Pracht des Barock, sein Vorbild ist der Sonnenkönig Ludwig XIV. Schloss Schleißheim bei München soll sein Versailles werden.

1777 Vereinigung von Bayern und Kurpfalz, die bayerische Linie der Wittelsbacher starb aus und Karl Theodor aus der Pfälzer Linie trat die Nachfolge an. Damit wurde Bayern und Kurpfalz vereint und Bayern frankophil.

1803 hebt Maximilian im Zuge der Säkularisation die Klöster auf und enteignet den Kirchenbesitz.

1545: Konzil von Trient

1465 - 1508 Regentschaft Herzog Albrecht IV.

1517: Luthers Thesenanschlag

1803 Säkularisation

1545 Konziel von Trient. Die Gegenreformationsbewegung hatte in Bayern eine führende Stellung.

1618 Der zweite Prager Fenstersturz am 23. Mai 1618: Vertreter der protestantischen Stände stürzen den königlichen Statthalter und seinen Kanzleisekretär aus dem Fenster. Dies ist der Beginn des Dreißigjährigen Krieges und wichtiger Wendepunkt in der Geschichte. Aus diesem Krieg geht Bayern mit Gebietsgewinnen und 1623 mit dem Aufstieg zum Kurfürstentum hervor. Nach dem Dreißigjährigen Krieg entwickelte sich das Kurfürstentum Bayern ebenso wie andere europäische Länder zur absolutistischen Monarchie - ›der Herrscher bestimmt alles‹.

1805 Maximilian I., Herzog und Kurfürst des Heiligen Römischen Reiches auch ›König Max‹ genannt, verbündete sich mit dem napoleonischen Frankreich. Der Bogenhausener Vertrag, in welchem Bayern den Einmarsch französischer Truppen erlaubte und somit sein Bündnis mit Österreich und Russland beendete, wurde 25. September 1805 vom Konferenzminister Freiherr Maximilian von Montgelas unterzeichnet. Bayrische Truppen kämpften gegen die Österreicher bei Iglau, was den Sieg Napoleons in Austerliz 1805 unterstütze. Bayern erhielt daraufhin die Gebiete Tirol und Vorarlberg und Maximilian I. wurde zum König von Bayern erhoben.

1800 - 1815
Die schwäbischen und frän-
kischen Gebiete kommen zu
Bayern.

1825 - 1848
König Ludwig I. macht
Bayern zum Zentrum für
Künste und Wissenschaften.
Der Klassizismus erblüht.

1866
Unter Ludwig II. verlor Bayern an der Seite
Österreichs den Krieg gegen Preußen.

1870
Mobilmachung Bayerns nun an
der Seite Preußens im Frankreich-
feldzug.

1871
Bayern wird Teil des neu gegründeten
Deutschen Kaiserreiches, behielt jedoch
einige Autonomie-Rechte.

1886 - 1912
Prinzregent Luitpold übernahm nach
der Entmündigung Ludwigs II. 1886, anstelle
des psychisch erkrankten Prinzen Otto
(der Bruder Ludwig II.), die Regentschaft.
Die ›Prinzregentenzeit‹ wird oft als die
goldenen Zeitalter Bayerns verklärt, da sich der
Regent als sehr volksnah gezeigt hat, aber der
politische Einfluss Bayerns schwand immer mehr.

1800 n. Chr.

1810 Erstes Oktoberfest

1818 Bayern erhält eine Verfassung

1835 Erste Eisenbahn zwischen Nürnberg und Fürth

1900 n. Chr.

1. Weltkrieg

Am 7.4.1919 wird die ›Räte-republik Baiern‹ ausgerufen.

1848 - 1864
Maximilian II. regiert und der
›Maximilianische‹ Architektur-
stil kann heute noch an der
Maximilianstraße bewundert
werden.

1864 - 1886
Der Sohn Maximilians,
König Ludwig II. wird
mit knapp 19 Jahren
Bayrischer König und
wird durch seine Mär-
chenschlösser Geschichte
schreiben, die für ihn mit seinem mysteriösen Tod im Starnberger See kein gutes Ende
nahm.

1913
Nach dem Tode Prinzregent
Luitpolds folgte ihm sein Sohn,
dieser erklärt sich zum König
Ludwig III. In dieser Zeit des Ersten
Weltkriegs sinkt auch der Rückhalt
in der Bevölkerung.

1918
Die November-Revolution
stürzte die Monarchie, König
Ludwig III. flieht nach
Salzburg. Bayern wird Freistaat,
die Regierung von Kurt Eisner
stützte sich auf ständische Räte.
Am 21. Februar 1919 wurde Eisner
von dem Rechtsradikalen Anton
Graf von Arco auf Valley ermordet.

1923 9. November: der erste Putschversuch Hitlers scheitert. München wird in der Weimarer Zeit eine NS-Hochburg und 1935 Hauptstadt der NS-Bewegung.

1949 Bayern wird Bundesland in der neuen Bundesrepublik Deutschland.

1972 Die Olympischen Sommerspiele in München werden überschattet von einer Geiselnahme mit mehrfach tödlichem Ausgang. Israelische Sportler werden von Palästinensischen Terroristen überfallen.

1933 Machtergreifung der Nationalsozialisten. Bayern verliert im Nationalsozialismus seine Eigenstaatlichkeit.

1939   2. Weltkrieg   Das moderne Bayern

1942/43 Die Weiße Rose formiert sich, die Widerstandsgruppe um die Studenten Hans und Sophie Scholl. Ihre Mitglieder werden verhaftet und hingerichtet.

1946 Bayern liegt in der amerikanischen Besatzungszone, die Wahl zur Verfassungsgebung und Regierungsbildung gewinnt die CSU. Eine neue Verfassung für den Freistaat Bayern wird verabschiedet.

1979 – 1988 Ministerpräsident ist ›FJS‹ Franz Josef Strauß. Der nicht ganz unumstrittene Politiker, legte die Grundlagen für ein modernisiertes Bayern mit Hochtechnologie und Forschung.

bis heute Bis heute ist die CSU die bestimmende Partei in Bayern, wenn auch die absolute Mehrheit bei den Landtagswahlen 2008 nicht mehr erreicht und eine Koalition mit der FDP auf Landesebene eingegangen wurde.

Kunst & Kulturschätze

Vom Blauen Reiter über visionäre Kunstsammler bis zu erfolgreichen Filmemachern

Oben:
1.350 Museen gibt es in Bayern - davon viele in Oberbayern

Rechts:
Fast schon foto-realistisch: die Bildnisse des Malers Wilhelm Leibl

Bayern als größtes Bundesland Deutschlands bietet auch in Kunst und Kultur Superlativen. Über 10.000 bildende Künstlerinnen und Künstler arbeiten und leben in Bayern, 1.350 Museen warten auf interessierte Besucher und über 25 Filmfestivals werden hier ausgetragen. Einige interessante Highlights aus der Region Oberbayern finden Sie hier.

Die ›Schnappschüsse‹ des Malers Wilhelm Leibl

Wilhelm Maria Hubertus Leibl (1844-1900) war ein bedeutender Maler des Realismus und des reinmalerischen Stils in Deutschland. Der gebürtige Kölner lebte lange Jahre in München und Bad Aibling, wo er sich der realistischen Darstellung des ländlichen Oberbayerns widmete. Ungeschönte Portraits von Bäuerinnen und dem harten Leben auf

dem Land, geben einem auch heute einen fast fotografischen Einblick in die früheren Zeiten.

Im Bad Aiblinger Heimatmuseum ist die Malerstube von Wilhelm Leibl, ›Kutterlinger Bauernstube‹ zu besichtigen. Hier bekommt man einen Eindruck, unter welchen ärmlichen Verhältnissen der Maler die großen Werke geschaffen hat, die heute in der Neuen Pinakothek in München und in anderen großen Städten wie Berlin, Hamburg und St. Petersburg zu sehen sind.

Franz Marc und ›Der Blaue Reiter‹

Franz Marc gründete 1911 zusammen mit Wassily Kandinsky die Gruppe ›Der Blaue Reiter‹ - nach dem Almanach, den sie zusammen als Redakteure herausgaben. Der Name ›Blaue Reiter‹ war schnell gefunden, wie Kandinsky später erzählte: »Beide liebten wir Blau, Marc – Pferde, ich – Reiter.

So kam der Name von selbst.« Marcs farbenfrohe Pferdebilder gehören heute zu den am meisten reproduzierten Werken weltweit. Auch viele der Künstler wie z.B:. Wassily Kandinsky, Paul Klee, August Macke, die sich um den Blauen Reiter gruppierten, wurden weltbekannt und waren wichtige Wegbereiter der modernen Kunst.

Von New York zurück in die Heimat an den Chiemsee

10 km östlich vom Chiemsee, in der beschaulichen Stadt Traunstein hat der legendäre New Yorker Galerist Heiner

Friedrich ein Museum der Spitzenklasse installiert: ›DASMAXIMUM‹.

Der Name ist Programm, denn in den schön restaurierten Werkshallen sind auf 3.000 qm Kunstwerke von Georg Baselitz, John Chamberlain, Walter de Maria, Dan Flavin, Imi Knoebel, Uwe Lausen, Andy Warhol und Maria Zerres zu sehen. Allein die 20(!) Arbeiten von Andy Warhol lohnen den Ausflug in die ›Provinz‹.

Schon in den 60er Jahren hatte der Museumsgründer in München eine Galerie und einen guten Riecher für Kunst, den er dann in New York vor allem mit riesigen Land-Art-Projekten weiter ausbaute. Als Mitbegründer der ›DIA Art Foundation‹ in New York verwirklichte er u. a. Großprojekte für Walter De Maria, Donald Judd und James Turell. Für Kunstinteressierte ist das Museum ein absolutes Highlight.

Filmszene München

München hat durch die 1919 gegründete Bavaria Film, die 1917 gegründete ARRI-Filmtechnik und durch die 1967 ins Leben gerufene Hochschule für Fernsehen und Film München eine rege Filmszene entwickelt, die durchaus internationales Niveau hat. In den Bavaria Filmstudios drehten schon berühmte Regisseure wie Alfred Hitchcock, Billy Wilder und Orson Welles. Mit dem Filmklassiker ›Das Boot‹ wurden die Studios weltweit bekannt. Das Film-U-Boot und viele Kulissen aus den Bulli-Herbig-Filmen können auf einer Tour durch die Filmstudios besichtigt werden.

www.filmstadt.de

Vielen deutschen Filmemachern, wie dem Wahlmünchner Bernd Eichinger gelang von München aus der Sprung nach Hollywood. Mit ›Der Name der Rose‹ und ›Das Parfum‹ gelangen ihm internationale Erfolge. Weitere bekannte Münchner Filmschaffende sind u.a. Werner Herzog, Franz Xaver Kroetz, Michael ›Bully‹ Herbig und Oscargewinner Florian Gallenberger.

**Links:
Franz Marcs farbenfrohe Gemälde sind am Kochelsee zu sehen**

**Oben:
Kunst ganz groß in Oberbayern:
Der 17 m hohe ›Walking Man‹ steht im Münchner Stadtteil Schwabing**

**Links:
›DASMAXIMUM‹ am Chiemesee ist einen Besuch wert**

Architektur im Wandel der Zeitgeschichte

Von prächtigen Barockkirchen auf dem Land über die klassizistische Kulturmetropole Ludwigs I. bis hin zur weltbekannten Architekturikone - dem Olympiagelände

Die Antike

Schon 500 v. Chr. wurde Oberbayern von keltischen Stämmen besiedelt. Mit der Gebietseroberung durch die Römer und der Verbindungsstraße Via Claudia Augusta (15 n. Chr.), die von Venedig über Füssen nach Augsburg führte, kamen die römische Lebensart und auch die römischen Bauweise nach Oberbayern. Riesige Kastelle und Villen mit Fußbodenheizung entstanden. In Leutstetten am Starnberger See ist unter einem großen Glaskuppeldach die Villa Rustica zu entdecken und vom Römermuseum, dem Bedaium in Seebruck am Chiemsee, führt ein 27 km langer archäologischer Rundweg an keltischen Gehöften, römischen Gräbern und einem Teil der Römerstraße entlang. Mehr Informationen unter: www.bedaium.de

Oben:
Das ›Antiquarium‹ - der größte Renaissanceraum nördlich der Alpen - findet sich in der Residenz

Rechts:
Moderne Kathedrale des Automobils: die BMW-Welt von Coop Himmelb(l)au

Die Region Oberbayern hat auch architektonisch eine große Bandbreite zu bieten. Hier findet sich einiges Sehens- und Wissenswertes.

Romanik & Gotik

In Altenstadt im Schongau ist eine der wenigen spätromanischen Kirchen zu sehen. Die Basilika St. Michael wurde um 1165 nach dem Vorbild der italienischen Baumeister erbaut. Sie ist die einzige ganz durchwölbte Kirche der Spätromanik in Bayern und eine der bedeutendsten süddeutschen Kirchen dieser Zeit.

Der spätgotische Dom, ›zu Unserer Lieben Frau‹ mit seinem dreischiffigen Backsteinbau, in dem 20.000 Menschen stehend Platz finden, ist heute zum Wahrzeichen Münchens geworden.

Die Bauzeit der so genannten Frauenkirche von 1468 bis 1488 endete mit den charakteristischen Hauben, die in abgewandelter Form als typischer ›Zwiebelturm‹ in ganz Oberbayern zu finden sind.

Renaissance

Unter dem kunstsinnigen Herzog Wilhelm IV. blühten Humanismus und Renaissance in Bayern auf. Das berühmte ›Antiquarium‹ der Münchner Residenz wurde von 1568 bis 1571 unter seiner Herrschaft erbaut. Es gilt mit 66 m Länge als größter profaner Renaissanceraum nördlich der Alpen.

Mitten in der Fußgängerzone zwischen Karlstor und Marienplatz befindet sich einer der schönsten und bedeutendsten Kirchenbauten der Renaissance in Deutschland. Der Innenraum von Sankt Michael ist schlicht, aber beeindruckend. Außer dem Petersdom gibt es keine Kirche mit einem größeren Tonnengewölbe (20 m Spannweite). In der Fürstengruft von St. Michael, in der zurzeit 36 Wittelsbacher bestattet sind, liegt auch die letzte Ruhestätte von König Ludwig II.

Barock

Schloss Nymphenburg ist ein herausragendes Beispiel des Bayrischen Barock, der in Oberbayern sehr ausgeprägt ist. Viele Kirchen und Klöster im Oberbayrischen Land sind üppig mit Gemälden, Putten, Gold und Gipsverzierungen ausgeschmückt.

Rokoko

Eine weitere spektakuläre Kirche befindet sich in der Münchner Fußgängerzone. Die Asamkirche zählt zu den schönsten Rokokokirchen der Welt.

Die Künstler-Brüder Egid Quirin und Cosmas Damian Asam ließen sie von 1733 und 1746 als Privatkirche bauen. Der prachtvolle Innenraum sollte möglichst frühmorgens besucht werden, wenn das Sonnenlicht durch das große Ostfenster hereinfällt.

**Oben:
Die Asamkirche sollte man in München unbedingt gesehen haben**

Oben:
Die Pinakothek
der Moderne

Unten:
Typische Kapelle
mit Zwiebelturm-
haube

Klassizismus & Historismus

Strenge Linien und der Rückgriff auf die antiken Säulenordnungen sowie zahlreiche Zitate klassischer Formen - all das entspricht Ende des 18. Jahrhunderts dem Zeitgeist der Aufklärung. Der Historismus war auf Idealisierung und Perfektion ausgerichtet, was König Ludwig II. mit seinen Königschlössern Neuschwanstein und Herrenchiemsee auf die Spitze trieb.

Schon König Ludwig I. war ein großer Liebhaber der griechischen Antike und schuf zusammen mit seinem Hofarchitekten ›Isar-Athen‹. Leo von Klenze baute die großen Wahrzeichen von München, die die Stadt zur glanzvollen Metropole machten: die Ruhmeshalle, den Königsplatz, die Glyptothek, der Monopteros, die Alte Pinakothek und die Ludwigstraße. Der geniale Architekt erschuf außerdem die Walhalla bei Regensburg und in Sankt Petersburg die neue Eremitage.

Ludwig II. investierte Unmengen an Geld in seine Privatschlösser, dessen vermeintlich repräsentative Säle aber nie einen Hofstaat oder Tanzvergnügen gesehen haben. Seine ›Architekten‹ waren Bühnenbildner und Illuminatoren, die mit vielen Effekten ein glanzvolles Hofleben um Ludwig II. inszenieren sollten. Bis zu 1800 Kerzen beleuchteten den menschenleeren Spiegelsaal in Herrenchiemsee, durch das der schlaflose König nachts wandelte. Mehr dazu im König Ludwig Special.

Jugendstil

1896 erschien in München die Zeitschrift ›Jugend‹, die der künstlerischen Reformbewegung in Deutschland ihren Namen gab. Nicht nur Villen und repräsentative Bauten, sondern auch viele Mietshäuser in München sind im Jugendstil gestaltet – deshalb wird die

Die Geschichte des Zwiebelturms

Als der Baumeister Jörg von Halspach im Jahr der Fertigstellung (1488) der Frauenkirche starb, fehlten noch die Turmhauben. Er selbst hatte die Idee, die Türme mit kleinen Kuppeln abzuschließen. Als Vorlage diente ein zeitgenössischer Reisebericht aus Jerusalem, in dem der Felsendom auf dem Tempelberg gezeigt wurde. Dieser wurde fälschlicherweise als Tempel Salomons bezeichnet. So wurde die Kuppel einer Moschee durch eine Verwechselung zum Vorbild aller Zwiebeltürme. Und noch heute zeugen die vielen tausend ›typisch bayerischen‹ Zwiebeltürme von diesem eher unfreiwilligen Kulturaustausch.

Stadt auch als ›Stadt des Jugendstils‹ bezeichnet.

Das Müller'sche Volksbad ist heute noch ein wunderschönes Beispiel, das von den Münchnern gerne genutzt wird. Der Jugendstilbau der Villa Stuck ist ein Gesamtkunstwerk innen und außen.

Bauhaus, NS-Zeit & Moderne

Obwohl mit der Gründung des ›Deutschen Werkbundes‹ 1907 in München ein wichtiger Grundstein für die ›Moderne‹ gelegt worden war, blieben moderne Bauten im Sinne des ›Neuen Bauens‹ in München die Ausnahme. Trotzdem gibt es einige interessante Gebäude in München aus der Vor- und Nachkriegszeit.

Mit dem 1926 von Robert Vorhoelzer gebaute Paketzustellamt an der Arnulfstraße (GPS: 48.143668 , 11.548743) hält die Moderne Einzug in München.

Der bekannte Münchner Architekt Sep Ruf baut 1933 für seinen Freund Karl Schwend ein modernes Haus mit Flachdach, bevor flache Dächer vom NS-Regime verboten wurden und meldet sich erst 1947 als Professor der Nürnberger Akademie der bildenden Künste mit einem eindrucksvollen Gebäude für die Münchner Maxburg zurück. Er wird zu einem der gefragtesten Architekten der 50er Jahre. Es folgen ein Bungalow in Gmund am Tegernsee für Wirtschaftsminister Ludwig Erhard und 10 Jahre später der Deutsche Pavillon (zusammen mit Egon Eiermann) auf der Brüsseler Weltausstellung 1958.

Da München in der Ideologie des Nationalsozialismus eine bedeutende Rolle spielte, sind hier auch heute noch entsprechende Bauten zu finden, wie z.B. das ›Haus der Kunst‹ (früher ›Haus der

Deutschen Kunst‹). Es wurde zwischen 1933 und 1937 nach den Plänen des Architekten Paul Ludwig Troost errichtet, der auch den Führerbau am Königsplatz plante und baute. Heute befindet sich darin die Hochschule für Musik und Theater. Um diese problematische Vergangenheit aufzuarbeiten, plant die Stadt

ein NS-Dokumentationszentrum, in der Brienner Straße, das 2014 eröffnet werden soll.

Die Chance, der Welt zu zeigen, wie offen und modern das Nachkriegsdeutschland geworden war, boten die Olympischen Sommerspiele 1972. Die Zeltdach-Architektur des Olympiastations verkörperte diesen Anspruch auf ideale Weise und ist bis heute weltweit eine Architekturikone geblieben.

Weitere sehenswerte Beispiele für zeitgenössische Architektur sind die Allianz Arena der Schweizer Architekten Herzog & de Meuron, die BMW Welt von Coop Himmelb(l)au, das Museum Brandhorst vom Berliner Architektenbüro Sauerbruch Hutton und das Jüdische Zentrum des Saarbrücker Büros Wandel, Hoefer und Lorch.

Oben:
Das weltberühmte Olympiagelände, mit dem das Architekturbüro Behnisch & Partner berühmt wurde

Aktives Leben

Die Region Oberbayern bietet für jeden das Beste: von den Aktivitäten in den Bergen über Wassersport bis zum Entspannen in den großen Wellnessbädern

**Rechts:
Höhensteg in
Garmisch-Parten-
kirchen**

Die Region besticht durch ihre großartige Bergwelt sowie die sanft hügeligen Voralpengebiete. Hier ist von leichten Wanderungen bis zu Klettersteigen in alpinen Regionen alles möglich. Vielerorts kann man in Hochseilgärten die Schwindelfreiheit trainieren - der größte des Chiemgaus liegt in Prien direkt am See, ein Piratenkletterschiff liegt in Utting am Ammersee.

Radfahren und Mountainbiken

Zahlreiche Wege sind ausgewiesen und Touren mit Führung werden fast überall angeboten. Eher beschaulich geht es rund um die Seen zu. Viele Familien-Fahrradstrecken, wie z.B. den Chiemsee Uferweg, führen rund um die Seen.
Hier gibt es auch das E-bike Verleihnetz >Chiemgauer Rückenwind< ein großflächiges E-bike-Verleihnetz von über 25 Verleih- und Ladestationen, mehr unter: www. additive-bikes.com

Reiten

Auch für Reiter ist die Gegend ein Paradies. Seit 2006 bietet die ›Pferderegion Oberbayern-Tirol‹ eine Pferdewanderstrecke von Stall zu Stall.
www.pferdeerleben-bayern.de

Floßfahrten

Die Gaudi kommt: Floßfahrten mit Blasmusik, Fassbier, bayerischen Schmankerln und guter Laune auf der Loisach und der Isar. Kein billiges Vergnügen ,aber sicher etwas ganz Besonderes. Von Mai bis September fahren die Flöße, auf denen bis zu 50 Leute Platz finden. Wasser-Erfrischung mit inbegriffen!
Links: www.floßfahrt.de und www.isar-flossfahrt.de

Golfen

Für Golfer gibt es zahlreiche Top-Golfplätze mit traumhaften Naturkulissen. Eine interaktive Karte für Golfer findet sich auf www.oberbayern.de/de/golfen Sehr empfehlenswert sind die Plätze im Fünfseenland.

Flugsport

Hängegleiten und Paragleiten sind in den Alpen fast überall möglich. Auch Tandemflüge für Passagiere werden vielfach angeboten. Alle Flugschulen unter: www.dhv.de

**Unten:
Wassersport auf
dem Chiemsee**

Bei den vielen Badeseen findet jeder einen ruhigen Platz

Rundflüge mit dem Segelflieger oder dem Motorsegler kann man inmitten herrlicher Berge bei der Deutschen Alpen-Segelflugschule Unterwössen vereinbaren. Link: www.dassu.de

Rechts:
Snowboard-
vergnügen auf
der Kampenwand

Wintersport

Im Winter locken die zahlreichen großen Alpinski-Gebiete wie das Brauneck, Sudelfeld, die Winkelmoosalm oder die Zugspitzregion. Skilanglaufloipen gibt es unzählige im Oberland. Zwei der Schönsten sind die Loipe im Loizachtal hinter dem Wendelstein, ausgehend von Hundham, und die Loipe im Kreuther Tal, die oft noch bis April befahrbar ist, da der Schnee im Tal außergewöhnlich lange liegen bleibt.

Ein empfehlenswertes Buch zum Skilanglauf ist der Rother Loipenführer.

Alternativ kann man Rodeln, Eislaufen und auch Schneeschuh-Touren werden angeboten. Schnee liegt hier sicher von Januar bis Mitte März.

Wassersport

Im Sommer wird der Wassersport groß geschrieben, denn auf den großen Seen kann man sehr gut Segeln, Wind- und Kitesurfen. Viele Bootsverleihe und Segelschulen bieten Kurse und Material an. Auf dem Chiemsee kann man die legendären Klepper Faltboote aus der Werft in Rosenheim testen, Termine unter: www.faltboote-und-mehr.net

Unten:
Mountain-Bike-
Tour bei
Garmisch-
Partenkirchen

Bayerische Seenschifffahrt

Auf allen größeren Seen gibt es ein hervorragendes Schifffahrtsnetz mit Rundfahrten und Spezialangeboten: www.seenschifffahrt.de und www.chiemsee-schifffahrt.de

Angeln

In den meisten großen Seen kann man angeln. Voraussetzung ist ein gültiger Angelschein und der Kauf einer Angelkarte. Rund um die Seen gibt es viele Verkaufsstellen. Ein Verzeichnis gibt es unter: www.fischerei-oberbayern.de

Ballonfahrten

In Tegernsee findet im Januar die Tegernseer Tal Montgolfiade statt. Wer nicht solange warten will, kann mit einigen privaten Ballonfahrt-Veranstaltern fahren. Im Tölzer Land gibt es z.B. Balloning Reichart.

Mehr unter: www.balloning-reichart.de Im Chiemgau unter: www.chiemseebalinung.de

Canyoning und Rafting

In vielen Gebirgsflüssen werden die Erlebnis-Outdoor-Sportarten Canyoning und Rafting angeboten - Fahrten auf der Loisach, Isar und Tiroler Ache gehören dazu.

Viele Veranstalter bieten komplette Angebote inklusive Tourbegleitung und Ausrüstung an: www.action-funtours.de oder www.bavariaraft.de

Wellness & Erlebnisbäder

Wenn es draußen mal doch nicht so schön ist oder Geist und Körper nach Entspannung verlangen, gibt es ein Ganzjahresangebot an erstklassigen Wellness-, Gesundheits- und Erlebnisbädern. Die vielen Ortsnamen die mit Bad anfangen, lassen die Vielzahl der Möglichkeiten erahnen. Die Aufzählung geht von West nach Ost:

Alpamare Bad Tölz

Der Klassiker, den jeder einmal besucht haben muss: eintauchen in blaues Wasser, hinabschießen durch steile Rutschbahnen, und erholen im Park. www.alpamare.de

Badepark Bad Wiessee

Bade- und Saunalandschaft mit einigen Sport- und Wellnessangeboten. www.badepark-bad-wiessee.de

monte mare Seesauna Tegernsee

Luxuriöse Sauna und Wellness-Installation auf dem einzigartigen Saunaschiff ›Irmgard‹. Nach der Sauna kann man vom Schiff direkt in den See eintauchen. www.monte-mare.de/de/tegernsee.html

monte mare Schliersee

Mit Blick auf den See: Sauna, Wellness, 25 m Schwimmbad und Soleaußenbecken. www.monte-mare.de/de/schliersee.html

Thermenwelt Erding

Europas größte Thermenwelt bietet unzählige Möglichkeiten. Nicht an Wochenenden oder in der Ferienzeit besuchen, da es dann oft überfüllt ist. Ein eigener, großer Wohnmobil-Hafen ist vor Ort. www.therme-erding.de

Therme Bad Aibling

Beeindruckende Thermen- und Saunalandschaft mit vielen Licht-, Farb- und Klangwelten für einen besonderen Wellnesstag. Ein eigener Wohnmobil-Hafen liegt nebenan. www.therme-bad-aibling.de

Chiemgau Therme Bad Endorf

Starke Jod-/Thermalsole-Quelle mit großem Innen- und Außenbecken. Die Saunalandschaft bietet sechs unterschiedliche Saunen und verschiedene Wellnessangebote. www.chiemgau-thermen.de

Prienavera Erlebnisbad Prien

Das Erlebnisbad ist in einer einzigartigen Glasmuschel-Architektur untergebracht. Direkt am Chiemsee kann man sich in der Sauna erholen, im Wellness-Bereich entspannen oder sich draußen im Strandbad sonnen. www.prienavera.de

Vita Alpina Ruhpolding

Das Wellness- und Erlebnisbad bietet Badespaß pur für die ganze Familie. www.vita-alpina.de

Badepark Inzell & Naturbadesee

Das Freibad mit Naturbergwasser, Hallenbad mit Kinderbecken und Riesenrutsche ist an grauen Tagen ein beliebtes Ziel. www.badepark-inzell.de

Watzmann Therme Berchtesgaden

Große Therme mit Schwimm- und Sportbecken, Solebad und Sauna. www.watzmann-therme.de

Oberbayern-Kulinarik

Von urbayrischen Schmankerln, zünftiger Brotzeit bis zu den besten Feinschmeckerrestaurants Deutschlands

Oben:
Köstlichen Apfel-
strudel gibt
es nicht nur in
Österreich

Unten:
Schöne Terrasse
im Museum Franz
Marc am Kochel-
see

Die bayerische Küche ist ursprünglich eine bodenständige und bäuerliche Küche. Die langen Winter und die viele Arbeit mussten mit deftigen Speisen kompensiert werden. Daher die vielen Fleisch- und Bratengerichte, Innereien, Suppen, Knödel, Mehlspeisen und Süßspeisen. Die bäuerliche Küche wurde am Hofe besonders unter den Wittelsbachern durch Hoflieferanten und den Austausch mit den anderen Adelshäusern in Frankreich, Böhmen und Österreich bereichert und weiterentwickelt.

Natürlich hat die moderne Haute Cuisine auch ihren festen Platz in Oberbayern, doch dazu später mehr.

Die bayrische Küche wird oft nur mit Schweinsbraten und Haxn gleichgesetzt, was aber der regionalen Vielfalt und der großen Zahl an lokalen Spezialitäten bei weitem nicht gerecht wird. Heute wird die regionale Küche kreativ gepflegt und eine Vielfalt auch vergessener alter Gerichte wird neu interpretiert gereicht.

In Bayern wird das Brauchtum gelebt, was natürlich auch für die Küche gilt: ›Bauchstecherl‹ (in Butterschmalz gebackene Kartoffelnudeln), ›Hollerkiachl‹ (Holunderblüten in Backteig), ›Böfflamott‹ (Gekochtes Rindfleischgericht, das an die Napoleonischen Zeit erinnert) und ›Schuchsen‹ (längliches salziges Schmalzgebäck) … eben bayerische Schmankerl, unbekannt, original und köstlich. So bietet Bayern ein großes Spektrum kulinarischer Köstlichkeiten aus besten eigenen Produkten, die es zu entdecken gilt.

Wer die traditionelle bayrische Gastfreundschaft und Gemütlichkeit erleben will, ist in den urigen Dorfwirtschaften, den stattlichen Gasthöfen oder den gemütlichen Biergärten richtig. Für den, der ein gehobenes Ambiente sucht, gibt es die vielen exzellenten Gourmethäuser. Die Sterneküche in Deutschland hat durch das weltberühmte Tantris in München mit Eckart Witzigmann entscheidende Impulse erhalten.

Bekam das Tantris schon 1973 einen und 1974 den zweiten Michelin-Stern, schaffte es Witzigmann 1979 mit seinem eigenen Restaurant ›Aubergine‹ als erstes deutsches Restaurant, drei Michelin-Sterne zu holen.

Die Tantris-Küche erhielt unter ihrem Nachfolger Heinz Winkler 1981 als zweites deutsches Restaurant drei Michelin-

Sterne. Heinz Winkler eröffnete 1991 seine Residenz in Aschau, in der er bis heute auf diesem Niveau kocht. Seitdem leitet Hans Haas die Küche im Tantris mit zwei Michelin-Sternen.

Auf welchem hohen Niveau in Bayern gekocht wird, sieht man auch an den Auszeichnungen des Gault&Millau: Christian Jürgens von der ›Überfahrt‹ in Rottach-Egern am Tegernsee wird zum deutschen »Koch des Jahres« und Michael Käfer ist »Restaurateur des Jahres« 2013.

Die besten Restaurants des Gault&Millau in der Region:

- 19 Punkte von 20
Residenz Heinz Winkler in Aschau/Chiemgau und Gourmetrestaurant Überfahrt in Rottach-Egern
- 18 Punkte
Königshof und Tantris in München
- 17 Punkte
Atelier, Dallmayr, 181 first und Schuhbeck, alle in München
- 16 Punkte
Herrmannsdorfer Schweinsbräu in Glonn bei München,
Christians Restaurant in Kirchdorf bei Wasserburg,
Acetaia, Acquarello, Jin und Schweiger2, alle in München

1 x 1 der bayrischen Küche

Rechts:
Eine echte
bayrische
Schweinshaxe
schmeckt un-
widerstehlich

Die bayrische Küche ist so vielfältig wie die Landschaft und die Unterschiedlichkeiten der Regionen. Den typischen Gerichten gemeinsam ist die Verankerung in der Küchentradition, die Produkte vom eigenen Land, das Fleisch von artgerecht aufgezogenen Tieren, Gemüse und Kräuter aus dem guten Boden und das gute Bier oder Glaserl Wein dazu.

Die Vielfalt ist so groß, dass darüber selbst dicke Bücher geschrieben werden. Deshalb gibt es hier das kleine Abc der bayrischen Küche mit einigen typischen Gerichten und die Entschlüsselung der geheimnisvollen Namen, also dann: ›An Guadn‹ !

Das Fleisch

Das seltene Werdenfelser Rind mit seinem außergewöhnlich aromatischen Fleischgeschmack eignet sich hervorragend für die im Voralpenland übliche Zubereitung von kräftigen Suppen, Koch- und Schmorfleischgerichten. Es wurde im Slow-Food Projekt ›Arche des Geschmacks‹ aufgenommen, welches angetreten ist, seltene Lebensmittel, Nutztiere und Gerichte vor dem Aussterben zu retten.

Oben:
Frische Kräuter
sind in der
traditionellen
Küche Bayerns
selbstverständlich

Münchner Kronfleisch

Kronfleisch ist das Zwerchfellfleisch vom Rind. Der Name rührt davon, dass es sich beim Kochen kräuselt wie eine Krone. Das duftende, zarte Fleisch wird auf dem Holzteller mit frisch geriebenen Kren (Meerrettich) und Schnittlauch serviert. Die richtigen Begleiter sind Brezn, Gurke und ein frisch gezapftes Helles. Von diesem beliebten Münchner Gericht darf es auch gern etwas mehr sein: »Wenig braucht's net sein, wann's nur guat is.«

Schweinsbraten - der Klassiker

Der Welterfolg aus der Schweineschulter wird mit Salz, Pfeffer, Kümmel und Knoblauch gewürzt und im Backofen gebraten, bis die Schwarte knusprig ist. Dazu gibts schöne braune Dunkelbiersoße, Kartoffelknödel und Blaukraut. So fängt die Gemütlichkeit an.

Die Haxn

Das Eisbein vom Schwein oder Kalb ist von einer dicken Fettschicht umgeben, die über Buchenholzkohle gegrillt zu einer goldbraunen, knusprigen Kruste wird. Die besten Haxn der Republik gibt es natürlich nur in Bayern.

Leberknödel

Er ist fast auf jeder Speisekarte zu finden und zeigt auch, wie gern in Bayern Innereien (Beuschrl, Saures Lünger, Saure Kutteln etc., aber Achtung: im Leberkäse ist weder Leber noch Käse) gegessen werden. Der in einer klaren Brühe servierte Knödel besteht aus fein verarbeiteter Leber mit Speck, Semmelwürfeln und Gewürzen.

Wollwürste

Sind etwas unansehnliche weiße, hautlose Würste aus Kalbs- oder Jungrindfleisch. Die Wurst wird auch ›Nackerte‹ genannt, da sie keine Haut hat und mit einem Spritzbeutel direkt ins kochende Wasser gedrückt wird. Sie fühlt sich weich an - daher der Name.

Der Fisch

Die Renke & der Saibling

Die Renke, der sogenannte ›Brotfisch‹ der oberbayerischen Berufsfischer, trug

schon immer zur Hälfte des Fangs und so zum Broterwerb bei.

Der wohlschmeckende Speisefisch kommt in fast allen bayrischen Seen vor und ist geräuchert eine Delikatesse.

Der Saibling gehört zu der Gattung der Lachsfische, die im Starnberger See beheimatet sind und bis zu zehn Kilogramm schwer werden können.

Sie schmecken hervorragend und da sie nicht in den normalen Fischhandel gelangen, sollten sie direkt am See verspeist werden. Eine ganz besondere Delikatesse ist der Tiefensaibling im König-

see der ›Schwarzreiter‹genannt, der über einem Haselnussrost geräuchert und an erste Adressen geliefert wird.

Chiemsee-Fischwürst

Diese Spezialität wird von den Benediktinerinnen von Frauenchiemsee hergestellt. Die Fischbrätmasse wird in Wurstform gekocht und mit Kartoffelsalat gereicht.

Steckerlfisch

Die am Stecken am offenen Feuer gegrillte Spezialität aus dem bayerischen Alpenvorland ist in jedem Biergarten oder Fest zu bekommen.

Traditionell werden aus den Seen Renken, Saiblinge, Brachsen oder Forellen gegrillt - zunehmend kommen auch Makrelen und anderer Meeresfisch auf den Stock. Der Steckerlfisch wird auf dem Papier gegessen, in das er nach dem Grillen eingewickelt wurde - meist ist es eine alte Tageszeitung.

Unten:
Steckerlfisch wird an Stecken überm Grill gebraten

Mitte:
Räucherfische werden von vielen Fischern frisch angeboten

Unten:
Eine Renke in Mandelbutter zergeht auf der Zunge

Rechts:
Zünftiges Weiß-
wurstfrühstück in
der Brauerei
Griesbräu in
Murnau

Ihn, dazu, dem Senf braunen Farinzu-
cker beizugeben. Der süße Senf war damit geboren und ist bis heute eine
Münchner Senf-Spezialität. Zusammen
mit der Münchner Weißwurst ein Paar
mit Weltruf.

Was Besonderes

Bayerischer süßer Senf

Was wäre die Weißwurst oder der Leberkäse ohne ihn?

Der Weißwurstsenf wurde im 19. Jahrhundert in München von Johann Conrad
Develey erfunden. Er stammt aus einer
alten Hugenotten-Familie (de Veley)
und gründete 1845 in der Altstadt von
München seine Senffabrik. Erst gab es
mittelscharfen und scharfen Senf nach
französischer Art, Experimente führten

Bayerische Brezn

Bayerische Brezn - das ist Brotzeitkultur,
warm frisch duftend, kastanienbraun
und leicht gesalzen. Unverzichtbar im
Biergarten, auf ›der Wiesen‹ und als Begleiter zu Weißwurst und Leberkäse. Die
Tradition der Brezn ist sehr alt. Der Ursprung soll im römischen Abendmahl-
Ringbrot liegen. In Klöstern entstand
daraus ein Ring mit Arm, ähnlich einer
Sechs, zwei zusammengelegte ›Einarmi-
ge‹ ergibt die heutige Brezenform.

Das Wort Brezn soll auf das lateinische

Unten:
Im Biergarten des
Chiemgauhofes
sitzt man unter
uralten Bäumen
direkt am Chiem-
see

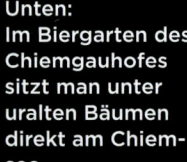

›brachiatellium‹ = ›Ärmchen‹ zurückgehen. Die Geburt der Laugenbrezel soll 1839 durch einen Fehler entstanden sein, denn statt mit sonst üblichem Zuckerwasser glasiert, wurde die Brezn mit Natronlauge, der Reinigungsflüssigkeit der Backbleche, bestrichen.

Obazda

Bayerischer Obazda ist eine zusammengerührte, ›obatzte‹ Käsezubereitung aus Camembert, Brie, Butter, Paprikapulver und Salz. Je nach Region werden Zwiebel, Kümmel oder andere Gewürze und Kräuter verwendet. Der Geburtsort des ›Obatzten‹ vor ca. 150 Jahren war der Biergarten. Aus der Not wurde eine Tugend gemacht: Camembert und Brie reiften im Sommer besonders schnell, um ihn dennoch essen zu können, wurde diese Verarbeitung erfunden.

Was Süßes

Die Prinzregententorte

Der Hofkonditor des Prinzregenten Luitpold erdachte diese herrschaftliche Torte, die der Sachertorte in nichts nachsteht. Die acht Biskuitteig-Schichten mit Schokoladencremefüllung sollen die damaligen acht Regierungsbezirke Bayerns versinnbildlichen.

Auszogne

Auch genannt Knienudeln, Kirchweihnudeln oder Kirtanudeln.
Diese Spezialität wurde besonders zur Kirchweih von den Bäuerinnen gebacken. Sie wurden über dem Knie geformt - daher auch der Zweitname. Dieses goldbraune, handgroße runde Schmalzgebäck mit dünnen Innenhäut-

chen wird mit Zucker bestreut und ist auch heute noch ein Festtagsgebäck.

Germknödel

Große Hefeklöße, die mit Pflaumenmus gefüllt sind, mit Mohn bestreut werden und appetitlich in Vanillesoße schwimmen. Diese Kalorienbomben kommen ursprünglich aus Österreich, sind aber in Bayern heimisch geworden.

Bayrisch Creme

Basis ist eine aus Eigelb und Sahne aufgeschlagene Creme, die mit Gelatine gebunden wird. Sie wird mit Kirschen, Wald- oder Erdbeeren serviert. Der Ursprung der Creme soll in das 14 Jh. zurückreichen.

Oben:
Die Traditions-Kaffee-Rösterei Dinzler lockt mit Kuchen und röstfrischem Kaffee an der Autobahnabfahrt Irschenberg

Links:
So ein Strudel ist schon eine ›Sünde‹ wert

Bayrisches Bier

Die älteste Brauerei der Welt liegt natürlich in Bayern und bei 640 Brauereien lohnt es sich, Bescheid zu wissen

**Oben:
Bierseeligkeit im
Festzelt beim
Kloster Reutberg**

**Wilhelm IV. sind
viele Biertrinker
auch heute noch
für den Erlass des
Reinheitsgebotes
dankbar**

Das Bierbrauen hat in Bayern eine lang zurückreichende Tradition. Die 1040 gegründete Bayrische Staatsbrauerei des ehemaligen Benediktinerklosters Weihenstephan in der Nähe Freisings gilt als die älteste noch bestehende Brauerei der Welt.

Das Reinheitsgebot, das 1516 vom bayrischen Herzog Wilhelm IV erlassen wurde, legt auch heute noch den Standard für die deutschen Brauereien fest. Keine weiteren Zutaten als Wasser, Hopfen und Malz sind erlaubt.

Von den ca. 1360 Brauereien in Deutschland befinden sich mit über 640 fast die Hälfte in Bayern. Die Hochburg ist allerdings Oberfranken - auch Bierfranken genannt - mit über 160 Brauereien, gefolgt von 101 Brauereien in Oberbayern.

Die Biersorten:

Obergärig? - Untergärig? Zur Hauptunterscheidung der Biere dient die Sorte der Hefe und ihre entsprechende Brauweise:

Die Bezeichnung ›Obergärige Biere‹ begründet sich darin, dass die verwendete Hefe beim Brauen an die Oberfläche steigt und abgeschöpft wird. Die höheren Gärtemperaturen von 15 - 22°C verleihen dem Bier oft einen fruchtigen Geschmack.

›Untergärige Biere‹ sind sogenannte ausgebaute Biere, bei denen die Hefe nach dem Gärungsprozess nach unten sinkt. Die Gärung erfolgt bei Temperaturen unter 10° C, daher wurden diese Sorten früher nur im Winter gebraut. Sie sind auch länger lagerfähig.

Die Stammwürze gibt an, wie viel vergärbarer Extrakt noch in der Würze enthalten ist. Das heißt, dass ein Bier mit 10 % Stammwürze 100 g Extrakt in 1000 g Flüssigkeit enthält. Die Faustregel sagt: Stammwürze Anteil geteilt durch drei ergibt den Alkoholgehalt. Daher gibt es die Unterscheidung von Schankbier mit einer Stammwürze von 7,0 % bis 10,9 %, Vollbier mit einer Stammwürze von 11,0 % bis 15,9 %, und Starkbier ab einer Stammwürze von mindestens 16,0 %.

Die bayrischen Biersorten:

Bayrisches Helles
Untergäriges Vollbier
Stammwürze: 11,0 – 12,0% Alkoholgehalt: 4,4 – 5,5 vol.%
Aussehen: hellgelb bis tiefdunkel, klar
Geruch/Blume: feinwürzig, eher malzaromatischer Geschmack, geringe Hopfennote, leicht und schlank, mild prickelnd, kurzer weicher Ausklang.
Alle untergärigen Biere wurden früher aufgrund der längeren und kalten Lagerung auch als Lagerbiere bezeichnet. Das verwendete helle Malz ergibt die entsprechende Farbe. Als ›Bayrisch Hell‹ oder ›Bräu‹ sind sie in Süddeutschland sehr beliebt.

Links:
Hopfenstangen
beim Maxlbräu
Schloss

Bayrisch Dunkel
Untergäriges Vollbier
Stammwürze: 11,4 – 13,5%
Alkoholgehalt: 4,3 – 5,6 vol.%
Aussehen: klar, mahagonifarben
bis dunkelbraun
Geruch/Blume: malzblumig bis leicht karamellartig - röstaromatisch, geringe Hopfennote. Geschmack: samtig, rund-weich bis süffig-vollmundig.
Früher entsprachen fast alle Biere dem dunklen ›Münchener Typ‹. Das lang geröstete dunkle Malz gibt ihm die Farbe.

Weizen-Weißbier hell
Obergäriges Vollbier
Geschmack: spritzig, mild, teilweise fruchtaromatisch
Blume: teilweise hefeblumig, leicht fruchtig, leicht würzig
Aussehen: hell bis gold, trüb
Stammwürze: > 11 % Alkoholgehalt: ca. 5,3 Vol.-%
Die Heimat dieses erfrischenden ›Sommerbieres‹ liegt in Bayern, hier wird es zu jeder Jahreszeit getrunken. Der Malzanteil muss mindestens 50% Weizenmalz betragen. Eine Zitrone gehört nicht ins Weißbier-Glas!

Links:
Ein Augustiner
Helles im
Biergarten
Strandbad
Fleischmann

Rechts:
Stammtisch mit
adeligem
Schlossherrn in
Maxlrain

Eine ungefilterte Bierspezialität,
die noch Eiweißstoffe, Bierhefe und
weitere Geschmacksträger enthält.
Das Bier kommt traditionell in Stein-
krügen. Diese Biersorte war ursprünglich in Franken beheimatet.

Kristallweizen

Obergäriges Vollbier
Geschmack: reizent, sehr spritzig,
sektartig, moussierend
Blume: leicht hefeblumig, Aussehen:
hell, blank, perlend
Stammwürze: > 11 %
Alkohol: ca. 5,3 Vol.-%
Gefiltertes Weißbier, daher kristallklar -
die Hefe ist nicht mehr so dominant,
aber satt macht es trotzdem.

Weizen-/Weißbier dunkel

Obergäriges Vollbier, Geschmack:
spritzig, mild, leicht fruchtig, leichtes
Malzaroma
Blume: teilweise hefeblumig, dezent
malzblumig, Aussehen: dunkel, trüb
Stammwürze: > 11 %
Alkohol: ca. 5,3 Vol.-%

Oben:
Bierseidl auf der
Kreuth-Alm

Kellerbier

Untergäriges Vollbier
Stammwürze: 11,6 – 13,0% Alkoholgehalt: 4,6 – 5,2 Vol.-%
Aussehen:
bernsteinfarben, opalisierend
Geruch/Blume: mehr oder weniger
malz- bzw. hopfenblumig, hefearoma-
tisch
Geschmack: kernig, würzig, vollmundig
mit ausgewogenen Malz- und Bitter-
nuancen, weniger prickelnd, da geringer Kohlensäureanteil

Dampfbier

Obergäriges Vollbier
Geschmack: feiner Hopfen, bitter,
vollmundig, weich, Blume: ausgewogen
hopfig/malzig, leichte Karamellnote
Aussehen:
goldgelb bis strohfarben, klar
Stammwürze: 11-13 %
Alkohol: ca. 5,5 Vol.-%

Doppelbock - Vorsicht Starkbier!

Untergäriges Starkbier
Stammwürze: über 18% Alkoholgehalt:
7,5 – 11,0 Vol.%
Aussehen: dunkelbraun mit leicht rötli-
chem Schimmer
Geruch/Blume: ausgeprägtes Malzaroma, karamellartige Röstnote, leicht
alkoholisch
Geschmack: vollmundig, kräftig, mild,
süßlich, auch leicht hopfenbitter, aus-
dauernd im Nachtrunk.

Die Fastenzeit sollte mit dem Starkbier
erträglicher gemacht werden – daher
der Begriff ›flüssiges Brot‹. Kalorien-
reich genug, um die Zeit des Fastens
gut zu überstehen.
Die Paulaner Mönche waren die ersten,
sie nannten ihren Doppelbock ›Sankt
Vater‹ - daraus wurde später der ›Sal-
vator‹. Die anderen Brauereien zogen
nach, aber die Endung -ator blieb.
Maximator (Augustiner), Triumphator

(Löwenbräu) und Animator (Hacker Pschorr). Aber Vorsicht die Wirkung beschreibt es auch - Terminator.

Oktoberfestbier

Untergäriges Vollbier
Stammwürze: 13,6- 14,0 %
Alkohol-gehalt: 5,3 - 6,6 Vol.-%
Aussehen: hell, gold-, bernstein-farben oder dunkel
Geruch/Geschmack: vollmundig, sehr rund, weich oder malzaromatisch bis leicht gehopft - sehr mild bitter oder ein wenig süß
Das Oktoberfestbier ist als Marke für die Münchner Brauereien eingetragen und wird speziell für das Oktoberfest gebraut. Es ist honiggelb und wird immer filtriert angeboten.

Vom Weißbier zu ›Radlern‹ & ›Russen‹

Das Weißbier, aus Weizen gebrautes Bier, kam erst im 16. Jh. von Böhmen nach Bayern, zuerst aber nur in die Gebiete nördlich der Donau. Erst Herzog Maximilian I. gründete 1602 ›Weiße Brauhäuser‹, um die Staatskasse aufzubessern und verfügte, dass alle Wirte per Bierzwang auch das herzogliche Weißbier ausschenken mussten.
Das Weißbier ist auch heute noch so populär, dass es den Siegeszug in alle Welt angetreten hat – wenn man ein ›Bier‹ bestellt, kommt automatisch ein Weißbier. Andernfalls sollte man ein ›Helles‹ bestellen, dann kommt ein ›normales‹ Bier.

Das ›Radler‹

Wie - man bestellt einen Fahrradfahrer? Nicht ganz - aber es hat was mit dem Rad zu tun. Der Begriff Radler soll in der Kugler Alm in Oberhaching südlich von München geboren worden sein. Hier wurde aus der Not eine Tugend. Als im Sommer 1922 Scharen von Radlern (Radfahrern) den Biergarten besuchten, gingen die Biervorräte zu Neige. Daher streckte der Wirt die Maß mit Zitronenlimonade und pries die Vorteile: sehr bekömmlich und garantiert schwindelfreies Radfahren. So die Geschichte von der Geburt der Radler-Maß.

Der ›Russ‹

Soll ein Kind der Oktoberrevolution von 1917 sein. Im Münchner Mathäser Keller trafen sich die Kommunisten, auch als ›Russn‹ bezeichnet, und tranken diese Mischung aus Weißbier und Zitronenlimonade. So sagt man, sei die ›Russn-Maß‹ geboren.

Unten:
Stammgäste können ihre Maßkrüge im Regal einschließen

Unten:
Siedekessel in der Brauerei Griesbräu in Murnau

München
und Umland

Highlights München und Umland

München, das Millionendorf mit Kunst und Kultur, das beschauliche Umland und die Hügellandschaft der Voralpen

1 München
Süddeutschlands Kulturmetropole lockt mit viel ›Dolce Vita‹

2 Herrmannsdorf
Der Traum von einer neuen Landwirtschaft wird Realität

3 Aying
Vielleicht das schönste Dorf in Oberbayern

4 Kloster Reutberg
Anziehungspunkt für Ruhesuchende

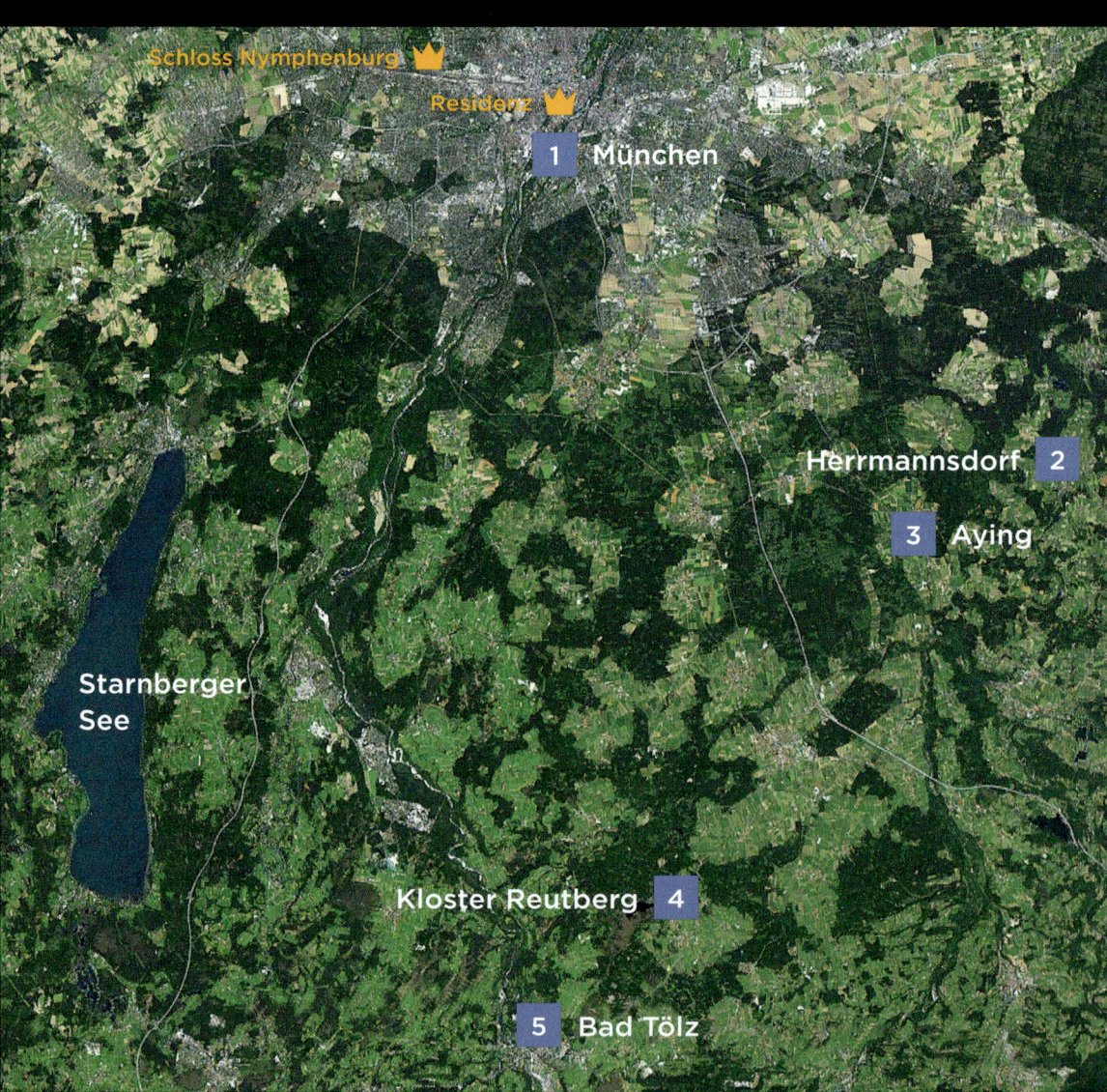

Schloss Nymphenburg
Residenz
1 München
Herrmannsdorf 2
3 Aying
Starnberger See
Kloster Reutberg 4
5 Bad Tölz

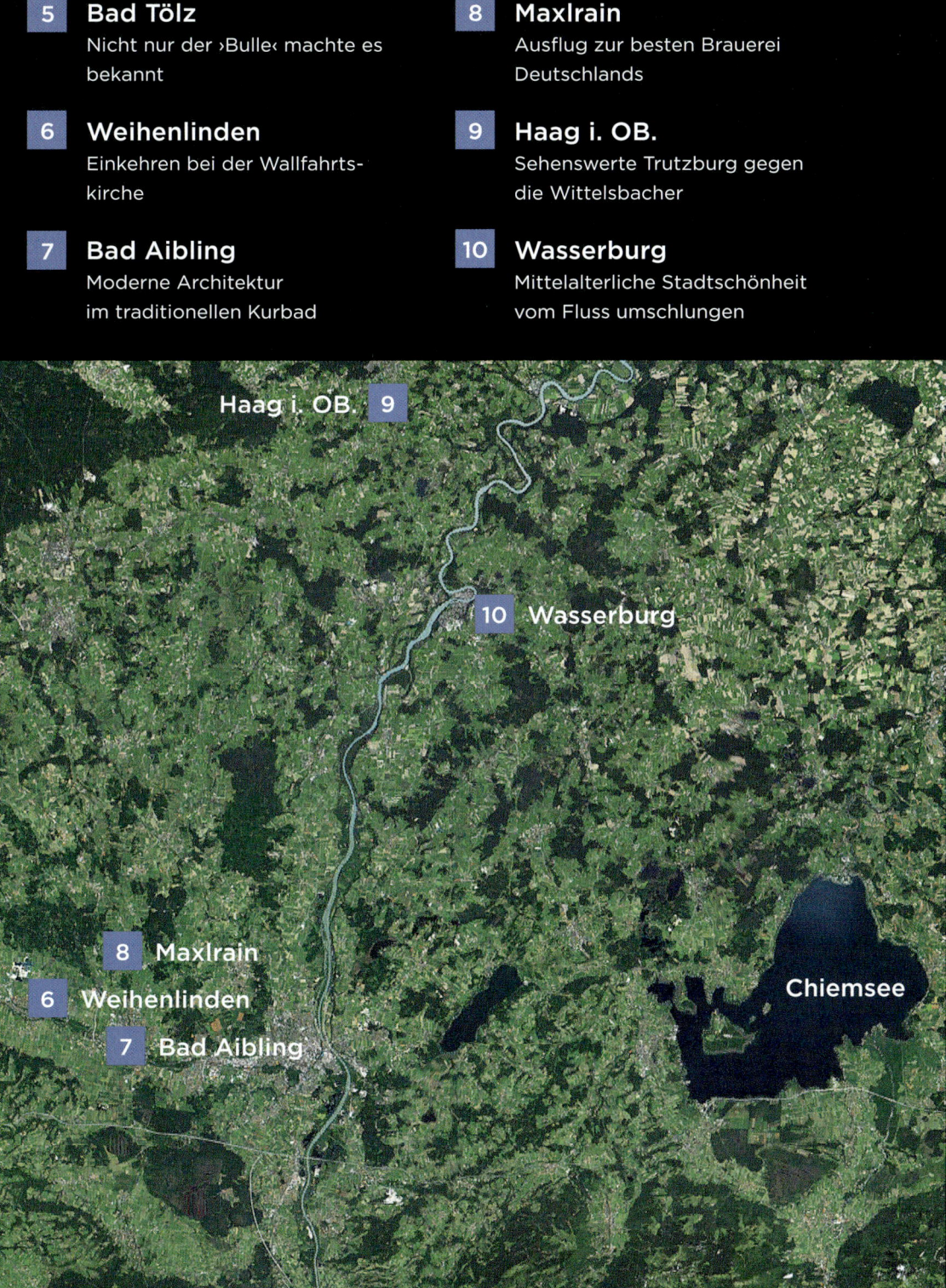

Haag i. OB. **9**

10 Wasserburg

8 Maxlrain

6 Weihenlinden

7 Bad Aibling

Chiemsee

München
Das Tor zum Süden

Zum Picknicken und Baden geht es an das Isarufer

Überall finden sich Parks

Surfen am Eisbach mitten in der City

Isarkanal bei der Praterinsel

Wasserburg
Reiche Handelsstadt am Inn

Innenraum der Pfarrkirche St. Jakob

Der Englische Garten ist einer der größten Parks der Welt

1 München: Süddeutschlands Kultur-metropole lockt mit viel ›Dolce Vita‹

**M 16 P Neubiberg
S-Bahn* XL**

**GPS: 48.076902 , 11.657683
M 15 P Michaelibad U-Bahn***
GPS: 48.119411, 11.630658

Von den kostenlosen Parkplätzen direkt an der Bahn kommt man in nur wenigen Minuten kostengünstig ins Zentrum.

Nach Berlin ist München die Kultur- und Society-Hauptstadt Deutschlands. Hunderte von Museen und Kultureinrichtungen erfreuen die über 12 Mio. Besucher jährlich mit den interessantesten Ausstellungen und Veranstaltungen. Die Bavaria Filmstudios, große Verlagshäuser wie Burda und die Süddeutsche Zeitung ziehen Stars und Sternchen an, die sich in schicken Restaurants und hippen Bars tummeln. Wer will, kann hier die Nacht zum Tag machen. Dazu kommen noch die riesigen Boulevards, die prachtvollen Bauten, die wunderschönen Schlösser und Parks aus der Königszeit. Und wenn dann noch der strahlend blaue Himmel über München mit weißen Wölkchen getupft ist, dann ist die Welt in Ordnung.

Den ›typischen‹ Münchner treffen

In der weltoffenen und großzügigen Stadt kann einem alles über den Weg laufen: die Blondine im Rolls-Royce auf

Links:
Zwei Wahrzeichen der Stadt: Das Rathaus links neben St. Peter

der Maximilianstraße, der junge Mann mit Surfanzug und -board beim Eisbach,

Unten:
Auf der Maximilianstraße zeigt man seinen Reichtum

Der Marienplatz mit Neuem Rathaus & St. Peter bilden das Zentrum Münchens, rechts der Viktualienmarkt

Unten: Beste Aussicht bei schönem Wetter von St. Peter

das Münchner Original mit Zwirbelbart und nackte Sonnenhungrige im Englischen Garten. So unterschiedlich die Bewohner der Stadt auch sein mögen - auf dem Oktoberfest oder im Hofbräuhaus vereint sie alle ein zünftiges Bier.

Vom Wohnmobil-Stellplatz zum Marienplatz in nur 15 Minuten

Wie in jeder Großstadt ist es schwierig, für Wohnmobile einen Parkplatz zu finden. Vor allem die großen Reisemobile sollten nicht den Selbstversuch wagen, in der Innenstadt einen Parkplatz zu finden. Die meisten Stadtviertel haben ohnehin Anwohnerparkzonen mit kaum Parkraum. Besser ist es, auf den großen Park & Ride-Plätzen der S oder U-Bahnen zu parken und ein paar Stationen ins Zentrum zu fahren oder unsere Stadtparkempfehlungen zu nutzen. Auch unsere Übernachtungsplätze sind zwar etwas außerhalb zu finden, aber immer gut an das öffentliche Verkehrs-

netz angebunden, so dass man schnell zu den wichtigsten Sehenswürdigkeiten kommt.

Sehenswertes in einer der schönsten Städte der Welt

Der **1** **Marienplatz** mit seinem imposanten neogotischen Rathaus ist und war das Zentrum der Stadt, wo sich seit Zeiten die Menschenmassen an den sich

kreuzenden Handelsstraßen auf dem Salz- und Getreidemarkt trafen. Hier stehen auch heute noch die Menschentrauben und warten auf das berühmte Glockenspiel im Rathausturm, das von 11.00 bis 12.00 Uhr ein einmaliges Schauspiel bietet.(im Sommer auch 17.00 Uhr) Zu den wunderbaren Klängen des Glockenspiels ziehen über 32 Figuren am Betrachter vorbei, die an das Hochzeitsturnier Wilhelms V. und den traditionellen Schäfflertanz erinnern - das sollte man in München gesehen haben. Um den Marienplatz mit seiner schönen Mariensäule gruppieren sich auch die wichtigsten Gebäude der Stadt.

Wer nach 302 Stufen auf dem Turm der **2 Pfarrkirche St. Peter** ankommt, wird mit einem sensationellen Blick über die Bauten der Innenstadt und einem wunderschönen Alpenpanorama belohnt. Man sieht hier bestens die bekannten zwei Türme der Frauenkirche, die zum Wahrzeichen Münchens geworden sind, etwas weiter westlich entdeckt man die größte Renaissancekirche nördlich der Alpen, **3 St. Michael** und man kann von oben das Gewimmel auf dem berühmten **4 Viktualienmarkt** beobachten, der hier seit über 200 Jahren seinen Platz hat.

Links:
Ludwig I. hat München in eine Metropole verwandelt

Links:
Die Theatinerkirche am Odeonsplatz mit der Feldherrnhalle

 ### M 19 Stellplatz Dulipphof* XL / C

GPS: 48.039959 , 11.620744

Ferienhof mit Blick auf die Berge, Wiesenfläche, Brötchenservice. 14 km in das Zentrum Münchens.

Übernachtungsplätze in der Nähe:
M 10 CP Thalkirchen** 14 km
M 17 SP Hohenbrunn S-Bahn* 7 km

Oben:
Auf dem Viktuali-
enmarkt ist jeden
Tag was los - bis
auf den Sonntag

Oben:
In München gibt
es neben den
Designer-Stores
auch noch viele
Traditions-
geschäfte

Auf dem Viktualienmarkt schlägt seit 200 Jahren das Herz der Stadt

Nachdem Napoleon Bayern 1806 zum Königreich erhoben hatte, machte sich der frisch gekrönte Monarch Max I. Joseph daran, München zur repräsentativen Residenzstadt auszubauen. Das bunte Markttreiben am Marienplatz passte so gar nicht in sein Bild einer glanzvollen Stadt, so dass er den Markt kurzerhand auf den Kräutermarkt neben dem Heilig-Geist-Spital verlegte. Das Spital wurde 1885 abgerissen und so wuchs der Viktualienmarkt langsam zu seiner heutigen Größe. Hier treffen sich seitdem traditionell alle Münchner, so unterschiedlich sie auch sein mögen. Sie alle werden von den Standlbesitzern, die teilweise schon in der 4. Generation dabei sind, mit derselben freundlichen Gelassenheit bedient.

Wer bei den ganzen feilgebotenen und schön dekorierten Lebensmitteln Hunger bekommt, wird auf dem Markt natürlich auch bestens versorgt. Man trifft sich auf einen Weißwein und ein leckeres Fischgericht beim vielfach ausgezeichneten Feinschmecker-Laden **Fisch Witte,** dessen Motto ›If it swims - we have it‹ in der Auslage zu bestaunen ist.

Noch feiner geht es in der 2011 wieder eröffneten **Schrannenhalle** zu. Die 2005 neu erbaute ehemalige Getreidehalle ist schnell zum Treffpunkt der Münchner Gourmets geworden.

Ob man beim **Feinkost Käfer** die edlen Zutaten für das Dinner einkauft oder ein Gläschen Champagner trinkt - hier trifft sich die ›High-Society‹ der ›Bussi-Bussi-Gesellschaft‹. Das ganze Treiben und die schön arrangierten Stände kann man ganz wunderbar aus dem oberen Stockwerk beobachten und sich dazu auch ein Gläschen gönnen. Wer eher etwas typisch Bayrisches möchte, sollte sich auf den Weg ins Hofbräuhaus machen.

Das einst herzogliche Hofbräu-Bier ist heute weltbekannt

Wer in München auf zielstrebige Japaner-, Chinesen- oder Amerikanergruppen stößt, kann sicher sein, dass sie auf dem Weg ins Hofbräuhaus sind. Von den

Menschenscharen sollte man sich aber keinesfalls von einem Besuch abhalten lassen. Das **5** **Hofbräuhaus** ist groß genug, um allen einen Platz zu bieten. Es fühlt sich einfach gut an, an den alten Tischen oder im kleinen Biergarten zu sitzen und der Blasmusikkapelle zu lauschen. Die freundlichen Bedienungen servieren gekonnt die Haxn, Hendl, Weißwürste und natürlich das weltbe-

rühmte Hofbräu-Bier, das früher für den herzoglichen Hof gebraut wurde. Stammgäste haben in langen abschließbaren Regalen ihre persönlichen Bierkrüge deponiert (links neben dem Haupteingang). Ein Privileg, dass sich jeder für einen kleinen Obolus leisten kann - es muss allerdings erst ein Fach frei werden.

Oben:
Im großen Hofbräuhaus findet jeder einen schönen Platz

Die Nähe zu Italien ist an jeder Ecke zu spüren

Gleich um die Ecke wird es an warmen Abenden italienisch. Auf dem Platz vor der **10** **Bar Centrale** herrscht dichtes Gedränge und anregendes Stimmengewirr. Mit Prosecco und Aperol genießt man bis in die Nacht das ›Dolce Vita‹ und die Schönheit der Stadt. Die bekannte Bar mit dem authentischen Flair

Links:
Weltbekannte Modemarken haben auf der Maximilianstraße ihren großen Auftritt

 M 17 Stellplatz Hohenbrunn S-Bahn* XL

GPS: 48.045593 , 11.700235

Stellplatz direkt an der S-Bahn. 30 min nach München. Der schöne Gasthof ›Alter Wirt‹ mit Biergarten ist gleich um die Ecke.

Übernachtungsplätze in der Nähe:
M 21 Stellplatz Deininger Weiher* 22 km,
M 13 SP Englischer Garten** 20 km

Das Oktoberfest: Feiern wie die Bayern

Das traditionelle Münchner Oktoberfest findet seit 1810 jährlich auf der **11** **Theresienwiese** statt und ist das größte Volksfest der Welt. Über 6 Millionen Besucher kommen aus aller Welt angeflogen und angereist.

Oktoberfeste gab es natürlich auch schon vor dem ›weltberühmten‹ Münchner Fest. Sie waren dazu da, das eingelagerte Märzenbier vor dem Anfang der neuen Brausaison aufzubrauchen. Dieser Zweck ist heute natürlich abhanden gekommen - die Brauereien sorgen mit einem extrastarken Festbier (Wiesn-Märzen 6-7% Alkoholgehalt) für einen unerschöpflichen Vorrat an Gerstensaft, da jedes Jahr um die 7 Millionen Liter Bier getrunken werden. Da der Hunger ebenso groß ist, werden an die 120 Ochsen und 60 Kälber sowie über 522.000 Hendl verspeist.

Um diese enormen Mengen an Bier nach dem Verzehr aufzunehmen, sind die Münchner Kläranlagen extra auf die doppelte Größe angelegt.

Die großen Festzelte gehören den Münchner Traditions-Brauereien Spatenbräu, Augustiner, Paulaner, Hacker-Pschorr, Hofbräu und Löwenbräu und dürfen deshalb ausschenken, weil sie dem Münchner Reinheitsgebot von 1487 und dem Deutschen Reinheitsgebot von 1906 entsprechen.

Die größte Besuchergruppe stellen die ›italienischen Nachbarn‹, bei denen das Fest überaus beliebt ist. Ihre Wohnmobile bepflastern die ganzen Wohngebiete rund um die Wiesn, sehr zum Unmut der lärmbelästigten Anwohner. Es ist dringend zu empfehlen, auf unsere Wohnmobil-Plätze auszuweichen und ohne Stress mit der S- & U-Bahn anzureisen (Haltestelle: Theresienwiese), denn die offiziellen temporär eingerichteten Stellplätze sind in dieser Zeit hoffnungslos überfüllt.

Trachten-Geheimzeichen:

Wer sich fürs Oktoberfest ›fesch‹ machen möchte und in Tracht kommt, sollte diese Geheimzeichen bei den Damen beachten:

Dirndl-Schürzen Geheimzeichen

Wer die Dirndlschürze auf der linken Seite bindet, ist ledig und noch zu haben. Die Dame darf also gerne angesprochen werden. Rechts ist schlecht, da es bedeutet, die Dame ist vergeben oder verheiratet und ein Flirtversuch könnte vom wütenden Ehemann geahndet werden.

Die Schleife mittig gebunden bedeutet, dass die Trägerin noch Jungfrau ist.

Wer die Schleife hinten bindet, ist entweder verwitwet oder Kellnerin.

Links:
Bayrisches Nationalmuseum auf der Prinzregentenstraße

ist aber nur eine von vielen, die das italienische Lebensgefühl in München ausmachen. Sobald die ersten Sonnenstrahlen oder der Föhn da sind, zieht es alle hinaus in die Straßencafés, die an jeder Ecke in München zu finden sind. Die Aussicht auf endlose Prachtboulevards und großartige Bauten aus der Königszeit verführen zum ›Dolce far niente‹, dem süßen Nichtstun. Also genau das Richtige für einen perfekten Urlaubstag.

Die Fußballhochburg

Der ewige Wettstreit zwischen dem FCB und 1860 erhitzt die Gemüter seit Generationen.
Die erste Frage an der Theke ist dann auch immer die, ob blau oder rot die eigenen Vereinsfarben sind.
Beide Teams spielen nun in der neuen **Allianz Arena**. Das überdimensionale ›Doughnuts-Schlauchboot‹ wird in ein strahlendes Rot oder Blau getaucht je nach Verein. Die Architektur ist auch ohne Live-Fußball einen Besuch wert. Eine neue Attraktion ist hier die FC Bayern Erlebniswelt, ein Vereinsmuseum mit Fanshop und Gastronomie. Hier gibt es auch die Arenatickets oder online unter: www.fcbayern.telekom.de

 **M 11 Hafen
Allianz-Arena* XL**

GPS: 48.221854 , 11.624597
An und vor Fußball-Spieltagen und während des Okoberfests steht der Platz nicht zur Verfügung. 30 min mit dem Bus ins Zentrum.

Übernachtungsplätze in der Nähe:
M05 Stellplatz Olympiagelände* 10 km
M 03 HF Therme Erding** 30 km
M06 CP Obermenzing** 20 km

Kunst-Highlights in München:
Die ›Must-Sees‹ der Kulturmetropole

Geballte Kunst wird im **6 Kunstareal** München geboten. Hier befinden sich 16 Museen und Ausstellungshäuser, über 40 Galerien und Kulturinstitutionen und sechs Hochschulen auf einer Fläche von 66 Hektar mitten in der Stadt. Aktuelle Informationen unter: www.kunstareal.de

Das Kunstareal bietet 16 Museen und 40 Galerien

Einige der international renommiertesten Ausstellungen sollte man sich nicht entgehen lassen. Die **Alte Pinakothek** erinnert in ihrer Qualität sehr an den Louvre. Hier wird europäische Malerei vom 13. bis zum 18. Jahrhundert gezeigt - die **Neue Pinakothek** schließt bis zum 19. Jh. auf. In der **Pinakothek der Moderne**, im sehenswerten Bau von Architekt Stephan Braunfels, ist der neueste Teil untergebracht. Internationale Malerei, Skulptur und Photographie des 20. und 21. Jahrhunderts sowie eine Sammlung für Design, Grafik und Architektur sind hier zu sehen.

Die Neue Sammlung zählt auch zu den führenden Designmuseen der Welt und besitzt auch die größte Industriedesign-Sammlung weltweit. Gleich im Eingangsbereich kann man Design-Ikonen von 1900 bis heute bewundern. Auch die Sammlung des Architekturmuseums ist die größte ihrer Art in Deutschland. Die Zeichnungen und Modelle berühmter Architekten wie Le Corbusier, Johann Balthasar Neumann und Günter Behnisch sind hier ausgestellt. Filme und 3D-Animationen veranschaulichen die Entwürfe.

Das ›bunte‹ **Museum Brandhorst** nebenan beherbergt seit 2009 die Sammlung von Udo und Annette Brandhorst für moderne und zeitgenössische Kunst. Das Architekturbüro von Louisa Hutton und Matthias Sauerbruch hat den eindrucksvollen Bau mit den bunten Keramikstäben entworfen. In seinem Inneren befinden sich auf 3.200 qm Ausstellungsfläche sehr eindrucksvolle Werke von Andy Warhol, Sigmar Polke, Bruce Naumann und anderen.

Etwas weiter befindet sich das **11 Lenbachhaus und Kunstbau**, das weltweit die größte Sammlung mit Werken zur Kunst des ›Blauen Reiter‹ besitzt. Die Kunstrichtung, die in Murnau im Blauen Land ihren Ursprung hatte, ist hier mit 220 Werken vertreten. Werke von Gabriele Münter, Franz Marc, August Macke, Paul Klee, Heinrich Campendonk und Wassily Kandinsky sind hier zu sehen. Im Zwischengeschoss der U-Bahnstation,

Unten:
In der Pinakothek der Moderne sind 4 Museen vereint

Links:
Das Deutsche
Museum auf der
Museumsinsel
von oben

dem sogenannten Kunstbau, zeigt das Lenbachhaus moderne Wechselausstellungen mit modernen Künstlern wie z.B. Erwin Wurm.

Weitere Museen im Kunstareal sind u.a. Paläontologisches Museum München, Staatliche Antikensammlung und Glyptothek, Geologisches Museum München und seit 2013 das Staatliche Museum Ägyptischer Kunst München.

Deutsches Museum

Das **1** ›**Deutsches Museum** von Meisterwerken der Naturwissenschaft und Technik‹ ist mit rund 28.000 Objekten das größte naturwissenschaftlich-technische Museum der Welt. Jährlich bestaunen etwa 1,5 Millionen Menschen die technischen Innovationen vergange-

Links:
Eingangshalle
der Pinakothek
der Moderne

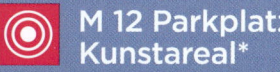 **M 12 Parkplatz Kunstareal***

GPS: 48.149305 , 11.570384

Sonntags früh kann man hier bei den Museen noch einen Parkplatz ergattern. Leider nichts für XL-Mobile.

Übernachtungsplätze in der Nähe:
M 05 SP Olympiagelände* 6 km
M 13 SP Englischer Garten** 6 km

Oben:
Die bunte Kera-
mik-Fassade des
Museum Brand-
horst

Rechts:
Im schönen
Müllerschen
Volksbad kann
man wunder-
schön entspan-
nen

ner Tage sowie zukunftsweisende Ent-
wicklungen wie z.B. die Nanotechnik.
Seit der Grundsteinlegung 1906 auf der
Isarinsel in Anwesenheit von Kaiser Wilhelm II. und Prinzregent Luitpold von
Bayern ist der Bau auf 73.000 qm Ausstellungsfläche angewachsen.
Für dieses Prachtexemplar von Museum
sollte man unbedingt einen ganzen Tag
einplanen. Wer danach dringend eine
Erholungsphase braucht, kann gegenüber in das wunderbare **Müller'sches**
Volksbad gehen. Im prachtvollen Ju-
gendstilambiente kann man die Seele
baumeln lassen und auch gut speisen.

Museum Villa Stuck

Wenn man durch die **12** **Villa Stuck** spa-
ziert, weiß man nicht was schöner ist:
die wunderbaren Kunstwerke der
Sammlung von Franz von Stuck oder
die luxuriösen historischen Zimmer mit
dem zauberhaften Künstlergarten auf
der Hausrückseite. Die vom Künstler ei-
gens entworfenen Möbel wurden auf
der Pariser Weltausstellung 1900 mit
einer Goldmedaille ausgezeichnet. Die
Künstlervilla ist ein sehenswertes Gesamtkunstwerk, in dem sich Leben, Architektur, Kunst, Musik und Theater ver-
binden.

 M 13 Stellplatz
Englischer Garten**

GPS: 48.163631 , 11.606796

Stellplatz im Grünen mitten im Eng-
lischen Garten unweit der Biergärten
Hirschau und Mini-Hofbräuhaus

Übernachtungsplätze in der Nähe:
M 05 Stellplatz Olympiagelände* 7 km,
M 11 Hafen Allianz-Arena* XL 10 km

Die LandYachting Biergarten Top-Tipps

**Biergarten ist nicht gleich Biergarten, aber für jeden gibt es den richtigen:
Es gibt den Ausflugs-Biergarten, den Touristen-Biergarten, den Kloster-Biergarten, die Stadt-Biergärten, den Biergarten für Alle, den Massen-Biergarten und die alternativen Biergärten.**

Die Ausflugs-Biergärten

Die Waldwirtschaft bei Pullach an der Isar bietet die beste Musi. In ihm begann auch 1995 die Biergarten-Kulturrevolution und ›Das Recht auf Geselligkeit vs. Anwohnerschutz‹ endete mit einem Sonderschutzstatus der Biergärten.

Der Aumeister im nördlichen Englischen Garten ist eine der besten Radl-Destinationen im Park. Der Kreitmeier östlich von München in Neukeferloh hat noch genau das richtige Ambiente.

Die Kloster-Biergärten

Der Biergarten Kloster Reutberg ist kaum bekannt, bietet aber die schönste Aussicht ins Alpenvorland. Der Biergarten Kloster Andechs ist mit dem Andechser Bier ein weltbekanntes Ziel.

Die Stadt-Biergärten

Der Biergarten am Viktualienmarkt, der Augustiner-Keller in der Arnulfstraße in dem noch vom Holzfass gezapft wird oder der Hofbräukeller am Wiener Platz mit seinen hohen Kastanien werden auch gern mittags oder nach der Arbeit besucht.

Die großen Biergärten

Zu den großen Massenanziehungspunkten zählt der größte traditionelle Biergarten der Welt - der Hirschgarten oder der Chinesische Turm im Englischen Garten. Dort treffen sich täglich mehrere tausend Touristen und Einheimische.

Die alternativen Biergärten

Junggebliebene zieht es in die Max-Emanuel-Brauerei in der Unigegend, der Garten am Jugendstil Müller'sches Volksbad ist klein und fein, im Park-Café ist der Flirtfaktor besonders hoch und auf der Praterinsel nahe des Deutschen Museums herrscht Lounge-Feeling im Biergarten.

Noch mehr Biergarten-Tipps gibt es auf:
www.biergärtenmünchen.de

Großstadt im Grünen: Entspannen in Parks, Gärten und Grünanlagen

Über 13% Münchens sind mit Grünflächen bedeckt. Allein der **Englische Garten** in der Innenstadt gehört mit 3,75 qkm Fläche zu den größten Parks der Welt (Hyde Park London: 2,5 qkm). Der Olympiapark, der zu den Olympischen Sommerspielen 1972 angelegt wurde, folgt ihm mit 850.000 qm.

Aber es gibt auch immer wieder kleinere und kleine Grünflächen, die man für eine kurze Auszeit in der Millionenstadt nutzen kann.

Der **6** **Hofgarten** wurde von Maximilian I. Kurfürst von Bayern als Renaissancegarten im italienischen Stil angelegt. Direkt nebenan liegen die Shopping-Highlights Maximilianstraße und die Fünf Höfe.

Der Gärtner-Platz wird auch immer gerne zum Sonnen und Kaffee trinken genutzt und am Wochenende entspannt sich die gesamte Familie im Tierpark Hellabrunn.

Oben:
Der kleine Park am Gärtnerplatz ist Treffpunkt für Sonnenhungrige, so wie auch der Hofgarten rechts mit dem zentralen Diana-Tempel, in dem sich Musiker und Tänzer treffen

Unten:
Der Eisbach fließt ruhig durch den Englischen Garten

Die Highlights des Englischen Gartens

Über zwei Jahrhunderte hat es gedauert, damit der Park sein heutiges Landschaftsbild zeigen kann. Für den bekannten Aussichtspunkt **7** **Monopteros** wurde sogar ein künstlicher Hügel ange-

legt, um die erhebende Aussicht zu bekommen (S.84 & S.96). Ursprünglich von Kurfürst Karl Theodor für die Armee als Erholungsort gedacht, wurde der

Park dann 1792 als Volkspark für die damals 40.000 Münchner Bürger eröffnet. Er wurde vom Briten Benjamin Thompson und dem Schwetzinger Hofgärtner im Stile der englischen Landschaftsparks angelegt. Daher auch der passende Name.

Das heute wohl bekannteste Bauwerk ist der 25 m hohe 8 **Chinesische Turm**, der im Laufe der Zeit mehrmals abgebrannt ist, aber immer wieder originalgetreu aufgebaut wurde. Der riesige Biergarten um den Turm ist ein beliebter Treff nach dem Parkspaziergang.

Ein ganz anderes Highlight ist am Anfang des Parks in der Prinzregentenstraße zu besichtigen. Ganzjährig ist hier, an dem Haus der Kunst auf der Eisbachbrücke eine Menschentraube zu sehen, die einem ganz besonderen Spektakel zuschaut: dem Eisbachsurfen. Über 2.000 Münchner Surfbegeisterte und auch weltweite Surf-Stars reiten auf der stehenden Welle, die immer verlässlich da ist. Natürlich immer mit Neoprenanzug, da der 9 **Eisbach** seinen Namen zu Recht trägt. Der Weg von der Eisbach-Welle über den Monopteros zum Chinesischen Turm beträgt rund 1,5 km.

Highlight Olympiapark und Stadion

Das Olympiagelände ist heute ein Erholungs- und Veranstaltungsort, den die

 M 10 Campingplatz Thalkirchen XL / C

GPS: 48.090887 , 11.544720

Sehr großer Campingplatz an der Isar. Schöner Ausgangspunkt für Spaziergänge, Radtouren und Badevergnügen am Fluss. Mit dem Bus 135 in 15 Minuten ins Stadtzentrum. 1,3 km zum Tierpark Hellabrunn.

Übernachtungsplätze in der Nähe:
M 19 Stellplatz Dulipphof* 15 km
M 09 Parkplatz Floßlände* 1 km

Oben:
Das Olympia-
stadion mit seiner
berühmten Zelt-
dachkonstruktion

Oben:
Im Tierpark
Hellabrunn gibt
es 18.000 Tiere
zu entdecken

vielen Besucher und Münchner gerne nutzen. Da immer irgendein Musik- oder Sport-Event ansteht, sollte man die U-Bahn bis Olympiazentrum benutzen, weil verhältnismäßig wenige Parkplätze vorhanden sind oder gleich zu Fuß vom **Wohnmobil Stellplatz Olympiagelände (M 05)** in den Park gehen. Gleich bei der U-Bahn Station befindet sich das 4 **BMW-Museum** und die neue 4 **BMW-Welt** vom österreichischen Architektenbüro Coop Himmelb(l)au, die abends spektakulär in den Abendhimmel strahlt. Im Museum kann man sich die historischen Anfänge von BMW anschauen - die BMW-Welt zeigt die Gegenwart und Studien für die Zukunft. Ein Muss für jeden Automobil-Interessierten und für die Kulinarik sei hier die neue Restauration von Michael Käfer empfohlen. Über den Mittleren Ring geht es dann in den weltbekannten 5 **Olympiapark**. Er wurde für die Olympischen Sommerspiele 1972 im Münchner Norden angelegt und die spiegelnde Plexiglasdachkonstruktion des Stuttgarter Architekten Günther Behnisch machte es über Nacht zur Architekturikone. Da das schön angelegte Gelände erst von oben richtig zu würdigen ist, kann man eine Zeltdachführung buchen. In kleinen Gruppen geht es dann mit Karabinerhaken auf dem Dach entlang. So lässt

sich nicht nur der Park bestens überblicken, sondern auch München mit seinen Wahrzeichen, den Türmen der Frauenkirche. Bei gutem Wetter sieht man sogar die Zugspitze. Mehr Informationen unter: www.olympiapark.de
Wer noch höher hinaus will, dem ist der Olympiaturm zu empfehlen. Der Blick ist grandios und das Spitzenrestaurant 181 bietet Speisen auf dem entsprechenden Niveau.

Tierpark Hellabrunn

1911 gegründet, ist 10 **Tierpark Hellabrunn** mit 40 Hektar heute einer der größten zoologischen Gärten Deutschlands und ein einzigartiges Naturparadies im Landschaftsschutzgebiet der Isarauen. Über 25 Brücken führen über die verschiedensten Kanäle im Park. 700 Arten mit knapp 18.000 Tieren sind in den großzügigen Anlagen auf dem parkähnlichen Gelände verteilt. Hier kann man bummeln, im Biergarten einkehren und natürlich die jüngste Attraktion des Tierparks anschauen: die Polarwelt mit der Eisbärenanlage samt Wasserfall ist der Publikumsmagnet des Parks.
Nur wenige Minuten vom Tierpark entfernt liegt der große **Campingplatz Thalkirchen** direkt an den Isarauen. Ein idealer Platz, um München zu erobern. Wer mag, kann in der kalten Isar schwimmen gehen oder gleich im **Naturbad Maria Einsiedel** nebenan (**Stellplatz Floßlände M 09**).
Das saubere Wasser der großen Schwimmbecken kommt ohne Chemie, nur mit Klärung durch Algen aus. Durch das große Gelände läuft zudem noch ein Kanal mit erfrischend kühlem Wasser.

Isarufer: Sommerfrische in der Stadt

Seitdem die Isar renaturiert wurde, lockt sie im Sommer Zehntausende zum Relaxen an den Kieselstrand des breiten Flusses. Der neue schöne Uferbereich lockt aber nicht nur Sonnenanbeter an, sondern bietet auch neuen Lebensraum für Tiere und Pflanzen. Seit über 100 Jahren werden wieder seltene Wanderfischarten wie Nase, Barbe oder Huchen gesehen, die jetzt wieder zu den Laichplätzen im Oberlauf der Isar wandern können.

Während man an der Isar in der Stadt nur wenig oder gar keinen Schatten hat, kann man am Grünwalder Ufer zwischen alten hohen Bäumen einen wunderbaren Badetag verbringen.

Den Tag solllte man mit einem Picknick an der Isar oder mit einem Besuch im Biergarten ausklingen lassen. Der **Biergarten Brückenwirt** liegt, wie der Name schon sagt, gleich an der Grünwalder Brücke beim Stellplatz. Wer noch sportliche Energie hat, kann in nur 4 km Entfernung einen der besten Biergärten Münchens besuchen. Immer am westlichen Ufer der Isar entlang kommt man nach 4 km zur **Waldwirtschaft Großhesselohe**. Hier bekommt man zum sehr guten Essen im Biergarten noch beste Jazzmusik geboten.

Wer etwas feiner speisen möchte, ist im Restaurant der Waldwirtschaft auch sehr gut aufgehoben.

Links:
Der Isarstrand bei Grünwald ist für einen wunderbaren Badetag bestens geeignet

 ## M 18 Stellplatz Isarufer* XL

GPS: 48.043652 , 11.518438

Der große Parkplatz liegt eben unter Bäumen direkt an der Isar. Ideal zum Sonnen und Baden. Gleich über die Brücke liegt ein sehr schöner Biergarten - der Brückenwirt.

Übernachtungsplätze in der Nähe:
M 19 Stellplatz Dulipphof* 9 km
M 10 Campingplatz Thalkirchen** 9 km

Entertainment Top-10

1 **Jazzclub Unterfahrt im Einstein**
Ein ganz besonderer Club mit guten Live-Konzerten internationaler Jazz-Musiker. Zuerst ins Brauhaus Einstein und zünftig Abendessen und danach hinunter zum Jazzkonzert. **www.unterfahrt.de**

2 **NEKTAR Lounge Club und Restaurant**
Besonderes Ambiente: Farbspiele auf dem in weiß in weiß gehaltenen Interieur, Speisen im Liegen und eine extravagante Bar. **www.nektar-munich.de**

3 **8-seasons - Events & Bar im historisch neogotischen Gebäude**
In der alten Isarpost - geht dieselbe ab: Bar, Brunch und House Party. Tagsüber ist die schöne Bar nur im Sommerhalbjahr geöffnet. **www.8-seasons.com**

4 **Dreigroschenkeller**
Mitten in der Welt von Bertolt Brecht. Die Dreigroschenoper als Architekturmotto mit gutem Bier und Buletten. **www.3groschenkeller.de**

5 **Jazzbar Vogler**
Die Live-Bar mit persönlichem Ambiente von Thomas Vogler bietet die besten Acts von Jazz über Swing, Soul, Funk, Latin. Vorher gegenüber im Nero speisen. **www.jazzbar-vogler.com**

6 **Schumann's Bar**
Die Bar des bekanntesten Barmanns in Deutschland Charles Schumann alias ›Mr. Baldessarini‹ ist eine Münchner Institution. **www.schumanns.de**

Adressen & GPS in den Infoseiten ab S. 126

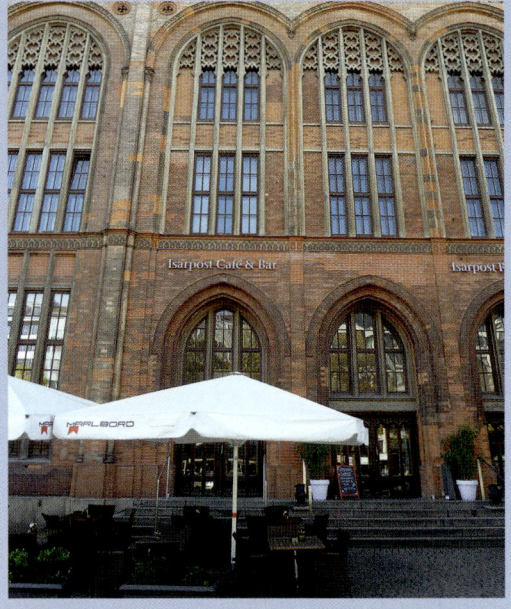

7 **P1**
Der bekannte Club für die Reichen und Schönen. Im Sommer schöne Außenterrasse, auf der man auch Oliver Kahn oder Boris Becker treffen kann. **www.p1-club.de**

8 **Hotel Bayerischer Hof-Night Club Bar & Restaurants**
Beste Adresse mit besten Live-Bands und vorher asiatisch oder bayrisch speisen im Trader Vic's oder im Palais Keller. **www.bayerischerhof.de**

9 **Bar München**
Die gepflegte Bar mit guter Küche und besten Getränken ist im ehemaligen Schumann's auf der Maximilianstraße zu finden. **www.barmuenchen.com**

10 **Bar Centrale**
Italien mitten in München, morgens auf einen Cappuccino oder abends auf ein Glas Wein. **www.bar-centrale.com**

Kunst & Kultur Top-10

1 Schloss Nymphenburg und Gärten

Der ehemalige Sommersitz der Wittelsbacher und Geburtsstätte von König Ludwig II. mit dem ausgedehnten englisch angelegten Garten mit Wasserläufen und See. **www.schloss-nymphenburg.de**

2 Schloss Schleißheim

Der Schlosskomplex, der nach ehrgeizigen Plänen von Kurfürst Max Emanuel eine große Residenz nach Versailler Vorbild ergeben sollte, ist nicht vollendet worden. Dennoch ist er eine der schönsten Barockanlagen Deutschlands. **www.schloesser-schleissheim.de**

3 Residenz

Der Stadtpalast der Wittelsbacher zeigt, mit welcher Pracht die Regenten von 1508 bis 1918 hier residierten. Die bayrischen Herzöge, Kurfürsten und Könige vergrößerten im Laufe der Jahrhunderte diesen Herrschersitz. **www.residenz-muenchen.de**

4 Bayerische Staatsoper

Spielt im National Theater oder im kleinen Cuvilliés-Theater und gilt als eins der besten Opernhäuser der Welt. Oft auf dem Spielplan: Mozart, Strauss und Wagner. Im Sommer finden die bekannten Opernfestspiele statt. **www.bayerische.staatsoper.de**

5 Staatstheater Bayern

Dazu gehören das Residenz- und das Gärtnerplatz-Theater. Sie zählen zu den bedeutendsten Theatern in Deutschland. Gespielt wird im neuen Residenztheater, im Cuvilliés-Theater (altes Residenztheater), im Marstall und am Gärtnerplatz. **www.staatstheater. bayern.de**, **www.residenztheater.de**, **www.staatstheater-am-gaertnerplatz.de**

6 Münchner Philharmoniker

Das gefeierte Münchner Stadtorchester unter der Leitung von Lorin Maazel spielt im Gasteig. **www.mphil.de**

7 Kulturzentrum Gasteig

Das Kulturzentrum am Deutschen Museum bietet Klassische Musik, Filme, Vorträge und die bekannten Münchner Filmfestspiele. **www.gasteig.de**

8 Prinzregententheater

Eine der großen Bühnen in München mit klassischen und modernen Aufführungen von Lesung über Konzert bis zur großen Oper. **www.prinzregententheater.de**

9 Deutsches Theater

Das deutsche Fenster zum Broadway - im neu renovierten Gebäude. **www.deutsches-theater.de**

10 Münchner Kammerspiele

Traditionsreiches, städtisches Sprechtheater mit schönem Café. **www.muenchner-kammerspiele.de**

Adressen & GPS in den Infoseiten ab S. 126

Museum & Freizeit

1 Deutsches Museum
1a Flugwerft Schleißheim
1b Verkehrszentrum
2 Neuer Botanischer Garten
3 Bavaria Filmstadt
4 BMW-Welt und -Museum
5 Olympia Park & -Turm
6 Kunstareal
7 Haus der Kunst
8 Jüdisches Museum München
9 Stadtmuseum
10 Bayerisches Nationalmuseum
11 Lenbachhaus
12 Villa Stuck

Kunst & Kultur

1 Schloss Nymphenburg
2 Schloss Schleissheim
3 Residenz
4 Bayerische Staatsoper
5 Staatstheater Bayern
6 Münchner Philharmoniker
7 Kulturzentrum Gasteig
8 Prinzregententheater
9 Deutsches Theater
10 Münchner Kammerspiele

Sehenswürdigkeiten

1 Marienplatz
2 St. Peter
3 St. Michael
4 Viktualienmarkt
5 Hofbräuhaus
6 Hofgarten
7 Monopteros
8 Chinesischer Turm
9 Eisbach
10 Tierpark Hellabrunn
11 Theresienwiese / Oktoberfest

Entertainment

1 Jazzclub Unterfahrt
2 NEKTAR Lounge Club
3 8-seasons Club
4 Dreigroschenkeller
5 Jazzbar Vogler
6 Schumann's Bar
7 P1
8 Hotel Bayerischer Hof
9 Bar München
10 Bar Centrale

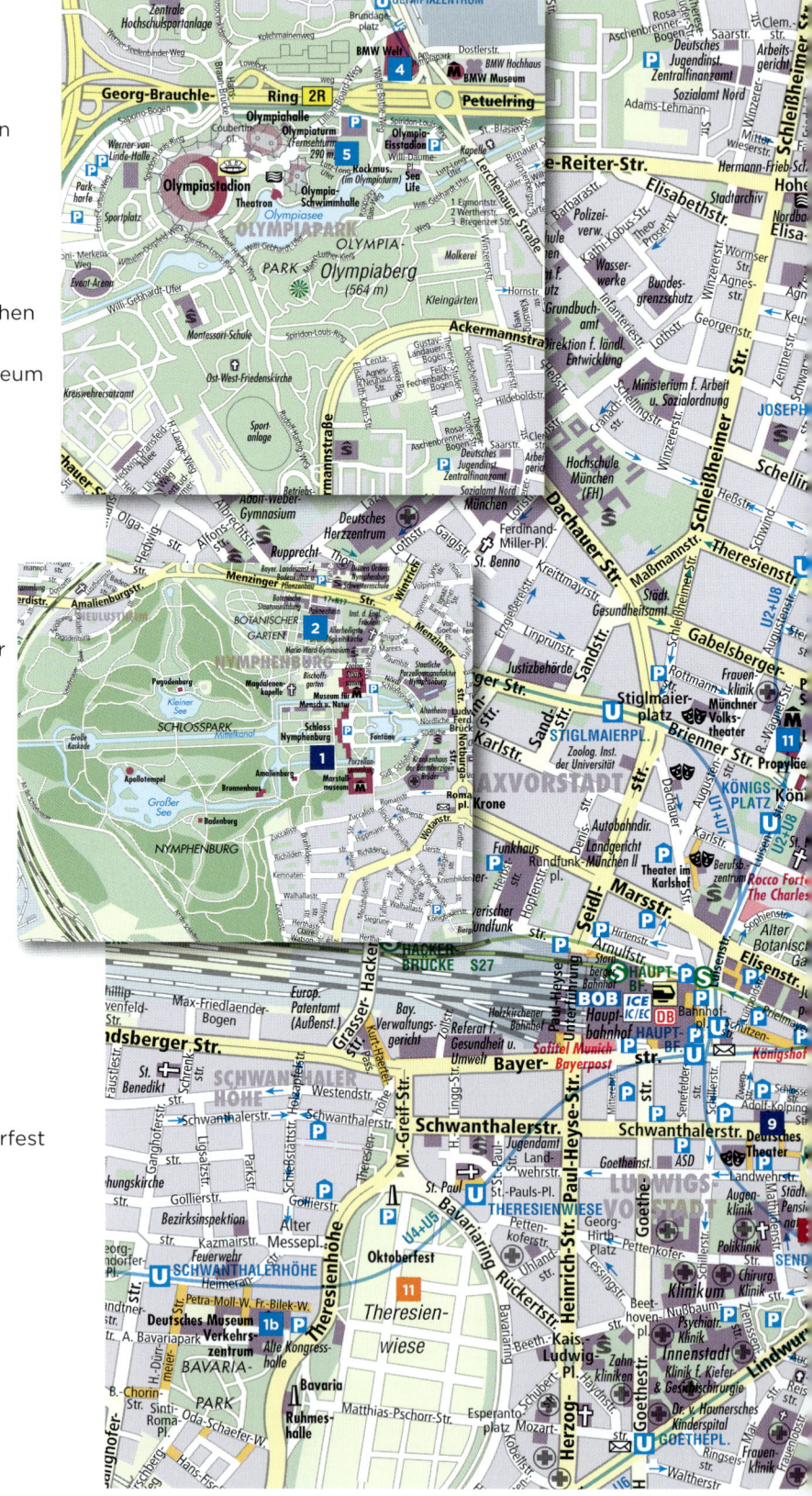

Straßenkarten © Kunth Verlag GmbH & Co. KG, München

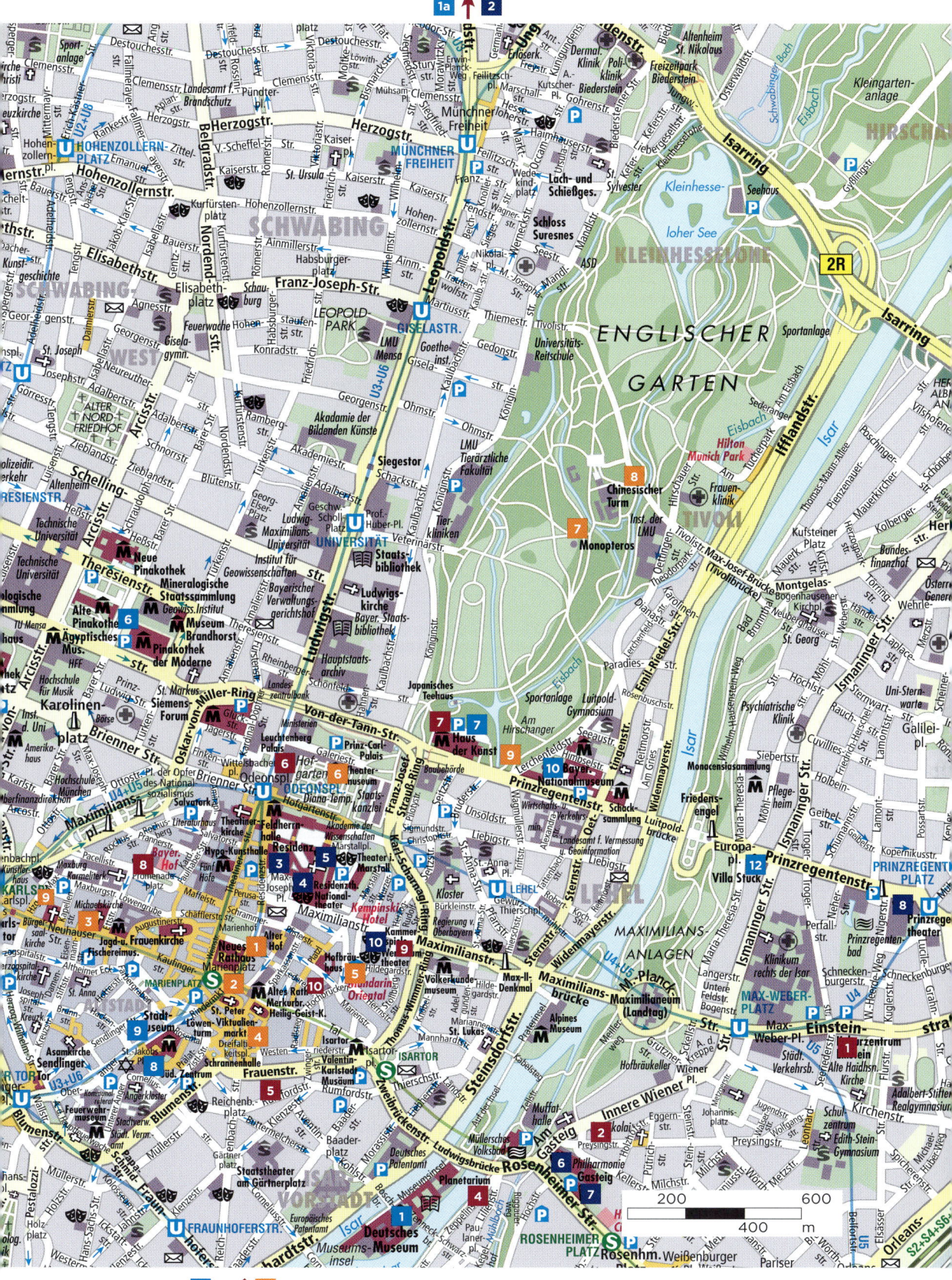

Museum & Freizeit Top-10

1 **Deutsches Museum / Flugwerft Schleißheim / Verkehrszentrum**

Weltweit das größte naturwissenschaftlich-technische Museum. Entdecken und staunen inklusive. Dependancen:
Luft- & Raumfahrt in Schleißheim und Verkehr auf der Theresienhöhe.
www.deutsches-museum.de

2 **Neuer Botanischer Garten**

Der Botanische Garten München neben dem Schloss Nymphenburg gehört zu den bedeutendsten botanischen Gärten der Welt. Mit Viktorianischem Palmenhaus und Tropen- und Subtropenhäusern.
www.botmuc.de

3 **Bavaria Filmstadt**

›Das Boot‹, ist der bekannteste Film, die original Drehkulissen - auch von vielen anderen Filmen sind auf der Film-Tour zu sehen.
www.filmstadt.de

4 **BMW-Welt und -Museum**

Die Kathedrale der modernen Automobilarchitektur mit aktuellen Modellen und Technikfeatures sowie exzellentem Restaurant und die Geschichte der BMW-Vehikel gleich nebenan. **www.bmw-welt.com**

5 **Olympia Park & - Turm**

Das Olympiagelände von 1972: immer noch modern und imposant, mit vielen Sportevents, Konzerten und Festen, sowie Großaquarium SeaLive (www.visitsealife.com). Der schönste Blick über München und zu den Alpen gibt es vom Olympiaturm, mit Edelrestaurant und Rockmuseum.
www.olympiapark.de

Adressen & GPS in den Infoseiten ab S. 126

6 **Kunstareal**

Hier befinden sich 16 Museen und Ausstellungshäuser, über 40 Galerien und Kulturinstitutionen, Alte, Neue und Modere Pinakothek, Brandhorst Museum, Städtische Galerie im Lenbachhaus und viele andere.
www.kunstareal.de

7 **Haus der Kunst**

Das Haus der Kunst ist der erste Monumentalbau des nationalsozialistischen Regimes. Heute ist die Moderne eingezogen, jährlich wird die Große Kunstausstellung München präsentiert. **www.hausderkunst.de**

8 **Jüdisches Museum München**

Mitten in der Altstadt gibt es hier eine sensitive Auseinandersetzung mit der Geschichte der Stadt.
www.juedisches-museum-muenchen.de

9 **Stadtmuseum**

›Typisch München!‹, die Geschichte Münchens etwas anders - aber original.
www.muenchner-stadtmuseum.de

10 **Bayerisches Nationalmuseum**

Skulpturen und Gegenstände vom Mittelalter bis Anfang des 20. Jahrhunderts, sowie viele Sonderausstellungen.
www.bayerisches-nationalmuseum.de

Shopping-Tipps: Schickes & Traditionelles

Natürlich ist München mit weitem Abstand die Shopping-Destination in Bayern. Alles was gut & teuer ist, ist hier zu finden. Traditionsgeschäfte, Designer-Stores und Kulinarik-Läden machen Lust zum Shoppen.

Alois Dallmayr, München
GPS: 48.138493 , 11.577208

1,5 Mio. Menschen schlendern jedes Jahr durch den wunderschönen Delikatessentempel. Die Kaffeerösterei ist durch die TV-Spots landesweit bekannt und im Original sogar noch schöner.
www.dallmayr-versand.de

Schrannenhalle, München
GPS: 48.13439 , 11.574884

Die neue Markthalle wurde 2011 wiedereröffnet und ist schnell zum Münchner Kulinarik-Treff geworden. An 24 Ständen kann man alles bekommen, was gut (Bio) und teuer (Trüffel) ist. Aber auch nur das Treiben, mit einem Cappuccino von der Empore aus, zu betrachten macht Spaß.
www.schrannenhalle.de

Feinkost Käfer, München
GPS: 48.140361 , 11.602098

Ein Paradies für Genießer ist der Feinkostladen mit exquisitem Weinkeller.
www.feinkost-kaefer.de

Lodenfrey, München
GPS: 48.13975 , 11.574171

Der Tuchmacher Johann Georg Frey gründete 1842 eine Weberei und spezialisierte sich später auf Loden. Das Traditionsmodehaus gegenüber den ›Fünf Höfen‹ präsentiert heute eine weltweit berühmte Auswahl an Trachten und Lodenbekleidung, sowie 6 Etagen mit internationaler Mode für Damen, Herren und Kinder. www.lodenfrey.com

Unützer Boutique, München
GPS: 48.138085 , 11.58317

Das Markenzeichen des mittlerweile deutschlandweit bekannten Familienunternehmens sind handgefertigte Ballerinas und Moccasins, die in einer Schuhmanufaktur in der Nähe Venedigs hergestellt werden. Aber auch alle anderen Schuhe warten auf die Anprobe. www.unuetzer.net

Holzerhof, Ismaning
GPS: 48.222749 , 11.668159

Der Ismaninger Krautbauer Adolf Sieber macht den einzigen Krautschnaps in Bayern. Noch mehr Kurioses wie Mostschokolade gibt's im Hofladen zu kaufen.
www.holzerhof.eu

Märkte in München und im Umland
Mo-Sa ganztägig:
Viktualienmarkt in München
Mittwoch: Bad Tölz, vormittags
Donnerstag: Wasserburger Bauernmarkt, nachmittags in der Hofstatt/Altstadt
Freitag: Haag i. OB nachmittags, Bad Aibling ganztägig
Samstag: Glonn Marktplatz, jeden 2. Sa. im Monat nachmittags

Adressen in den Infoseiten ab S. 126

2 Herrmannsdorf: Der Traum von einer neuen Landwirtschaft wird Wirklichkeit

Rechts:
Glückliche
Schwäbisch-
Hällische Ferkel
in artgerechter
Haltung

Oben:
Karl Ludwig
Schweinsfurth hat
sich mit Herr-
mannsdorf seinen
Traum erfüllt

Unten:
Hier geht's zu
den Landwerk-
stätten

Wer heute das schmucke **Hofgut Herr-mannsdorf** besichtigt, kann sich kaum vorstellen, dass hier vor fast 30 Jahren alles zu zerfallen drohte, bis in doppelter Hinsicht ein Wunder geschah:
Der Herta-Wurst-Besitzer Karl Ludwig Schweinsfurth wollte mit der seelenlosen industriellen Fleischproduktion nichts mehr zu tun haben, verkaufte die größte europäische Wurstfabrik und schuf in Herrmannsdorf seinen Traum von artgerechter Tierhaltung.
Alles unter dem Motto: Leben und arbeiten im Einklang mit der Natur. Deshalb gibt es auf dem Hofgut nicht nur die bekannte Schweinezucht zu sehen, sondern auch eine Käserei, Gärtnerei, Bäckerei, Brennerei und natürlich auch eine Brauerei.
Das Schweinsbräu-Bier in der Bügelflasche ziert ein hübsches Schwein mit Perlenkette - aber nicht nur wegen des lustigen Bildes ist es weitbekannt.

Mit gutem Gewissen genießen

Alle Produkte können im Hofladen gekauft werden oder direkt im Biergarten sowie im Wirtshaus verkostet werden. Im Wirtshaus finden immer wieder Ausstellungen statt - es lohnt sich also, die Galerie zu besteigen und auch einen Blick von oben auf den großen hellen Gastraum mit dem schönen Holzfachwerk zu werfen. Es riecht lecker und die Gäste tafeln mit gutem Gewissen.
Die Herrmannsdorfer Qualität kann mittlerweile aber nicht nur auf dem Hofgut genossen werden. Das Gut beliefert 12 Läden in und um München, sowie 13 Restaurants in Bayern und Baden-Württemberg.

Herrmannsdorfer Landwerkstätten ►

Ein Rundgang durch eine art-gerechte Tierhaltung

Wer den lustigen schwarz-weißen Ferkeln des Schwäbisch-Hällischen Landschweins beim Spielen zuschaut, den Hennen beim Picken und den Schafen beim Gras zupfen, bekommt ein Gefühl dafür, was artgerechte Tierhaltung heißt. Viele Familien fahren mit ihren Kindern zum Hof, damit die Kleinen überhaupt Tiere in ihrer natürlichen Umgebung sehen, und nicht nur in Plastik verpackt im Supermarktregal.

Das Gelände bietet aber auch noch andere kunstvolle Entdeckungen: So findet sich auf dem Gelände ein Labyrinth-Hügel, ein grünes Amphitheater und eine steinerne Arche Noah, welche die bedrohten Tierarten in Bayern symbolisch aufnimmt.

Spaziergang zum Café Bauer in Bruck

Wer dem Weg am Labyrinth-Hügel in den Wald folgt, entdeckt links am Waldrand ein ›Hinkelstein-Schiff‹ auf einer riesigen Wiese. Weiter geht's an der nächsten Wegkreuzung rechts, dann links durch den Westernreiterhof, gleich wieder links ein kurzes Stück durch den Wald, dann rechts bis man zu dem alten Bauernhaus mit Biergarten kommt.

Ins **Café Bauer** verirren sich keine Touristen und man kann kaum glauben, dass man hier in der privaten Stubn sehr lecker essen kann und auch ein riesiges Kuchenbuffet und den besten Eiskaffee weit und breit vorfindet. Natürlich alles selbstgemacht. In der Sonne sitzend kann man das Treiben bestaunen. Am Wochenende kommen Radler, Wanderer und Oldtimerfahrer, um in Ruhe die riesigen Tortenstücke zu genießen. Der Weg ist hin und zurück ca. 6 km lang.

Das Hofgut Herrmannsdorf von oben

Oben: Im schattigen kleinen Biergarten des Café Bauer gibt's den besten Kuchen

 M 22 Parkplatz Herrmannsdorf ** XL

GPS: 47.991921 , 11.897452

Auf dem Parkplatz des Gutes Hermannsdorf kann man übernachten, allerdings ohne Versorgung, und die Lieferwagen starten unter der Woche von hier aus früh ihre Runden.

Übernachtungsplätze in der Nähe:
M 25 SP Weihenlinden Kirchplatz* 17 km
CG 25 SP Gasthof zum Moar** 25 km

3 Aying: Vielleicht das schönste Dorf in Oberbayern

Unten:
In der alten Schmiede finden schöne Ausstellungen mit Künstlern aus der Umgebung statt

Rechts:
Führungen durch die moderne Brauerei gibt es nur mit Voranmeldung

Rechts:
›Liebhard's‹ ist einer der besten Biergärten rund um München. Die Spezialität ›Riesenschnitzel‹ sollte man nur mit Riesenhunger bestellen

M 20 Parkplatz Alte Brauerei*

GPS: 47.971736 , 11.781031

Das Brauereidorf Aying ist ein bayrisches Musterdorf im besten Sinne: Neben dem typischen Zwiebelturm der gelbweißen Pfarrkirche St. Andreas gibt es schöne alte Bauernhäuser, wunderbare Biergärten unter alten Kastanien, zwei kleine Museen und die zünftige Ayinger Brauerei.

So kam das weltbekannte Ayinger Bier in die Welt

›Von uns das erste Bier ausgeschenkt, sehr gut und alles voll Leut. Michl und Müller von Höhenkirchen solche Räusch, dass sie zehnmal umgeworfen‹ (Tagebucheintrag von Johann Liebhard am 02. Februar 1878).
Dass Johann Liebhard 1878 eine Brauerei gründete, war zu dieser Zeit eigentlich nichts Ungewöhnliches.
Etwa 6.000 Brauereien waren um 1880

in Betrieb (heute sind es nur noch rund 640). Ungewöhnlich war aber der Unternehmergeist und Fortschrittsglaube, der sich in der Familie über Generationen gehalten hat, so dass die Brauerei

heute zu einer der modernsten und bekanntesten Brauereien Deutschlands zählt. Mit dem ersten Lastwagen konnte das Bier auch nach München geliefert werden. Ein kluger Schachzug war es auch, als die Familie 1953 das beliebte ›Platzl‹ gegenüber dem Hofbräuhaus

kaufte und Ayinger Bier ausschenkte. So wurde das Bier schnell auch in der bayrischen Hauptstadt ein Begriff und setzte sich so von den vielen Landbrauereien ab.

Ungewöhnlich war auch die Idee, den Brauereigasthof mitten auf dem Land zum feinen Restaurant mit Hotel auszubauen. Unter der Leitung der Chefin und eines Gourmetkochs zog es schnell die Münchner High-Society in die Landidylle. Dass das bis heute so geblieben ist, kann man selbst in Augenschein nehmen, wenn man sonntags die vielen teuren Automarken auf dem Parkplatz sieht.

Hier fällt die Wahl schwer: Biergarten oder Gourmetrestaurant?

Edel speisen im Feinschmeckerrestaurant **Brauereigasthof Hotel Aying** oder doch lieber in **Liebhard`s Bräustüberl** - dem Gründer mit einem frischen Bier gedenken. Es wird auf jeden Fall ein Genuss werden. Wer richtig Hunger hat, sollte im Bräustüberl das Riesenschnitzel bestellen - sich aber dann nicht über die enorme Größe wundern. Die freundliche Bedienung ist es gewohnt, dass es gleich für zwei Personen bestellt wird oder zum Mitnehmen eingepackt werden soll.

Wo die alten Zeiten wieder lebendig werden

Gleich neben dem Biergarten ist das Heimathaus - **Museum Sixthof** zu finden. Das Bauernhaus, das zu den ältesten im Landkreis München zählt, wurde 1978 komplett renoviert und nach historischem Vorbild möbliert. Die Einrich-

tung wirkt durch die alten Möbel und den liebevoll arrangierten Sachen des täglichen Bedarfs so authentisch, als ob die ursprünglichen Bewohner jederzeit zur Türe hereinkommen könnten.

Schöne Heimatkunst & liebevolle Ausstellungen

Ein paar Schritte hinter dem Hotel-Restaurant befindet sich eine kleine private **Galerie in der alten Schmiede**. Hier stellt der gegenüber wohnende Apotheker liebevoll Ausstellungen regionaler Künstler vergangener und heutiger Zeit zusammen. Der Schlüssel zur Galerie Schmiede und jede Menge interessanter Informationen über die Künstler können bei ihm abgeholt werden.

Die Dorfidylle auf einem Rundgang genießen

Wer jetzt noch Lust hat, schaut sich das kleine idyllische Dorf vom Hügel aus an. Eine alte Eichenallee führt etwas bergauf und man bekommt einen schönen Blick auf das nun ›weltbekannte‹ Aying.

Oben:
Das Feinschmeckerrestaurant ist die sehr gute Alternative zum Biergarten

Oben:
Blick auf die Ayinger Kirche vom schönen Spazierweg unter alten Eichen

4 Kloster Reutberg: Anziehungspunkt für Ruhesuchende

Rechts:
Idyllisch liegt das
Kloster in sanften
Hügeln

Unten:
Der schöne barocke Innenraum
der Klosterkirche

Kurz vor dem Tegernsee lohnt sich ein Ausflug zum Kloster Reutberg.
Ob nur zur kurzen Einkehr im traumhaften Biergarten oder als Ausflugsziel für einen ganzen Tag: Rund um das Kloster kann man spazieren gehen, wandern, radeln oder im angrenzenden Badesee schwimmen.

Die Gründung ging auf ein fast gelungenes Verbrechen zurück

Gräfin Anna von Papafava gründete 1618 das Kloster Reutberg, nachdem ihr Mann Graf Johann Jakob von Papafava vergeblich versucht hatte, sie zu töten, und danach mit ihrem ganzen Schmuck nach Padua geflohen war. Nach seiner Verhaftung bekam sie den wertvollen Schmuck zurück, worauf sie der Legende nach ihr zuvor gegebenes Versprechen hielt und ein Kloster für Kapuzinerinnen gründete.
Kurze Zeit später wurde es zum Franziskanerinnenkloster, bis es 1803 im Zuge der Säkularisierung aufgelöst wurde.
Seit den ersten Tagen liegt das Kloster ruhig und beschaulich auf dem Hügel mit wunderbarem Panoramablick über das Oberland bis hin zu den Alpen.
Im Gegensatz zu den bekanntesten bayrischen Klöstern wie Benediktbeuern und Andechs geht es hier noch sehr ruhig und beschaulich zu.
Die 1731 erbaute kleine Klosterkirche, die sich innen als Barockjuwel entpuppt, sollte man unbedingt anschauen. Hier findet sich neben dem schönen Hochal-

tar mit gold-strahlender Marienstatue auch das Bildnis der Schwester Fidelis Weiß, die den Ruf einer Heiligen hat. Die Tochter eines Schneidermeisters wurde durch ihre Visionen bekannt, bevor sie 1923 im Alter von 40 Jahren starb.

Die Ruhe der kleinen Kirche findet sich im ganzen Kloster und im umliegenden Gelände wieder. Während sich am Tegernsee Touristen tummeln, kann man hier ganz die Ruhe und Stille der Natur genießen. Ein 10 km langer Heilwander-Rundweg führt vom Kloster durch sanfte Hügel zum Kirchsee, dessen angenehmes Moorwasser zum Baden einlädt. Am Ende des Rundweges wartet das Kloster mit seinem frisch gebrautem Klosterbräu und einem Biergarten mit traumhafter Aussicht auf den Wanderer.

So sollte ein Sommertag in Bayern aussehen!

Gegend für Genießer

Wer statt traditionell-bayrischer Kost eher Lust auf Nouvelle Cuisine hat, sollte 2 km weiter das französische Feinschmecker-**Restaurant Moar-Alm** besuchen. Das Wirtspaar Christine und Jean-Luc Roberts übernahmen vom Großvater das Café Moar-Alm und machten es zum Feinschmecker-Treffpunkt. Auch hier bietet sich neben den erlesenen Gerichten der gleiche traumhafte Blick über das Land auf die Berge. Da das Restaurant zu den besten feinen Adressen im Oberland zählt und dementsprechend Publikum anzieht, sollte man auf jeden Fall vorab reservieren.

Oben:
Der Klosterbiergarten mit Traumblick

Unten:
Auf dem Heilwanderweg geht es zum Kirchsee

Linke Seite Mitte:
Das Bildnis der Schwester Weiß, die den Ruf einer Heiligen hat

 M 35 Stellplatz Kloster Reutberg XL**

GPS: 47.814055 , 11.637718

Auf dem großen, ebenen Parkplatz unter dem Klosterberg kehrt absolute Ruhe ein, sobald die letzten Biergarten-Gäste gegangen sind.

Alternative Übernachtungsplätze:
M 36 Hafen Bad Tölz** 12 km
M 39 CP Demmelhof** 16 km

5 Bad Tölz: Nicht nur der ›Bulle‹ machte es bekannt

Oben & unten: Die prächtige Marktstraße ist der Anziehungspunkt für viele Besucher

Die schönsten Fassaden

Die Lüftlmalerei und die farbenfrohen Häuserfassaden prägen heute das Bild der Kurstadt, deren Ursprünge auf eine alte römische Siedlung zurückgehen. 1180 wird die Stadt zum ersten Mal erwähnt, da ihre Lage an der Isar als Umschlagplatz für Salz, diverse Waren sowie als Übergang über den damals noch reißenden Gebirgsfluss und natürlich der Flößerei diente.

Heilen mit Wasser, Moor & Luft

1845 wurde die Jodquelle entdeckt, die Tölz 1899 zum anerkannten Heilbad machte. Nach und nach kamen ›Heilklimatischer Kurort‹ und 2005 ›Moorheilbad‹ hinzu. In der schönen Villa **Haus des Gastes im Kurpark** können sich Interessierte sich über die vielfältigen Gesundheitsangebote der Stadt informieren. www.bad-toelz.de
Das bekannteste Wahrzeichen der Stadt ist die bunte Marktstraße, die zur Isar hinunter führt. Die barocken Häuser der früheren Tölzer Kaufleutefamilien und Patrizier sind alle mit schönster Lüftlmalerei geschmückt. Über der Stadt thront der Kalvarienberg mit der Heilig-Kreuz-

Kirche aus dem 18. Jh., der Heiliggrabkapelle und der Leonhardi-Kapelle, die 1718 zu Ehren des Heiligen Leonhards und der Gefallenen des Bauernaufstandes von 1705 errichtet wurde.

Die Leonhardifahrt

Die **Leonhardikapelle** ist auch das Ziel der alljährlich seit 1855 am 6. November stattfindenden Leonhardifahrt. Für die Tölzer ist ›Lehardi‹ der schönste Tag im Jahr, bei dem der Schutzpatron von Ross und Vieh um Segen für Hof und Stall gebeten wird. Jedes Jahr kommen bis zu 25.000 Besucher, um die schmuckvollen 80 Wagen zu sehen.

Das bayrische Beverly Hills

Bereits seit Jahrzehnten kommen viele Filmteams in die idyllische Kulisse des Isarwinkels. Legendär ist Ottfried Fischer, der als ›Der Bulle von Tölz‹ im Film sein Polizeirevier im Gebäude des **Heimatmuseums** auf der Marktstraße hatte. Besondere thematische Führungen gibt es in Bad Tölz zu den Filmschauplätzen, zur Stadtgeschichte und zu Genussplätzen. Informationen unter: www.toelzer-stadtversucher.de

Der Kulinariktipp:

Der **Tölzer Kasladen** von Susanne und Wolfgang Hofmanns ist eine Käse-Schatztruhe, die viele Gourmets von weit her anlockt. Hier gibt es besten Käse in großer Auswahl - und auch die erste deutsche Käseakademie, an der die Kunst des ›Fromelier‹, in Anlehnung an den ›Sommelier‹, erlernt werden kann, ist hier zu Hause. Partner der Akademie ist die Confrérie des Chevaliers du Taste Fromage de France.

Gebirgsfluss und Almenwandern auf dem Brauneck

Durch den Bau des Walchenseekraftwerkes 1924 und den Bau des Sylvensteinspeichers in den Jahren 1954 bis 1959 wurde die reißende Isar gezähmt, dennoch ist der Oberlauf bei Lenggries naturbelassen und mit den vielen Steinmandl schön anzuschauen.

Von Lenggries aus geht auch die Bergbahn auf das Brauneck in der Benediktenwandgruppe, auf deren Höhe es viele schöne Wander- und Spazierwege für jeden Level gibt.

Hier liegen die urigen Berghütten der Quengeralm und der Strasseralm und das bekannte **Berg-Gasthaus Stie-Alm**, die alle von der Bergstation leicht zu erreichen sind. Auf der Stie-Alm, der ›Höchsten Almkäserei in Oberbayern‹ können die Besucher täglich bei der Herstellung des preisgekrönten Stie-Alm-Käses zusehen - und ihn natürlich auch kosten. Genauso wie all die anderen selbst gemachten Brotzeitzutaten: Holzofenbrot, Fleisch und Wurst, Milch und Butter.

M 40 P Seilbahn Brauneck* XL
GPS: 47.676976 , 11.556049

Ausgezeichnet speisen beim Wohnmobil-Hafen

Direkt gegenüber dem Wohnmobilstellplatz in Bad Tölz liegt das ehemalige **Sternerestaurant Altes Fährhaus**, dessen Küche von Elly Reißer-Kluge auch ohne Stern immer noch hervorragend ist. Man sitzt wunderschön auf der Terrasse direkt an der Isar und genießt Fisch und Meeresfrüchte mit frischen Zutaten. Nur 8 km von Bad Tölz entfernt lädt das **Restaurant Landhotel Moarwirt** mit überwältigender Sonnenterrasse und besten bayrisch-französischen Speisen zum Schlemmen ein.

Oben:
Die gute Milch macht den guten Käse

Oben:
Mit der Brauneckbahn geht's hinauf auf den Berg

M 36 Hafen Bad Tölz Zentrum** XL

GPS: 47.762520 , 11.551420

Ruhig und zentrumsnah kann man hier auf ebenem Grund unter schattigen Bäumen ganzjährig direkt an der Isarpromenade stehen. Eins der besten Restaurant direkt gegnüber über die Brücke.

Alternative Übernachtungsplätze:
M 37 SP Buchbergstubn** 3 km
M 39 Camping Demmelhof** 5,5 km

6 **Weihenlinden:** Einkehren bei der Wallfahrtskirche

Rechts:
Der schattige Innenhof und die schöne Gaststube des Gasthauses Weihenlinden laden zur Einkehr ein

Unten:
Die Wallfahrtskirche Weihenlinden hat eine interessante Geschichte zu bieten

◎ M 25 Stellplatz Weihenlinden Kirchplatz* XL

GPS: 47.887395 , 11.957239

Ein Abstecher in das kleine Pfarrdorf Weihenlinden lohnt sich gleich dreifach: Das in der Mangfallebene gelegene Dorf ist ein schöner Ausgangspunkt für Radwanderungen, hat einen ausgezeichneten Gasthof zu bieten und eine sehr schöne Wallfahrtskirche.

Eine Wohltat für Leib & Seele in Kirche und Stube

Die 1653 erbaute **Wallfahrtskirche zur Heiligen Dreifaltigkeit** befindet sich auf einer alten Grabesstätte, auf der zwei beeindruckende Lindenbäume standen, die wohl auch Namensgeber des Dorfes

waren. Bei den Bauarbeiten zur Kapelle, die für ein Gnadenbild Marias errichtet werden sollte, stieß man auf einen goldenen Ring, unter dem eine Quelle gefunden wurde.

Pilger aus dem bayrischen Oberland kamen fortan zum Gnadenbild und zur Quelle - dem ›Brünnlein‹, um zu beten und vom Heilwasser kuriert zu werden. ›Bei Maria zu Weihenlinden, kann man allzeit Gnade finden‹.

Schnell war die ursprünglich erbaute Kapelle zu klein und wurde in die neue, größere Kirche integriert. Die prunkvolle Gnadenkapelle mit der gotischen Marienfigur findet man heute etwas versteckt hinter dem zweigeschossigen, barocken Hochaltar.

Fresken mit Geschichten aus der Wallfahrtszeit sind in den Arkadengängen der Kirche zu sehen. Wer noch mehr über diese Zeit wissen möchte, findet im Wallfahrtsmuseum über der Sakristei eine Auswahl an Kunstgegenständen und Votivgaben aus dem 17. und 18. Jahrhundert.

Beste Gastlichkeit unter schattigen Bäumen

Für das leibliche Wohl der vielen Wallfahrer musste natürlich auch gesorgt werden und so entstand die erste ›Schenkhütte‹ beim Brunnenheiligtum, die 1690 das ›Tafernrecht‹ erwarb und so kaltes und warmes Essen ausgeben durfte. Heute entspannen im **Gasthaus Weihenlinden** und seinem schönen Biergarten bei traditionellen bayerischen Schmankerln und internationalen Gerichten ›Städter‹, Wanderer und Geschäftskunden aus der Umgebung. Die Gastwirte legen Wert auf lustvoll-gesunde Regional-Küche. Und das schmeckt man auch.

Knotenpunkt für Wanderer und Radfahrer

Weihenlinden ist auch Knotenpunkt großer und kleiner Rad- und Wandertouren: Der Radweg Via Julia, der sich am Verlauf der alten Römerstraße von Günzburg nach Salzburg orientiert, kann von hier aus beradelt werden.

Der Streckenverlauf ist beschildert und insgesamt 280 km lang. Mehr Informationen unter: www.viajulia.de

Etwas kürzer ist der SalzSamerweg, der in 20 km Gesamtlänge von Bad Aibling ohne größere Steigungen nach Feldkirchen führt. Auch dieser Weg hat einen geschichtlichen Hintergrund: ›Samer‹ ist

ein Begriff aus Österreich für Kuriere, die vom Mittelalter bis ins 18. Jh. Waren für Handelsleute transportierten.

Der SalzSamerweg folgt dem Handelsweg, auf dem früher das Salz von Rosenheim nach München kam.

Wer nur ein bisschen Bewegung möchte, kann zwischen einem Ausflug ins 3,5 km entfernte Schloss Maxlrain oder einer kleinen Tour ins 5,5 km entfernte Bad Aibling wählen.

Eine Alternative an heißen Tagen ist der nur 1 km entfernte **Baggersee Höglinger Weiher**, der eine ausgezeichnete Badewasserqualität besitzt.

Bester Ausgangspunkt für Radler und Wanderer

**Unten:
Prunkvoller
Innenraum in der
Wallfahrtskirche**

7 **Bad Aibling:** Moderne Architektur im traditionellen Kurbad

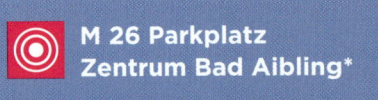

**M 26 Parkplatz
Zentrum Bad Aibling***

GPS: 47.866008 , 12.009880

Entspannung und Träumen im warmen Wasser der Therme

Bad Aibling hat es geschafft, den etwas angestaubten Kurbetrieb des traditionellen Moorheilbades durch die moderne Therme zu erneuern.

Egal ob Winter oder Sommer: Die architektonisch vielfach ausgezeichnete **Therme Bad Aibling** hat immer ihren besonderen Reiz.

Im Sommer schaut man von der gepflegten Badewiese auf die runden Kugeln, die wie gerade gelandete Raumschiffe vor der Bergkulisse des Wendelstein stehen - im Winter kann man in diesen Kugeln, zwischen sphärischen Klangbädern oder heißen Whirlpools und der Sauna wählen.

Natürlich hat die Therme auch Wellness- und Anti-Aging-Anwendungen zu bieten. So tiefenentspannt ist es gut zu wissen, dass der ruhige Wohnmobil-Stellplatz gleich nebenan ist.

Kultur-Rundgang in der schönen Innenstadt

In Bad Aibling kann man aber nicht nur gut entspannen-sondern die kleine Stadt hat auch kulturell einiges zu bieten. Der rege **Kunstverein**, der sich im alten Feuerwehrhaus befindet, schafft es immer wieder, bekannte Künstler wie

Janosch oder Udo Lindenberg in das kleine Städtchen zu holen. Aber auch die Ausstellungen von lokalen Künstlern sind sehenswert und lohnen einen Besuch bei einem Stadtbummel. Im **Heimatmuseum** gleich neben dem Kurhaus kann man neben den bäuerlichen Möbeln und Ausstellungsstücken durch rekonstruierte Werkstätten Einblick in das Leben eines Fassbinders oder eines Schäfflers bekommen.

Auch die Original-Malerstube des Künstlers Wilhelm Leibl (1844-1900) befindet sich im Museum und gibt einen interessanten Einblick in das Leben des bekannten lokalen Malers.

Filmkunst trifft Kurstadt

Für Cineasten hat die Stadt etwas Besonderes im Programm: Jedes Jahr findet hier das mittlerweile renommierte Festival des deutschsprachigen Dokumentarfilms ›Nonfiktionale‹ statt. Direkt nach den Filmen kann mit den Filmemachern diskutiert werden.

Termine und Informationen unter: www.nonfiktionale.de

Kurstadt mit Kulinarik

Beim Stadtrundgang lockt frischer Kaffeeduft in das **Café-Restaurant Niba** in der Kirchzeile. Neben vielen Kuchenköstlichkeiten wird hier frisch gerösteter Kaffee der Rösterei Dinzler serviert. Im Sommer kann man wunderbar draußen frühstücken und den Aiblingern beim Flanieren zuschauen. Ein paar Häuser weiter sollte man sich abends kulinarisch verwöhnen lassen. Im **Romantik Hotel Lindner**, das seit 150 Jahren im Familienbesitz ist, lädt die elegante ›Lindners Stub´n‹ zum Gaumenschmaus ein. Serviert wird dazu natürlich frisches Maxlrainer vom Fass.

Unser Tipp: Vom Wohnmobil-Hafen mit dem Thermenticket kostenlos in die Innenstadt fahren. Stündlich fährt der Moorexpress von der Therme in die Stadt und zurück. Die Thermenquittung gilt als Hin- und Rückfahrkarte am Tag des Thermenbesuches.

 ## M 27 Hafen Therme Bad Aibling** XL

GPS: 47.85639 , 12.00583

Der schöne Platz an der Therme bietet ruhige und schattige Plätze mit Ver- und Entsorgung. Mit dem Thermenticket fährt man kostenlos mit dem Bus ins Zentrum von Bad Aibling.

Übernachtungsplätze in der Nähe:
CG 35 Camping Stein** 25 km
CG 25 SP Gasthof zum Moar** 11 km

8 Schloss Maxlrain: Ausflug zur besten Brauerei Deutschlands

Das bildschöne Schloss kennen Bierkenner

Das Renaissance-Schloss kennen die Bayern vor allem vom Etikett des vielfach ausgezeichneten Maxlrainer Bieres. Schon im 9. Jh. wurde Maxlrain unter dem Namen ›Mahsminreini‹ als Eigentum des Freisinger Bischofs erwähnt, aber erst viele Jahrhunderte später stiegen die Maxlrainer zu Grafen auf. Diese bauten 1582 auf der kurz zuvor abge-

brannten Burg aus dem 9. Jh. den heutigen Hauptbau des Schlosses auf. Heute ist das Schloss und die Brauerei in Familienbesitz von Dr. Erich Prinz von Lobkowicz, der sich leidenschaftlich dem Qualitätsbier verschrieben hat.

Die Brauerei hat ein einfaches Qualitätsmotto: Klein und fein

1636 gegründet, ist die Brauerei 2012 zum fünften Mal ›Deutschlands Brauerei des Jahres‹ geworden.

Die hervorragende Qualität des Bieres ist auf die sechs Wochen lange Lagerung in den Kellern der Schlossbrauerei, auf eine eigene Wasserquelle und auf spezielle Braugerstensorten zurückzuführen, die von den Bauern der Umgebung angebaut werden. Die Qualität des Bieres lässt sich am besten im Biergarten des von hopfenumgebenen Bräustüberl Maxlrain erkunden. Drinnen oder draußen lassen sich die Biersorten im kühlen Maßkrug oder im Pilsglas ganz wunderbar vergleichen. Und wenn man dann am Schluss sagt: ›Unserainer trinkt Maxlrainer‹ – dann ist der Geschmackstest positiv ausgefallen.

Kulinarische Vielfalt auf wenigen Quadratmetern

Nicht nur die vielen Biersorten machen einem die Entscheidung schwer. Auch wer in Maxlrain etwas essen möchte, hat die Qual der Wahl: Es lockt der Traditionsbiergarten des **Braustüberl Maxlrain**, in dem zusätzlich zu den bayrischen Schmankerln auch mitgebrachte Speisen an den Biertischen verzehrt werden können.

Gleich neben dem Schloss befindet sich die **Schlosswirtschaft Maxlrain**, die im historischen Haus von 1618 gehobene bayrische Küche mit internationalen Einflüssen bietet. Auch hier gibt es alternativ zu der gemütlichen Stubn einen schönen Biergarten mit Blick auf den Hausberg Wendelstein.

Und auch die Restaurant-Terrasse des nebenliegenden **Golfrestaurants Schloss Maxlrain** hat ihren eigenen Reiz.

Für jedermann zugänglich, bietet sich zu den mediterranen Speisen und selbstgemachten Kuchen ein Traumblick übers Voralpenland bis hin zur Kampenwand und dem Kaisergebirge.

Schöne Autos treffen sich am schönen Schloss

Für Oldtimer-Fans lohnt sich der Ausflug nach Maxlrain besonders Ende Mai. Tausende Oldtimer sind jedes Jahr zum Auftakt der ›ADAC Bavaria Historic‹ auf den Wiesen und Parkplätzen um das Schloss herum zu besichtigen und verwandeln das Gelände in ein gigantisches Automobil-Freilichtmuseum. Feststimmung ist garantiert.

Genaue Termine und Informationen unter: www.bavaria-historic.de

Oben:
Die Schlosswirtschaft befindet sich in historischen Räumen

Oben:
Das Etikett des besten Bieres Deutschlands

 M 23 Parkplatz Braustüberl Maxlrain XL

GPS: 47.897916 , 11.987912

Gleich neben dem Brauhäusl befindet sich der große, fast ebene Parkplatz mit Blick auf den Hopfenanbau und die Berge. Einkehr obligatorisch.

Übernachtungsplätze in der Nähe:
M 27 Hafen Therme Bad Aibling** 5,5 km
M 25 SP Weihenlinden Kirchplatz* 3 km

9 Haag in Oberbayern: Sehenswerte Trutzburg gegen die Wittelsbacher

 M 29 P Gasthaus zum Hofgarten*

GPS: 48.159791 , 12.180951

Bewegte Geschichte der freien Reichsgrafschaft

Die Geschichte der Stadt reicht bis in die Römerzeit zurück. Erstmals wurde sie um das Jahr 980 als Sitz des freien Herrengeschlechts ›de Haga‹ erwähnt. Danach beginnt der Bau der ersten Befestigungsanlage gegen die Einfälle der Ungarn. Um 1200 wird der heutige Schlossturm erbaut und die Burg bis 1481 weiter ausgebaut. Im Mittelalter wurde der Stadt von Kaiser Ludwig IV. das Marktrecht übertragen und erlebte danach als "freie Reichsgrafschaft" eine stolze Blütezeit. Da Haag dadurch ein 270 qkm großes eigenständiges Reichsland mitten im Hoheitsgebiet der Wittelsbacher wurde, musste sie sich auch selbst verteidigen. Haag baute dehalb ab ca. 1400 eine Art Sonderkommando aus 600 Wehrbauern auf - die ›Faher‹, die dem Schutz der Stadt dienten.

Eine List führte zum Sieg im Glaubenskrieg

Den Wittelsbachern war die Unabhängigkeit Haags und das lutherische Bekenntnis der Stadt ein Dorn im Auge und so entführten sie kurzerhand die Ehefrau des letzten Reichsgrafen Ladislaus, ohne dass ein Erbe geboren war. Mit seinem Tod 1567 starb das Adelsgeschlecht aus und Haag fiel an die Wittelsbacher. 1804 wird Haag offizieller Teil Bayerns und die Burganlage wird bis auf die oberste Ringmauer sowie Tor und Turm abgerissen.

Oben:
Die Stadt kann auf eine stolze Geschichte zurückblicken

Obwohl Haag in fast keinem Reiseführer erwähnt wird, ist es eine schöne und sehenswerte Kleinstadt auf einer Anhöhe im Moränenhügelland. Gleich wenn man ins Zentrum fährt, fällt einem die große Burganlage mit ihren quadratischen Türmen ins Auge. Hier muss sich zu früheren Zeiten Bedeutungsvolles zugetragen haben.

Willkommen in der Weißbier-Hochburg

Trotz oder sogar weil das Familienunternehmen UNERTL seit Anfang des 20. Jahrhundert nur eine Sorte Bier braut, ist es in ganz Bayern bekannt. Das UNERTL Weißbier gärt erst offen in ovalen Bottichen, bevor es durch eine schonende Flaschengärung den typischen Geschmack erreicht.

Man trinkt es frisch und am Besten im **UNERTL Bräustüberl**. Hier sitzt man in der urigen Stube zwischen kupfernen Sudkesseln oder im kleinen hübschen Biergarten, während das frische goldene Getränk die Kehle hinunterrinnt.

Zum Nachtisch sollte man sich ein paar Meter weiter an der Hauptstraße das leckere italienische Eis vom **Eiscafé Smeralda** nicht entgehen lassen.

Den Sommertag im weitläufigen Naturbad genießen

Im Stadtteil Joppenpoint liegt das gepflegte und riesige **Naturfreibad**, dessen Wasser aus dem Altdorfer Mühlbach gespeist wird.

An heißen Tagen bietet das schattige Gelände mit seiner 5.000 qm Wasserfläche genug Platz für Ruhe unter den schattigen alten Kastanienbäumen. Ein

kleiner Biergarten und die nette Wirtin sorgen dafür, dass auch das leibliche Wohl nicht zu kurz kommt. Wer mit seinem Wohnmobil auf dem ruhigen Parkplatz übernachtet hat, kann auch ohne Eintritt ab 10.00 Uhr einen leckeren Kaffee bekommen.

Oben & Links:
Im großen Naturbad kann man gut den ganzen Tag verbringen

Unten:
Die Brauerei Unertl hat sich auf Weißbier spezialisiert und das schmeckt man auch

 ## M 28 Stellplatz Haag Naturbad** XL

GPS: 48.154053 , 12.176577

Auf dem großen Parkplatz des Naturbades steht man ruhig auf ebener Grasfläche unter schattigen Bäumen.

Übernachtungsplätze in der Nähe:
M 31 Stellplatz Badria* 18 km
M 41 Camping am Soyensee** 9 km

10 **Wasserburg:** Mittelalterliche Stadtschönheit vom Fluss umschlungen

Unten:
Schiffe brachten den Reichtum der Stadt - Eine Gedenktafel in der Innenstadt Wasserburgs

Unten:
Von oben erkennt man die besondere Halbinsellage Wasserburgs

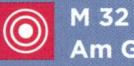

M 32 P Wasserburg Am Gries*

GPS: 48.061282 , 12.235183

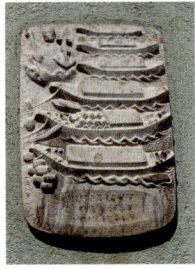

Wer Wasserburg von oben sieht, versteht sofort, welche Bedeutung der Fluss Inn für die Stadt gehabt hat und immer noch hat.

Der Fluss schützte die Siedlung und spätere Stadt vor feindlichen Angriffen und gab ihr die Möglichkeit zu regem Warenumschlag im Handelshafen. Salz war das Gold der damaligen Zeit und auf ihm beruht der ganze Reichtum der Stadt. Im 17. Jh. wurden andere Transportwege wichtiger. Wasserburg verlor an Bedeutung und war nur noch Handels- und Kriegshafen für die in München residierenden Könige.

Heute ist diese besondere Halbinsellage Anziehungspunkt für viele Besucher, die sich an der schönen spätgotischen Altstadt erfreuen. Bunte, prunkvolle Hausfassaden, malerische Türme, schattige Laubengänge und immer wieder der Blick auf das umgebende Wasser machen den besonderen Reiz der Stadt aus.

Historischer Stadtrundgang und Einkaufsvergnügen

Die an Tirol erinnernden Laubengassen in der Schmidzeile, die gleich neben dem Stadttor beginnt, sind voller Tradi-

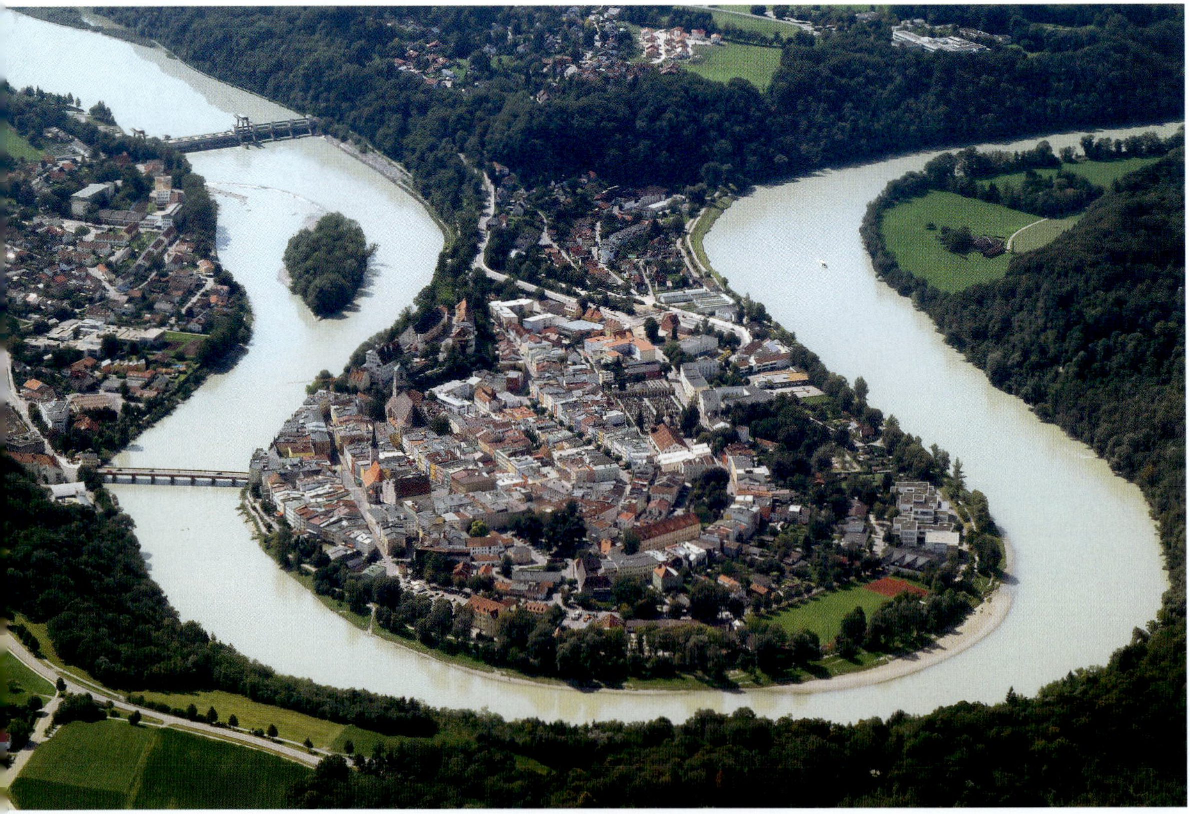

tionsgeschäfte und schöner Lebensmittelläden. Hier kann man im 225 Jahre alten Modegeschäft eine zünftige bayrische Tracht erstehen oder bei der **Kaffeerösterei Rechenauer** die vielen verschiedenen alten Kaffeedosen bestaunen, die sich seit der Geschäftsgründung 1815 angesammelt haben, und sich vom Barista einen exzellenten Cappuccino servieren lassen.

Jeder Platz und jede Gasse bietet besondere Blickwinkel auf die historischen Schönheiten der Stadt.

Gleich bei der Schmidzeile befindet sich der schöne Marienplatz, an dem das gotische **Rathaus** mit seinem Doppelgiebel und das mit einer wunderschönen Rokokofassade verzierte Kernhaus stehen.

Welt-Kunstreise in nur einem einzigen Museum

Gleich um die Ecke am Brucktor im ehemaligen Spital befindet sich das **Imaginäre Museum**. Der Gründer des Museums, Günter Dietz entwickelte ein Spezialverfahren, um Kunstwerke so originalgetreu wie möglich zu reproduzieren. Deshalb hängen hier eng an eng die größten Kunstwerke der Welt: von Monet, Manet, Picasso, Hundertwasser

über Friedrich, Dürer, Spitzweg, Murillo, Busch, bis zu Renoir. Zum Bestauen der Originale wäre sonst eine kleine Weltreise nötig. Auch hier direkt am Brucktor ist das ›alte Mauthaus‹ zu sehen, dessen Wärter Zölle und Abgaben von den Handelsleuten auf die mitgebrachten Waren beim Betreten der Stadt kassierten. Der im 16. Jh. entstandene Renaissance-Erker mit der Engelsplastik von W. Leb ist einen Blick wert.

Einen Besuch sollte man der großen **Stadtpfarrkirche St. Jacob** abstatten. Der schlichte aber enorme Kirchenraum mit seiner gelbgoldenen Decke wurde 1410-1445 vom Meister der Landshuter Kirche, Hans von Burghausen und seinem Neffen erbaut. Besonders erwähnenswert ist auch die spätmanieristische

Links:
Lebensbaumbild an der Pfarrkirche St. Jacob

Engelsplastik am Erker des Mauthauses

Unten:
Rund um die Mariensäule am Rathaus gibt es einladende Cafés

›Schönen Aussicht‹. Diesen Ausblick auf die Stadt sollte kein Besucher verpassen. Der Weg beginnt am Südufer der Innbrücke gleich hinter dem früheren Bruck-Bräu und geht dann den Kellerbergweg hinauf.

Wer die Stadt lieber am Fluss umrunden möchte, entdeckt am Uferweg vom Brucktor kommend einen 2 km langen Skulpturenweg mit Kunstwerken Wasserburger Künstler.

Parkbänke unter großen Bäumen laden immer wieder zum Pausieren ein und es ist ein Genuss, hier in aller Ruhe dem Lauf des Inns zuzuschauen.

Oben:
Die schönen Laubengassen laden mit Traditionsgeschäften zum entspannten Bummeln ein

Rechts:
Kunst-Skulpturenweg am Ufer des Inn

Kanzel von den Brüdern Martin und Micheal Zürn, die aus Waldsee in Württemberg stammten. Ihre feingearbeiteten Figuren in Holz unterstützen den schlichten aber prachtvollen Eindruck der Kirche.

Die ›Wazzerburch‹ gab der Stadt ihren Namen

Die alles überragende Burg, die umgeben von tiefen Wallgraben und steilen Flanken als uneinnehmbar galt, wurde schon 1085 als ›Wazzerburch‹ erwähnt. Ludwig VII. von Bayern und Herzog Wilhelm IV., der 1516 das bayerische Reinheitsgebot für Bier erließ, zählten über die Jahre zu den stolzen Burgbesitzern. Heute ist die Burg in privater Hand und kann leider nicht mehr besichtigt werden.

Aussichtsspaziergang oder Skulpturenweg am Flussufer?

Wer sehen möchte, wie eng die Stadt vom Fluss umschlungen wird, kommt in einem nur 15-minütigen Spaziergang zur

In der Stadt und auf dem Land genießen

Gleich hinter dem Rathaus kann man in der Herrengasse im **Restaurant Herrenhaus** über die Schönheit der Stadt sinnieren, während man vom jungen Team im alten Bürgerhaus schön angerichtete Speisen aus regionalen Biobauernhöfen serviert bekommt.

Wer lieber vor oder nach der Stadtbe-
sichtigung noch etwas essen möchte,
sollte in der **LandWirtschaft** am Staudhamer See anhalten.

Nur 5 km vom Wasserburger Zentrum
entfernt, bietet das große Hofgut einen
modernen Biergarten im Lounge-Stil
und hat auch innen eine gemütlich-mo-
derne Wirtschaft. Es gibt hier alles: vom
ausgedehnten Frühstück, über bayrisches Mittagessen bis hin zu leckeren
Kuchen aus der hauseigenen Konditorei.
Der Weg lohnt sich, und ein großer
Parkplatz ist vorhanden.

Links:
Wunderschöne
bunte Hausfassa-
den sind überall
in der Innenstadt
zu bewundern

Ausflug ins Automobilmuseum Amerang

Die Privatsammlung des Unternehmers
Ernst Freiberger zieht seit 20 Jahren
Oldtimer-Fans nach Amerang. Über 220
Fahrzeuge können hier besichtigt und
auf Wunsch auch mit Chauffeur ausgeliehen werden. Und noch ein anderes
Highlight bietet sich hier für Modellei-
senbahnfans: die weltweit größte Mo-
delleisenbahn-Anlage der Spurweite II
ist hier auf 500 qm zu bestaunen.

Links:
Die Oldtimer des
Automobil-
Museums sind
nicht nur zum
Anschauen
sondern auch
zum Fahren da

 **M 30 SP Wasserburg
Unter der Rampe* XL**

GPS: 48.061534 , 12.225263

Im hinteren Bereich des großen Parkplatzes in der Innenstadt kann man
kostenlos parken und auch übernachten.

Übernachtungsplätze in der Nähe:
M 33 Camping Erlensee** 21 km
CG 35: Campingplatz Stein** 26 km

1 München

i Tourismus-Information
48.137399 , 11.575479
80336 München
Marienplatz 8
Tel. +49(0)89 2339 6500
www.muenchen.de
Öffnungszeiten: Mo-Fr 10.00-
19.00 Uhr, Sa 10.00-17.00 Uhr
So 10.00-14.00 Uhr

 Oktoberfest
48.134776 , 11.552206
80336 München
Theresienwiese, Bavariaring
www.oktoberfest.de
Öffnungszeiten:
Ende Sept. bis Anfang Okt.
10.00-23.30 Uhr
▪ Preiskategorie: €€

 **Naturbad Maria
Einsiedel**
48.096547 , 11.546888
81379 München
Zentralländstraße 28
Tel. +49(0)89 23615050
www.swm.de
Öffnungszeiten: Mai-August
tägl. von 9.00-18.00 Uhr
▪ Seit 1899 gibt es dieses ruhig
gelegene Naturbad, durch das
der Isarkanal fließt.
▪ Preiskategorie: €

 **Tierpark
Hellabrunn**
48.10047 , 11.551729
81543 München
Tierparkstraße 30
www.tierpark-hellabrunn.de
Öffnungszeiten: April-Sept.
tägl. 9.00-18.00 Okt.-März tägl.
9.00-17.00 Uhr
▪ Der sehr schön angelegte Zoo
wird von Isarwasseradern
durchzogen und bietet ein weit-
läufiges Gelände ohne Gitter.
▪ Preiskategorie: €€

**i Infopoint Museen &
Schlösser in Bayern**
48.138238 , 11.578071
80331 München, Alter Hof 1
Tel. +49(0)89 21014050
www.museen-in-muenchen.de
Öffnungszeiten: Mo. - Sa. 10.00-
18.00 Uhr
▪ Nicht weit entfernt vom Rathaus ist der Infopoint. Hier gibt
es aktuelle Informationen zu
dem großen kulturellen Angebot der Stadt.

 Müller'sches Volksbad
48.131876 , 11.588075
81667 München
Rosenheimer Straße 1
Tel. +49(0)89 23615050
Öffnungszeiten:
Tägl. 7.30-23.00 Uhr
▪ In dem schönen Jugendstil-
schwimmbad kann man wun-
derbar entspannen.
▪ Preiskategorie: €

 **Olympiapark &
Turm**
48.174271 , 11.548383
80809 München
Spiridon-Louis-Ring 21
www.olympiapark.de
Öffnungszeiten:
tägl. 9.00-24.00 Uhr
▪ Vom Olympiaturm kann man
aus 190 Metern auf München
herabschauen.
▪ Preiskategorie: €€

 Monopteros
48.150035 , 11.591015
80538 München
▪ Wunderbarer Aussichtspunkt
im Englischen Garten

Eisbachwelle
48.143326 , 11.587698
80538 München
Prinzregentenstraße
www.eisbachwelle.de
▪ Stundenlang kann man an der
Brücke den Surfern zuschauen,

die das ganze Jahr hindurch
hier ihre Kunst zeigen.

 Hofgarten
48.141893 , 11.581165
80333 München
Hofgartenstraße
▪ Im schönen Hofgarten der Residenz kann man sich wunderbar vom Shoppen erholen.

 **Botanischer Garten
München-Nymphenburg**
48.164438 , 11.500816
80638 München
Menzinger Straße 65
Tel. +49(0)89 17861316
www.botmuc.de
Öffnungszeiten:
tägl. Von 9.00 bis 17.30 Uhr
(Sommer) / 16.30 Uhr (Winter)
▪ Der Botanische Garten München neben dem Schloss Nymphenburg gehört zu den bedeutendsten botanischen Gärten
der Welt.
▪ Preiskategorie: €

 Gärtnerplatz
48.131764 , 11.575875
80469 München
Gärtnerplatz
▪ Das kleine Parkrondel wird
von den Münchnern gerne zum
Kurz-Entspannen benützt.

 Bavaria Filmstadt
48.066156 , 11.550777
82031 München
Bavariafilmplatz 7
Tel. +49(0)89 64992000
www.filmstadt.de
Öffnungszeiten:
tägl. von 9.00-18.00 Uhr
▪ In der Filmstadt kann man das
Original-Film-U-Boot des Welt-
klassikers ›Das Boot‹ besichtigen. Auch Bully Herbigs Filmku-
lissen sind hier zu bestaunen.
▪ Preiskategorie: €€€

Allianz Arena
48.221585 , 11.624359
80939 München
Werner-Heisenberg-Allee 25
Tel. +49(0)89 323 763333
www.allianz-arena.de
Öffnungszeiten: tägl. 10.00 bis
18.00 Uhr - außer an Spieltagen.
▪ *Mit Fanshop und Stadion-
Führungen.*
▪ **Preiskategorie: €€**

 Marienplatz
48.137306 , 11.575442
80331 München
▪ *Der Platz vor dem neugoti-
schen Rathaus ist das Zentrum
der Stadt.*

 **Pfarrkirche
St. Peter**
48.136526 , 11.575464
80331 München
Rindermarkt 1
www.alterpeter.de
Öffnungszeiten:
Turmöffnung von Mo - Fr 9.00-
18.00, Sa und So 10.00-18.30
(Sommer) 17.30 (Winter).
▪ *Vom Turm der Pfarrkirche hat
man einen sensationellen Blick
über München bis hin zu den
Alpen.*
▪ **Preiskategorie: €**

 **Kirche
St. Michael**
48.138531 , 11.570076
80331 München
Neuhauser Straße 52
Tel. +49(0)89 2317060
www.st-michael-muenchen.de
Öffnungszeiten: tägl. 10.00-
19.00 Uhr
▪ *St. Michael ist die erste Renaissancekirche nördlich der Alpen. In der Fürstengruft, in der
zur Zeit 36 Wittelsbacher bestattet sind, liegt auch König
Ludwig II.*

 Viktualienmarkt
48.135056 , 11.576266
80331 München
Viktualienmarkt 9
▪ *Der Traditionsmarkt im
Herzen Münchens.*

 Stadtmuseum
48.13524 , 11.573348
80331 München
St.-Jakobs-Platz 1
Tel. +49(0)89 23322370
muenchner-stadtmuseum.de
Öffnungszeiten: Di-So 10.00 -
18.00 Uhr, Mo geschlossen
▪ *›Typisch München!‹, die Geschichte Münchens etwas anders - aber original.*
▪ **Preiskategorie: €**

 **Jüdisches Museum
München**
48.134544 , 11.57238
80331 München
St.-Jakobs-Platz 16
Tel. +49(0)89 23396096
www.juedisches-museum-mu-
enchen.de
Öffnungszeiten:
Di-So: 10.00-18.00 Uhr
▪ *Die permanente Präsentation
›Stimmen Orte Zeiten‹ fokus-
siert die jüdische Geschichte
und Kultur von München.*
▪ **Preiskategorie: €€**

 **Bayerisches
Nationalmuseum**
48.142871 , 11.590929
80538 München
Prinzregentenstraße 3
Tel. +49(0)89 2112401
www.bayerisches-nationalmu-
seum.de
Öffnungszeiten: Di bis So
10.00-17.00 Uhr, Do bis 20.00
Uhr, Mo geschlossen
▪ *Skulpturen und Gegenstände
vom Mittelalter bis Anfang des
20. Jahrhunderts sowie viele
Sonderausstellungen.*
▪ **Preiskategorie: €€**

 Haus der Kunst
48.143814 , 11.585726
80538 München
Prinzregentenstraße 1
Tel. +49 (0)89 21127113
www.hausderkunst.de
Öffnungszeiten: Mo bis So von
10.00-20.00 Uhr, Do 10.00-
22.00 Uhr
▪ *Das Haus der Kunst ist der
erste Monumentalbau des nationalsozialistischen Regimes.
Heute ist die Moderne eingezogen, jährlich wird die Große
Kunstausstellung München präsentiert.*
▪ **Preiskategorie: €€**

 Deutsches Museum
8.130345 , 11.583585
80538 München
Museumsinsel 1
Tel. +49(0)89 21791
www.deutsches-museum.de
Öffnungszeiten:
Tägl. 9.00-17.00 Uhr
▪ *Mit rund 28.000 Objekten ist
das Deutsche Museum das
größte naturwissenschaftlich-
technische Museum der Welt.*
▪ **Preiskategorie: €**

 **Museum Villa
Stuck**
48.140755 , 11.599534
81675 München
Prinzregentenstraße 60
Tel. +49(0)89 45 55 510
www.villastuck.de
Öffnungszeiten:
Di bis So 11.00-18.00 Uhr
▪ *Die Villa Stuck zeigt die wunderbaren Kunstwerke der
Sammlung von Franz von Stuck
sowie die luxuriösen historischen Zimmer der Villa mit
einem zauberhaften Künstlergarten.*
▪ **Preiskategorie: €€**

Asamkirche
48.135082 , 11.56969
80333 München
Sendlinger Straße 62 und 64
Öffnungszeiten:
tägl. von 8.00-17.30 Uhr
▪ *Eine der schönsten Rokoko-kirchen der Welt.*

 Lenbachhaus und Kunstbau München
48.147341 , 11.563635
80333 München
Luisenstraße 33
Tel. +49(0)89 233 32000
www.lenbachhaus.de
Öffnungszeiten: 8. Mai-30. Sept.
Di-So 10.00-20.00 Uhr, Okt. bis
April 10.00-18.00 Uhr
▪ *Das Lenbachhaus zeigt moderne Kunst, wie z.B. die Videos und Installationen von Erwin Wurm.*
▪ **Preiskategorie: €**

 Pinakothek der Moderne
48.146577 , 11.573007
80333 München
Barer Straße 40
Tel. +49(0)89 23805360
www.pinakothek.de/pinako-thek-der-moderne
Öffnungszeiten:
Tägl. außer Mo 10.00-18.00 Uhr,
Do 10.00-20.00 Uhr
▪ *Das Museum hat 4 Museen in sich. Bis Herbst 2013 ist die Pinakothek wegen Renovierungs-arbeiten geschlossen. Sonntags ist der Eintritt frei.*
▪ **Preiskategorie: €€**

 Alte Pinakothek
48.148000 , 11.57099
80333 München
Barer Straße 27
Tel. +49 (0)89 23805216
www.pinakothek.de
Öffnungszeiten:

Tägl. außer Mo 10.00-18.00 Uhr,
Di 10.00-20.00 Uhr.
▪ *Das Museum zeigt Europäi-sche Malerei vom 13. bis zum 18. Jahrhundert*
▪ **Preiskategorie: €€**

 Museum Brandhorst
48.148122 , 11.574369
80333 München
Theresienstraße 35 a
Tel. +49 (0)89 23805 2286
www.museum-brandhorst.de
Öffnungszeiten:
Tägl. außer Mo 10.00-18.00 Uhr,
Do 10.00-20.00 Uhr
▪ *Auf 3200 m² Ausstellungsflä-che werden unter anderem Werke von Andy Warhol, Sig-mar Polke und Bruce Naumann gezeigt.*
▪ **Preiskategorie: €€**

 BMW-Welt & BMW-Museum
48.17734 , 11.556961
80809 München
Am Olympiapark 1
Tel. +49 (0)89 358274910
www.bmw-welt.com
Öffnungszeiten: Mo-So 9.00 -
18.00 Uhr
▪ *In der BMW-Welt und im ne-benliegenden BMW-Museum kann man die Fahrzeughistorie bis zum aktuellen Stand des BMWi verfolgen. Ein Muss für Automobil-Fans.*
▪ **Preiskategorie: €€**

 Jazzclub Unterfahrt im Einstein
48.135712 , 11.600961
81675 München
Einsteinstraße 42
Tel. +49(0)89 4482794
www.unterfahrt.de
Öffnungszeiten: Mo bis So
19.30-1.00 Uhr

▪ *Ein ganz besonderer Club mit guten Live-Konzerten internati-onaler Jazz-Musiker.*
▪ **Preiskategorie: €€**

 Dreigroschenkeller
48.131192 , 11.587651
81669 München
Lilienstraße 2
Tel. +49 (0)89 37955834
www.3groschenkeller.de
Öffnungszeiten:
So bis Do 17.00-1.00 Uhr, Fr und
Sa 17.00-3.00 Uhr
▪ *Mitten in der Welt von Bertolt Brecht. Die Dreigroschenoper als Architekturmotto mit gutem Bier und Buletten.*
▪ **Preiskategorie: €€**

 Schloss Nymphenburg und Gärten
48.159387 , 11.505746
80638 München
Schloss Nymphenburg 1
Tel. +49(0)89 179080
www.schloss-nymphenburg.de
Öffnungszeiten:
April bis 15. Okt.: 9.00-18.00
Uhr, 16. Okt. bis März: 10-16 Uhr,
Mo geschlossen
▪ *Der ehemalige Sommersitz der Wittelsbacher und Geburts-stätte von König Ludwig II.*
▪ **Preiskategorie: €€**

 Schloss Schleißheim
48.249995 , 11.560894
85764 Oberschleißheim
Max-Emanuel-Platz 1
Tel. +49 (0)89 3158720
schloesser-schleissheim.de
Öffnungszeiten: April-Sept.:
9.00-18.00 Uhr, Okt.-März:
10.00-16.00 Uhr, Mo geschl.
▪ *Eine der schönsten Barockan-lagen Deutschlands.*
▪ **Preiskategorie: €€**

Residenz München
48.141886 , 11.579642
80333 München
Residenzstraße 1
Tel. +49(0)89 29061
www.residenz-muenchen.de
Öffnungszeiten:
April bis 15. Okt. tägl. 9.00-
18.00 Uhr, 16. Okt. bis Mär.
tägl. von 10.00-17.00 Uhr
▪ *Der Stadtpalast der Wittels-*
bacher zeigt, mit welcher
Pracht die Regenten von 1508
bis 1918 hier residierten.
▪ Preiskategorie: €€

 **Bayerische
Staatsoper**
48.139584 , 11.578639
80539 München
Max-Joseph-Platz 2
Tel. +49 (0)89 218501
www.bayerische.staatsoper.de
▪ *Die bayrische Staatsoper gilt*
als eines der besten Opernhäu-
ser der Welt. Im National-Thea-
ter oder im kleinen Cuvilliés-
Theater.
▪ Preiskategorie: €€€

 **Münchner Philharmoniker
& Kulturzentrum Gasteig**
48.131406 , 11.590543
81667 München
Rosenheimer Straße 5
www.mphil.de, www.gasteig.de
▪ *Das gefeierte Münchner Stadt-*
orchester unter der Leitung von
Lorin Maazel spielt im Gasteig.
Das Kulturzentrum am Deut-
schen Museum bietet klassische
Musik, Filme, Vorträge und die
bekannten Münchner Filmfest-
spiele.
▪ Preiskategorie: €€- €€€

 **Prinzregenten-
theater**
48.139543 , 11.60588
81675 München
Prinzregentenplatz 12
Tel. +49(0)89 2185 2899

www.prinzregententheater.de
Öffnungszeiten:
Kasse: Mo-Fr 10.00-13.00 Uhr,
14.00-18.00 Uhr, Sa 10.00-13.00
Uhr
▪ *Eine der großen Bühnen in*
München mit klassischen und
modernen Aufführungen, von
Lesung über Konzert bis zur
großen Oper.
▪ Preiskategorie: €€€

 **Deutsches
Theater**
48.209603 , 11.617386
80939 München-Fröttmaning
Werner-Heisenberg-Allee 11
Tel. +49(0)89 55 23 44 44
www.deutsches-theater.de
▪ *Das deutsche Fenster zum*
Broadway - im neu renovierten
Gebäude.
▪ Preiskategorie: €€

 **Münchner
Kammerspiele**
48.138545 , 11.582792
80539 München
Maximilianstraße 28
Tel. +49(0)89 23396600
muenchner-kammerspiele.de
Öffnungszeiten:
Kasse: Mo-Fr 10.00-18.00 Uhr,
Sa 10.00-13.00 Uhr
▪ *Traditionsreiches, städtisches*
Sprechtheater mit schönem
Café.
▪ Preiskategorie: €€

 Jazzbar Vogler
48.133591 , 11.577728
80469 München
Rumfordstraße 17
Tel. +49(0)89 294662
www.jazzbar-vogler.com
Öffnungszeiten:
Mo bis So 19.30-1.00 Uhr
▪ *Die Live-Bar mit persönlichem*
Ambiente von Thomas Vogler
bietet die besten Akts von Jazz
über Swing, Soul, Funk, Latin.
▪ Preiskategorie: €

 **NEKTAR Lounge Club
und Restaurant**
48.13274 , 11.591512
81667 München
Stubenvollstr. 1
Tel +49 (0)89 45911311
www.nektar-munich.de
Öffnungszeiten: tägl geöffnet
▪ *Besonderes Ambiente: Farb-*
spiele auf dem in weiß in weiß
gehaltenen Interieur, Speisen im
Liegen und eine extravagante
Bar.
▪ Preiskategorie: €€

 8-seasons
48.135075 , 11.56521
80331 München
Sonnenstraße 26
Tel. +49(0)89 242944443
www.8-seasons.com
▪ *In der alten Isarpost - geht*
dieselbe ab: Bar, Brunch und
House Party. Tagsüber ist die
schöne Bar nur im Sommer-
halbjahr geöffnet.
▪ Preiskategorie: €€

 Bar München
48.138176 , 11.584149
80539 München
Maximilianstraße 36
Tel. +49 (0)89 229090
www.barmuenchen.com
Öffnungszeiten:
Täglich 11.00-3.00 Uhr, durchge-
hend warme Küche
▪ *Die gepflegte Bar mit guter*
Küche und besten Getränken ist
im ehemaligen Schumann's auf
der Maximilianstraße zu finden.
▪ Preiskategorie: €€

 **Hotel Bayerischer Hof
Night Club & Restaurants**
48.140235 , 11.573072
80333 München
Promenadeplatz 2
Tel. +49(0)89 2120875
www.bayerischerhof.de
Öffnungszeiten: Mo bis Fr
16.00-22.30 Uhr

Sa und So 12.00-22.30 Uhr
- *Beste Adresse mit besten Live-Bands und vorher asiatisch oder bayrisch speisen im Trader Vic's oder im Palais Keller.*
- **Preiskategorie: €€**

P1
48.144059 , 11.584704
80538 München
Prinzregentenstraße 1
Tel. +49 (0)89 2111140
www.p1-club.de
- *Der bekannte Club für die Reichen und Schönen. Im Sommer schöne Außenterrasse, auf der man auch Oliver Kahn oder Boris Becker treffen kann.*
- **Preiskategorie: €€**

Schumann's Bar
48.142802 , 11.578017
80539 München
Odeonsplatz 6+7
Tel. +49 (0)89 229060
www.schumanns.de
Öffnungszeiten: Mo-Fr 8.00-3.00 Uhr, Sa und So von 18.00-3.00 Uhr
- *Die Bar des bekanntesten Barmanns in Deutschland Charles Schumann alias ›Mr. Baldessarini‹ ist eine Münchner Institution.*
- **Preiskategorie: €€**

Feinkost Käfer
48.140396 , 11.601879
81675 München
Prinzregentenstraße 73
Tel. +49 (0)89 4168 255
www.feinkost-kaefer.de
Öffnungszeiten: Mo bis Fr 9.30-20.00 Uhr, Sa 8.00-16.00 Uhr
- *Der Delikatessenladen von Feinkost Käfer lädt zum Shoppen und Schnabulieren ein.*
- **Preiskategorie: €€**

Fisch Witte
48.134862 , 11.576761
80331 München
Viktualienmarkt 9
Tel. +49(0)89 222640
www.fisch-witte.de
Öffnungszeiten: Mo-Fr 8.00-18.00 Uhr, Sa 8.00-16.00 Uhr
- *In dem Bistro am Viktualienmarkt werden italienische Küche, klassische Fischspezialitäten sowie Krebs- und Schalentiere in allen Variationen angeboten. Es gibt alles getreu dem Firmenmotto: ›If it swims we have it‹*
- **Preiskategorie: €€**

Bar Centrale
48.136737 , 11.579753
80331 München
Ledererstraße 23
Tel. +49(0)89 223762
www.bar-centrale.com
Öffnungszeiten: Mo-Sa 7.30-1.00 Uhr, So 9.00-1.00 Uhr
- *Diese Bar bringt Italien nach München.*
- **Preiskategorie: €€**

Schrannenhalle
48.13439 , 11.574884
80331 München
Viktualienmarkt 15
Tel. +49(0)89 51818312
www.schrannenhalle.de
Öffnungszeiten: Mo-Sa 9.00-20.00 Uhr
- *Die alte Markthalle wurde 2011 wiedereröffnet und ist schnell zum Kulinarik-Treff geworden.*
- **Preiskategorie: €€**

Waldwirtschaft Großhesselohe
48.067249 , 11.539334
82049 Großhesselohe
Georg-Kalb-Straße 3
Tel. +49(0)89 7499 4030
www.waldwirtschaft.de
Öffnungszeiten: tägl. 11.00-22.00 Uhr warme Küche

- *Der schöne Biergarten im Grünen lockt mit feinen Speisen und toller Jazzmusik.*
- **Preiskategorie: €€**

Brückenwirt
48.042557 , 11.515007
82049 Höllriegelskreuth
An der Grünwalder Brücke 1
Tel. +49(0)89 7930167
www.brueckenwirt.de
Öffnungszeiten: Mai-Ende Okt. Tägl. ab 10.00; Mo, Di, Do von 11-15 Uhr; Mi, Fr, Sa, So von 11.00-20.00 Uhr.
- *Schöner Gasthof mit Biergarten an der Grünwalder Brücke*
- **Preiskategorie: €**

Chinesischer Turm
48.152449 , 11.592077
80538 München
Englischer Garten
Tel. +49(0)89 38666390
www.muenchen.de
- *In dem Biergarten um den 25 m hohen Turm kann man sich wunderbar nach dem Parkspaziergang stärken.*
- **Preiskategorie: €**

Gasthof Alter Wirt
48.048034 , 11.701023
85662 Hohenbrunn
Taufkirchener Straße 4
Tel. +49(0)8102 8979740
www.alterwirt-hohenbrunn.com
Öffnungszeiten:
Mo-Sa 10.00-24.00 Uhr, So 9.00-24.00 Uhr
- *Schöner Gasthof mit altem Biergarten.*
- **Preiskategorie: €**

Holzerhof
48.048034 , 11.701023
85737 München-Ismaning
Münchner Straße 70
Tel. +49 (0)89 966402
www.holzerhof.eu
Öffnungszeiten:

Mo-Fr 8.30-12.30/14.30-18.30
Uhr, Mi nur 8.30-12.30 Uhr
▪ *Der Ismaninger Krautbauer
Adolf Sieber macht den einzi-
gen Krautschnaps in Bayern.
Noch mehr Kurioses wie Most-
schokolade gibt's im Hof-
laden zu kaufen.*
▪ **Preiskategorie: €**

Dallmayr
48.138493 , 11.577208
80331 München
Dienerstraße 14-15
Tel. +49(0)89 2135130
www.dallmayr-versand.de
Öffnungszeiten: Mo-Sa 9.30-
19.00 Uhr
▪ *1,5 Mio Menschen schlendern
jedes Jahr durch das Traditionskaufhaus mit seiner Kaffeerösterei und Delikatessenabteilung.*
▪ **Preiskategorie: €€**

Kaufhaus Lodenfrey
48.13975 , 11.574171
80333 München
Maffeistraße 7
Tel. +49(0)89 210390
www.lodenfrey.com
Öffnungszeiten: Mo-Sa 10.00-
20.00 Uhr
▪ *In dem Traditionskaufhaus
kann man sich in der weltweit
größten Loden- und Trachten-
abteilung standesgemäß
bayrisch einkleiden.*
▪ **Preiskategorie: €€**

Unützer Boutique
48.138085 , 11.58317
80539 München
Stollbergstraße 17
Tel. +49(0)89 223292
www.unuetzer.net
Öffnungszeiten: Mo-Sa 10.00-
20.00 Uhr
▪ *Das Münchner Familienge-
schäft ist mittlerweile in allen
deutschen Großstädten vertreten.*
▪ **Preiskategorie: €€**

 # 2 Herrmanns-
dorf

 Café Bauer
48.012951 , 11.897592
85567 Wildenholzen
Schloßstrasse 20
Tel. +49 (0)8093 1418
Öffnungszeiten:
Do, Fr, Sa ab 12.00 Uhr
▪ *Im Biergarten des alten Bau-
ernhauses kann man in aller
Ruhe den selbstgebackenen
Kuchen genießen.*
▪ **Preiskategorie: €**

 **Herrmannsdörfer
Landwerkstätten**
47.991921 , 11.897452
85625 Glonn
Herrmannsdorf 7
Tel. +49(0)8093 90940
www.herrmannsdorfer.de
▪ *Bio-Laden des Landgutes.*
▪ **Preiskategorie: €€**

3 Aying

 Brauerei Aying
47.972402 , 11.773835
85653 Aying
Münchener Straße 21
Tel. +49(0)8095 890
www.ayinger.de
Führungen: Di 11.00 Uhr,
Do 18.00 Uhr, Sa 10.00 Uhr
▪ *Die 1876 gegründete Brauerei
befindet sich heute in der 5. Generation und gilt als fortschritt-
lichste Brauerei in Europa.
Frühschoppen am 1. Sonntag
im Monat in der Brauereigast-
stätte Schalander.*
▪ **Preiskategorie: €**

 Museum Sixthof
47.97068 , 11.77902
85653 Aying
Münchner Straße 4
Tel. +49(0)8095 90650

www.aying.info
Öffnungszeiten: Sonn- und fei-
ertags von 13.00-17.00 Uhr,
Ostern bis Oktober
▪ *Das Museum zeigt das alte
Bauernhaus so eingerichtet, als
ob die Bewohner nur kurz aus
dem Raum gegangen wären.*
▪ **Preiskategorie: €**

 Galerie Schmiede
47.970607 , 11.78132
85653 Aying
Schmiedgasse 1
Tel. +49(0)8095 416
www.galerie-aying.de
Öffnungszeiten: Mi-Fr von
15.00-18.00 Uhr, So von 14.00-
17.00 Uhr
▪ *Die Galerie wird vom
Apotheker mit viel Liebe zum
Detail geführt.*
▪ **Preiskategorie: 0€**

 **Brauereigasthof
Hotel Aying**
47.970757 , 11.780541
85653 Aying
Zornedinger Straße 2
Tel. +49(0)8095 90650
www.brauereigasthof-aying.de
Öffnungszeiten: Mo-So von
12.00-14.00/18.00-1.00 Uhr
▪ *Eines der 400 besten Restau-
rants Deutschlands.*
▪ **Preiskategorie: €**

 **Liebhard´s Bräustüberl
zu Aying**
47.970811 , 11.780334
85653 Aying
Münchener Straße 2
Tel. +49(0)8095 1345
www.liebhards-aying.de
Öffnungszeiten: Tägl. 10.00-
24.00 Uhr, warme Küche von
11.00-23.00 Uhr
▪ *Wunderschöner Biergarten
und traditionelles Brauhaus.*
▪ **Preiskategorie: €**

4 Kloster Reutberg

 Feinschmecker-Restaurant Moar-Alm
47.813572 , 11.654742
83679 Sachsenkam
Holzkirchner Straße 14
Tel. +49(0)8021 5520
www.moar-alm.de
Öffnungszeiten: Mi, Do, Fr von 18.00-23.00 Uhr, Sa, So und feiertags von 12.00-15.00 Uhr
▪ Das Restaurant zählt zu den besten Adressen im Oberland.
▪ Preiskategorie: €€

 Kloster Biergarten
47.81291 , 11.637223
83679 Sachsenkam
Am Reutberg 1
Tel. +49(0)8021 8686
www.klosterbraeustueberl-reutberg.de
Öffnungszeiten: Täglich von 10.00-24.00 Uhr
▪ Vom Kloster Biergarten hat man einen herrlichen Blick.
▪ Preiskategorie: €€

5 Bad Tölz

 Haus des Gastes im Kurpark/Tourist-Information
47.759325 , 11.552614
83646 Bad Tölz
Max-Höfler-Platz 1
Tel. +49(0)8041 78670
www.bad-toelz.de
Öffnungszeiten:
Mo bis Fr 9.00-18.00 Uhr
▪ Im Haus des Gastes kann man sich über die vielfältigen Gesundheitsangebote der Stadt informieren.

 Leonhardi-Kapelle
47.763582 , 11.55612
Bad Tölz Kalvarienberg
www.toelzer-leonhardi.de
▪ Die Leonhardikapelle auf dem Kalvarienberg ist das Ziel der alljährlich stattfindenden Leonhardifahrt.

 Stadtmuseum, ehemals Heimatmuseum
47.761022 , 11.561061
83646 Bad Tölz
Marktstraße 48
Tel. +49(0)8041 7935157
www.bad-toelz.de
Öffnungszeiten:
Di bis So 10.00-16.00 Uhr
▪ Das Stadtmuseum Bad Tölz präsentiert auf drei Ausstellungsebenen einen Querschnitt der Geschichte des Tölzer Landes.
▪ Preiskategorie: €

 Berggasthaus Stie-Alm
47.657728 , 11.508231
83658 Lenggries-Brauneck
Tel. +49(0)8042 2336
www.stie-alm.de
Öffnungszeiten: ganzjährig ohne Ruhetag
▪ Auf der Stie-Alm, der ›Höchsten Almkäserei in Oberbayern‹, können die Besucher täglich bei der Herstellung des preisgekrönten Stie-Alm-Käses zusehen. Von der Brauneckbahn sehr gut zu erreichen.
▪ Preiskategorie: €

 Sternerestaurant Altes Fährhaus
47.764457 , 11.548937
83646 Bad Tölz
An der Isarlust 1
Tel. +49(0)8041 6030
www.altes-faehrhaus-toelz.de
Öffnungszeiten: Mi bis So 11.30-14.00 / 18.00-21.30 Uhr, So nur bis 16.00 Uhr
▪ Hier sitzt man wunderschön

auf der Terrasse direkt an der Isar und genießt Fisch und Meeresfrüchte.
▪ Preiskategorie: €€

 Restaurant Landhotel Moarwirt
47.82243 , 11.547682
83623 Hechenberg / Dietramszell
Sonnenlängstraße 26
Tel. +49(0)8027 1008
www.moarwirt.de
Öffnungszeiten: tägl. ab 12.00 Uhr geöffnet. Ruhetage Januar Montag, Februar Dienstag, November Mittwoch
▪ Das Restaurant lädt mit überwältigender Sonnenterrasse und bayrisch-französischen Speisen zum Schlemmen ein.
▪ Preiskategorie: €€€

 Tölzer Kasladen
47.7615 , 11.560074
83646 Bad Tölz
Rathausgasse 6
Tel. +49(0)8041 9427
www.toelzer-kasladen.de
Öffnungszeiten: Mo bis Fr 9.00-18.00 Uhr, Sa 8.30-14.00 Uhr
▪ Der Tölzer Kasladen ist eine Käse-Schatztruhe, die viele Gourmets von weit her anlockt.
▪ Preiskategorie: €€

6 Weihenlinden

 **Baggersee Höglinger Weiher**
47.892744 , 11.947051
83052 Bruckmühl
Zur Kieslände 11
▪ Der Baggersee lädt an heißen Sommertagen zum Abkühlen ein.

Wallfahrtskirche zur Heiligen Dreifaltigkeit

47.887395 , 11.957239
83052 Weihenlinden
Lindenstraße 45
▪ *Die 1653 erbaute Wallfahrts-kirche zur Heiligen Dreifaltigkeit und ihr kleines Museum sind einen Besuch wert.*

 Gasthof Weihenlinden

47.887395 , 11.957239
83052 Weihenlinden
Lindenstraße 45
Tel. +49(0)8062 8670
www.gasthaus-weihenlinden.de
Öffnungszeiten: Mo & Di Ruhetag. Mi-Fr 11.30-14.00 / 17.00-23.00 Uhr, Sa und So 11.30-23.00 Uhr. Im Winter kürzere Öffnungszeiten
▪ *Schöner Landgasthof mit Biergarten direkt neben der Wallfahrtskirche.*
▪ **Preiskategorie: €€**

7 Bad Aibling

 Kur- und Tourismus-Information Bad Aibling

47.86179 , 12.008297
83043 Bad Aibling
Wilhelm-Leibl-Platz 3
Tel. +49(0)8061 90800
www.bad-aibling.de
▪ *Tourismus-Information im Zentrum der Stadt.*

 Therme Bad Aibling

47.857648 , 12.004707
83043 Bad Aibling
Lindenstraße 32
Tel. +49(0)8061 9066
www.therme-bad-aibling.de
Öffnungszeiten: Tägl. ab 10.00 Uhr, Mo-Do & Sonntag bis 22.00 Uhr, Fr & Sa bis 23.00 Uhr
▪ *Architektonisch gelungene Therme. Nebenan ist im Sommer gleich das Freibad.*
▪ **Preiskategorie: €€€**

 Kunstverein Bad Aibling, Galerie im alten Feuer-wehrhaus

47.86303 , 12.008915
83043 Bad Aibling
Irlachstraße 5
Tel. +49 (0)8061 938052
kunstverein-bad-aibling.de
Öffnungszeiten: Fr 18.00-20.00 Uhr, Sa/So 14.00-18.00 Uhr
▪ *Kleiner aber feiner Verein mit renommierten Künstlern.*
▪ **Preiskategorie: €**

 Heimatmuseum Bad Aibling

47.86173 , 12.008107
83043 Bad Aibling
Wilhelm-Leibl-Platz 2
Tel. +49(0)8061 4614
www.bad-aibling.de
Öffnungszeiten: Fr 15.00-17.00 Uhr, So 14.00 -17.00 Uhr
▪ *In dem kleinen Museum befindet sich u.a. die vollständig rekonstruierte Werkstatt eines Fassbinders oder Schäfflers.*
▪ **Preiskategorie: €**

 Café-Restaurant Niba

47.864814 , 12.011012
83043 Bad Aibling
Kirchzeile 18
Tel. +49 (0)8061 938799
www.ni-ba.de
Öffnungszeiten: Mo 8.00-18.00 Uhr, Di bis Sa 8.00-1.00 Uhr, Sonntag Ruhetag
▪ *Schönes Cafe im Zentrum Bad Aiblings. Entspanntes Frühstücks-Ambiente mit dem bekannten Dinzler Kaffee.*
▪ **Preiskategorie: €**

 Lindners Romantik Hotel & Restaurant

47.864 , 12.010733
83043 Bad Aibling
Marienplatz 5
Tel. +49 (0)8061 90630
www.lindners.net
Öffnungszeiten: Di bis So 18.00-

23.00 Uhr, So 11.30-14.30 Uhr
▪ *In der Lindner Stubn kann man hervorragend speisen. Reservierung wird empfohlen.*
▪ **Preiskategorie: €€**

8 Schloss Maxlrain

 Schloßwirtschaft Maxlrain

47.899488 , 11.989892
83104 Maxlrain, Freiung 1
Tel. +49(0)8061 8342
www.schlosswirtschaft-maxl-rain.de
Öffnungszeiten: von 1. April bis 30. Sept: Mi bis So 11.30-23.00 Uhr, Mo/Di Ruhetag, vom 1. Okt. bis 31. März 11.30-14.00 / 17.30-23.00 Uhr, Mo und Di Ruhetag
▪ *Im ausgezeichneten Traditions-Restaurant finden sich die Feinschmecker ein.*
▪ **Preiskategorie: €€**

 Golfclub Schloß Maxlrain

47.901247 , 11.993298
83104 Maxlrain, Freiung 14
Tel. +49(0)8061 9369562
www.golfclubmaxlrain.de
Öffnungszeiten: Tägl. geöffnet ab 10.00 Uhr. Im Winter geschlossen
▪ *Von der Terrasse hat man einen wunderschönen Blick über das Voralpenland. Reservierungen erwünscht.*
▪ **Preiskategorie: €€€**

 Bräustüberl Maxlrain

47.897916 , 11.987912
83104 Maxlrain, Stachöderweg 2
Tel. +49(0)8061 92422
www.braeustueberl-maxlrain.de
Öffnungszeiten: Tägl. 11.00-23.00 Uhr
▪ *Sehr schöner Biergarten direkt neben der Brauerei.*
▪ **Preiskategorie: €**

9 Haag i. OB

Naturbad Haag i. OB
48.154053 , 12,176577
83527 Haag in Oberbayern
Freibadstraße 10
www.markt-haag.de
Öffnungszeiten: Im Sommer
tägl. 8.00-20.00 Uhr
▪ Das schöne gepflegte Naturbad lädt dazu ein, den ganzen Tag unter schattigen Bäumen zu verbringen.
▪ Preiskategorie: €

Unertl Bräustüberl
48.161059 , 12.186512
83527 Haag in Oberbayern
Lerchenbergstraße 2
Tel. +49(0)8072 2965
www.unertl-braeustueberl.de
Öffnungszeiten: Montag Ruhetag. Di bis Fr 11.00-14.30/17.30-24.00 Uhr, Sa, So und feiertags 10.00-24.00 Uhr. Durchgehend warme Küche
▪ Das ursprüngliche, gemütliche Restaurant der Traditionsbrauerei bietet Speisen für Feinschmecker.
▪ Preiskategorie: €€

Eisdiele Smeralda
48.161289 , 12.185757
83527 Haag in Oberbayern
Wasserburger Straße 3
Tel. +49(0)8072 98730
▪ Mario und Christian Campo bieten leckeres italienisches Eis.
▪ Preiskategorie: €

10 Wasserburg

Kernhaus
48.060877 , 12233163
83512 Wasserburg
Marienplatz 2
www.wasserburg.de
▪ Die Rokoko-Fassade des Kernhauses muss man gesehen haben.

Rathaus
48.060877 , 12.233163
83512 Wasserburg
Marienplatz 3
www.wasserburg.de
▪ Die Fassade des Rathauses gegenüber dem Kernhaus gehört auch zu den Wasserburger Sehenswürdigkeiten.

Stadtpfarrkirche St. Jakob
48.061063 , 12.230382
83512 Wasserburg
Kirchhofplatz 5
Tel. +49(0)8071 9194
www.wasserburg.de
▪ Die große Kirche aus dem 14. Jh. ist sehenswert.

Imaginäres Museum
48.060349 , 12.23219
83512 Wasserburg
Bruckgasse 2
Tel. +49(0)8071 4358
www.wasserburg.de
Öffnungszeiten: April-Okt. 13.00-16.00 Uhr, So 13.00-17.00 Uhr, Nov. -März nur sonntags von 13.00-17.00 Uhr
▪ Das Museum zeigt über 500 Repliken der größten Kunstwerke der Welt.
▪ Preiskategorie: €

EFA-Museum für Deutsche Automobilgeschichte
47.99573 , 12.307733
83123 Amerang
Wasserburger Straße 38
Tel. +49(0)8075 8141
www.efa-automuseum.de
Öffnungszeiten: tägl. 10.00-18.00 Uhr, Montag Ruhetag, Geschlossen vom 5. Nov.-31. März
▪ Über 220 deutsche Autolegenden sind in der Privatsammlung zu besichtigen.
▪ Preiskategorie: €€

Restaurant Herrenhaus
48.061303 , 12.232563
83512 Wasserburg
Herrengasse 17
Tel. +49(0)8071 5971170
www.restaurant-herrenhaus.de
Öffnungszeiten: Di-Sa 12.00-14.00 Uhr, ab 18.00 Uhr, So und Mo Ruhetag
▪ Das junge Team bietet unter alten Holzbalken Mediterranes und Regionales mit Biozutaten.
▪ Preiskategorie: €€

LandWirtschaft Gut Staudham
48.0615 , 12.174245
83512 Wasserburg
Münchner Straße 30
Tel. +49(0)8071 9044590
landwirtschaft-staudham.de
Öffnungszeiten: tägl. 9.00-24.00 Uhr, Dienstag Ruhetag
▪ Das riesige Landgut mit Biergarten liegt 5 km von der Innenstadt entfernt direkt am Staudhamer See. Ein großer Parkplatz ist direkt am Haus.
▪ Preiskategorie: €

Kaffeerösterei Klaus Rechenauer
48.060736 , 12.233201
83512 Wasserburg
Schmidzeile, Marienplatz 11
Tel. +49(0)8071 510604
www.wasserburger-kaffee.de
▪ Seit 1815 macht die Kaffeerösterei in der Schmidzeile hervorragenden Kaffee.
▪ Preiskategorie: €

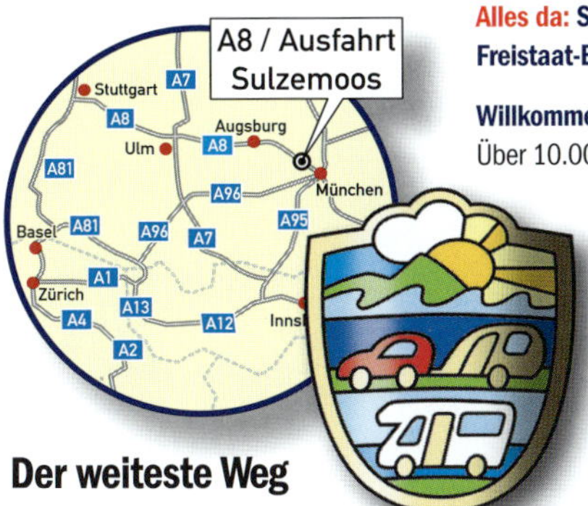

Fünfseenland

Highlights
Fünfseenland

Von kleinen unentdeckten Weihern über die Goldküste des Starnberger Sees bis zu den eiszeitgeformten Osterseen

1 Wörthsee
Der schöne Kleine
bietet Ruhe und Entspannung

2 Utting am Ammersee
Freizeitvergnügen mit Blick
auf die Berge

3 Dießen
Vom Fischerdorf zum
Künstlertreff

4 Herrsching
Genießen Sie die längste Seepromenade Deutschlands

5 Andechs
Genuss für Leib und Seele am
Heiligen Berg

6 Starnberg
Münchens Ausflugsziel Nr. 1

7 Tutzing
Wunderbar unspektakulärer Ort
mit spektakulärem Ausblick

8 Bernried
Bekanntes Museumsdorf mit
Tradition und Charme

9 Berg
Die Goldküste des Starnberger
Sees entdecken

10 Ambach
Anziehungspunkt für Kreative &
Künstler

11 Iffeldorf
Eintauchen in die
zauberhafte Ruhe der Osterseen

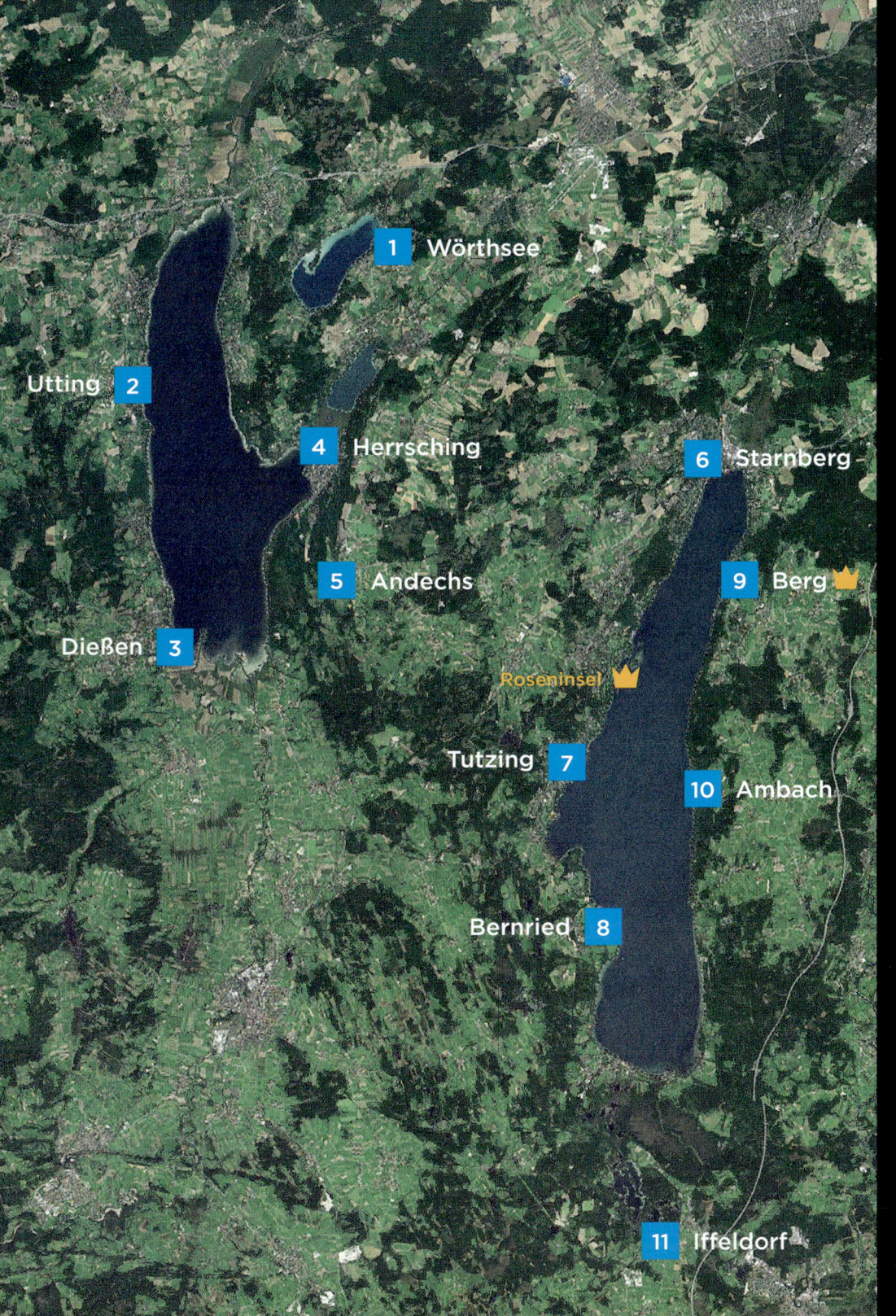

1 Wörthsee

Utting **2**

4 Herrsching

6 Starnberg

5 Andechs

9 Berg

Dießen **3**

Roseninsel

Tutzing **7**

10 Ambach

Bernried **8**

11 Iffeldorf

Blick vom ›Il Kiosko‹ auf den Wörthsee

Morgenzeit

Abendzeit

Starnberger See
Die Goldküste entlang

Blick vom Anleger in Ambach auf die alten Seehäuser an der Goldküste

1 Wörthsee: Der schöne Kleine bietet Ruhe und Entspannung

Der Wörthsee ist längst nicht so bekannt wie der Ammer- oder Starnberger See, was ihm deshalb glücklicherweise auch nicht so viele Besucher beschert. Wer im Sommer nach Steinebach am Wörthsee fährt, um hier einen schönen Strandtag zu verbringen, hat das Gefühl, ›dazuzugehören‹.

Man trifft sich seit Generationen im **Strandbad Fleischmann**, das hier seit 1927 seinen Platz hat. Wahrscheinlich ist es auch deshalb so beliebt, da es nicht nur einen wunderbaren Badestrand, sondern auch eine hervorragende Gast-

ronomie zu bieten hat. Wer hier abends, nach einem sonnenverwöhnten Tag, noch ein knuspriges ›Grillhendl‹ ergattert, kann sich glücklich schätzen. Dazu gibt's Augustiner Bier und einen sensationellen Sonnenuntergang hinter den alten Bäumen am See.

Perfekter Ausklang eines perfekten Strandtages

Den Sonnenuntergang kann man in Steinebach aber noch von zwei anderen Lokationen genießen:

Nur 5 Minuten Fußweg vom Strandbad entfernt, trifft man sich auf einen Aperol Spritz beim ›Italiener‹. **Il Kiosko** von Franca & Gene ist immer gut besucht, und die Gäste sitzen in bunten Liegestühlen direkt am Wasser. Es gibt leckere Kleinigkeiten zu essen und immer ein freundliches italienisches Wort.

So fühlt es sich also an - das berühmte ›Dolce Vita‹. Auf der anderen Seite des Strandbades kommt man zum etwas vornehmeren **Café Raabe am See**, das mit seinem Strandbad auch schon seit 1911 am Platz ist.

Linke Seite:
Dieser schöne Badeplatz liegt nur 20 m vom Stellplatz entfernt

Links:
Auf der schönen Terrasse des Café Raabe kann man den herrlichen Tag mit leckeren Kuchen genießen

 STA 02 P Steinebach Rathaus** XL

GPS: 48.068591 , 11.200829

Der kostenlose Parkplatz, auf dem man auch übenachten kann, liegt direkt neben dem Rathaus in Steinebach am See. Nachts ist es sehr ruhig.

Alternative Übernachtungsplätze:
STA 04 CP Strandbad Pilsensee** 5 km
STA 07 Campingplatz Utting** 16 km

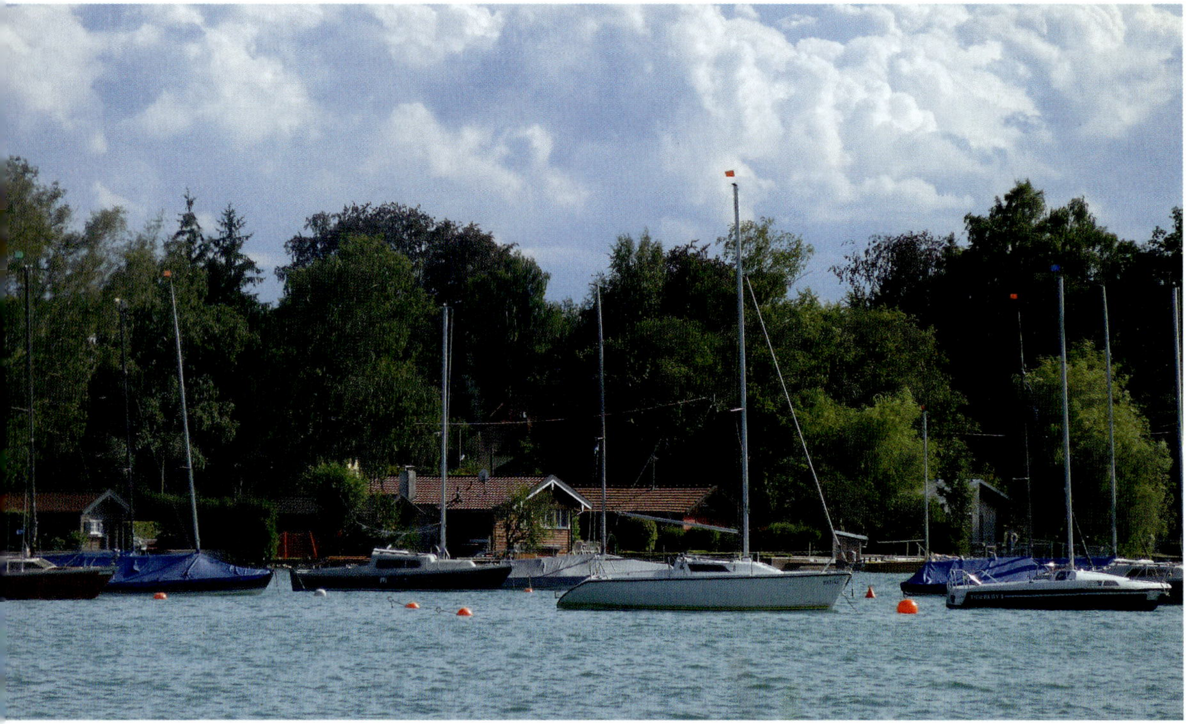

Oben:
Wer Lust hat, kann sich für ein paar Stunden ein Boot ausleihen und den kleinen See von der Wasserseite erkunden

Rechts:
Im Biergarten des Strandbades Fleischmann kann man den schönen Badetag kulinarisch ausklingen lassen

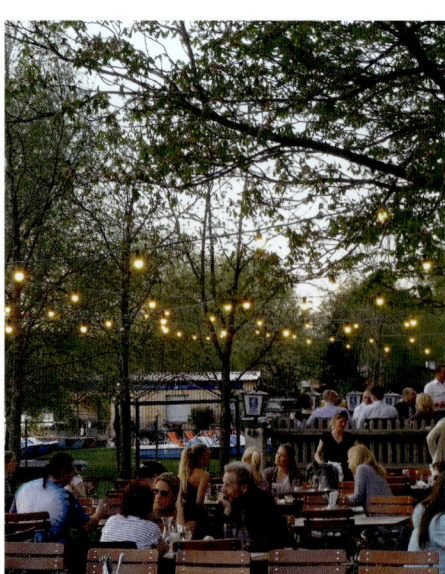

Die Terrasse ist fein gedeckt, und es kommt zum fangfrischen Seefisch nur beste Bioqualität auf den Tisch.

Radtour vom Wohnmobil-Stellplatz um den See

Das Wohnmobil steht gleich um die Ecke auf dem Gemeindeparkplatz ne-

ben dem Rathaus. Hier ist es geduldet, dass man auch mal über Nacht steht, was auf den zwei weiteren großen privaten Parkplätzen eigentlich nicht erlaubt ist. Als Alternative bietet sich der schöne **Campingplatz Wörthsee** an, den man auch entdeckt, wenn man eine Radtour um den See macht.

Die ca. 10 km um den See herum lassen sich natürlich auch entspannt zu Fuß bewältigen. Es geht vorbei an Yachthäfen, Moorwiesen, Badeplätzen und vielen schönen Einkehrmöglichkeiten. So kann die ›kurze‹ Strecke schon mal zum Tagesausflug werden.

Tipp: Bootsverleih Steinebach

Bei der **Schifffahrtschule Wörthsee** (direkt beim Parkplatz) können Segelboote, Elektroboote und Tretboote ausgeliehen werden. So kann man den kleinen charmanten See und die private Mausinsel auch von der Wasserseite aus entdecken.

STA 05 Parkplatz Schloss Seefeld* XL

GPS: 48.030608 , 11.206365

Shopping-Ausflug zum Kulturzentrum Schloss Seefeld

Im nur 5 km entfernten **Schloss Seefeld** gibt es im Schlosshof einiges zu sehen: Kulturzentrum, Kino, Künstler-Ateliers, exklusive Boutiquen und Schmuckateliers laden zum Bummeln und Entdecken ein. Danach kann man in der ehemaligen Brauerei **Bräustüberl Schloss Seefeld** auf der eleganten Terrasse sitzen und das gute Essen sowie die schöne Sicht auf das Schloss genießen. Fünf Baustile vereinigen sich mittlerweile in der Burganlage aus dem Mittelalter, die sich das wehrhafte Aussehen über die Jahrhunderte bewahrt hat. Die hohe äußere Brücke führt erst durch einen schmalen Torpavillon in den barocken Wirtschaftshof, dem man fast die Funktion einer ›Vorburg‹ zuordnen könnte. Um das dahinterliegende Schloss wurde ein zweiter, künstlicher Graben gezogen, der das Schloss weiter separiert - so dass heute der Schloss-Privatbesitz ideal vom Publikumsverkehr getrennt ist.

Links:
Der große Innenhof des Schlosses bietet Platz für viele Ladengeschäfte und ein schönes Restaurant

STA 03 Campingplatz Wörthsee** XL / C

GPS: 48.046456 , 11.179919

Der schöne Platz liegt mit Badewiese in einem Waldgebiet direkt am See. Frühstücksservice ab 8.00 Uhr mit frischem Gebäck. Bis ins Zentrum von Steinebach sind es nur 3 km.

Alternative Übernachtungsplätze:
STA 04 CP Strandbad Pilsensee** 4 km
STA 13 SP Kloster Andechs** 10 km

2 Utting am Ammersee: Freizeit-vergnügen mit Blick auf die Berge

Unten:
Der TSV Utting bietet leckeres Essen auf der gepflegten Terrasse

Rechts:
Das schöne Restaurant Alte Villa

Unten:
In diesem Piratenschiff lässt es sich hervorragend klettern

 STA 06 Parkplatz Hochseilgarten* XL

GPS: **48.02961 , 11.094804**

Utting bietet neben seiner schönen Lage auch jede Menge Superlativen für Freizeitsportler:
Einmalig ist das Strandbad mit seinem zehn Meter hohen Sprungturm am See, einmalig ist auch der einzige Motto-Hochseilgarten in Deutschland und natürlich ist auch der Blick auf die Berge einmalig, wenn man unter besten Windbedingungen Richtung Herrschinger Bucht segelt oder surft. Aber nicht nur für Sportfans ist Utting eine Reise wert. Es gibt viele schöne Villen und Häuser entlang des Sees und das bekannteste - das **Künstlerhaus Gasteiger** im Vorort Holzhausen und sein schöner Park - ist einen Besuch wert.

Radtour entlang der Seestraße

Gleich beim Parkplatz befindet sich der **Hochseilgarten Ammersee**, der passend zum See in Form eines Piraten-schiffes angelegt ist. Neu an ihm ist, dass er in getrennte Bereiche bzw. Motti unterteilt ist:

Für Unerschrockene gilt es unter ›Abenteuer Piratenschiff‹ das Schiff bis zu 14 m Höhe zu entern, für Kinder gibt's den ›Kinderparcours‹, und Gruppen kommen nur im ›Team Yacht‹ gemeinsam voran. Wer gerne klettert, sollte also hier auf seine Kosten kommen.
Um danach gemeinsam über ›Piratenabenteuer‹ zu sprechen, bietet sich die gegenüber liegende kleine, private Terrasse des Yachtvereines **TSV Utting Wassersport** an. Auch Nichtmitglieder sind willkommen und man kann unter großen Schirmen mit Blick auf die Boote die leckeren selbstgemachten Tagesgerichte probieren. Als etwas belebtere Alternative bietet sich die **Alte Villa** an. Im riesigen Biergarten der alten Villa spielt oft eine Blasmusikkapelle zum regen Treiben rund um die Selbstbedienungs-Theken. Wie in jedem echten Biergarten dürfen hier auch eigene Speisen mitgebracht werden. Etwas ruhiger und auch eleganter geht es in der

Villa zu. Mit wunderschönem Seeblick kann man hier ruhig auf der Terrasse sitzen und die Gerichte aus der ausgezeichneten Karte kosten. Etwas weiter in der Ortsmitte am See kommt man zum **Strandbad Utting**, das den einzigen 10 m Sprungturm im Fünfseenland besitzt. Den Sprung von ganz oben wagen nur die Mutigsten und Frechsten. Das Klettern, Zaudern, Rennen und Platschen von unten zu beobachten ist eine Mords-Gaudi, die man am besten vom Biergarten des Strandbades aus genießt.

Direkt neben dem Strandbad fällt ein richtiger Seebär mit weißem Rauschebart ins Auge: **Klaus Marx Bootsverleih** wird heute zwar vom Junior betrieben, aber der stadtbekannte Gründer ist bei schönem Wetter immer noch jeden Tag beim Bootsverleih und für einen ›Ratsch‹ zu haben (bay. Unterhaltung).

Wenn die Seestraße nach dem Hafen und der Schiffsanlegestelle in die Eduard-Thöny-Straße übergeht, ist es nicht mehr weit zum Künstlerhaus Gasteiger.

Jugendstiltraum im Künstlerhaus Gasteiger

Einer der beliebtesten Brunnen in München ist von Mathias Gasteiger, der in Utting wohnte. Das nackte Brunnenbüberl am Stachus, ›Satyr und Knabe‹, war schon immer bei den Münchnern

Oben:
Der Sprungturm ist einmalig im Fünfseenland und zieht deshalb viele Mutige an

 STA 07 CP Utting am Ammersee XL / C**

GPS: 48.027612 , 11.095053

Der gepflegte Campingplatz liegt direkt am Ammersee. Im Eingangsbereich befindet sich ein kleiner Laden für den täglichen Bedarf. Ein modernes Sanitärhaus ist vorhanden. 650 m ins Zentrum.

Alternative Übernachtungsplätze:
STA 09 Hafen Dießen** 9 km
STA 34 CP Dießen* St. Alban 10 km

Oben:
Der Jugendstil-
salon des Künst-
lerhauses
Gasteiger

Oben:
Schöne Villen
säumen den
Radweg zum
Museum
Gasteiger

Rechts:
Dieser schöne
Badesteg liegt
gleich neben dem
Museum und ist
ein Geheimtipp
am See

Sophie Gasteiger gehörten um 1900 zu den namhaften Künstlern in München. Ihr Wohnsitz am Ufer des Ammersees, in dem sie von 1902-1913 wohnten, beherbergt heute ein kleines, aber sehenswertes Museum, in dem die historischen Jugendstilräume, historische Fotografien, eine Auswahl von Skulpturen Mathias Gasteigers und eine Sammlung mit den Blumengemälden von Anna Sophie Gasteiger zu sehen sind. Aber auch nur durch den zauberhaften Garten der Villa mit ihrem schattigen Teich zu schlendern ist ein Vergnügen. Ein Geheimtipp ist der Badestrand gleich neben der Villa. Ein langer Steg führt weit hinaus in den See, wo man den Sprung ins klare Wasser wagen sollte. Die Villa ist nur 1,7 km vom Parkplatz entfernt und per Fahrrad oder zu Fuß gut zu erreichen.

beliebt, aber durch seine Nacktheit dem Prinzregent Luitpold ein Dorn im Auge. Den Vorschlag, die Nacktheit des Büb-chens mit einem Feigenblatt zu bede-cken, wurde von den Münchner Künst-lern kategorisch abgelehnt, denn im-merhin wurde der Brunnen vor seiner Aufstellung in München auf der Welt-ausstellung 1889 in Paris mit einer Gold-medaille ausgezeichnet. Damals waren also die Künstler noch König.
Mathias und seine Künstlergattin Anna

CENTURION.
DENN PHANTASIE KENNT KEINE GRENZEN.

Jeder Centurion ist ein einzigartiges Meisterwerk. Denn er wird in klassischer Manufakturfertigung ganz nach Ihren individuellen Wünschen hergestellt. Dabei nutzen wir unser Wissen aus mehr als 30 Jahren Erfahrung im Bau von Premium-Reisemobilen sowie die neueste Technik aus dem Fahrzeug- und Großjachtbau. Das Ergebnis sind intelligente Ausstattungsdetails wie zum Beispiel ein vollbeheizter Slideout, der aus diesem großartigen Fahrzeug auch ein besonders großes macht. Der Centurion – das wohl modernste Luxusmobil, das wir je gebaut haben.

Erleben Sie die Kunst des mobilen Reisens auf www.concorde.eu

Einziger Aufbauhersteller für Reisemobile mit Mercedes-Benz Zertifizierung

www.facebook.com/ConcordeReisemobile

Concorde Reisemobile GmbH · Concorde-Straße 2–4 · 96132 Schlüsselfeld-Aschbach
Telefon: +49 9555 9225-0 · E-Mail: info@concorde.eu

Concorde
REISEMOBILE AUS LEIDENSCHAFT

3 Dießen am Ammersee:
Vom Fischerdorf zum Künstlertreff

Künstler hier auch für immer sesshaft geworden sind.

Carl Spitzweg, Wilhelm Leibl, Alexander Koester, Fritz Winter lebten und malten hier einige Zeit – der Schriftsteller Otto Julius Bierbaum und die Schriftstellerin Luise Rinser sowie der ›Carmina Burana‹-Komponist Carl Orff fanden hier ihre Heimat. Letzterem wurde ein eigenes Museum in Dießen gewidmet. Das **Carl-Orff-Museum** beschreibt in drei Räumen die einzelnen Stationen im Leben des Künstlers und sein künstlerisches Schaffen.

Kunsthandwerk- und Künstlerstadt

Viele Kunsthandwerker, vor allem Töpfer und Zinngießer, machten Dießen weit über die Gemeindegrenzen hinaus bekannt. Auch heute kommen alljährlich Zehntausende auf den Töpfermarkt, der zu Christi Himmelfahrt stattfindet.

150 Töpfer aus 12 europäischen Ländern stellen hier ihre Werke zur Schau – die besten Arbeiten werden mit dem Dießener Keramikpreis ausgezeichnet.

Die eingereichten Stücke sind weit vom einfachen Töpfergut entfernt: Klare Linien, vollendete Proportionen und Handwerkskunst werden hier prämiert.

Natürlich finden sich auch ohne Töpfermarkt schöne Keramiken zum Mitnehmen in der Innenstadt oder etwas außerhalb: Seit 40 Jahren fertigt die Keramikmeisterin Cornelia Goosens in ihrer Keramik-Werkstatt wunderschöne und zarte Keramiken. Mit telefonischer Voranmeldung kann man im alten Schillinghof in Dießen-Wengen ihre Kunst kennenlernen.

Oben:
Eine der schönsten Barockkirchen Bayerns ist das Marienmünster in Dießen

STA 08 Parkplatz Carl-Orff-Schule* XL

GPS: 47.950005 , 11.092393

Der Charme des alten Fischerdorfes, der gegen Ende des 19. Jahrhunderts viele Künstler angezogen hat, ist auch heute noch vielerorts zu spüren. Wer von den großen Fischerhütten am See die kleinen Sträßchen mit ihren historischen Häusern zum barocken Marienmünster hinauf geht, versteht warum einige

Rechts:
Zum Töpfermarkt kommen jedes Jahr tausende Besucher

In den ›Dießener Himmel‹ schauen

Die Stadt kann sich mit ihrem **Marien-münster** über eine der schönsten Barockkirchen Bayerns freuen. In ihrem Langhaus ist 1736 das Deckenfresco ›Dießener Himmel‹ mit 28 Heiligen und Seligen des Hauses Andechs-Meranien die als ›Grafen von Dießen‹ Ort und Kloster um 1050 n. Chr. gründeten, entstanden. Der Maler Johann Georg Bergmüller hat sich neben der ganzen Pracht und Herrlichkeit rechts im Bild in Kittel und blauer Kappe verewigt.

Himmlisch speisen & angeregt unterhalten

Bei soviel Kunst und Kunsthandwerk ist es fast schon klar, dass man im Restaurant **Essens ART** Halt machen muss. Das sehr gute Straßenlokal liegt direkt an der ›Flaniermeile‹ auf dem Weg zum See. Auf der Außenterrasse des modernen Gasthauses kommt fast französischer Flair auf. Hier sitzt man und unterhält sich angeregt über die Eindrücke aus dem alten und neuen Künstlerdorf.

Simplicissimus – Das Satiremagazin vom Ammersee

Der bissige Hund ist zum Wahrzeichen des bissigen Polit-Satiremagazins geworden, das 1896 von Albert Langen mit Thomas Theodor Heine am Ammersee gegründet wurde.

Der ›Mops‹ steht für den Protest gegen Kaiser und Kirche, Militär und Beamtentum - schlechterdings gegen die ganze falsche Moral der damaligen Zeit. Viele Künstler der Region (Ludwig Thoma, Thomas Mann, Frank Wedekind und Rainer Maria Rilke) zeichneten und schrieben für das berühmte Blatt, dass anfangs ein totaler Flop war. Erst als ein spöttisches Gedicht samt passender Zeichnung die beiden Urheber ins Gefängnis bringt, ist der Skandal perfekt und die Bekanntheit endlich da. Simplicissimus verkauft sich und ist international eines der bekanntesten Magazine der damaligen Weimarer Zeit.

Oben:
Die Fischerhütten sind heute noch das Zentrum am See

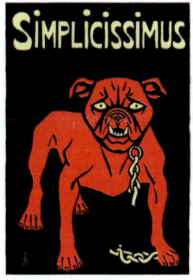

Oben:
Der berühmte Mops auf dem berühmten Satiremagazin

 ## STA 09 HF Seestraße/ Windermere-Str.** XL

GPS: 47.952209 , 11.105895

Gleich beim Bahnhof am See bietet der große Parkplatz 12 Standplätze mit Strom sowie Ver- und Entsorgung im Zentrum von Dießen. Nachts kein Zugverkehr.

Alternative Übernachtungsplätze:
STA 34 CP Dießen St. Alban* 2 km
STA 13 SP Kloster Andechs** 12 km

4 **Herrsching:** Genießen Sie die längste Seepromenade Deutschlands

STA 10 Parkplatz Herrsching Zentrum*

GPS: 47.991135 , 11.172376

Anziehungspunkte am See

Am Dampfersteg ist winters wie sommers viel los. Schon bei den ersten Sonnenstrahlen sitzen die Ersten im Biergarten des **Hotel Seehof**, und im Sommer wird es dann schon schwer, hier noch einen Platz zu ergattern.

Nur ein paar Schritte weiter befindet sich schon das **Kurparkschlössl**, das mit wechselnden Ausstellungen und Töpfermarkt viele Besucher anzieht. Die vielfotografierte Villa entwarf der ehemalige Besitzer und Kunstmaler Ludwig Scheuermann mit Anklängen an italienische Adelspaläste selbst. Das ganze Ensemble wirkt wie ein leicht verkleinertes Mini-Schloss im 3/4-Maßstab.

Wer Richtung Segel-Club geht, wird einen etwas ruhigeren Weg vorfinden, auf dem sich kleine und sehr nette Einkehrmöglichkeiten finden. Frischen Seefisch

Oben:
Das Kurparkschlössl ist das wohl meist fotografierte Wahrzeichen von Herrsching

Rechts:
Frischen Seefisch kann man bei der Fischerei Stumbaum direkt am Seeufer genießen

Wer am Dampfersteg in Herrsching steht, kann sich aussuchen, in welche Richtung er am See entlang bummeln will. Rechts Richtung Kurpark samt Kurparkschlössl oder lieber links Richtung Segelclub mit schönen kleinen Einkehrmöglichkeiten?

Rund 10 km Seepromenade laden ein, den See ausgiebig zu genießen, und egal welche Seite man abends aussucht, ein perfekter Sonnenuntergangsblick ist einem bei schönem Wetter sicher.

gibt es seit über 100 Jahren bei der **Fischerei Stumbaum**, den man gleich auf der Bank vor dem Haus mit Blick auf den See verspeisen kann.

Etwas weiter sitzt man unter Palmen im **Bootshaus Herrsching**, das schon fast italienischen Flair verbreitet. Hier gibt es leckeren Espresso und kühlen Vino. Dahinter befindet sich auch der ange-

gebene Parkplatz Zentrum.

Noch etwas weiter - hinter dem Segelclub - befindet sich der **Wohnmobil-Stellplatz (STA11)** auf dem alten Campingplatz direkt am See.

Ausflug zum Kloster Andechs

Von der S-Bahn-Haltestelle in Herrsching sind es nur 5 km zum Kloster Andechs. Der gut ausgeschilderte Fußweg, der sich in gut einer Stunde bewältigen lässt, führt entlang des Kienbachs durch das Kiental und wird erst nach der Hälfte des Weges etwas steiler. Aber als Entschädigung für die Mühe belohnen das berühmte Bier und die wunderbare Aussicht vom ›Heiligen Berg‹.

Oben:
Einen traumhaften Sonnenuntergang kann man hier erleben

Unten:
Die Skulptur sitzt malerisch am See

Links:
Schon fast italienisches Flair am See

 ### STA 11 SP Alter Campingplatz Herrsching** XL

GPS: 47.986306 , 11.165542

Auf dem Gelände des alten Camping Platzes steht man ruhig mit schönem Seeblick.Teilweise ebener Wiesenuntergrund - einfache Toiletten und Duschen sind am Platz. 1,3 km ins Zentrum.

Übernachtungsplätze in der Nähe:
STA 13 Stellplatz Kloster Andechs** 5 km
STA 04 CP Strandbad Pilsensee** 6 km

6 Kloster Andechs: Genuss für Leib und Seele am Heiligen Berg

Seit 1128 pilgern Gläubige zum Reliquienschatz der Grafen von Andechs, der die kostbaren ›Herren-Reliquien‹ von einer Pilgerreise ins Heilige Land mitbrachte. Aber erst 1455 wurde das Benediktinerkloster durch den Wittelsbacher Herzog Albrecht III. zur Pflege und sicheren Verwahrung des ›Heiligtums‹ sowie zur Betreuung der Wallfahrer gegründet.

Über 40.000 organisierte Pilger kommen selbst heute noch aus über 130 Wallfahrtsgemeinden zum Heiligen Berg. Bis zu 50 km legen sie täglich zu Fuß zurück, um zur barocken Wallfahrtskirche St. Nikolaus und Elisabeth zu gelangen, in der neben den Reliquien auch die Muttergottes und die Heilige Hedwig verehrt werden.

Der Ruf des guten Bieres geht auch heute noch in die Welt

Wo viele Pilger ankommen, wird natürlich auch die christliche Gastfreundschaft gepflegt – schon der Heilige Benedikt schrieb in die Ordensregel: ›Alle Fremden, die kommen, sollen aufgenommen werden wie Christus; denn er wird sagen: »Ich war fremd, und ihr habt mich aufgenommen«.‹ (vgl. Mt. 25,35). Hunger und Durst mussten also gestillt werden, und so war es nur selbstverständlich, dass die Fremden in den Genuss des Klosterbieres kamen.

Der Ruf des guten Bieres verbreitete sich schnell bis in die letzten Winkel von Bayern und über die Grenzen hinaus. Heute werden jährlich über 100.000 hl gebraut und weltweit verschickt. Selbst in Russland, Finnland und sogar in Japan kann man das Bier des berühmten Klosters bestellen.

Nicht nur Pilger pilgern auf den heiligen Hügel

Heute zieht der Berg mehr als eine Million Besucher aus aller Welt an, die nach einem Rundgang und dem Genuss der schönen Aussicht auch das berühmte Bier kosten wollen. Der **Klosterbrauerei-Biergarten** ist immer gut besucht und die Haxn ist grandios.

Etwas ruhiger geht es nebenan im **Klostergasthof Andechs** zu. Von der schönen Terrasse hat man einen wunderbaren Blick weit übers Land. Hier sitzen und schauen kann schon glücklich machen. Wenn aber dann noch das sehr gute Essen samt Bier auf dem Tisch steht, ist der Tag perfekt.

Kulturzentrum & Festspiele

Das Kloster ist aber auch bekannt für sein kulturelles Angebot – dem Andechser Orgelsommer und den **Carl-Orff-Festspielen**, die Ende Juni / Anfang August stattfinden. In der großen, wunderbar umgebauten Scheune – dem ›Florian Stadl‹ - kann man Musik lauschen, die einem die Seele öffnet. Mit seinen rund

Oben:
Eine wunderschöne Sicht aufs Land bekommt man vom Klostergasthof

10.000 Besuchern pro Saison ist Andechs einen feste Größe in der deutschen Festspiellandschaft geworden. Informationen und Karten unter: www.carl-orff-festspiele.de

Einkaufen bei Europas größter Bio-Molkerei

Dass der Bio-Joghurt mit dem grünen Logo ›Andechser Natur‹ nichts mit dem Klosterberg zu tun hat, wissen nicht viele. Seit über 30 Jahren ist die **Andechser Molkerei Scheitz** Öko-Pionier der ersten Stunde. Die Bio-Milchprodukte und manch andere Bio-Leckerei kann man auf dem idyllisch gelegenen Andechser Hofladen kaufen, der nur 3 km vom Kloster entfernt ist.

Oben:
Der Engel weist den Weg in den Restaurant-Garten

 ## STA 13 Stellplatz Kloster Andechs** XL

GPS: 47.974823 , 11.186635

Im hinteren Bereich des großen Parkplatzes steht man beim Kräutergarten auf ebenem Kiesgrund.

Übernachtungsplätze in der Nähe:
STA 18 Stellplatz Ilkahöhe* 14 km
STA 04 CP Pilsensee** 6 km

6 Starnberg & Possenhofen:
Münchens Ausflugsziel Nr. 1

Unten:
Ganz München trifft sich an schönen Tagen im Seerestaurant UNDOSA

Rechts:
Ein Muss ist ein Abstecher nach Possenhofen ins Kaiserin Elisabeth Museum, das sich im alten Bahnhof befindet

Unten:
Blick von Berg auf die Starnberger Kirche und dem Seerestaurant UNDOSA direkt darunter

STA 14 Parkplatz Bahnhofsplatz*

GPS: 47.997457 , 11.346532

Was macht man in München am Wochenende? Man fährt mit dem Cabrio oder der S-Bahn an den Starnberger See. Hier wird flaniert, gebummelt, gebadet und Eis geschleckt. Eigentlich auch nicht anders als zu ›Königszeiten‹, als der Münchner Hof für zahlreiche Sommervergnügen auf das Schloss am See fuhr.

Mit Prunkschiffen, wie dem legendären ›Brucentaur‹ von Kurfürst Ferdinand Maria, das auch das ›schwimmende Schloss‹ genannt wurde und der ›Carolina‹ von König Max I., wurde der zweitgrößte See in Bayern befahren. Heute sieht man hier elegante Yachten, Katamarane, Elektroboote und natürlich die Fährschiffe der Bayerischen Seenschiff-

fahrt. Sie bringen die Besucher zu allen wichtigen Stationen am See. Die Anlegestelle ist gleich beim Bahnhof.

Rundgang durch Starnberg
Etwas weiter südlich an der Bahnlinie liegt das **Museum Starnberger See**, in dem Modelle und Originalnachbauten der legendären Schiffe gezeigt werden. Auf 1.200 qm werden aber nicht nur die historischen Schiffe gezeigt, sondern auch die ländliche Alltagskultur früherer Zeiten anschaulich aufbereitet. Im denkmalgeschützten, bäuerlichen Anwesen, dem ›Lochmann-Haus‹ und seinem ›Herrenzimmer‹, fühlt man sich in vergangene Zeiten zurückversetzt. Noch etwas weiter am See entlang kommt man zum **Seerestaurant UNDOSA**. Hier treffen sich alle zum Sehen und Gesehen werden. Es ist aber auch zu schön auf der loungigen Seeterrasse, von der man den gesamten See Richtung Süden bis zu den Bergen überblicken kann. Und abends gibt es Live-Musik oder DJ-Mix.

Auf Sissis Spuren in Possenhofen und auf der Roseninsel
Der Bahnhof mit dem **Kaiserin Elisabeth Museum in Possenhofen**, ist für alle Sissi-Fans ein Muss. Hier kahm die junge Elisabeth an, wenn es zum Som-

mersitz Schloss Possenhofen ging. Das Schloss ist heute leider in Privatbesitz und kann nur von außen besichtigt werden, aber der kleine Bahnhof wurde liebevoll zur Gedenkstätte umgebaut. Der hochherrschaftliche, reich mit Malerei und Stuck verzierte Wartesalon, in dem Sissi auf den Zug wartete, erstrahlt heute wieder in altem Glanz, und ein Rundgang im Museum veranschaulicht das Leben der Kaiserin - von ihrer Jugendzeit bis zu ihrem Ende am Genfer See. Vom Bahnhof sind es nur 10 Gehminuten zum **Schloss Possenhofen** mit seinen vier Zinnentürmen und dem schö-

nen, zugänglichen Schlosspark, danach weitere 30 Minuten Richtung Süden am See entlang zur legendären **Roseninsel**, wo sich die Kaiserin Elisabeth mit König Ludwig II. traf. Diese Sehenswürdigkeiten verbindet auch der sog. ›Kaiserin Elisabeth Rundweg‹ der Gemeinden Pöcking und Feldafing.

Früher wie heute kommt man nur mit einem Fährboot zur Insel, auf der sich,

Oben & unten:
Die Sommermonate verbrachte die ganze Familie der jungen Sissi im Schloss Possenhofen

Links:
Auf die Roseninsel kommt man auch heute nur mit dem Fährboot

inmitten eines schönen Parks eine toskanisch-alpenländische Villa, das sogenannte ›Casino‹, befindet.

Auf der wunderschönen Terrasse des **Forsthaus am See** lässt es sich mit Blick auf den Yachthafen Possenhofen standesgemäß speisen. Von hier fährt das Fährboot zur Roseninsel ab.

Rechts:
Im Forsthaus am See kann man hervorragend speisen

Rundweg-Radtour: Vom Maisinger See bis zur Ilkahöhe und zurück

Eine traumhafte Radtour startet vom **Maisinger Seehof** (im Winter geschlossen), bei dem auch das Wohnmobil abgestellt werden kann. **(STA 17)**
Der in dritter Generation geführte Hof am Maisinger See gehört zu den Insider-Tipps im Fünfseenland. Im schönen Biergarten werden ausschließlich Lebensmittel von ›Unser Land‹ - einer Erzeugergemeinschaft von Landwirten und Handwerkern aus den Landkreisen rund um München - angeboten, und die Lage am See ist wunderschön.

Der kleine Maisinger See wurde um das Jahr 1680 von Mönchen angelegt, um durch Fischzucht neue Nahrungsquellen für die hungernde Bevölkerung zu erschließen. Heutzutage ist der See zu einem einzigartigen Moorbiotop und Rückzugsgebiet für viele einheimische

Oben:
Vom Forsthaus Ilkahöhe hat man einen sensationellen Blick über den See

STA 35 Stellplatz Feldafing Strandbad* XL
GPS: 47.950219 , 11.305488

Vögel geworden.

Vom Maisinger See geht es zu den Deixlfurter Seen und weiter bis zum **Forsthaus Ilkahöhe**. Von der 726 m hohen Ilkahöhe hat man einen atemberaubenden Blick über den See und das gesamte Alpenpanorama. Nach einer Stärkung im Biergarten oder im Restaurant geht es dann hinunter zum See und am Seeuferweg wieder zurück nach Possenhofen und wieder bergauf nach Maising. Wer sich diesen letzten Anstieg sparen möchte, bleibt auf der Hochfläche und radelt in umgekehrter Richtung zurück. Zur Belohnung kehrt man dann in Maising in einen der schönsten, kleinen Biergärten, dem **Gasthaus Georg Ludwig**, mitten in Maising ein.

STA 18 Stellplatz Restaurant Ilkahöhe**XL
GPS: 47.899215 , 11.255050

Auf dem fast ebenen Parkplatz des Restaurants steht man ruhig mit tollem Blick auf den See.
Einkehr obligatorisch.

Übernachtungsplätze in der Nähe:
STA 36 Campingplatz Seeshaupt** 14 km
STA 27 SP Buchheim Museum* 6 km

7 **Tutzing:** Wunderbar unspektakulärer Ort mit spektakulärem Ausblick

Eigentlich hat Tutzing nicht so viel zu bieten: Keine Sissi, kein Ludwig, keine Goldküste. Dennoch: Tutzing ist ein ganz ruhiges aber bezauberndes Städtchen am See, das durch seine Lage einen phantastischen Blick auf die Gebirgskette der Alpen bietet.

STA 24 Parkplatz LIDL*
GPS: 47.916195 , 11.285474

STA 25 P Evang. Akademie*
GPS: 47.90973 , 11.281695

Gerade bei Föhnwetter, wenn die Berge besonders nah erscheinen, kommen viele Fotobegeisterte angereist, um das bronzene Löwenpaar des **Wirtshaus Häring am See** vor dem Alpenpanorama aufs Foto zu bannen. Nach getaner ›Arbeit‹ kann man dann im Wirtshaus mit seinem schönen Biergarten einkehren oder ein paar Meter weiter im **Nordbad Surf & Segelcenter** mit einem Glas Weißwein und einer Renke auf dem Bootssteg chillen – je nach Wetter im Badeanzug oder dick eingepackt.

Inspirationsquelle für Musiker und Kreative

Von der ›behaglichen Stimmung‹ Tutzings fühlte sich schon Johannes Brahms inspiriert und komponierte hier einige seiner wichtigsten Werke, was die Stadt seit 1997 mit den ›Tutzinger Brahmstagen‹ würdigt.
Heute arbeitet hier der bekannte Komponist Leslie Mandoki für Weltstars wie Phil Collins und Lionel Ritchie, und ne-

benan wohnt der wohl bekannteste Bürger der Stadt - Peter Maffay. Der sympathische Musiker ist hier sogar noch oft anzutreffen und hat eine der schönsten Aussichtsbänke am See gestiftet.

Rundgang durch das schöne Städtchen

Direkt am See ist es wie immer am schönsten - deshalb gibt es am Fähranleger einen kleinen Park mit besagter Peter-Maffay-Bank, die natürlich den besten Ausblick bietet. Ein paar Meter weiter finden sich alte Fischerhütten und die alte Schule des Ortes, die seit 2010 als neues **Ortsmuseum Tutzing** die Geschichte des Ortes und Fischereikunde zeigt. In dem modernisierten kleinen Schulbau direkt am Ufer werden auch immer wieder sehenswerte Wechselausstellungen gezeigt.

Links:
Blick auf die Kirche St. Peter und Paul

Unten:
In der alten Schule ist jetzt das Ortsmuseum untergebracht

Unten:
Vom kleinen Park am See hat man einen traumhaften Ausblick

8 **Bernried:** Bekanntes Museumsdorf mit Tradition und Charme

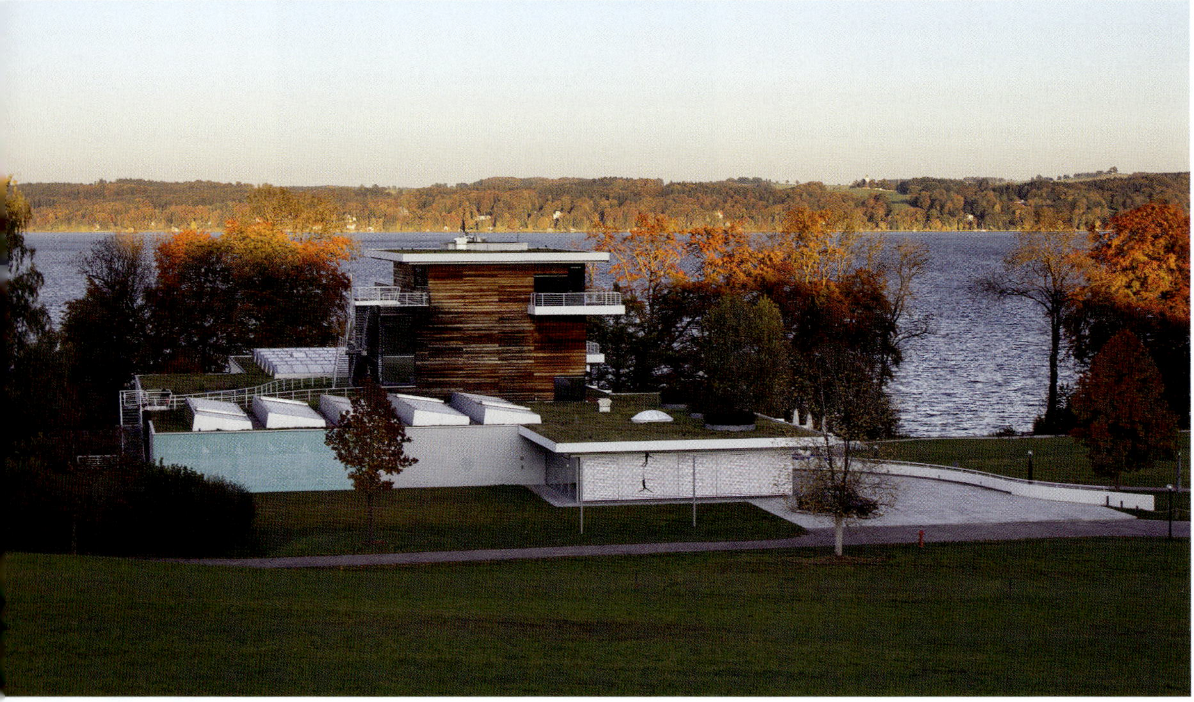

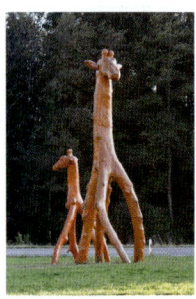

Oben:
Das Buchheim-Museum lockt jährlich über 200.000 Besucher nach Bernried

Oben:
Giraffen begrüßen den Besucher vor dem Museum

Das **Buchheim Museum der Phantasie**, das erst in Buchheims Wohnort Feldafing gebaut werden sollte, hat das ruhige Dorf Bernried auf einen Schlag berühmt gemacht. Was die Feldafinger ›befürchteten‹, ist hier passiert: Über 200.000 Besucher stürmen jedes Jahr das Museum - aber nicht alle das Dorf.

Dabei ist es außerordentlich sehenswert. 2007 wurde es zu einem der schönsten Dörfer Deutschlands gekürt. Es gibt eine imposante Lindenallee, liebevoll restaurierte Bauernhäuser, zwei schöne Kirchen, zwei Schlösser, sogar einen weitläufigen Park mit alten Eichen und auch noch ein bezauberndes Strandbad. Und eben natürlich das bekannte Buchheim-Museum.

Das Buchheim Museum der Phantasie

Der Maler, Kunstsammler, Fotograf, Verleger und Erfolgsautor Lothar-Günther Buchheim hat sich mit seinem Museum einen Platz für seine persönliche Sammlung geschaffen und sich damit seinen Lebenstraum erfüllt.

Im Museum werden vielfältige und ganz unterschiedliche Exponate gezeigt: Gemälde, Aquarelle, Zeichnungen und Druckgrafiken der Expressionisten, Kult- und Gebrauchsgegenstände aus Afrika und Asien, Kunsthandwerk aus aller Welt, aber auch Grafiken der klassischen Moderne wie Picasso, Léger, Miró und Chagall.

Ein Raum des Museums ist Buchheim als dem genialen Autor des Weltbestellers ›Das Boot‹ gewidmet. Der Roman wurde in 30 Sprachen übersetzt und baut auf

den Erfahrungen Lothar-Günther Buchheims als Marinekriegsberichterstatter im 2. Weltkrieg auf.

Der vom Stuttgarter Architekturbüro Behnisch & Partner entworfene Museumsbau wirkt mit seinem ausladenden Balkon über dem See fast wie ein majestätisches Schiff.

Wer nach den vielen, ganz unterschiedlichen Eindrücken optische Beruhigung

sucht, ist hier auf dem ›Aussichtsdeck‹ gut aufgehoben. Die Weite des Sees sorgt sofort für eine Erholung der Sinne. Ein traumhafter Ort für ein traumhaftes Museum.

Nostalgisches Strandbad im Bernrieder Park

Wer nach so viel Kunst und schöner Architektur nicht nur auf den See schauen möchte, kann im 1,2 km entfernten Strandbad Hubl ein Boot mieten oder gleich in den See springen.

Immer an der Seepromenade entlang, trifft man auf das nostalgische, kleine **Strandbad Hubl**, mit alten Holzumkleidekabinen und Tretbootverleih. Hier scheint die Zeit noch stehen geblieben zu sein: Frau Hubl bringt selbstgebackenen Kuchen und der Gatte kümmert sich am neuen Bootssteg um den Bootsverleih. Parken kann man am Yachthafen, und dann immer entlang der Seepromenade bis zum Strandbad.

Links:
Im nostalgischen Strandbad Hubl gibt es selbstgemachten Kuchen von Frau Hubl

Links:
Das Kloster Bernried der Missions-Benediktinerinnen

 STA 27 Stellplatz Buchheim-Museum* XL

GPS: 47.873688 , 11.282980

Auf dem riesigen Parkplatz steht man ruhig auf ebenem Untergrund. Ins Zentrum ist es nur 1 km.

Übernachtungsplätze in der Nähe:
STA 29 Campingplatz Fohnsee** 15 km
STA 23 CP Beim Fischer** 10 km

Viele wunderschöne Villen
haben an der Goldküste ihr
Zuhause

9 Berg: Die Goldküste des Starnberger Sees entdecken

Gleich hinter Berg beginnt die schönste Seite des Sees. Nicht nur, dass von der Ostseite aus der Sonnenuntergang am schönsten zu sehen ist – die Uferstraße am See ist komplett für den Verkehr gesperrt, um die Ruhe der vielen Villen und schlossähnlichen Anwesen nicht zu stören. Aber nicht nur die prominenten Villeninhaber können diese Ruhe genießen: Von Berg aus kann man wunderbar entspannt am See entlangradeln oder spazieren gehen. Überall laden schöne Biergärten am See zum Einkehren ein. Und wenn man hier am See sitzt, das Leben genießt und die goldene Abendsonne hinter den Hügeln versinkt, weiß man auch, warum diese Seite des Sees den Namen ›Goldküste‹ trägt.

Idealer Ausgangspunkt für Erkundungstouren

Wer den schönen Parkplatz am kleinen Bach früh anfährt, findet hier auch gleich den idealen Übernachtungsplatz. Wenn die Tagestouristen abends weg sind, wird man hier höchstens noch durch Kuhglockengeläut gestört. Über

einen kleinen Weg kommt man zum **Hotel Schloss Berg**, das eine Seeterrasse mit Biergarten bietet. Berg ist auch Ausgangspunkt für Schiffstouren auf dem See. Von hier bietet sich auch eine Fahrt ins Buchheim-Museum nach Bernried auf die andere Seite des Sees an.

Oben:
Von der ›Goldküste‹ hat man den schönsten Blick auf die untergehende Sonne

Links:
Die Seeterrasse des Restaurant Schloss Berg öffnet glücklicherweise mit den ersten Sonnenstrahlen im Frühjahr

 STA 19 Stellplatz Parkplatz Berg XL**

GPS: 47.971551 , 11.353810

Nur 50 m vom See steht man hier ruhig auf dem geschotterten Parkplatz am kleinen Bach. Idealer Ausgangspunkt für Radtouren entlang der Goldküste.

Übernachtungsplätze in der Nähe:
STA 21 SP Pizzeria Pinocchio* 8 km
STA 22 Campingplatz Hirth* 14 km

Rechts:
Die Gedenk-
kapelle für König
Ludwig II. steht
gleich im Wald -
nicht weit vom
Stellplatz Berg
entfernt

Oben:
Der schöne Haus-
eingang der
Fischerei Gastl

Unten:
Der Bootsverleih
in Leoni liegt di-
rekt am Radweg

Fahrplan und Preise als Download unter: www.starnbergersee-info.de/bayeri-sche-seenschifffahrt

König Ludwigs Gedenkstätte

Nur 5 min vom Stellplatz entfernt steht mitten im Wald am See die große **Votiv-kapelle**, die als Gedenkstätte am Todes-ort von König Ludwig II. gebaut wurde. Im See steht auch heute noch ein Holz-kreuz an der Stelle, an der Ludwig er-trunken sein soll. Ob er ermordet wurde oder freiwillig aus dem Leben schied, ist eine Geschichte, die auch heute noch viele Bayern umtreibt und zu hitzigen Diskussionen führen kann. Mehr dazu im

König Ludwig Special auf Seite 248.
Dass König Ludwig immer noch un-glaublich populär ist, beweisen über 1.000 Menschen, die zum 125 Jahre Ge-denkgottesdienst kamen. Viele Trach-ten- und Schützenvereine waren beim Open-Air-Gottesdienst anwesend, und auch Franz Herzog von Bayern, das Oberhaupt des Hauses Wittelsbach saß in der ersten Reihe. Der ›Kini‹, wie man ihn in Bayern liebevoll nennt, ist eben fast ein Heiliger.

Beschauliches Fischerdörfchen Leoni

Gleich nachdem man den schattigen Wald verlassen hat, kommt man ins klei-ne Leoni und zur **Fischerei Gastl-Pischetsrieder**.
Hier kann man sich für ein Picknick mit frischem Proviant eindecken: geräucher-te Renken, Aale, Saiblinge & Brachsen und - als besondere Spezialität Weiß-fisch-Matjes sowie delikate Räucher-fischcreme werden hier verkauft. Auch ein Bootsverleih ist am Platz.

König-Ludwig-Weg:

Der 1977 eröffnete Wanderweg beginnt in Berg bei der Votivka-pelle und endet nach ca. 120 km in Füssen am berühmten Schloss Neu-schwanstein. Die Wegstationen sind:
Berg, Starnberg, Herrsching & Die-ßen am Ammersee, Wessobrunn, Peiting, Rottenbuch, die Wieskir-che, Trauchgau, Hohenschwangau, Neuschwanstein, Füssen. Mehr un-ter: **www.koenig-ludwig-weg.de**

Überall in Leoni und an der Küste entlang finden sich Zeichen der tiefen Verbundenheit der Fischer zum See. Viele historische Häuser entlang des Ufers tragen überlieferte Zunftzeichen, Heiligenstatuen und Hausmalereien. Kein Wunder, denn die Fischerei spielte seit Anbeginn der Seebesiedelung vor ca. 30.000 Jahren eine wichtige Rolle zur Nahrungsbeschaffung. Auch heute noch sind viele Fischer jeden Tag in den frühen Morgenstunden auf dem Wasser – im Sommer und auch im eiskalten Winter. Nur 35 Familien haben das oft über Generationen vererbte Fischereirecht auf ihren Anwesen am Starnberger See.

Zeitreise in vergangene Tage

8 km von Berg entfernt liegt die zweite Bootsanlegestelle in Ammerland. Auch hier bietet sich der wunderbare Biergarten vom **Hotel am See** zur Rast an. Noch näher kann man am See nicht sitzen. Vom Tisch in der ersten Reihe sieht man mit etwas Glück sogar die Fische im glasklaren Uferwasser.

Seit 1847 ist das Hotel in Familienbesitz, und wer hier sitzt und dem Museumsschiff MS Phantasie beim Anlegen zusieht, fühlt sich fast in vergangene Tage zurückversetzt. Wahrscheinlich hat sich seit 1847 auch kaum etwas verändert, denn das Bier und die Renken schmecken immer noch gleich gut, und auch die Sonne scheint schon lange durch die alten Kastanien des Biergartens. Stress und die Hektik der Großstadt sind spätestens hier vergessen.

Oben:
Am Schiffsanleger in Ammerland befindet sich der schöne Biergarten des Hotel am See

Links:
Fischerboote sieht man früh morgens und abends auf dem See

STA 33 Parkplatz Bootswerft Berg*

GPS: 47.960114 , 11.346629

Gleich bei der Bootswerft Simmerding sind Parkplätze am See. Nachts sehr ruhig, an Sommerwochenenden so voll, dass der Bauer auf der Wiese parken läßt.

Übernachtungsplätze in der Nähe:
STA 21 SP Pizzeria Pinocchio* 8 km
STA 22 Campingplatz Hirth* 14 km

Ambach: Anziehungspunkt für Kreative & Künstler

Rechts:
Fischer-Gener-
ationen gingen im
Wirtshaus zum
Fischmeister ein
und aus

Unten:
Das Tor in eine
andere Welt:
Hier wohnte der
Biene-Maja-Autor
Waldemar
Bonsels

Höchstens 300 m sind es vom Wohn-mobil-Stellplatz-Geheimtipp in Ambach bis hinab zum See. Wer hier noch einen Platz findet, hat wirklich Glück gehabt. Besser früh anreisen - denn für größere Fahrzeuge gibt es am See keine Park-plätze mehr. Allerhöchstens ein Porsche Cayenne kann sich noch irgendwo hin-einquetschen - und SUVs sieht man hier viele - vor allem aus München. In Am-bach trifft sich nämlich die kreative Sze-ne im **Wirtshaus zum Fischmeister** und am kleinen Badestrand davor. Es ist aber auch traumhaft schön hier im Wirtshaus des bekannten Schauspielers Josef ›Sepp‹ Bierbichler. Das Essen ist boden-ständig, kreativ, mediterran, sehr schön angerichtet und schmeckt zudem noch hervorragend.

Natürlich von regionalen Bauern und mit fangfrischem Fisch aus dem See. Wer am Wochenende hier einen Platz ergattert, sitzt garantiert zwischen Re-gisseuren, Schauspielern, Werbern oder Schriftstellern und schaut versonnen auf den Dampfersteg vor der Wirtschaft. Was ist denn nun so magisch am Fisch-meister?

Fischmeister-Tradition

Die ›Fischmeister‹ waren Beamte der Herzöge und Könige von Bayern, die die Aufsicht über die Fischerei im Würmsee, dem Ursprungsnamen des Starnberger Sees hatten. Sie hatten auch dafür Sor-ge zu tragen, dass jeden Freitagmorgen frischer Fisch in die Münchner Hofküche geliefert werden konnte, da nach christ-lichem Glauben freitags Fleischverzehr verboten ist.

Über vier Jahrhunderte stellte ein und dieselbe Familie in Ambach einen der zwei Fischmeister des Sees. Alle Fischer des Sees mussten ihren Fang beim Fischmeister abgeben, bis die Speise-kammer des Königs gefüllt war. Erst da-nach durften sie die Fische verkaufen und das Geld behalten. Davon landete einiges gleich wieder beim Fischmeister, da es schon damals eine Wirtschaft mit Ausschank und Essen gab. Ende des 18. Jahrhunderts übergab der letzte Fisch-

meister seine Rechte nicht an seine beiden Söhne, sondern an seinen Knecht, der Johann Castulus Bierbichler hieß. Eine fast filmreife Geschichte für die Kreativ-Wirtschaft.

Das Tor in die Biene-Maja-Welt

Wer nach dem guten Essen des ›Fischmeisters‹ noch ein paar Schritte am Ufer entlang geht, findet ein wunderschönes buntes Tor vor. Dahinter liegt ein weitläufiger Garten samt Villa. Die Villa gehörte dem Autor **Waldemar Bonsels**, dessen 1912 erschienenes Buch ›Die Biene Maja und ihre Abenteuer‹ ein Weltbestseller wurde. Das Tor wurde zwar nicht von ihm, sondern vom Vorbesitzer Julius v. Benczur errichtet - dem Direktor der ungarischen Malermeisterschule

in Budapest, aber das freundliche Tor passt sehr gut zur grünen Welt der Biene und ihrem besten Freund Willi. Die Inschrift lautet sinngemäß: ›Ehrst Du Gott und Dein Heim, so tritt ein. Im Geiste Deiner Väter durchschreite das Tor!‹

Camping beim Fischer am See

Nur 4 km vom Fischmeister entfernt befindet sich der schöne **Camping beim Fischer**, der auch Platz für XL-Mobile bietet. Auch hier wird die Fischerei traditionell weitergeführt.

Wer nicht nur den schönen Platz und den hauseigenen Badestrand genießen möchte, kann mit dem Seniorchef frühmorgens zum Angeln auf den See fahren. Ein Erlebnis, das man garantiert nicht mehr vergisst.

Oben:
Blick auf die Fischerhütten in Ambach

STA 20 Parkplatz Arzthaus** XL

GPS: 47.873072 , 11.334371

Geheimtipp. Vom Parkplatz zum See sind es nur 3 min.

STA 23 CP Beim Fischer** XL / C

GPS: 47.826615 , 11.339183

Der schöne und vielfach ausgezeichnete Campingplatz bietet einen eigenen Badestrand und ist nur 6 km entfernt.

LY

11 Iffeldorf: Eintauchen in die zauberhafte Ruhe der Osterseen

Von oben sieht man die vielen kleinen Seen am Besten

STA 28 Parkplatz Osterseen**

GPS: 47.771919 , 11.314914

Wer im Frühling durch hellgrüne Birkenwälder auf die in sanften Hügeln eingebetteten Osterseen blickt, fühlt sich an Schweden oder Finnland erinnert. Keine 5 km vom Starnberger See entfernt breitet sich vor dem Betrachter eine gänzlich andere Landschaft aus. 19 kleine Seen sind in eine Hochmoorlandschaft eingebettet, die noch von der Eiszeitschmelze übriggeblieben ist.

Auch die Touristenmassen des Sees sind hier wie durch Zauberhand verschwunden. Ruhe breitet sich aus - nur ab und zu kommt einem auf den vielen Rad- und Spazierwegen des Naturschutzgebietes jemand entgegen und grüßt freundlich.

Die Seen sind vom Frühjahr bis in den Spätherbst eine Reise wert. Im Sommer laden große Badewiesen und kleine einsame Plätze unter Bäumen zum Baden ein - im Frühjahr und im Herbst kann man auf den schönen Wegen um die

Oben:
Vom Hügel bei
der kleinen Kirche
hat man einen
tollen Blick auf
die Alpen

Seen die prächtigen Farben der Mischwaldlandschaft genießen.

Den besten Ausgangspunkt um die Seen zu erkunden, hat man vom **Parkplatz Osterseen (STA 28)**. Beim Parkplatz befindet sich auch eine Wanderkarte, auf der gut beschilderte Tourenvorschläge um die Seen zu finden sind.

Kleines Dorf, große kulinarische Auswahl

Nach der Tour kann man in dem kleinen Städtchen zwischen überraschend vielen Einkehrmöglichkeiten wählen.

Nur wenige Schritte vom Parkplatz entfernt bietet das **Weinlokal VITUS** außer einer riesigen Weinkarte, kleinen Leckereien und köstlichem Kuchen auch immer wieder interessante Ausstellungen. Man sitzt hier wunderbar am Brunnen vor der Kirche oder in der Sonne auf der kleinen Seitenterrasse.

Nur ein paar Schritte weiter bekommt man auf der Sonnenterrasse des **Landgasthof Ostersee** nicht nur bayrische Gerichte, sondern auch noch einen traumhaften Blick über die Seenlandschaft. Das sollte man nicht verpassen. Nur ein Haus weiter bietet das **Café Konditorei Hofmark** auch sonntags frisches Gebäck und leckere Kuchen oder Torten zum Mitnehmen an.

Links unten:
Der schöne Platz
vor dem Weinlokal und der Galerie VITUS lädt
zum Einkehren
ein.

 ## STA 29 Campingplatz Fohnsee** XL / C

GPS: 47.778635 , 11.316480

Der Platz liegt direkt am See, mitten im Naturschutzgebiet der Osterseen. 10 min Fußweg nach Iffeldorf.

Übernachtungsplätze in der Nähe:
STA 30 Stellplatz Höhlmühle* 10 km
GAP 01 CP Brugger** Riegsee 14 km

Rechts:
Die Höhlmühle ist Treffpunkt für Wanderer, Radler und Gourmets

Ausflug zum ›Promi-Treff‹ ins Höhlmühlental

Das 8 km entfernte **Forsthaus Höhlmühle** ist mit Sicherheit einen Abstecher wert - nach einer Radtour im schattigen Tal wird man mit der besten Schweinshaxn, weit und breit, belohnt. Da es sie leider nicht jeden Tag gibt,

Unten:
Ein idyllischer Weg führt von der Höhlmühle zum Riegsee

lohnt es sich telefonisch vorzubestellen. Vom schönen Biergarten des Forsthauses kann man über die kleine ruhige Straße knapp 6 km entspannt bis zum Riegsee radeln. Wer lieber wandert, kann direkt vom Forsthaus auf die Aidlinger Höhe (800 m) losmarschieren. Von dort hat man einen wunderbaren Blick über das gesamte Loisachtal bis Garmisch-Partenkirchen. Der Weg ist nicht ausgeschildert, aber leicht zu finden und dauert gut 3 Stunden.

Wer danach richtig Hunger hat, schafft vielleicht auch die weitgerühmte Haxn oder das Höhlmühlensteak vom Ochsen. Das gute Essen und die urige Wirtsstube ziehen immer wieder Prominente aus der Umgebung an. Rosi Mittermaier und Christian Neureuther sind schon lange Stammgäste bei den Wirten Ilse und Willi Steinmetz.

Weltbekannte Rockstars kommen ins ›Village‹

Wer würde in dieser Natur-Idylle auf die Idee kommen, dass weltbekannte Rockstars wie Deep Purple und Wishbone Ash zwei Täler weiter Musik machen?

Der Gründer des Village, Dieter ›D.D.‹ Uebler, fertigt seit Jahrzehnten überaus perfekte Gitarren, die weltweit geschätzt werden.

Und weil Gitarren auch gespielt werden müssen, hat sich aus einem alten Bau-

STA 31 Stellplatz Village*

GPS: 47.727747 , 11.291606

ernhaus über die Jahre das **Kulturtal Obermühle** entwickelt, auf dessen kleiner Bühne immer gute Gigs gespielt werden. Ob von Weltstars oder ›Locals‹ - der Besuch lohnt sich immer. Übernachtet werden kann direkt vor Ort auf dem großen Parkplatz im Tal bei der Mühle.

Oben:
Neugierige Kühe
- überall am
Wegesrand

Links:
In diesen alten
Bauernhaus-
Räumen sind
schon Weltstars
aufgetreten

STA 30 Stellplatz Höhlmühle* XL

GPS: 47.711844 , 11.284240

Parkplatz oberhalb des Restaurants auf fast ebenem Untergrund. Einkehr obligatorisch.

Übernachtungsplätze in der Nähe:
GAP 01 CP Brugger** Riegsee 9 km
GAP 08 SP Benediktbeuern* 15 km

Wörthsee

Schiffahrtschule Wörthsee Bootsverleih

48.068207 , 11.200818
82237 Steinbach
Seestraße 61
www.segelschule-woerthsee.de
- *Direkt am empfohlenen Parkplatz liegt die Segelschule mit Bootsverleih.*
- **Preiskategorie: €**

Il Kiosko

48.064813 , 11.196208
82237 Steinbach
Seepromenade 18
Tel. +49(0)8153 9015033
www.il-kiosko.de
Öffnungszeiten: Geöffnet bei schönem Wetter
- *Italienischer Kiosk am See. Hier treffen sich alle zum entspannten Espressotrinken, Eis schlecken und Spritz genießen.*
- **Preiskategorie: €**

Café Raabe am See

48.070539 , 11.199598
82237 Steinebach
Seestraße 97
Tel. +49(0)8153 7205
www.raabe-am-see.de
Öffnungszeiten: tägl. 9.30-Schluss, warme Küche von 11.30-21.30 Uhr
- *Schönes Café und Restaurant mit Terrasse direkt am See.*
- **Preiskategorie: €€**

Augustiner am Wörthsee Strandbad Fleischmann

48.067693 , 11.200985
82237 Steinbach
Seepromenade 1
Tel. +49(0)8153 990366
augustiner-am-woerthsee.de
Öffnungszeiten: tägl. 10.00-23.00 Uhr, warme Küche von 11.30-21.30 Uhr

- *Biergarten im Strandbad mit tollem Sonnenuntergangsblick und sehr leckerem Essen.*
- **Preiskategorie: €€**

Bräustüberl Schloss Seefeld

48.031117 , 11.204257
82229 Seefeld
Schlosshof 4c
Tel. +49(0)8152 99 120
www.braeustueberl-seefeld.de
Öffnungszeiten: tägl. 10.00-24.00 Uhr, warme Küche 10.00-23.00 Uhr
- *Im schönen Schloss liegt das Restaurant in der ehemaligen Brauerei. Im Sommer sitzt man im Schlosshof auf der schönen, gepflegten Terrasse.*
- **Preiskategorie: €€**

 # Utting

Strandbad Utting

48.023445 , 11.097017
86919 Utting am Ammersee
Seestraße 12a
Tel. +49(0)8806 7680
www.utting.de/strandbad.html
- *Strandbad mit Biergarten und Kiosk. Der 10 m hohe hölzerne Sprungturm ist der Blickpunkt im Bad.*
- **Preiskategorie: €**

Hochseilgarten Utting

48.02961 , 11.094804
86920 Utting am Ammersee
Fahrmannsbachstraße 2d
Tel. +49(0)8806 9234
hochseilgarten-ammersee.de
Öffnungszeiten: Ostern bis November. Bei schlechtem Wetter geschlossen
- *Wer gerne kraxelt und keine Höhenangst hat, ist hier gut aufgehoben.*
- **Preiskategorie: €€**

Seegelbootverleih Marx

48.022751 , 11.096931
86920 Utting am Ammersee
Seestraße 17
Tel. +49(0)8806 7704
www.segelschulemarx.de
- *Am Ufersteg vor dem Seerestaurant sitzt der alte Seebär Klaus Marx am Steg und lädt auf seine Boote ein.*
- **Preiskategorie: €€**

Künstlerhaus Gasteiger

48.010913 , 11.098261
86919 Holzhausen
Eduard-Thöny-Straße 43
Tel. +49(0)88 06699
www.schloesser.bayern.de/deutsch/schloss/objekte/gasteig.htm
Öffnungszeiten: April-Okt., So 14.00-17.00 Uhr
- *Der Garten des Künstlerhauses ist einen Besuch wert. Gleich nebenan ist eine wunderschöne Badewiese am See.*
- **Preiskategorie: €**

Alte Villa

48.02626 , 11.097859
86919 Utting am Ammersee
Seestraße 32
Tel. +49(0)8806 617
www.alte-villa-biergarten.de
Öffnungszeiten: Mi-Fr ab 18.00 Uhr, So ab 12.00 Uhr
- *Der riesige Biergarten bei der alten Villa hat sonntags immer Blasmusik oder ein Jazzkonzert. Im Restaurant der Villa geht es etwas gediegener zu. Von der Terrasse hat man einen tollen Blick auf den See, und feine Speisen und Kuchen stehen zur Auswahl.*
- **Preiskategorie: €**

Gastronomie TSV Utting Wassersport

48.03021 , 11.095343
86917 Utting am Ammersee
Freizeitgelände 11

Tel. +49(0)8806 1282
www.tsvu.org
Öffnungszeiten: Segelsaison.
- *Im hübschen Biergarten des Clubs gibt es leckere Kuchen und kleine Gerichte.*
- **Preiskategorie: €**

3 Dießen

Tourismus-Information Dießen
47.950181 , 11.107686
86911 Dießen a. Ammersee
Bahnhofstr. 12
Tel. +49(0)8807 92 84 58
www.tourist-info-diessen.de
Öffnungszeiten: Nov-Febr. Mo, Mi, Fr 10.00-12.00 Uhr, März-April Mo-Fr 9.30-12.30 Uhr, Mai-Okt. 9.30-12.30/15.30-18.00 Uhr, Sa 9.30-12.30 Uhr
- *Die Touristen-Information versorgt Sie beim Bahnhof mit allen wichtigen Informationen.*

Carl-Orff-Museum
47.948336 , 11.099214
86911 Dießen a. Ammersee
Hofmark 3
Tel. +49(0)8807 91981
www.orff-museum.de
Öffnungszeiten: Sa und So, Feiertag 14.00-17.00 Uhr
- *Das Museum zeigt in drei Räumen das Leben und Werk von Carl Orff.*
- **Preiskategorie: €**

Dießener Marienmünster
47.94902 , 11.0970586911
86911 Dießen a. Ammersee
Klosterhof 10a
diessener-muensterkonzerte.de
Öffnungszeiten: Mo-Sa 8-12 Uhr und 14-18 Uhr
- *Da nur wenige Parkmöglichkeiten am Kloster vorhanden sind, bitte hier auch den 450 m entfernten Parkplatz an der Karl-Orff Schule benützen.*

Essens Art
47.94906 , 11.107738
86911 Dießen a. Ammersee
Mühlstraße 41
Tel. +49(0)8807 8486
www.essens-art.com
- *Modernes Restaurant mit französischem Flair direkt an der Flaniermeile von Dießen.*
- **Preiskategorie: €€**

Keramikatelier Cornelia Goossens
47.942581 , 11.078922
86911 Dießen a. Ammersee
Wengen 17
Tel. +49(0)8807 1773
www.cornelia-goossens.de
- *Mit telefonischer Anmeldung kann man das Atelier der Keramikmeisterin jederzeit besuchen und sie und ihre Arbeit kennenlernen.*

4 Herrsching

Tourismus-Information Herrsching
82211 Herrsching
Bahnhofsplatz 3
Tel. +49(0)8152 5227
www.sta5.de
Öffnungszeiten: Mai-Okt. 9.00-13.00/14.00-18.00 Uhr, Sa 9.00-13.00 Uhr, Nov-April Mo-Fr 10.00-16.00 Uhr.
- *Mitten im Ort kann man sich mit ausführlichen Informationen über die Stadt und Ausflugsmöglichkeiten eindecken.*

Kurparkschlössl Herrsching
47.996082 , 11.167873
82211 Herrsching
Seepromenade
- *Schönes Fachwerkschlössl im 3/4 Maßstab.*

Fischerei Stumbaum
47.993038 , 11.170359
82211 Herrsching
Summerstr. 22
Tel. +49(0)8152 1375
- *Seit 100 Jahren kann man hier am Ufer Ammersee-Fische kaufen und auch gleich essen.*
- **Preiskategorie: €**

Bootshaus Herrsching
47.991117 , 11.170802
82211 Herrsching
Summerstr. 36-40
Tel. +49(0)173 6146459
www.bootshaus-herrsching.de
- *Auf Liegestühlen kann man hier mit kleinen Snacks den Sonnenuntergang am Ammersee genießen.*
- **Preiskategorie: €**

Hotel Seehof
47.994994 , 11.169059
82211 Herrsching
Seestraße 58
Tel. +49(0)8152 93 50
www.seehof-ammersee.de
Öffnungszeiten:
tägl. 7.00-22.00 Uhr
- *Traditioneller Biergarten direkt am Bootssteg in Herrsching.*
- **Preiskategorie: €**

5 Kloster Andechs

Carl Orff-Festspiele
47.973411 , 11.185421
82346 Andechs, Florian-Stadl
www.carl-orff-festspiele.de
- *In dem schön umgebauten Stadl werden die Festspiele ausgetragen.*
- **Preiskategorie: €€**

Klostergasthof, Kloster-brauerei Andechs
47.973605 , 11.183588
82346 Andechs, Bergstraße 9
Tel. +49(0)815 93090
www.klostergasthof.de
Öffnungszeiten: tägl. 10.00-23.00 Uhr, Di Ruhetag
▪ *Wem der Biergarten der Brauerei zu rummelig ist, findet hier auf der Terrasse mit wunderbarem Blick aufs Land den perfekten Platz.*
▪ Preiskategorie: €€

 Andechser Molkerei Hofladen
47.955956 , 11.189167
82346 Andechs, Tannhof 1
Tel. +49(0)8152 8961
www.andechser-hofladen.de
Öffnungszeiten: Montag Ruhetag, Di-Fr 9.00-18.00 Uhr, Sa 9.30-12.30 Uhr
▪ *Im Hofladen kann man Bio-Milchspezialitäten der Andechser Molkerei Scheitz und regionale Schmankerl sowie ausgesuchte Bio-Weine kaufen.*
▪ Preiskategorie: €

 des-is-es.com Wollfilztaschen
47.968997 , 11.184943
82346 Erling/Andechs
Andechserstraße 15
Tel. +49 (0)8152 3799969
www.des-is-es.com
Öffnungszeiten: Di, Mi, Do 10.00-18.00 Uhr, Sa 10.00-13.00 Uhr
▪ *Modische Taschen, Pantoffel und Accessoires aus Filz im Trachtenlook gibt es im Laden von Aysun Brey.*
▪ Preiskategorie: €€

6 Starnberg & Possenhofen

 Toursmus-Information Fünf-Seen-Land
47.997662 , 11.342308
82319 Starnberg
Wittelsbacherstraße 2c
Tel. +49(0)8151 90600
www.sta5.de
Öffnungszeiten: Mo bis Fr 8.00-18.00 Uhr, Mai-Okt. auch Sa 9.00-13.00 Uhr
▪ *Das Büro hält ausführliche Informationen über das Fünfseenland bereit.*

 Museum Starnberger See
47.995492 , 11.339481
82319 Starnberg
Possenhofener Straße 5
Tel. +49(0)815144 77570
museum-starnberger-see.de
Öffnungszeiten:
Di bis So 10.00-17.00 Uhr
▪ *Im Museum befindet sich eine Ausstellung über die höfische Schifffahrt des Starnberger Sees sowie Ausstellungsstücke aus dem Leben der Bauern und Adeligen. Das Museum ist barrierefrei.*
▪ Preiskategorie: €

 Kaiserin Elisabeth Museum
47.961871 , 11.306927
82343 Pöcking / Possenhofen
Schloßberg 2
Tel. +49(0)8157 925932
www.kaiserin-elisabeth-museum-ev.de
Öffnungszeiten: 1. Mai-1. Okt.
Fr, Sa, So 12.00-18.00 Uhr
▪ *Ein Muss für alle Sissi-Fans.*
▪ Preiskategorie: €

Fähre Roseninsel
47.94376 , 11.306752
82340 Feldafing, Seeuferweg
www.faehre-roseninsel.de
Öffnungszeiten: Mitte Mai bis Mitte Okt. 11.00-18.00 Uhr, Montag kein Fährbetrieb
▪ *Auf der überdachten Elekt-*rofähre kann man bequem zur Roseninsel übersetzen. Behindertengerecht.*
▪ Preiskategorie: €

 Seerestaurant Undosa
47.994205 , 11.340111
82319 Starnberg
Seepromenade 1
Tel. +49 (0)8151 998930
www.undosa.de
Öffnungszeiten: tägl. warme Küche von 11.00-22.00 Uhr
▪ *Hier treffen sich die Starnberger und Münchener zum Sehen und Gesehen werden. Tolle Terrasse direkt am See, Bootsstege auf denen man sitzen und die Sonne genießen kann.*
▪ Preiskategorie: €€

 Bayrischer Biergarten Georg Ludwig
47.985527 , 11.288956
82343 Pöcking, Ortsstraße 16
Tel. +49(0)8151 3445
www.gasthaus-georg-ludwig.de
Öffnungszeiten: Do-Mo 11.00-23.00 Uhr, Di Ruhetag
▪ *Vor dem urigen Wirtshaus in der Sonne sitzen und ein Maisacher Kellerbier (nicht Maisinger) genießen.*
▪ Preiskategorie: €

Gaststätte Maisinger Seehof
47.98162 , 11.282776
82343 Pöcking, Seestraße 14
Tel. +49(0)8151 744242
www.maisingerseehof.de
Öffnungszeiten: Anfang April-Mitte Oktober Di-So, Montag Ruhetag
▪ *Schönes, altes Wirtshaus mit Biergarten direkt am See.*
▪ Preiskategorie: €

 Gössl Mode
47.999839 , 11.344234
82319 Starnberg
Maximilianstraße 20

Tel.+49(0)8151 3684661
starnberg-shop.goessl.com
■ *Seit 1947 fertigt das Salzburger Traditionsunternehmen authentische Trachtengewänder für Freizeit, Beruf und festliche Anlässe. Im Starnberger Laden kann man sich für Oberbayern zünftig ausstatten.*
■ **Preiskategorie: €€**

 Louisa´s Dessous & Swimwear
47.99643 , 11.342874
82319 Starnberg
Bahnhofsplatz 8
Tel. +49(0)8151 72312
www.louisas.de
Öffnungszeiten:
Mo bis Fr 9.30-18.00 Uhr,
Sa 9.30-14.00 Uhr
■ *Wer im Fünfseenland seinen Bikini oder Badeanzug vergessen hat, findet bei Louisa´s (gleich beim Bahnhofsplatz) eine große Auswahl an hübscher Bademode mit einer sehr netten individuellen Beratung.*

 Forsthaus am See
47.949624 , 11.306996
82343 Pöcking, Seestraße 1
Tel.+49(0)08157 9301-0
www.forsthaus-am-see.de
Öffnungszeiten:
tgl. Küche: 12-14.30 Uhr
und 18-21.30 Uhr.
■ *Schönes Seerestaurant mit Terrasse, gehobene Küche*
■ **Preiskategorie: €€**

7 Tutzing

 Tourismus-Information
47.910308 , 11.280808
82327 Tutzing, Leidlstraße 1
Tel. +49(0)8158 258850
www.tutzing-tourismus.de
Öffnungszeiten: Mai bis September: Mo-Fr 9.00-12.30 &

15:00-18.30 Uhr, Sa 9.00-12.30 Uhr, Okt. bis Apr. Mo-Sa 10.00 - 13.00 Uhr
■ *Das Tourismusbüro ist im alten Vetterlhaus untergebracht.*

 Ortsmuseum Tutzing
47.907366 , 11.281357
82327 Tutzing
Graf-Vieregg-Straße 14
Tel. +49(0)8158 258397
www.ortsmuseum-tutzing.de
Öffnungszeiten: Ganzjährig, Mi, Sa, So 13.00-17-00 Uhr
■ *Das Museum liegt direkt am See und bietet zur Ortsgeschichte immer wieder sehenswerte Ausstellungen.*
■ **Preiskategorie: €**

 Wirtschaft zum Häring im Midgardhaus
47.913647 , 11.288539
82327 Tutzing
Midgardstrasse 3-5
Tel. +49(0)8158 1216
www.haering-wirtschaft.de
■ *Im schönen Biergarten des Restaurants sind die zwei großen bayrischen Löwen der Hingucker. Ein tolles Fotomotiv - vor allem bei Föhnwetter.*
■ **Preiskategorie: €**

 Nordbad Surf- und Segelcenter Tutzing Restaurant/Biergarten
47.915741 , 11.288573
82327 Tutzing
Nordbadstraße 1
Tel. +49(0)8158 6819
www.nordbad.de
■ *Loungiger Club mit wunderbarem Blick auf den See.*
■ **Preiskategorie: €**

Restaurant Biergarten Ilkahöhe
47.899215 , 11.25505
82327 Tutzing
Oberzeismering 2
Tel. +49(0)8158 8242

www.ilkahoehe.de
Öffnungszeiten:
Ab 1. März-Mitte Okt.
■ *Beste Aussicht zu den Alpen und See. Parkplatz vorhanden.*
■ **Preiskategorie: €**

8 Bernried

 Strandbad Hubl
47.86568 , 11.298231
82347 Bernried
An der Mühle 1
Tel. +49 (0)8158 1313
www.hubl.org
Öffnungszeiten: Ende Mai bis Mitte Sept. 10.00-18.00 Uhr
■ *Das kleine Strandbad und der Bootsverleih werden von der Familie Hubl geführt.*
■ **Preiskategorie: €**

 Buchheim Museum der Phantasie Bernried
47.872425 , 11.288052
82347 Bernried
Am Hirschgarten 1
Tel. +49 (0)8158 99700
www.buchheimmuseum.de
Öffnungszeiten: Di bis So und an Feiertagen. April bis Okt.: 10.00-18.00 Uhr, Nov. bis März 10.00-17.00 Uhr, Weihnachten geschlossen
■ *Das moderne Museum des bekannten ›Das Boot‹-Autors Buchheim ragt weit in den Starnberger See hinein und ist allein schon wegen seiner Lage absolut sehenswert.*
■ **Preiskategorie: €**

9 Berg

 Votivkapelle
47.963849 , 11.348423
82335 Berg
König-Ludwig-Weg 27
Öffnungszeiten: April-Okt.
9.00-17.00 Uhr

- *Die Gedenkkapelle König Ludwigs II. wurde an seinem vermeintlichen Todesort gebaut. Ein Kreuz im Wasser weist darauf hin.*

 Hotel Schloss Berg
47.972711 , 11.351449
82335 Berg, Seestraße 17
Tel. +49(0)8151 9630
www.hotelschlossberg.de
Öffnungszeiten:
Ab Mai tägl. ab 12.00 Uhr
- *Die Terrasse des schönen Biergartens am Bootssteg bietet einen traumhaften Blick über den See und auf den Sonnenuntergang. Leckere Schmankerln gibt es mit Selbstbedienung.*
- **Preiskategorie: €**

 Seehotel Leoni
47.955721 , 11.343872
82335 Berg
Assenbucher Straße 44
Tel. +49(0)8151 5060
www.seehotel-leoni.com
Öffnungszeiten: tägl. 12.30-21.30 Uhr
- *Auf der Hotelterrasse kann man direkt am See gepflegt essen oder in der Bar einen Sundowner zu sich nehmen.*
- **Preiskategorie: €€**

 Fischerei Gastl-Pischetsrieder
47.955169 , 11.343796
82335 Leoni
Assenbucher Straße 41
Tel. +49 (0)8151 5685
fischerhof-gastl.sta-360.de
Öffnungszeiten:
Di bis Sa 8.00-12.30 Uhr und 14.00-18.30 Uhr
- *Die Fischerei bietet frischen Fisch und auch Ausflüge auf den See zum morgendlichen Fischen an. Auch Boote können hier geliehen werden.*
- **Preiskategorie: €**

 Hotel am See
47.90300 , 11.333738
82541 Ammerland
Südliche Seestraße 4
Tel. +49(0)8177 93150
www.hotel-am-see.net
- *Direkt am See sollte hier der frische Fisch vom Nachbarfischer Huber bestellt werden.*
- **Preiskategorie: €**

10 Ambach

🏛 **Waldemar-Bonsels-Haus**
47.866943 , 11.334586
82541 Münsing
Seeuferstraße 25
- *Hier lebte der Biene-Maja-Autor bis zu seinem Tod.*

 Gasthaus Zum Fischmeister
47.866129 , 11.334602
82541 Ambach
Seeuferstraße 31
Tel. +49(0)8177 533
www.zumfischmeister.com
Öffnungszeiten: Sa und So und feiertags ab 12.00 Uhr, Mi, Do und Fr ab 16.00 Uhr
- *Das Restaurant des Schauspielers Bierbichler bietet gehobene traditionelle Küche in gemütlicher Atmosphäre.*
- **Preiskategorie: €€**

 Buchscharner Seewirt
47.845228 , 11.338807
82541 Münsing, Buchscharner 1
Tel. +49(0)8801 2409
www.buchscharner-seewirt.com
Öffnungszeiten: tägl. ab 11.00 Uhr.
- *Der einstige Tiroler Kleinhäuslerhof wurde von der Spatenbrauerei direkt an den See gesetzt. Schöner Biergarten vor der großen Badewiese.*
- **Preiskategorie: €€**

11 Iffeldorf

🎵 **Village - Kulturtal Obermühle**
47.727747 , 11.291606
82392 Habach
Im Kulturtal Obermühle
Tel. +49(0)8847 725
village-habach.de
Öffnungszeiten: Mi-Sa ab 20.00, Konzerte ab 21.00 Uhr.
- *Der legendäre Gitarrenbauer D.D. Blues holte schon Rocklegenden wie Deep Purple in das alte Bauernhaus zum Konzert. Tolle Stimmung auf der Mini-Konzertbühne.*
- **Preiskategorie: €**

 Gaststätte Höhlmühle
47.711844 , 11.28424
82418 Riegsee, Höhlmühlstr. 1
Tel. +49 (0)8841 9620
www.forsthaus-hoehlmuehle.de
Öffnungszeiten: Mi bis So bis 22.00 Uhr
- *Uriges Forsthaus mitten im Wald. Die Schweinshaxe ist besonders beliebt - auch bei vielen Prominenten.*
- **Preiskategorie: €**

☕ **Cafe Konditorei Hofmark**
47.770963 , 11.319436
82393 Iffeldorf, Hofmark 7
Tel. +49 (0)8856 9901
www.cafe-hofmark.de
Öffnungszeiten: tägl. außer Mo
- *Konditorei mit frischem Gebäck und Kuchen. Frühstücksbuffet an Sonn- und Feiertagen. Konditor - Kuchen und Torten.*
- **Preiskategorie: €**

 Landgasthof Osterseen
47.771064 , 11.319726
82393 Iffeldorf, Hofmark 9,
Tel. +49 (0)8856 92860
www.landgasthof-osterseen.de
Öffnungszeiten: tägl. außer Di
- *Von der Terrasse des Hotels*

hat man einen wunderbaren Blick über die Osterseen. Die bayrische Küche des Hauses ist sehr gut.

- ▪ **Preiskategorie: €**

 Vitus, Lokal Wein Laden
47.770747 , 11.317478
82393 Iffeldorf, St.-Vitus-Platz 1
Tel. +49 (0)8856 8036981
www.vitus-wein.de
Öffnungszeiten: tägl. 12.00-22.00 Uhr, Mittwoch Ruhetag

- ▪ *In dem schönen Lokal am Brunnen vor der Kirche kann man wunderbaren Wein genießen und leckere kleine Speisen essen. Eine kleine Galerie mit wechselnden Ausstellungen ist auch untergebracht.*
- ▪ **Preiskategorie: €**

Shopping

 Timberland Outlet Baierbrunn
48.033708 , 11.499718
82065 Baierbrunn
Höllriegelskreuther Weg 3
Tel. +49(0)89 79360390
www.timberland.com
Öffnungszeiten: Mo bis Fr 10.00-18.30 Uhr, Do 10.00-20.00 Uhr, Sa 10.00-16.00 Uhr

- ▪ *Hochwertige Outdoormode und die bekannten Timberland-Boots gibt es hier kurz vor dem Starnberger See zum Sonderpreis.*
- ▪ **Preiskategorie: €**

Die schönsten Plätze von Südtirol bis zur Adriaküste

Tegernsee, Schliersee & Chiemgau

Blick vom Gasthof Leeberghof

Highlights Tegernsee, Schliersee

Traumhafte Seen, Inseln mit viel Kultur und imposante Berge

1 Weyarn
Das wildromantische Mangfalltal

2 Gmund
Das Tor zum Tegernseer Tal

3 Bad Wiessee
Kurort und Spielerparadies
am Seeufer

4 Rottach-Egern
›Jet-Set‹ und Naturerlebnis

5 Tegernsee
Ein herzogliches Brauhaus im
Schloss

6 Schliersee
Der kleine Bruder des Tegernsees
bietet Natur & Erholung

7 Bayrischzell
Idyll unterhalb des Wendelsteins

Weyarn 1

Gmund 2

6 Schliersee

Bad 3 5 Tegernsee
Wiessee

4 Rottach-Egern

Bayrischzell 7

& Chiemgau

8 **Prien**
Startpunkt zur Chiemsee-
Entdeckungsreise

9 **Frauenchiemsee**
Malerischer Rundgang
durch das Kloster- und Fischerdorf

10 **Herrenchiemsee**
König Ludwigs Versailles mitten im
Chiemsee

11 **Übersee**
Ibiza-Feeling an
Süddeutschlands längstem Strand

12 **Aschau**
Von der Kampenwand auf den Alpenhauptkamm schauen

13 **Unterwössen**
Luftsport, Wintersport und Luftkurort

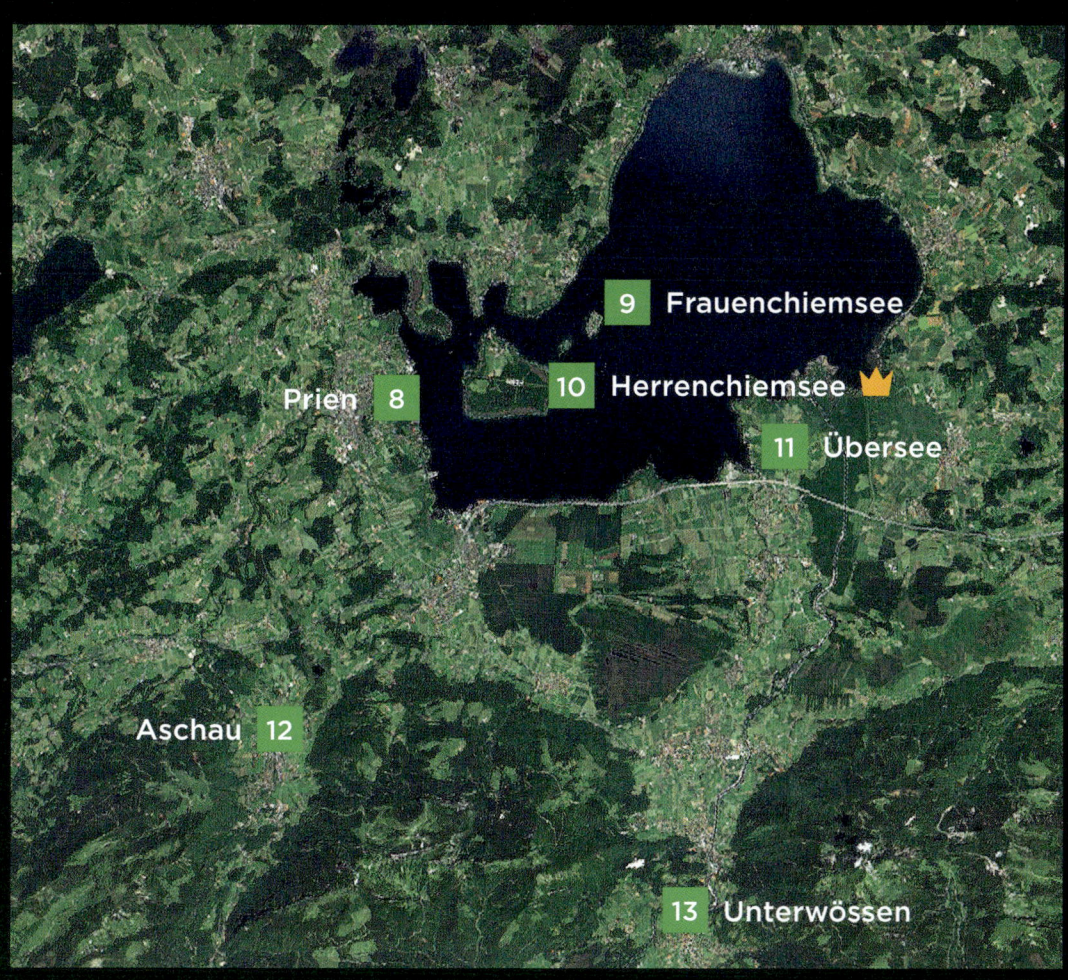

9 Frauenchiemsee

Prien 8

10 Herrenchiemsee

11 Übersee

Aschau 12

13 Unterwössen

Landidylle & Wiesengrund

Wegelagerer

Kirche von Aschau

Die Gartenfassade des Neuen Schlosses Herrenchiemsee

1 **Weyarn:** Das wildromantische Mangfalltal entdecken

Oben:
Der Mangfall kurz vor der Maxlmühle

Oben:
Schneerosen am Flusslauf

◎ CG 01 Parkplatz Sportplatz Weyarn*

GPS: 47.854138 , 11.803205

Wer an dem Autobahnschild Weyarn auf der A8 einfach vorbeifährt, dem entgeht ein ganz besonderes schönes Stück Oberbayern. Unter der riesigen Autobahnbrücke liegt das Mangfalltal, in dem der namensgebende Fluss noch wild und ungezügelt durch weite Auen und enge Waldtäler fließt.

Am Ende der kleinen Straße, die entlang des Mangfalls führt, kommt man zum traditionsreichen **Gasthaus Maxlmühle**, auf dessen Terrasse man die Kaskaden des grünen Wasserfalls plätschern hört und eine hervorragende Brotzeit mit Wildschweinschinken und geräucherten Forellen genießen kann. Aber auch die warmen Speisen, die bis 20.00 Uhr abends serviert werden, sind nicht minder köstlich. Auf dem Stellplatz bei der Maxlmühle kann übernachtet werden.

Sehenswerte Barockkirche

Im Weyarn dominiert das ehemalige Augustinerchorherren-Kloster aus dem 12. Jahrhundert. Von dem nach der Säkularisation aufgelösten Kloster ist heute nur noch die sehenswerte Barockkirche **St. Peter und Paul** erhalten. Die Kirche und die Reste des Klosters sind Sitz der deutschen Brüderprovinz des Deutschen Ordens.

Der Biergarten des Landgasthofs **Alter Wirt** lockt mitten in Weyarn nach der Besichtigung der Kirche mit bayrischer Hausmannskost und einer Halben. Wem der Sinn nach etwas Unterhaltung steht, der kann schauen, was in dem **Musikcafé WeyHalla** am Sportplatz geboten wird. Dort finden Konzerte, Jazzabende, Kabarett, Kneipenfilm und Lesungen sowie die Weyarner Kleinkunsttage statt.

Beim Kräuterwastl mehr über die Natur erfahren

Wer mehr über die Natur lernen möchte ist bei Sebastian Viellechner, der in

Links:
Das Gasthaus Maxlmühle bietet frisch geräucherte Forellen und Wildschinken

Weyarn als ›**Kräuterwastl**‹ bekannt ist, an der richtigen Stelle. Der bärtige freundliche Mann ist vom Landkreis Miesbach als Umweltpreisträger ausgezeichnet worden und gibt seine Leidenschaft als ›Kräuterpädagoge‹ gerne an Interessierte weiter. Man kann bei ihm an verschiedenen Erlebniskräuter- und Naturwanderungen teilnehmen. Mehr unter: www.kraeuterwastl.de

an der **Maxlmühle** oder der **Wasserwerke - Betriebshof in der Reisachstraße, Stellplatz (CG 03)**. Die einfache Strecke vom Wasserwerk beträgt ca. 10 km.

Radeln auf dem Münchner Wasserweg

Die eigentliche Attraktion der Gegend ist eine der schönsten Radtouren im Oberland. Die Strecke geht entlang des Mangfalls auf dem Münchner-Wasserweg bis zum Tegernsee. Es ist eine landschaftlich sehr abwechslungsreiche Strecke, die bis auf ein kleines Stück entlang der Bundesstraße immer auf abgesperrten Wegen oder Nebenstraßen ohne große Steigungen bis nach Gmund am Tegernsee geht.

Hier kann man sich im See erfrischen und für die Rückfahrt stärken. Ausgangspunkt ist entweder der **Stellplatz**

Besonderheiten in und um Weyarn

Es gibt noch etwas ganz Besonderes in der Nähe: Lamas und Kamele, auf denen man einen kleinen Ausritt machen kann. Oberhalb vom Mangfall liegt die Weide, wo die Mangfall-Lamas und Bayern-Kamele zuhause sind.

Aber hier leben nicht nur die südamerikanischen Lamas, hier ist auch die Band ›Die CubaBoarischen‹ daheim, die Havannas Salsa-Klänge mit bayerischen Volksmusik zusammenbringen. Die Band ist mittlerweile so bekannt, dass sie in ganz Deutschland große Hallen füllt. www.diecubaboarischen.de

 CG 02 Stellplatz Maxlmühle XL

GPS: 47.878326 , 11.783994

Der große Parkplatz beim Gasthof bietet Platz auch für XL-Übernachtungsgäste. Die Einkehr ist obligatorisch. Nachts sehr ruhig, die Zufahrt an der Mangfall entlang ist eng.

Alternative Übernachtungsplätze:
CG 20 Camping Lido** 20 km
M 36 Hafen Bad Tölz** 28 km

2 Gmund am Tegernsee: Das Tor zum Tegernseer Tal

Oben:
Ein Traumblick hat man von der Mangfallbrücke

Rechts:
2001 hat Gmund Thomas Mann ein bronzenes Denkmal gesetzt: Herr mit Hund vom Bildhauer Quirin Roth

Die kleine, etwas unscheinbare Gemeinde am Eingang des Tegernseer Tals wird meist links liegen gelassen, wenn es Richtung Tegernsee Stadt geht.
Eigentlich zu Unrecht - denn schon berühmte Persönlichkeiten wie der Schriftsteller Ludwig Thoma und der ehemalige Bundeskanzler Ludwig Erhard schätzen die ruhige Beschaulichkeit Gmunds und die schöne Lage am See.

Fast die Hälfte des gesamten Tegernseer Ufers umfasst die lange Seepromenade, an der sich Badestrand und Einkehrmöglichkeiten aneinander reihen. Son-

8 Min Strandbad Seeglas

nenbaden, schwimmen und bestens essen kann man im **Strandbad & Restaurant Seeglas**. Von der schönen Terrasse ist der Sonnenuntergang am besten zu genießen. Wer es etwas ruhiger mag, findet am nördlichen Seeufer kleine Buchten im Schilf, die für ein privates Sonnenbad bestens geeignet sind. Für Segelfans liegt in der Gmunder Bucht auch die einzige **Segel- und Surfschule** am Tegernsee. Wer also aufs Wasser möchte, sollte in Gmund Halt machen. Zu einem schönen Sonnentag gehört natürlich auch ein Eis aus der italienischen **Eisdiele Al Ponte** in der Fußgängerzone. Hier wird die Wahl zur köstli-

chen Qual. Ein paar Meter weiter im Ortszentrum befindet sich der **Stellplatz Gmund**, der Ausgangspunkt für viele gekennzeichnete Heilwanderwege & Radtouren ist.

Gmunder Papier - Hier wird das große Geld gemacht

Der Tegernsee ist einer der saubersten Seen in Deutschland und sein ausgezeichnetes Wasser fließt im Mangfall Richtung München. Gleich hinter Gmund trifft man im idyllischen Mangfalltal auf

die **Papierfabrik Louisenthal**, einem Tochterunternehmen von Giesecke & Devrient, die Papiere für Banknoten herstellt. Bestes Tegernseewasser wird hier für die Produktion des Euros verwendet. Besichtigen kann man diese Fabrik selbstverständlich nicht und selbst die Herstellung ist geheim.

Wer sich trotzdem für die Papierherstellung interessiert, kann gleich nebenan bei der **Büttenpapierfabrik Gmund** die Produktion von edelsten Feinstpapieren anschauen. Jeden ersten und dritten Donnerstag im Monat kann man sehen, wie mit Getreidebestandteilen, Rinde, Stroh, Federn und Torf Papier hergestellt wird. Die Kollektionen des Edelpapieres lauten auf so klingende Namen wie ›Kaschmir‹ oder ›Treasury‹ und sind teilweise mit Glimmer oder echtem Goldstaub veredelt. Wer dann Gefallen an den schönen Papieren gefunden hat, kann hochwertiges Briefpapier oder edle Einladungskarten auch direkt im Shop kaufen. Die Anmeldung zur Besichtigung erfolgt in der **Touristen-Information Gmund**.

Oben:
Die Liegewiese des Strandbades Seeglas lockt Sonnenanbeter und Wasserratten

Links:
Der Bahnhof von Gmund am Tegernsee

Unten:
Glasklares Wasser mögen auch die Enten im See

 ## CG 04 Stellplatz Gmund** XL

GPS: 47.748296 , 11.737726

Auf dem großen zentral gelegenen Parkplatz kann man ruhig stehen, ein WC ist vorhanden.

Alternative Übernachtungsplätze:

CG 06 Stellplatz Bad Wiessee** 6 km
CG 08 Camping Wallberg** 10 km

3 **Bad Wiessee:** Kurort und Spieler-paradies am Seeufer

Das ›Bad‹ im Ortsnamen rührt vom **Jod-schwefelbad** her, dessen Quelle 1903 entdeckt wurde. Statt auf Öl stieß man bei Explorationsbohrungen auf die stärkste Jod-Schwefel-Quelle Deutschlands und seit 1910 lindern die Bäder aus der ›Königin-Wilhelmina-Quelle‹ und der ›Adrianus-Quelle‹ Beschwerden der Gelenke, Haut und Augen.

Für Interessierte bietet Bad Wiessee eine ›Schnupperkur‹ zum Kennenlernen an. Infos: www.jodschwefelbad.de
Die traumhafte See- und Bergkulisse des Kurortes lockt aber auch ohne Kurprogramm viele Besucher an, die auf der langen Seepromenade mit einem leckeren italienischen Eis des **Eiscafé San Marco** einfach nur schlendern wol-

Oben & rechts: Ein schöner Skulpturenweg zieht sich die Seepromenade entlang und lädt zum Innehalten ein

len. Alle paar Meter befinden sich hier schöne Künstler-Skulpturen, die es sich von den gut platzierten Parkbänken anzuschauen lohnt.

Wer gerne wissen möchte, was sich so alles unter der schönen Wasserfläche tummelt, wird im **Aquadome** aufgeklärt. Unweit der Seepromenade kann man in Bayerns größtem begehbaren Süßwasser-Aquarium entdecken, was alles im See schwimmt, ohne selber unterzutauchen. 20 heimische Fischarten tummeln sich in 60.000 Liter Wasser. Der Eintritt ist frei.

Wer danach das Flair der mondänen Casinowelt erleben möchte, kann sein Glück in der neuen, etwas außerhalb liegenden **Spielbank Bad Wiessee** versuchen.

Ein besonders schöner Platz zum Speisen ist das **Freihaus Brenner**. Am Berg gelegen, hat man von der Terrasse einen wunderschönen Blick über den See und Berge. Parkmöglichkeiten - auch für große Mobile - sind vorhanden.

Ausflug auf Almwiesen

Viele ausgeschilderte Wanderwege laden ein, die Hügel hinter dem See zu erkunden und in urigen Almgaststätten einzukehren. Ein besonders schöner Spaziergang oder Radausflug geht zum **Bauer in der Au.** Vom **Söllbachparkplatz (CG 09)** geht es durch das Söllbachtal etwa 130 Höhenmeter bis zu diesem Berggasthof inmitten einer sonnigen Almwiese. Für den Rückweg kann der aussichtsreiche Panorama-Weg über Buch gewählt werden. Gehzeit ist jeweils eine Stunde.

Ortsparkplätze sind rar, hinter dem **Rathaus (CG 07)** können kleine Mobile Sa. & So. kostenlos parken. Der offizielle **Wohnmobilstellplatz (CG 06)** am Strandbad liegt sehr schön, leider können hier nur zehn Mobile stehen. Der Platz auf dem Alten Spielbankgelände ist für Wohnmobile gesperrt, aber gegenüber vor dem ehemaligen Hotel Lederer **(CG 05)** kann man parken.

Links:
Auch vom Spielcasino hat man einen tollen Blick über den See

Oben:
Beim Eiscafé San Marco sollte man unbedingt vorbeischauen

 ### CG 08 Camping Wallberg** XL

GPS: 47.688236 , 11.749754

Kleiner Campingplatz, ideal gelegen inmitten traumhafter Landschaft mit Blick in die Berge. Nur 3 km bis zur Wallbergbahn und 5 km bis Bad Wiessee.

Alternative Übernachtungsplätze:
GAP 21 SP Fall/Sylvensteinsee** 29 km
CG 20 Camping Lido** 20 km

4 Rottach-Egern & Wildbad Kreuth:
›Jet-Set‹ und Naturerlebnis

Oben:
Wie um einen kleinen See schmiegt sich Rottach-Egern rechts unten um die Seebucht

CG 12 Zentraler Parkplatz Rottach Egern*
GPS: 47.690800 , 11.772332
CG 11 Stellplatz Sportplatz* XL
GPS: 47.689482 , 11.784558

Oben:
Im Café Kreuz gibt es wunderbaren Kuchen

Mondäner Flair am Tegernsee: Cannes, St.Tropez - Rottach-Egern

Der beste Koch Deutschlands kocht hier im **Hotel Überfahrt**, die Pelz und Champagner Dichte ist auf der Flaniermeile, der Seestraße, dementsprechend hoch. Auch schon früher war der Ort am Südufer des Tegernsees ein Anziehungspunkt für Maler, Dichter und Komponisten. Die vielen bekannten Namen auf dem Friedhof in Egern zeugen davon.

Traditionstracht trifft auf internationale Modelabels

Die bekanntesten Modelabels haben hier ihre Boutiquen, aber auch die exquisitesten Trachten-Dirndl und eine schöne ›Hirschlederne‹ bekommt man hier. Die besten Shopping-Adressen:
Handgefertigte, individuelle Dirndl-Eigenkreationen bei Trachten Couture Nicoletta Giacomelli, Lifestyle-Skimode und Sportswear bei Modedesign Bogner, Qualitäts-Trachtengwand von Gössl, Bei Greif gibt es 225 Jahre Firmentradition mit maßgeschneiderten Trachten von Xandy Keil, und in der Trachtenalm von Johann Egle findet man fertige Trachten von klassisch bis frech. Alles zu finden auf der Nördlichen Hauptstraße.

Gemütlichkeit & Brauchtum

Nur ein paar Meter weiter im alten Ortsteil Egern und entlang der Rottach geht es wieder beschaulich zu und alles strahlt Gemütlichkeit aus.
Im August findet hier der Festtag für die geschmückten Rösser statt: Über 200 prächtig herausgeputzte Pferde mit traditionellen Wagen und Kutschen, Blaskapellen und Trachtengruppen ziehen an diesem Tag durch Rottach-Egern bis hin nach Enterrottach.

Entlang der plätschernden Rottach bis nach Valepp zieht sich der Weg in die Berge: Hier ist es richtig schön zum Wandern oder Mountainbiken, und hier liegt auch der bekannte **Berggasthof Moni Alm** und noch weiter hinten das historische **Forsthaus Valepp**.

Ein richtig uriges Restaurant im Ort ist die **Enzianhütte** mit eigener Brennerei. Im gemütlichen Holzhaus wird bestes Grillfleisch vom offenen Holzofen gereicht und von den Tischen auf der Terrasse hat man einen Blick über die Obstbäume auf den Wallberg.

Ein lohnenswertes Ziel sind auch das **Café Angermeier** oder nebenan das **Café Kreuz**. Hier sitzt man am Fuße des Baumgartens und die Brotzeit oder der Kuchen schmeckt bei der Aussicht auf die Tegernseer Berge besonders gut.

Parken kann man vor den **Cafés (CG 13)** oder auf dem offiziellen **Wohnmobilstellplatz** am Fußballplatz **(CG 11)** oder an der **Wallbergbahn (CG 10)**.

Weiter südlich geht es in das Weißachtal bis nach Wildbad Kreuth. Bayerns erster König Max I. Joseph ließ hier eine ›Molken- und Bad-Anstalt‹ einrichten, die sich seit 1830 lebhaften Zuspruchs des europäischen Hochadels erfreute. Heute ist dieser Ort eher bekannt durch die CSU-Klausur-Tagungen. Heute gibt es zwar keinen Badbetrieb mehr, aber dafür ein wunderschönes Tal mit besten Wandermöglichkeiten und im Winter einer der schönsten Loipen. Hier liegt auch die Weißachalm: eine Gaststube im Stil einer traditionellen ›Almwirtschaft‹, mit einer Spezialität die auch ihren umgangssprachlichen Namen begründet-die **Entenalm**. Wer exquisit speisen möchte, sollte im **Restaurant Altes Bad** reservieren. Aber auch im Biergarten isst man hier vorzüglich. Eine weitere Besonderheit ist die **Naturkäserei** mit ›Ladl‹ und Gastronomie. Hier kann man in der Schaukäserei das Handwerk der Käseherstellung verfolgen.

Oben:
Vom Café Angermeier hat man einen schönen Blick über das Tal auf die Berge

 CG 12 SP Zentrum Rottach-Egern*

GPS: 47.690800, 11.772332

Mitten im Ort gelegen, abends aber ruhig und ab 18.00 Uhr gebührenfrei. Nur für kleine Mobile.

Alternative Übernachtungsplätze:
CG 14 Stellplatz Moni Alm** 7 km
CG 20 Camping Lido** 19 km

5 Tegernsee: Ein herzogliches Brauhaus im Schloss

 CG 16 Parkplatz Einkaufszentrum* XL

GPS: 47.710231 , 11.755843

Unten:
Das große
Schloss, in dem
heute das
Bräustüberl ist

Rechte Seite
Mitte:
Auf der Terrasse
des Restaurants
im Yachtclub
kann man wun-
derbar sitzen

Die Gemeinde, die dem See den Namen gab, nahm ihren Ursprung durch die 746 n. Chr. im Ort gegründete Bendediktine-rabtei. Nach der Säkularisation wurde die Abtei zum königlichen Schloss der Wittelsbacher und heute befinden sich im großen Gebäudekomplex die Braue-rei-Tegernsee, mit dem **Herzoglichen Bräustüberl**, ein Gymnasium und die Klosterkirche.

Ein Besuch im Herzoglichen Bräustüberl sei all jenen empfohlen, welche es nach der Wanderung nach einer zünftigen Schweinshaxn und einem guten Bier verlangt. In der großen Wirtschaft ist es so richtig schön bayrisch gemütlich und man trinkt das Tegernseer Bier, das schon seit 1675 gebraut wird. Auf der Terrasse sitzt man nicht im Bereich des Bräustüberls, sondern besser weiter vor-ne am See in der Schlossgaststätte. Dort ist es nicht ganz so voll und man hat ei-nen schöneren Blick auf den See. Das Bier ist hier dasselbe und die ›Brezen‹ sind es auch.

Von diesem Aussichtsplatz fällt einem das **Schloss Ringberg** am Berghang ge-genüber auf. Herzog Luitpold in Bayern hat erst im Jahr 1912 den Grundstein für dieses weithin sichtbare Schloss gelegt. In rund sechs Jahrzehnten wuchs das Bauwerk bis 1967 zu seiner heutigen Ge-stalt. Nachdem Herzog Luitpold in Bay-ern ledig blieb, benötigte er keinen neu-en Familienstammsitz und vermachte

sein Schloss der Max-Planck-Gesellschaft. Interessierte können es einmal im Jahr am Tag der Offenen Tür besichtigen. Wem die Schlossgaststätte zu voll ist, kann im **Restaurant im Yachtclub am Tegernsee** auf der schönen Gartenterrasse Platz nehmen. Es liegt nur ein paar Schritte am Seeufer entlang entfernt, Richtung Süden. Hier gibt es fangfrischen Fisch aus dem See.

Der gebührenpflichtige **Stellplatz Tegernsee (CG 18)** befindet sich etwas südlich des Herzoglichen Bräustüberl, oberhalb der Werft der Tegernseeschifffahrt. Die Wohnmobil-Verbotsschilder sind nur im vorderen Teil des Parkplatzes gültig – im hinteren Teil ist Parken

erlaubt. Alternativ gibt es den kostenpflichtigen Parkplatz direkt vor dem Schloss **(CG17)** oder im Ort **(CG 16)**. Je nach Jahreszeit: Baden im See oder in der Therme. Das See- & Warmbad in Rottach-Egern oder in die neu renovierte **Monte-Mare See-Sauna** in Tegernsee bieten sich an. Die schöne Wellness-Oase Monte Mare hat Einzigartiges zu bieten: Vom Saunaschiff ›Irmgard‹ kann man direkt in den See springen, um sich abzukühlen.

Wenn es wärmer wird, kann man mit einem Elektroboot aufs Wasser gehen. Ein sehr netter **Bootsverleih** mit eigenem Kiosk und Terrasse liegt direkt an der Uferstraße zwischen Bräustüberl und dem Stellplatz.

Oben:
Vom Saunaschiff ›Irmgard‹ am Tegernsee kann man zur Abkühlung direkt in den See springen

 CG 18 Stellplatz Tegernsee XL

GPS: 47.701805 , 11.759533

An den Sportplätzen befindet sich eine große Stellfläche oberhalb der Werft der Tegernseeschifffahrt. Nur auf dem vorderen Bereich gibt es Wohnmobil-Verbotsschilder.

Alternative Übernachtungsplätze:
CG 14 Stellplatz Moni Alm** 9 km
CG 20 Camping Lido** 17 km

Oben:
Skulpturen mit
Seeblick gibt es
unterhalb der
Sassa-Bar

 **CG 19 Parkplatz
Sassa-Bar***

GPS: 47.702428 , 11.767559

Künstler- & Genießertreff

Viele Künstler hat es schon früh nach
Tegernsee gezogen - die bekanntesten
sind Ludwig Thoma und der schwedi-
sche Maler Olaf Gulbransson, die beide
auch zusammen für die Satirezeitschrift
Simplicissimus arbeiteten. Dem Maler ist
das **Museum im Kurpark** gewidmet und

Oben & rechts:
Die Terrasse der
Sassa-Bar hat
zusätzlich zum
atemberauben-
den Blick wun-
derbaren Kuchen
zu bieten

das Ludwig Thoma Haus kann bei Interesse nach Voranmeldung besichtigt
werden. Heutige Schöngeister treffen
sich im **Leeberghof**, der etwas versteckt
mit wunderbarer Aussicht am Berghang
liegt. Auf der Terrasse seiner angesag-
ten Sassa-Bar trifft man sich auf einen
Apérol oder ein Glas Wein, um hier die
›Blaue Stunde‹ und den wunderschönen
Sonnenuntergang zu genießen. Das Restaurant im Leeberghof zieht auch jede
Menge Feinschmecker an, deshalb ist
eine Reservierung sehr empfehlenswert.
Mit dem Wohnmobil nicht auf dem steilen Parkplatz am Restaurant, sondern
auf der Straße unterhalb des Leeberg-
Hofes parken. **(CG 19)**

Wandergebiet Wallberg &
Tegernseer Waldfeste

Die sanft geschwungenen Berge bieten
zahlreiche Wanderwege, die einen fan-
tastischen Blick auf den See und auf die
Alpen bieten.

Der bekannteste Berg des Tegernsees ist der Wallberg, der wie ein Wall hinter dem See aufsteigt. Dieser Berg hat den besonderen Vorteil, dass die **Wallbergbahn** die Besucher fast bis auf den Gipfel bringt. Ebenso schön ist der Gasthaus-Besuch auf der ›**Neureuth**‹. Mehrere Wege führen zu dem immer gut besuchten Neureuthhaus, von dem man eine wunderbare Aussicht hat.

Links:
Direkt vom Leeberghof gehen schöne Wanderwege ab - hier vorbei an einer alten Hütte

 CG 10 Parkplatz Wallbergbahn*

GPS: 47.675271 , 11.775962

Wer im Sommer am See unterwegs ist, sollte auf keinen Fall die Tegernseer Waldfeste verpassen. Sie sind zwar nicht so bekannt wie das Oktoberfest, aber mindestens genauso ›schee‹. Eines der berühmtesten und sehenswertesten ist das Austiner Waldfest, aber auch die anderen sind unbedingt einen Besuch wert. Alle Termine und Informationen rund um die Wald- und Seefeste am Tegernsee findet man hier: www.waldfest-buidl.de oder auf www.tegernsee.com/veranstaltungen/see-und-waldfeste.html

Links:
Bei ›Il Gelato Italiano‹ in Tegernsee trifft man im Sommer halb München

 CG 16 Stellplatz EKZ Tegernsee*

GPS: 47.710231 , 11.755843

300 m vom Schloss entfernt, direkt hinterm Kurgarten, befindet sich ein Einkaufszentrum-Parkplatz ohne Schranke.

Alternative Übernachtungsplätze:
CG 14 Stellplatz Moni Alm** 9 km
CG 20 Camping Lido** 17 km
CG 18 SP Tegernsee** 1 km

6 Schliersee: Der kleine Bruder des Tegernsees bietet Natur & Erholung

![Schliersee mit Booten am Ufer und Bergen im Hintergrund]

**Unten:
Der Eingang
zur Therme
Vitalwelt**

Der See mit der Insel Wörth

Ganz im Schatten des größeren Bruders Tegernsee liegt der kleinere Schliersee; idyllisch eingebettet in den Bergen mit der hohen Rotwand im Süden (1.884 m) und einer eigenen Insel im See. Hier herrscht noch Ruhe und Beschaulichkeit - man ist hier wieder mehr unter sich. Dennoch lockt der See und das Ski- und Wandergebiet Spitzingsee mit einem großen Freizeitangebot und mit so guter Luft, das Schliersee als heilklimatischer Luftkurort anerkannt ist.

Den See rundum kennenlernen

Besonders schön ist eine Runde um den See, denn er ist nur auf zwei Seiten bebaut und bietet dadurch viel Natur und Ruhe. Auf der Hälfte des Weges kann man in der **Rixner Alm** direkt am See gegenüber der Insel einkehren.

Hier gibt es eine besonders gute Brotzeit, einen grandiosen selbstgemachten Mohnkuchen und leckeres Bauernhofeis. Weiter geht es nach Fischhausen, vorbei an einigen Fischerhütten, die dem Dorf wohl seinen Namen gaben.

Zurück in Schliersee kommt auch die Kulinarik nicht zu kurz: Im Seegarten des **Café Milchhäusl** lässt sich besonders schön sitzen und die hausgemachte Strudel nach Omas Rezept genießen - und direkt am Wasser, unter den roten Sonnenschirmen, im Biergarten des **Schlierseerhofs** da schmecken die Schmankerl besonders gut.

Für Sportliche empfielt sich ein Ruderbootsausflug auf die Insel Wörth: das **Wirtshaus im See** mit schönem Biergarten ist ideal zum Stärken und Ausruhen. Als Alternative fährt das Boot zur Insel zu jeder vollen Stunde vom Bootssteg am Kurzentrum Schliersee ab (inklusive großer Schliersee Rundfahrt ca. 6 € p.P). Wenn das Wetter mal nicht so mitspielt, oder nach einer ausgiebigen Wander- oder Radtour, kann man sich in der **Therme Vitalwelt** mit Seepanorama im Warmen entspannen. Solebecken, Wellnessbereich und Saunalandschaft sorgen für ein rundum gutes Gefühl.

Auch für Kinder gibt es rund um den

 See einige Attraktionen. Neben der **Schliersberg Alm** mit Sommerrodelbahn, Freibad und großem Spielplatz, bereitet in der Vitalwelt-Terme die 50 m lange Wasser-Kinderrutsche großes Vergnügen. Und im **Markus Wasmeier Freilichtmuseum** gibt es für die ganze Familie allerlei zu entdecken. Der erfolgreiche Skirennfahrer hat seinem Heimatort eine ganz besondere Attraktion geschenkt: das Bauernhaus- und Wintersport-Museum. Auf 60.000 qm sind zwölf historische Gebäude aus dem Oberland zu sehen. Hier wird das bäuerliche Leben des 18. Jahrhunderts

Linke Seite: Die Boote des Bootsverleihs locken raus auf das Wasser

Oben & links: Auf der großen Terrasse des Schlierseehofes kann man direkt am Wasser schlemmen oder im Café Milchhäusl in der Sonne leckeren Kuchen genießen

Rechts und
mitte:
Bayrischen
Whiskey gibt
es bei Slyrs

Unten:
Blick von der
Schliersberg-Alm
über die Schlier-
see-Region

**Parkplatz Slyrs
Destillerie***

GPS: 47.702957 , 11.884967

Bayrischer Whiskey, Vodka und Bierbraukunst

wieder lebendig: mit vielen Tieren wie Bergschaf, Hühnern, Schweinen, Gänsen und Kühen sowie seltenem Gemüse, Alpenkräutern und alten Kulturpflanzen auf den Wiesen. Im Museumsbereich steht das altbayrische Wirtshaus ›Beim Wofen‹, in dem es jeden ersten Sonntag im Monat von 10.00-12.00 Uhr ein zünftiges Weißwurstfrühstück mit der Oberland ›Ziachmusi‹ gibt.

Schliersee bietet für Gourmets noch etwas ganz Besonderes: Hochprozentiges. In Schliersee gibt es die einzige Whiskey Destillerie im Oberland. Hier kommt der mittlerweile schon berühmte Slyrs Whiskey her, und die Destillerie Lantenhammer wartet mit den besten Obstbränden und dem ersten bayrischen Vodka auf.

Die **Slyrs Destillerie** kann man auf eigene Faust oder mit einer Führung besichtigen, natürlich inkl. Verkostung. Wer eher Interesse an der Bierbraukunst hat, kann nach Anmeldung in der alten Schöpfbrauerei im Wasmeier Museum einen Braukurs machen.

Freitags und samstags kann man hier wie ein Bierbrauer vor 300 Jahren sein eigenes Bier brauen. Nach getaner Arbeit kann man es dann verkosten und erhält ein Zertifikat als Braugehilfe.

Bauerntheater mit Fans in New York

Das 1892 gegründete **Schlierseer Bauerntheater** wurde im In- und Ausland so erfolgreich, dass die Laien-Theatergruppe im Winter 1895/96 eine USA-Tournee

Links:
Auf der Terrasse der urigen Rixner-Alm kann man beim Seerundgang eine schöne Pause einlegen

startete und bei ihrem Auftritt in der Metropolitan Opera stürmisch gefeiert wurde. Auch heute kann man mit Stücken von Molière oder Ludwig Thoma die alte Tradition - des ›Komödie spuiln‹ in bayrischer Mundart - erleben.

Aber noch ist es nicht genug mit der Unterhaltung, ›a Musi‹ wie hier gibt's nirgendwo ›**Zum Jodler-Peppi**‹ ist die Institution in Schliersee, die Traditions- Musik-Kneipe liegt in der Perfall-Strasse, der Parallelstraße zum Seeufer.

Links:
Fahrradständer der bayrisch-rustikalen Art

7 **Bayrischzell:** Idyll unterhalb des Wendelsteins

**Unten:
Rauf geht's mit
der Kabinenbahn
oder der Zahn-
radbahn**

◎ **CG 30 P Wendelstein-Seilbahn* XL**

GPS: 47.687904 , 11.979784

Bayrischzell liegt in 800 m Höhe im Leitzachtal, umringt von einer herrlichen Bergkulisse in einem beschaulichen und sonnigen Tal. Glasklare Bäche, unberührte Natur, farbenprächtige Wiesen mit Wildblumen und Bauernhäuser mit roten Geranien vor dem Balkon machen die Gegend zum einladenden Idyll.

Das schöne Freizeitgebiet hat immer Saison

Mit durchschnittlich 1.420 Sonnenscheinstunden im Jahr lässt sich sommers wie winters die Freizeit in ausgezeichneter Heilklimaluft bestens verbringen.

Wandern, Mountainbiken, Abfahrtski, Skilanglaufen und jede Menge mehr aktive Betätigungen sind hier möglich. Viele Wanderungen gehen vom höher gelegenen Sudelfeld- oder Spitzingseegebiet aus - so auch die Route zum Rotwandhaus.

Infos: www.rotwandhaus.de

Der Wendelstein (1.838 m) mit seiner weit sichtbaren Gipfelkuppe ist einer der auffälligsten Gipfel in den bayrischen Alpen und einer der schönsten Aussichtsberge überhaupt.

Der Blick Richtung Süden, vorbei am Kaisergebirge bis zum Alpenhauptkamm mit Großglockner und Großvenediger sowie der Blick zurück ins Flachland, ist atemberaubend.

Der Wendelstein kann mit der **Großkabinen-Seilbahn** von Bayrischzell oder

mit der ältesten **Zahnradbahn** Deutschlands seit 1912 von Brannenburg (vom Inntal her) erklommen werden. Eine sehr gute Möglichkeit, das Gebiet rund um den Wendelstein ausgiebig zu erkunden, ermöglichen die Busse der Wendelstein-Ringlinie. Mit ihnen kann der Wanderer viele Routen wählen und wird einfach wieder an seinen Ausgangspunkt zurückgebracht.

 ## CG 34 Hafen Bayrischzell**

GPS: 47.671901 , 12.010159

3 km von der Seilbahn entfernt, liegt der Stellplatz neben der Hauptstraße an einem kleinen Bach. Ebenes Kiesgelände ohne Schatten. Die Zufahrt über eine Brücke ist sehr eng. WC / Duschen in 300m auf der Sportalm Bayrischzell.

Alternative Übernachtungsplätze:
CG 29 Campingplatz Wolfsee** 9 km

Oben:
Fahrt zum
Wendelstein
durch das schöne
Fischbachau

Viele Tourenvorschläge hierfür findet man auf: www.wendelstein-ringlinie.de Eine weitere Attraktion ist die Wendelsteinhöhle. Die alpine Klufthöhle liegt auf 1.711 Metern und gehört zu einem Höhlensystem, mit dem das Gipfelmassiv durchzogen ist. Hier gelangt man etwa 200 Meter weit ins Innere des Berges, wo selbst im Hochsommer noch Schnee und Eis liegen. Infos unter: www.wendelsteinbahn.de

 CG 33 Parkplatz Freibad Fischbachau*

GPS: 47.723787 , 11.948457

Freibad in Fischbachau

Von Mai bis Sept. sorgt das **Warmfreibad Fischbachau** mit 25° C warmem Wasser für Entspannung nach dem Sport. Auf dem kostenlosen Parkplatz findet man abends auch einen Stellplatz.

Leckereien in der Gegend

Wer Ziegenkäse mag, sollte den ›**Ziegenhof im Leitzachtal**‹ besuchen, dessen Bio-Käse schon vom ›Feinschmecker‹ ausgezeichnet wurde. Im Hofladen (Mo- Fr. 16-18:00 Uhr) gibt es viel Leckeres von der Ziege.
Noch etwas Besonderes ist in der Gegend zu finden: Seit 1981 liefert die Firma **Herbaria** beste Bio-Tees, Kräuter und Gewürze an Naturkostläden und Reformhäuser. Seit dem Jahr 2000 hat die Firma ihren Sitz am Fuße des Wen-

Rechts:
Das Warmfreibad
Fischbachau hat
eine große Was-
serrutsche für die
Kleinen

Oben:
Die Wendelstein-
spitze von
Bayrischzell aus
gesehen

Parkplatz Hundham - Alter Wirt*

GPS: 47.756024 , 11.943629

delsteins in der ehemaligen Brotfabrik in Fischbauchau. Mal freundlich anklopfen - vielleicht darf man ja mal reinschnuppern. Schon jetzt eine Legende ist das **Café Winklstüberl**: die Schauspielerin Thekla Mayhoff, bekannt aus vielen Fernsehfilmen und Serien, führt den elterlichen Betrieb mit Herzblut weiter.

Hier findet jeder seinen Lieblingskuchen: Es gibt Blaubeerkuchen, Himbeerkuchen, Bayerische Igeltorte, Käsesahne, Erdbeersahne, Eierlikörsahne, Vanillecremetorte, Flockensahne und Blaubeersahne. Für herzhaftere bayerische Spezialitäten geht's in Bayrischzell in den **Gasthof-Wendelstein** oder in den **Alten Wirt** nach Hundham.

Hier in Hundham beginnt im Winter auch eine der schönsten Loipen, immer entlang der Leitzach. Zum Übernachten geht es zum **Wohnmobilhafen in Bayrischzell (CG 34)**, die Zufahrt geht nur über eine enge Brücke. Auf dem Parkplatz der Wendelstein-Seilbahn findet sich auch ein Platz und der **Campingplatz Wolfsee** ist auch nicht weit.

Links:
Kleine Kapelle auf den Wiesen vor dem Alten Wirt in Hundham

CG 29 Campingplatz Wolfssee*

GPS: 47.712803 , 11.945266

Campingplatz am Badesee mit Blick auf das Wendelsteingebiet. Gaststätte und Kiosk am Platz. Mit der Kurkarte werden kostenlose Busfahrten im Umkreis angeboten.

Alternative Übernachtungsplätze:
CG 34 Hafen Bayrischzell** 10 km
CG 31 SP Gasthof Sonnenkaiser* 4 km

**CG 37 Parkplatz
Schiffsanleger***

GPS: 47.860340 , 12.364124

Im größten Ort am See treffen sich alle, die das ›bayrische Meer‹ und seine berühmten Inseln besuchen wollen. Die zum Teil historischen Schaufelradschiffe legen schon früh am Morgen an der Schiffsanlegestelle ab und nehmen Kurs auf die Herren- und die Fraueninsel. Fast eine 1 Mio. Fahrgäste im Jahr wollen sich das Vergnügen nicht entgehen lassen- denn wer an einem schönen Sommertag auf den alten polierten Holzbänken der Schiffe sitzt und sich den Wind um die Nase wehen lässt, fühlt sich wirklich fast wie auf hoher See. Das klarblaue Wasser, die gutgelaunten Möwen und die Sicht auf die hübsche kleine Fraueninsel machen Lust, hier mit der LandYacht für längere Zeit vor Anker zu gehen.

König Ludwig II. belebte den See

Zwar fuhr schon 1845 das erste Dampfschiff, aber die ersten Jahre der Schifffahrt waren nicht rentabel. Erst der Materialtransport für den Bau des Schlosses Herrenchiemsee brachte Betrieb auf die Schiffe und in das beschauliche Städtchen. Der bis heute ungebrochene Besucherstrom begann nach dem Tod König Ludwigs II, als Prinzregent Luitpold 1886 das unfertige Schloss für die Bevölkerung zur Besichtigung öffnete.

Oben:
Von Prien legen die schönen Schiffe nach Herren- und Frauenchiemsee ab

Links:
Das Freizeitbad PRIENAVERA sieht von oben wie eine Glas-Muschel aus

Linke Seite:
Die Liegewiese des Strandbad Schraml direkt am Stellplatz lädt zum Entspannen ein

**CG 36 Stellplatz
Strandbad Schraml***XL**

GPS: 47.853976 , 12.367021

Von 18.00 bis 10.00 Uhr kann man hier stehen. Tagsüber steht man auf der Hauptstraße kostenlos. Eine schöne Lounge-Bar, sowie ein Bootsverleih sind am Platz. Der Eintritt ins Strandbad ist für die Landyachter kostenlos.

Alternative Übernachtungsplätze:
CG 35 Camping Stein** 12 km
CG 40 Campingplatz Rödlgries** 15 km

Ly

Rechts:
Im Strandbad Schöllkopf sind noch alte Holz-Umkleidekabinen aus früheren Zeiten zu finden

Unten:
Mit dem Rad kann man den ganzen Chiemsee umrunden

Rechts:
Der Chiemsee kann im Sommer schon mal 24° C warm werden und halb Prien tummelt sich dann im weitläufigen Strandbad Schraml

Mit der Bahn kamen und kommen viele Besucher seit jeher an den See. Eine Attraktion ist die Chiemsee-Bahn: im Sommer wird die Schmalspurbahn von der ältesten ununterbrochen fahrenden Dampflok der Welt gezogen. Diese verbindet seit 1887 den Bahnhof von Prien mit der Anlegestelle der Chiemsee-Schifffahrt.

Das alte Ortszentrum von Prien liegt jenseits der Fernbahnlinie, hier liegen die Fußgängerzone und das **Heimatmuseum**, das neben der Ortsgeschichte auch eine historische ›Galerie der Chiemseemaler‹ bietet.

Vom Schiffsanleger die Seestraße entlang liegt das **Freizeitbad PRIENAVERA**, das in moderner Architektur Schwimmen und Wellness bietet.

Am schönsten Badestrand mit dem Wohnmobil vor Anker gehen

Ein optimaler Übernachtungsplatz ist der nur 1 km entfernte **Stellplatz Strandbad Schramml**. Unter hohen alten Bäumen mit Blick auf den See kann man hier eine ruhige Nacht verbringen und morgens mit den ersten Einheimischen in den sommerwarmen See eintauchen. Der schöne große Badestrand und die Lounge am Strandbad-Kiosk laden nach einem ausgefüllten Sight-seeing-Tag zum Entspannen ein. Dieser traumhafte Platz hat nur einen kleinen Nachteil: Man muss ihn morgens wieder räumen. Wer länger als eine Nacht bleiben will, kann oben auf der Hauptstraße tagsüber kostenlos parken und abends wieder im Strandbad anlegen oder findet 1,7 km weiter auf dem **Campingplatz Harras**

eine schöne Alternative. Der Campingplatz liegt sehr ruhig auf einer Halbinsel
im See und bietet rundum Bademög-
lichkeiten.

Radtour zum Badeplatz & Feinschmecker-Geheimtipp

Vom Stellplatz aus kann man eine schöne Radtour zu zwei Strandbädern und
leckerem Einkehren planen. Wer den
Uferweg am Yachtclub vorbei die Har-
ras-Straße entlang fährt, stößt vor dem
Campingplatz Harras auf das schöne
Restaurant Fischer am See.

Hier kann man entweder eine frisch geräucherte Renke im Hofladen **Fischerei
Schaber** kaufen oder auf der gepflegten
Terrasse ein Fischmenü mit Blick auf
den See genießen. Weiter am Uferweg
entlang kommt man zum Badeplatz-
Geheimtipp **Strandbad Schöllkopf**. Am
privaten Badeplatz des alten Bauern-
hauses stehen noch Holz-Umkleidekabinen von anno dazumal. Auf der großen
Liegewiese spenden uralte Bäume
Schatten und eine angenehme Ruhe
breitet sich aus. Wer gerne etwas mehr
Rummel möchte, findet noch 2,5 km
weiter das kostenlose **Strandbad
Chiemseepark Felden**. Hier gibt es Frei-
zeitangebote für Groß und Klein: Ein
großer Bootsverleih, ein Kiosk und diverse Restaurants sind über das große
Gelände verteilt.

Oben:
Beim Fischer am
See schmeckt der
frische Fisch be-
sonders gut

Links:
Viele idyllische
Einblicke gibt
es auf den Rad-
wegen um den
See

 ### CG 38 Camping Harras*XL / C

GPS: 47.840713 , 12.372299

**Der Campingplatz liegt auf einer Halbin-
sel im See, so dass fast ringsum Wasser
ist. Im Sommer recht voll.**

Alternative Übernachtungsplätze:

CG 50 LSP Bauernhof Steiner* 1 km
CG 40 Campingplatz Rödlgries** 5 km

Oben:
Diesen Traumblick bekommt man vom Schiff bei der Anfahrt auf die Fraueninsel

Die kleine Insel im See zieht mit ihrer Klosteranlage und ihren wunderschönen Gärten die Besucher in ihren Bann.
Auf schattigen Wegen kann man die Insel entspannt umrunden und hinter jeder Kurve bietet sich eine neue schöne Perspektive auf den See, das Land und die herrlichen Berge des Chiemgaus.

Das älteste Frauenkloster Deutschlands

Mit mehr als 1.200 Jahren ist die von Herzog Tasilo III. gegründete Benediktinerinnenabtei Frauenwörth das älteste Frauenkloster im deutschsprachigen Raum. 833 übertrug König Ludwig der Deutsche die Leitung an seine Tochter

Rechts;
Der große Klosterkomplex beherrscht die Fraueninsel

Irmengard, die der Abtei bis zu ihrem Tode vorstand. Die mittlerweile Seliggesprochene ist auch die Schutzpatronin des Chiemgaus und ist in der Münsterkirche der Insel beigesetzt. Das reich begüterte Kloster, das mit erheblicher Macht und Einfluss ausgestattet war, verlor alle seine Rechte und Besitzungen bei der Säkularisation 1803 Erst 1836 genehmigte König Ludwig I. die Wiedererrichtung des Klosters. Die Sehenswürdigkeiten des Klosters sind die Torhalle aus dem 9 Jh. mit der St. Michael- und St. Nikolauskapelle und das Münster mit seinem Turm.
www.frauenwoerth.de

Auf der gerade mal 300 Meter breiten und 600 Meter langen Fraueninsel leben rund 300 Einwohner und gleich sechs Fischer verkaufen fangfrische und geräucherte Chiemseefische.

Malerische Inselwege und schattige Biergärten

Besonders schön ist ein Rundgang vorbei an malerischen Häusern, kleinen bunt blühenden Gärten oder an den schönen Schüsseln und Krügen der Inseltöpferei. Hat man alles gesehen, kann man sich bei frisch geräuchertem Fisch in einer der Inselräuchereien oder etwas gediegener in der **Linde**, einem der ältesten Gasthäuser Bayerns wunderbar erholen. Informationen zur Insel gibt es unter: www.fraueninsel.de

Im Gegensatz zu Herren- und Fraueninsel ist die dazwischen aus dem Wasser ragende kleine Krautinsel unbewohnt. Da hier früher die Nonnen Gemüse und Kräuter anbauten, erhielt sie ihren Namen.

🔟 Herrenchiemsee: König Ludwigs Versailles mitten im Chiemsee

![Gartenfront des Schlosses Herrenchiemsee]

Oben:
Grandioser
Anblick: die
Gartenfront des
Schlosses
Herrenchiemsee

Rechts:
Blick in den
Innenhof des
alten Schlosses
Herrenchiemsee

Herrenchiemsee hat mehr zu bieten als nur das Schloss von König Ludwig II.

Nach der Überfahrt überraschen die Größe der Insel und die vielen Pferdekutschen, die zahlungskräftige Touristen umherfahren - was bei dem weitläufigen Gelände durchaus Sinn macht.

Auf dem Weg zum neuen Schloss Herrenchiemsee stößt man auf **das Alte Schloss**, dem einstigen Männer-Klosterkomplex, der zur gleichen Zeit gegründet wurde wie das gegenüberliegende Frauenkloster.

Während der Säkularisation wurde das Kloster geschlossen und die Herreninsel verwaiste; wurde zerstört und ausgeplündert. Erst als Ludwig II. sie für das Königreich Bayern erwarb, endete die Tragödie.

Heute noch erhalten sind der Bibliotheksaal und der Kaisersaal, in dem Gemälde von Malern am Chiemsee zu sehen sind,

u.a. von Julius Exter aus Feldwies.
Das Schloss hat 1948 besondere Bedeutung erlangt, als der Sachverständigen-Rat hier die Richtlinien für das Grundgesetz der BRD erarbeitet hat.
Wahrscheinlich hat der Rat den gleichen schönen Blick über den See genossen, wie man ihn heute vom **Restaurant und Biergarten des Schlosshotels** hat.
Hier lässt es sich mit grandioser Sicht auf den See gut stärken. Zu den Hauptzeiten haben jedoch viele die gleiche Idee.

Hauptattraktion: Das Neue Versailles des Märchenkönigs

Als Bewunderer der Epoche des französischen Sonnenkönigs Ludwigs XIV. und Ludwigs XV. hatte der ›Kini‹ den Traum, ein ›modernes Versailles‹ am Fuß der bayerischen Alpen zu schaffen.
Eine glanzvolle Gedenk- und Feststätte für die Zeit des französischen Königtums sollte entstehen, die keiner außer dem König selbst und seiner Dienerschaft betreten sollte. Das unvollendete Schloss lässt erahnen, welche Pracht hier gleichzeitig mit modernster Technik umgesetzt werden sollte. Beispiele hierfür sind das Tischlein-deck-dich, elektri-

sches Beleuchtung, hydraulisch öffnende Stahl-Glas-Dächer und eine zentrale Warmluftheizung.
Der große Spiegelsaal hat eine Länge von 75 Metern, womit er 2 m länger ist als das Original: dem Spiegelsaal in Versailles. Das Licht der 1800 Kerzen von 33 Deckenlüstern und 44 Standkandelabern mit unzähligen Kristallelementen spiegelt sich in den 17 großen Spiegeln wieder. Die Deckengemälde sind Kopien der Gemälde aus der Spiegelgalerie von Versailles. Auf König Ludwigs Spuren kann man hier die kaum bewohnten Gemächer des exzentrischen bayerischen Königs bewundern und danach einen wunderbaren Spaziergang im Park der Schlossanlage und auf der Insel machen.

Herrenchiemsee Festspiele

Im Jahr 2000 fand mit dem ›Bachfest‹ in der Spiegelgalerie des Königsschlosses Herrenchiemsee die Urveranstaltung der Herrenchiemsee Festspiele statt. Die Festspiel-Konzerte haben höchsten künstlerischen Anspruch und internationale Anerkennung. Informationen unter: www.herrenchiemsee-festspiele.de

11 Übersee: Ibiza-Feeling an Süddeutschlands längstem Strand

CG 39 Stellplatz Chiemgauhof**

GPS: 47.846035 , 12.477002

Nirgendwo geht die Sonne schöner unter als am Chiemseestrand in Übersee. Wer nach einem schönen Strandtag mit einem kühlen Cocktail im Lounge-Club des Chiemgauhofs sitzt, kann schon mal auf solche Gedanken kommen. Es ist aber auch wunderschön hier: entspannte Chill-Out-Musik und Kinderlachen vermischen sich mit dem Goldorange der untergehenden Sonne, während man auf bequemen Strandliegen ausspannt und sich auf ein leckeres Abendessen im Biergarten freut. Der **Chiemgauhof** und sein Restaurant mit Biergarten locken schon seit Jahren die Genießer an - entsprechend schöne Yachten liegen hier am Bootssteg des Traditionshauses. Auch mit der Landyacht kann man auf dem großen Strandparkplatz nebenan sehr gut vor Anker gehen und ruhig übernachten. Es bietet sich, an gegen Abend anzufahren, wenn sich der Parkplatz etwas leert. Dann

steht man unter schattigen alten Bäumen direkt am See mit Badezugang.

Nebenan liegt Süddeutschlands längster zusammenhängender Strand, der von den Sedimenten der Tiroler Achen aufgebaut wird. Das Wasser ist kristallklar und es geht ganz seicht ins Wasser. Am Ufer stehen schöne alte Eichen, Buchen und Eschen. Der fünf Kilometer lange Naturstrand ist Teil des 40.000 Quadratmeter großen Parks des Strandbads Übersee. Hinter dem Bad ziehen sich die Naturbadestrände lange hin, so dass jeder sein idyllisches Plätzchen findet. Hier am Südufer, wo die Berge am nächsten sind und die Tiroler Achen in den See mündet, findet sich eine Art Mini-Amazonas. Das Achen-Mündungsdelta ist Naturschutzgebiet und wächst pro Jahr 5 - 10 m in den See hinein. In dem großen Wasser-Labyrinth finden sich viele seltene Tiere und Pflanzen. Die Barkasse ›Birgit‹ nimmt Abenteurer mit auf eine dreistündige Expedition an das Delta. Die Touren starten in Übersee/Feldwies. Von hier legen auch die Chiemseedampfer zur Frauen- oder Herreninsel ab.

Wer nach so viel Entspannung ein wenig Adrenalin braucht, dem sei der **Baum-Hochseilgarten** in direkter Nähe zum Dampfersteg von Übersee empfohlen. Von der höchsten Plattform in 11,5 m Höhe hat man einen ganz besonderen Blick über den Chiemsee.

Das Kunsthaus des Farben-fürstes Exter

In der ländlichen Idylle von Feldwies arbeitete der Münchener Professor und Künstler Julius Exter. Die Natur inspirierte ihn zu seinen von überschäumender Farbenpracht ausgezeichneten Werken, die ihm auch den Namen ›Farbenfürst‹

einbrachten. Julius Exter hat das ehemalige Bauernanwesen in Feldwies 1902 erworben und interessierte Besucher können die Kunstwerke nun im **Exter Kunsthaus** besichtigen.

Das älteste Wirtshaus des Chiemgaus ist eine ›Bürger AG‹

Eine Besonderheit der kulinarischen Art findet sich auch in Feldwies. Hier steht eines der ältesten Wirtshäuser im ganzen Chiemgau, das 1554 erstmals urkundlich erwähnt wurde: ›D'Feldwies‹. Als dem Wirtshaus 2004 der Ruin drohte, haben sich die Bürger des Ortes zusammengetan und eine Bürger-AG gegründet, um ihre zweite Wohnstube zu retten. Nun sind über 600 Bürger an der AG beteiligt und ihr Lohn ist ein sehenswertes Wirtshaus mit besten bayrischen Schmankerln und eine Dividende in Form von Speis und Trank. Die täglich wechselnden Gerichte, die hier gereicht werden, sind sonst kaum noch zu finden. Die Produkte sind saisonal und regional, der Fisch ist fangfrisch aus dem See und das Wild aus dem Chiemgau.

Oben:
Das Kunsthaus Exter in Feldwies kann besichtigt werden

Links:
Im Wirtshaus ›D´Feldwies‹ ist man stolz auf seine ganz besondere Geschichte

CG 40 Campingplatz Rödlgries*** XL / C

GPS: 47.841239 , 12.471605

Die 100 qm großen Wohnmobil-Stellplätze haben Ver- und Entsorgung am Platz. Ebene Fläche mit Kies. Hunde sind nicht erlaubt.

Alternative Übernachtungsplätze:
CG 50 LSP Bauernhof Steiner* 6 km
CG 49 LSP Bauernhof Schmid** 5 km

12 Aschau: Von der Kampenwand auf den Alpenhauptkamm schauen

Oben:
Fernsicht bei Föhn von der Kampenwand auf den Alpenhauptkamm mit Großglockner

Unten:
Auf 1.669 m Höhe kann man auch an nebeligen Tagen auf der Sonnenalm in der Sonne liegen

◎ **CG 44 Parkplatz Festhalle* XL**

GPS: 47.766914 , 12.322742

Aschau hat so viele Sehenswürdigkeiten, dass man fast nicht weiß, wo man anfangen soll. Für Alpinisten gibt es die 1.669 m hohe Kampenwand, für Gourmets das Sternerestaurant von Heinz Winkler, für Kulturliebhaber die Burg Hohenaschau, für Radfahrer die schöne Tal-Ebene und für Designliebhaber das Niels Holger Moormann Studio.

Und speziell für Wohnmobil-Kapitäne gibt es einen sensationellen Stellplatz mit Blick über den Chiemsee.

Vom Chiemsee hoch auf die Seiseralm

Wer vom Chiemsee nach Aschau fährt, entdeckt 5 km vor Aschau einen Wegweiser zum **Wohnmobil-Stellplatz Seiseralm & Hof**. Von der Sonnenterrasse des großen Gasthofes, dessen Herkunft sich bis zum 12. Jahrhundert zurückverfolgen lässt, hat man eine wunderbare Aussicht über den ganzen Chiemsee. Vom Stellplatz beim Gasthof kann man auch direkt zu Wandertouren starten.

Radtour zum Naturfreibad

Durch die flache Moorebene mit Streuobstwiesen und kleinen Wäldern lässt es sich vor Aschau bequem und lange radeln. Vorbei am Bärnsee kommt man zum beliebten Ausflugsziel **Café Pauli**. Die Café-Terrasse bietet einen wunderbaren Blick auf Hohenaschau und die Kampenwand. Leckere und hausgemachte Kuchen, Torten sowie himmli-

sche Eisbecher verführen zum ›In der Sonne sitzen‹ und Schlemmen. Wer hier genießt muss unweigerlich an den berühmten bayrischen Schüttelreim zur Kampenwand denken:

»I gangat gern auf d' Kampenwand, wann i mit meiner Wamp'n kannt«. (Ich ginge gerne auf die Kampenwand, wenn ich es mit meiner Wampen könnt).

An heißen Sommertagen locken zusätzlich ein **Naturfreibad** und die Kneippanlage im eiskalten Bach unterhalb des Cafés.

 CG 46 SP Moorbad / Café Pauli XL

GPS: 47.790077 , 12.331219

Oben:
Das Naturfreibad beim Café Pauli wird aus Grundwasser gespeist

Moderne Designmöbel in alten Stallungen

Seit 1992 hat der bekannte deutsche Möbeldesigner **Nils Holger Moormann** seinen Firmensitz in Aschau, neben der Festhalle unterhalb der Burganlage. Sein bekanntestes Regal ›FNP‹ steht in vielen Designerwohnungen. Hier in Aschau hat man die Möglichkeit, seine Kollektion im ›Showroom‹ der alten Stallungen des Schlosses anzuschauen oder im Outlet günstig zu erwerben. Ein Besuch lohnt sich. Geparkt werden kann direkt auf dem großen Parkplatz vor der Festhalle. Von hier aus kann auch die Burganlage ›erklommen‹ werden.

Links:
Das Bistro Pinot

 CG 45 Hafen Seiseralm & Hof XL

GPS: 47.797287 , 12.359608

5 km vom Zentrum Aschau entfernt liegt der Stellplatz hoch über dem Chiemsee mit tollem Blick auf den See. Ebener Asphalt, kein Schatten. Idealer Ausgangspunkt für Wanderungen. Frühstücksbuffet im Hotel möglich.

Alternative Übernachtungsplätze:
CG 40 CP Rödlgries** 15 km
CG 36 SP Strandbad Schraml*** 10 km

Oben:
In den ehemaligen Stallungen des Schlosses gibt es heute edles Möbeldesign im Niels Holger Moormann Studio

Unten & rechte Seite oben:
Das Schloss Hohenaschau birgt einzigartige Schätze wie den frisch restaurierten Laubensaal

 CG 47 Parkplatz*
Kampenwandbahn

GPS: 47.764069 , 12.324857

Einzigartiges im Schloss Hohenaschau

Die im 12. Jh. entstandene Burganlage thront in etwa 50 m Höhe weithin sichtbar über der Stadt. Von 1374 bis 1606 wurde sie von den wohlhabenden und einflussreichen Freiherren von Freyberg umfangreich ausgebaut. Ohne männlichen Erben gelangte das Schloss über eine Heirat in den Besitz der Freiherren von Preysing, die 1664 als Grafen erhoben wurden. Diese erweiterten den Besitz und bauten es zum Mittelpunkt der Verwaltung ihrer Herrschaft aus.
Auch der berühmte Laubenssal ist unter ihrem Besitz entstanden.
Da die Freiherren aber viele Schlösser und Burgen besaßen, wurde Hohenaschau über die Jahre vernachlässigt. Anfang des 19. Jh. wurde die mittlerweile verfallene Anlage zum Schloss in seiner heutigen Form umgebaut. Im Schloss sind zwei interessante Museen untergebracht – das Priental-Museum und das Müllner-Peter-Museum Sachrang. Wer aber einen ganz besonderen kunsthistorischen Schatz entdecken möchte, sollte eine Schlossführung buchen. Der Laubensaal mit seinen barocken Ausschmückungen ist nördlich der Alpen einzigartig. Nach Vorlagen eines römischen Kupferstechers malten zwei Chiemgauer Maler die Aschauer Tafelstube mit römischen Gartenmotiven aus und schufen die Illusion eines Schlossgartens, den es auf der Burg nicht gab.

Kampenwand: wandern mit wunderbarem Panoramablick

Die **Kampenwandseilbahn** bringt sommers wie winters Bergfreunde auf 1.669 Meter Höhe. Ob man eine ausgedehnte Wandertour unternehmen möchte oder nur von der Terrasse der **Sonnenalm** das beeindruckende Alpenpanorama genie-

ßen will - hier findet jeder seinen perfekten Tag. Im Winter führt die Piste direkt vom oberen Ausstieg der Bergbahn wieder nach unten zur Bahn. So ist ein fast pausenloses Skivergnügen garantiert.

Nach einem rundum schönen Tag in Aschau hat man auch kulinarisch genug Auswahl.

Im stilvollen Ambiente des **Bistro Pinot** kann man die mediterrane Küche von Steve Eulenstein genießen. Der Sternekoch Heinz Winkler lockt Genießer und Prominenz aus ganz Deutschland in seine **Residenz Heinz Winkler**. In seinem großen Garten wähnt man sich schon fast in Italien. Im Weinkeller warten beeindruckende 25.000 Flaschen auf Genießer-Gaumen. Eine Voranmeldung wird in diesem Gourmet-Tempel empfohlen.

Links:
Wohlschmeckende und wunderschöne Kreation des Sternekochs Heinz Winkler

Links:
Von der Terrasse der Seiseralm kann man den ganzen Chiemsee überblicken

13 **Unterwössen:** Luftsport, Wintersport und Luftkurort

Unten:
Der gespaltene Stein ist das Wahrzeichen der Wallfahrtskirche Klobenstein

Unten:
Ein Sommervergnügen bietet der schöne Wössner Weiher

51 Parkplatz Zellerwand

GPS: 47.731523 , 12.413627

Ruhe und Beschaulichkeit findet man im Achental. Der Ort an der Tiroler Achen, malerisch in den Chiemgauer Alpen gelegen, lädt im Sommer zu schönsten Wanderungen durch Wälder und Almwiesen ein, abkühlen kann man sich in bezaubernden Bergseen und im Winter sind die größeren Skigebiete auch nicht weit.

Sommerfrische

Eine der schönsten Radtouren führt abwechslungsreich entlang der Ufer der Tiroler Achen. Wer sich die Traumlandschaft von oben anschauen möchte, kann bei der **Deutschen Alpensegelflugschule** oder der Gleitschirmschule Passagierflüge buchen. In Unterwössen bieten sich zwei Möglichkeiten nach Süden zu fahren: entweder durch das Achental oder über Oberwössen.

Die erste Route führt zum Platz mit dem schönsten Blick über das Achental. Der leicht zu erreichende **Berggasthof Streichen**, ein urbayerisches Idyll, liegt direkt unter der weit sichtbaren Kapelle Streichen.

Weiter geht es dann zum wilden Durchbruchstal der Tiroler Ache. Hier werden anspruchsvolle Rafting-Touren angeboten, und dass hier auch das Strömungsretter-Trainingsgelände der DLRG liegt, sagt schon alles.

Beim Abstecher über die österreichische Grenze nach Kössen liegt auf halber Strecke im wilden Achental das urige **Gasthaus Klobenstein**. Das Plät-

schern von Wasser und das Rauschen in den Baumwipfeln ist hier die Begleitmusik zum sehr guten Essen. Direkt über dem Gasthaus liegt die Wallfahrtskirche Maria Klobenstein. Ihr ›geklobener‹ Felsen hat der Legende nach ein Menschenleben gerettet.

An der zweiten Route Richtung Oberwössen liegt der wunderschöne Bergsee Wössener Weiher mit **Strandbad** und kleiner Gaststätte. Nur einen Sprung dahinter liegt der sehr zu empfehlende **Campingplatz Litzelau** in Oberwössen. Fährt man noch etwas weiter, kommt man nach Reit im Winkel und Richtung Inzell. Hier liegen nochmals größere Seen: Weitsee, Mittersee und Lodensee. Wunderschön gelegen, findet man hier im Sommer seine eigene traumhafte Badeinsel im Schilf.

Winter-Skitipp:

Nur 12 bzw. 15 km vom Campingplatz entfernt liegen die Skigebiete Winklmoosalm und auf der österreichischen Seite Steinplatte und Hochkössen. Hier liegt sicher Schnee und die Gebiete bieten Pisten für Skifahrer und Snowboarder aller Könnerstufen. Mehr Informationen unter: www.winklmoosalm.de oder www.bergbahnen-koessen.at

Unbedingt ›Krusti‹ essen

Kulinarisch sollte man auf keinen Fall den **Gasthof Zellerwand** verpassen: hier gibt es den besten Schweine-Krustenbraten weit und breit. Und für Anspruchsvolle gibt es eine der ältesten Gaststätten im Chiemgau - der **Hofwirth zur Post** in Marquartstein.

Stellplätze gibt es an der Liftstation Balsberg und teilweise an den Wanderparkplätzen entlang der Tiroler Ache.

Oben:
Blick auf Unter- und Oberwössen im Winter

Unten:
Das Traditionsgasthaus Zellerwand

 CG 51 Camping Litzelau* XL /C**

GPS: 47.717904 , 12.47925

Gepflegter, ruhiger Campingplatz mit vielen Bäumen. 15 Minuten mit dem Rad zum Badesee Wössner Weiher. Wintercamping und separate Reisemobil-Stellplätze.

Alternative Übernachtungsplätze:
CG 40 Campingplatz Rödlgries** 18 km
CG 39 Stellplatz Chiemgauhof** 19 km

Weyarn

St. Peter und Paul
47.8579 , 11.797286
83629 Weyarn, Klosterweg 1
Tel. +49(0)8020 906290
www.weyarn-tourismus.de
▪ *Die schöne Barockkirche des ehemaligen Augustinerchorherren-Klosters aus dem 12. Jh. ist einen Besuch wert.*

Kräuterwastl
47.843565 , 11.812517
83629 Weyarn, Sonnleiten 1
Tel. +49(0)171 2774787
www.kraeuterwastl.de
▪ *Beim Kräuterwastl kann man an verschiedenen Erlebniskräuter- und Naturwanderungen teilnehmen.*
▪ **Preiskategorie: €**

Gasthaus Maxlmühle
47.878443 , 11.783872
83626 Valley, Mühlthal 1
Tel. +49(0)8020 1772
www.maxlmuehle.de
Öffnungszeiten: Mi und Do Ruhetag
▪ *Schönes Biergartenrestaurant im Mangfalltal. Küche nur bis 21.00 Uhr.*
▪ **Preiskategorie: €€**

Alter Wirt
47.858054 , 11.800185
83629 Weyarn
Miesbacher Straße 2
Tel. +49(0)8020 9040000
www.alterwirt-weyarn.de
Öffnungszeiten: Tägl. von 9.00-23.00 Uhr
▪ *Der Biergarten des Landgasthofs Alter Wirt mitten in Weyarn lockt mit bayrischer Hausmannskost.*
▪ **Preiskategorie: €€**

Gmund

Tourismus-Information Gmund
47.749939 , 11.740151
83703 Gmund am Tegernsee
Kirchenweg 3
Tel. +49(0)8022 750527
www.gmund.de

Segel- und Surfschule Stickl
47.742386 , 11.737137
83703 Gmund am Tegernsee
Seeglas 1
Tel. +49(0)8022 75472
www.segelschule-stickl.de
▪ *Seit 1950 ist die Familie Stickl im Surf- und Segelverleih tätig und bietet auch halbtägige Kurse an.*
▪ **Preiskategorie: €€**

Büttenpapierfabrik Gmund
47.754688 , 11.741614
83703 Gmund am Tegernsee
Mangfallstraße 5
Tel. +49(0)8022 75000
www.gmund.com
Öffnungszeiten: Führungen am 1. und 3. Donnerstag im Monat, jeweils um 15.30 Uhr
▪ *Seit 1829 werden in der Papierfabrik feinste Papiere hergestellt.*
▪ **Preiskategorie: €**

Café Restaurant Seeglas
47.742388 , 11.737391
83703 Gmund am Tegernsee
Seeglas 1
Tel. +49 (0)8022 76129
www.strandbad-seeglas.de
Öffnungszeiten: April bis Okt. Di-So 11.00-24.00 Uhr, Nov bis März Di bis Fr 17.00-24.00 Uhr, Sa und So 11.00-24.00 Uhr
▪ *Schönes gepflegtes Strandbad mit Gartenterrasse und Sonnenuntergangsblick.*

Parkplatz für Wohnmobile vor dem Strandbad.
▪ **Preiskategorie: €€**

Eisdiele Al Ponte
47.750250 , 11.738176
83703 Gmund am Tegernsee
Ludwig-Erhard-Platz 5
Tel. +49(0)8022 99184
▪ *Mit dem leckeren Eis in der Hand kann man schön durch Gmund an den See spazieren.*
▪ **Preiskategorie: €**

Bad Wiessee

Jodschwefelbad
47.718738 , 11.724195
83707 Bad Wiessee
Adrian-Stoop-Straße 37
Tel. +49 (0)8022 86080
www.jodschwefelbad.de
Badezeiten: Mo, Mi, Fr 8.00-13.00 Uhr, Di, Do 16.00-19.00 Uhr
▪ *Deutschlands stärkste Jodschwefelquelle sprudelt in Bad Wiessee.*
▪ **Preiskategorie: €€**

Spielbank Bad Wiessee
47.726304 , 11.717605
83707 Bad Wiessee, Winner 1
Tel. +49(0)8022 98350
www.spielbanken-bayern.de
Öffnungszeiten: Großes Spiel ab 15.00 Uhr
▪ *2005 eröffnete Bayerns modernstes Casino seine Pforten, nachdem das alte dem Besucherandrang nicht mehr standhalten konnte.*
▪ **Preiskategorie: €€€**

Aquadome
47.70489 , 11.739154
83707 Bad Wiessee
Überfahrtweg 13
Tel. +49 (0)8022 857495
www.bad-wiessee.de

Öffnungszeiten: Di bis Do 10.00-19.00 Uhr, Mo Ruhetag
- *In Bayerns größtem begehbaren Süßwasser-Aquarium kann man die Fischwelt des Tegernsees trockenen Fußes erleben.*
- **Preiskategorie: €€**

Bauer in der Au
47.701679 , 11.718168
83707 Bad Wiessee
Söllbachtalstraße 24
www.bauer-in-der-au.de
Öffnungszeiten:
tägl. 9.30-17.00 Uhr
- *Die Biergartenplätze warten mit phantastischer Aussicht auf die durstigen Besucher. Anfahrt bis zum Söllbachparkplatz. Von dort aus ca. 1 Stunde auf dem gut ausgeschilderten Weg zum Bauer in der Au. Gut geeignet für Radtouren.*
- **Preiskategorie: €€**

Freihaus Brenner
47.714097 , 11.711873
83707 Bad Wiessee, Freihaus 4
Tel. +49(0)80 2286 560
www.freihaus-brenner.de
Öffnungszeiten: tägl. 12.00-14.00/18.30-22.00 Uhr
- *Von der Terrasse des Traditionsgasthauses hat man einen tollen Blick auf den See und die Berge.*
- **Preiskategorie: €€**

Eiscafe San Marco
47.713516 , 11.725142
83707 Bad Wiessee
Adrian Stoopstraße 7
Tel. +49(0)8022 706866
- *Leckeres italienisches Eis 50 Meter von der Kurpromenade entfernt*
- **Preiskategorie: €€**

4 Rottach-Egern

4

ℹ Tourismus-Information
47.690147 , 11.770643
83700 Rottach-Egern
Nördliche Hauptstraße 9
Tel. +49(0)8022 671341
www.rottach-egern.de
Öffnungszeiten: Mo bis Fr von 8.00-18.00 Uhr, Sa von 10.00-12.00 und 13.00-16.00 Uhr, Wintersaison Mo bis Fr von 9.00-17.00 Uhr, Sa von 10.00-12.00 und 13.00-16.00 Uhr

Hotel Überfahrt
47.69683 , 11.75817
83700 Rottach-Egern
Überfahrtstraße 10
Tel. +49(0)8022 6690
www.seehotel-ueberfahrt.com
- *Der Gault-Millau-Koch des Jahres 2013, Christian Jürgens, lockt mit seinen Kreationen Feinschmecker aus ganz Deutschland an den schönen Tegernsee.*
- **Preiskategorie: €€€**

Enzianhütte
47.687444 , 11.795631
83700 Rottach-Egern
Kalkofen 3
Tel. +49(0)8022 5103
www.enzianhuette.com
Öffnungszeiten: Mi bis Mo ab 17.00 Uhr, Dienstag Ruhetag
- *Im gemütlichen Holzhaus wird bestes Grillfleisch vom offenen Holzofen gereicht und von den Tischen auf derTerrasse hat man einen Blick über die Obstbäume auf den Wallberg.*
- **Preiskategorie: €€**

Moni Alm
47.654454 , 11.834292
83700 Rottach-Egern
Sutten 42

Tel. +49(0)8022 664154
www.moni-alm.de
- *Zum bekannten Berggasthof Moni Alm kann man immer entlang der Rottach radeln.*
- **Preiskategorie: €€**

Forsthaus Valepp
47.616318 , 11.893713
83727 Schliersee Valepp 1
Tel. +49(0)8026 71281
www.forsthaus-valepp.de
Öffnungszeiten: tägl. ab 9.30 Uhr
- *14 km von Rottach-Egern entfernt, in einer herrlichen Gebirgslandschaft nahe der Tiroler Grenze, befindet sich das historische Forsthaus Valepp.*
- **Preiskategorie: €€**

Café Kreuz
47.689554 , 11.803237
83700 Rottach-Egern, Berg 6
Tel. +49(0)8022 26775
www.cafe-kreuz.de
- *Das urige Café bietet tollen selbstgemachten Kuchen auf der schönen Aussichtsterrasse.*
- **Preiskategorie: €**

Café Angermeier
47.689554 , 11.803237
83700 Rottach-Egern, Berg 1
Tel. +49 (0)8022 92860
www.cafe-angermaier.de
Öffnungszeiten: Montag Ruhetag, warme Küche von 11.30-14.00 und 18.00-20.30 Uhr
- *Das Traditionsgasthaus bietet wie das nebenliegende Café Kreuz gute bayrische Hausmannskost mit einem wunderbaren Blick auf die Berge.*
- **Preiskategorie: €€**

Weißachalm (Entenalm)
47.656931 , 11.753067
83708 Kreuth / Scharling
Weißachaustraße 51
Tel. +49(0)8029 335

Öffnungszeiten: Mo und Di
Ruhetag
▪ *Die Weissachalm wird von In-*
sidern auch Entenalm genannt,
da es dort die besten Enten
weit und breit gibt.
▪ **Preiskategorie: €€**

 Restaurant Altes Bad
47.620075 , 11.741836
83708 Kreuth, Wildbad Kreuth 2
Tel. +49(0)8029 304
www.altesbad.de
Öffnungszeiten: Mo und Di Ruhetag, 11.30-23.00 Uhr, Biergarten bei schönem Wetter ab
10.30 Uhr
▪ *Das alte Bad(haus) wurde*
schon 1511 erwähnt und kann
auf eine lange Geschichte zu-
rückblicken.
▪ **Preiskategorie: €€**

 Naturkäserei
47.675078 , 11.760931
83708 Kreuth, Reißenbichlweg 1
Tel. +49 (0)8022 188 3520
www.naturkaeserei.de
Öffnungszeiten: Mo bis So
9.00-18.00 Uhr
▪ *Die Heumilch-Spezialitäten*
können gleich im schönen Bier-
garten verköstigt werden. Ein
großer Parkplatz ist vorhanden.
▪ **Preiskategorie: €€**

 5 ## Tegernsee

 Tourismus-Information
47.710104 , 11.752831
83684 Tegernsee, Hauptstraße 2
Tel. +49 (0)8022 927380
www.tegernsee.com
Öffnungszeiten: Mo bis Fr 9.00-
17.00 Uhr, Sa von 10.00-16.00
Uhr

 Wallbergbahn
47.675206 , 11.775986
83700 Rottach-Egern

Wallbergstraße 26
Tel. +49(0)8022 705370
www.wallbergbahn.de
Öffnungszeiten: Winter 8.45-
16.30 Uhr, Sommer 8.45-17.00
Uhr
▪ **Preiskategorie: €**

 Monte-Mare See-Sauna
47.715385 , 11.753536
83684 Tegernsee
Hauptstraße 63
Tel. +49(0)8022 1874770
www.monte-mare.de
Öffnungszeiten: tägl. 10.00-
23.00 Uhr, Sonntag bis 21.00 Uhr
▪ *Die Wellness-Oase bietet mit*
dem Saunaschiff ein einmaliges
Erlebnis.
▪ **Preiskategorie: €€**

 Bootsverleih Seestern
47.704266 , 11.759598
83685 Tegernsee, Seestraße 60
Tel. +49(0)8022 661872
▪ *Der Bootsverleih liegt unweit*
des Bräustüberl mit kleinem
Bistro und Seeterrasse.
▪ **Preiskategorie: €€**

 Museum im Kurpark
47.709511 , 11.754142
83684 Tegernsee
Im Kurgarten 5
Tel. +49(0)8022 3338
olaf-gulbransson-museum.de
Öffnungszeiten: Di bis So 10.00-
17.00 Uhr
▪ *Das Museum stellt die Werke*
des norwegischen Malers und
Karikaturisten aus. Auch Werke
des Simplicissimus werden ge-
zeigt.
▪ **Preiskategorie: €**

 Schloss Ringberg
47.678904 , 11.748928
83700 Rottach-Egern
Schloßstraße 20
Tel. +49(0)8022 279
www.schloss-ringberg.mpg.de
Öffnungszeiten: Nur am Tag der

Offenen Tür kann das ehemalige Schloss besichtigt werden

 Restaurant im Yachtclub
am Tegernsee
47.705951 , 11.75879
83684 Tegernsee, Seestraße 42
Tel. +49 (0)8022 10114
www.ycat.de
▪ *Auf der gepflegten Terrasse*
kann man etwas abseits des
Touristentrubels sitzen und ge-
nießen.
▪ **Preiskategorie: €€**

 Herzogliches
Braustüberl
47.707104 , 11.756126
83684 Tegernsee, Schloßplatz 1
Tel. +49(0)8022 4141
www.braustuberl.de
Öffnungszeiten: So bis Do 9.00-
23.30 Uhr, Fr und Sa 9.00-
24.00 Uhr
▪ *Im großen Biergarten oder im*
gemütlichen Stüberl treffen sich
früher oder später alle Tegern-
seebesucher.
▪ **Preiskategorie: €€**

 Il Gelato Italiano
47.709327 , 11.753033
83684 Tegernsee
Rathausplatz 8
▪ *Die allseits beliebte Eisdiele*
hat nur Außenplätze.
▪ **Preiskategorie: €**

 Leeberghof / Sassa Bar
47.702993 , 11.766274
83684 Tegernsee
Ellingerstrasse 10
Tel. +49(0)8022 188090
www.leeberghof.de
Öffnungszeiten:
Montag Ruhetag
▪ *Die Terrasse des Traditionsho-*
tels bietet einen wunderbaren
Blick über den See. Hier trifft
sich die Szene zum Apérol
Spritz.
▪ **Preiskategorie: €€**

Neureuth Berggaststätte
47.728499 , 11.772086
83684 Tegernsee, Neureuth 1
Tel. +49(0)8022 4408
▪ *Die schöne Aussichtshütte liegt auf 1264 Metern auf einer weitläufigen Almwiese. Hier gibt es frische Buttermilch mit grandioser Aussicht. Leichte Wanderung von Tegernsee aus.*
▪ *Preiskategorie: €€*

6 Schliersee

 Schliersberg Alm
47.737903 , 11.86579
83727 Schliersee
Dekan Maier Weg 10
Tel. +49(0)8026 6723
www.schliersbergalm.de
Seilbahn: viertelstündlich von 8.30-18.00 Uhr
▪ *Von der Talstation der Seilbahn geht es hinauf zur Schliersbergalm auf 1.061 m Höhe. Von hier starten einige Wanderwege oder es geht einfach wieder hinunter. Für Kids gibt es eine Sommerrodelbahn.*
▪ *Preiskategorie: €€*

 Therme Vitalwelt
47.733955 , 11.860904
83727 Schliersee
Perfallstraße 4
Tel. +49(0)8026 920900
www.monte-mare.de
Öffnungszeiten: tägli. 10.00-20.00 Uhr
▪ *Mitten im Ort kann man im Thermalbad mit herrlichem Blick auf den See und die Berge herrlich entspannen. Wunderschönes Saunadeck mit Panoramablick.*
▪ *Preiskategorie: €€*

 Peppi (Jodler Peppi) Eckmair
47.734141 , 11.85616
Perfallstraße 28B
Tel. +49(0)8026 4444
▪ *Mit dem Akkordeon zieht Peppi seit über 35 Jahren die Gäste in seinen Wirtshaus in seinen Bann und verbreitet ungebrochen gute Laune.*
▪ *Preiskategorie: €*

 Schlierseer Bauerntheater
47.733087 , 11.866116
83727 Schliersee
Xaver-Terofal-Platz 1
schlierseer-bauerntheater.de
▪ *2012 feierte das Bauerntheater seinen 120 sten Geburtstag.*
▪ *Preiskategorie: €*

 Markus Wasmeier Freilichtmuseum
47.706206 , 11.87548
83727 Schliersee / Neuhaus
Brunnbichl 5
Tel. +49(0)8026 929220
www.wasmeier.de
Öffnungszeiten: April bis November 9.00 - 17.00 Uhr
▪ *Auf 60.000 Quadratmetern können Besucher eine authentische Vergangenheit erleben.*
▪ *Preiskategorie: €€*

 Seehotel Schlierseer Hof
47.731464 , 11.868093
83727 Schliersee, Seestraße 21
Tel. +49(0)8026 929200
www.schlierseerhof.de
▪ *Auf 350 Plätzen kann man im Biergarten am Wasser sitzen.*
▪ *Preiskategorie: €€*

 Rixner Alm
47.714764 , 11.858754
83727 Schliersee
Fischhausner Straße
▪ *1 km von Fischhausen entfernt.Rustikale Almhütte am*

Westufer des Schliersees. Leckere selbstgemachte Kuchen und Brotzeitteller von der Rixner Alm.
▪ *Preiskategorie: €*

 Café Milchhäusl
47.734016 , 11.857751
83727 Schliersee, Kurweg 4
Tel. +49(0)8026 4676
www.milchhaeusl-schliersee.de
Öffnungszeiten: Mo-So 10.30-18.30 Uhr
▪ *Bei schönem Wetter im Sommer Grillabende bis 22.30 Uhr. 300 m vom Zentrum Schliersee. Schöne Sonnenterrasse am See.*
▪ *Preiskategorie: €€*

 Slyrs Destillerie
47.703036 , 11.885283
83727 Schliersee
Bayrischzeller Straße 13
Tel. +49(0)8026 9222795
www.slyrs.de
Öffnungszeiten: Mo bis So 10.00-18.00 Uhr
▪ *Einzige Whiskey-Brennerei in Bayern, Brennerei mit Ladenverkauf, Führungen auf Wunsch.*
▪ *Preiskategorie: €€*

7 Bayrischzell

 Zahnradbahn Wendelstein
47.725243 , 12.092677
83098 Brannenburg
Sudelfeldstr. 106
Tel. +49(0)8034 308110
www.wendelsteinbahn.de
Öffnungszeiten: Tägli. ab 9.00 - im Sommer bis 17.00 Uhr, im Winter bis 16.00 Uhr. Abfahrten stündlich
▪ *Mit der Zahnradbahn geht es auf die 1.730 m hoch gelegene Bergstation zum Panoramarestaurant.*
▪ *Preiskategorie: €€€*

Seilbahn Wendelstein
47.687738 , 11.97972
83735 Bayrischzell
Osterhofen 90
Tel. +49(0)8023 782
www.wendelsteinbahn.de
Öffnungszeiten: Tägl. von 9.00
- im Sommer bis 17.00 Uhr, im
Winter bis 16.00 Uhr. Abfahrten
stündlich
▪ *Seilbahn auf auf die 1.730 m
hoch gelegene Bergstation und
das Panoramarestaurant.*
▪ **Preiskategorie: €**

 **Warmfreibad
Fischbachau**
47.723787 , 11.948457
83730 Fischbachau, Badweg 12
Tel. +49(0)8025 2131
www.fischbachau.de
Öffnungszeiten: Tägl. Mitte Mai
bis Mitte September 9.00-21.00
Uhr
▪ *Das idyllisch gelegene Naturbad wird von Hangquellen gespeist und hat eine große Liegewiese.*
▪ **Preiskategorie: €**

 **Ziegenhof im
Leitzachtal**
47.71641 , 11.945008
83730 Fischbachau
Sandbichl 2+4
Tel. +49(0)8028 2064
www.ziegenhof-leitzachtal.de
▪ *Im Hofladen gibt es prämier-
ten Ziegenkäse, frische Milch
und je nach Saison auch mehr.
Alles in Demeter-Qualität.*
▪ **Preiskategorie: €**

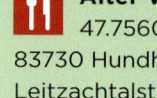 **Alter Wirt Hundham**
47.756085 , 11.943667
83730 Hundham
Leitzachtalstraße 209
Tel. +49 (0)8028 509
Öffnungszeiten: Fr bis Di 8.00-
24.00 Uhr
▪ *Das Gasthaus sieht aus, wie*

*man sich ein echtes bayrisches
Wirtshaus vorstellt. An promi-
nenter Stelle im Ort neben der
Leonhardikirche gelegen.*
▪ **Preiskategorie: €€**

 Café Winklstüberl
47.729786 , 11.953229
83730 Fischbachau
Leitzachtalstraße 68
Tel. +49(0)8028 742
www.winklstueberl.de
Öffnungszeiten: tägl. 8.00-
21.00 Uhr
▪ *Das nette Café mit bestem
Kuchen lockt mit schöner Son-
nenterrasse.*
▪ **Preiskategorie: €€**

Simssee

 **Chiemgau-Thermen
GmbH**
47.901297 , 12.30032
83094 Bad Endorf
Ströbinger Straße 18
Tel. +49(0)8053 200900
www.chiemgau-thermen.de
Öffnungszeiten: So bis Do 9.00-
22.00, Fr, Sa 9.00-23.00 Uhr
▪ *Auf 1.800 m² Wasserfläche
der Jod-Thermalsolequelle findet jeder seine passende Ent-
spannungsquelle.*
▪ **Preiskategorie: €€**

Prien

 **Strandbad Chiemsee-
park Felden**
47.830998 , 12.384852
83233 Bernau, Felden 10
▪ *Das Strandbad in Bernau liegt
auf einer kleinen Halbinsel am
südlichen Chiemsee. Der Besuch des Strandbades ist kos-
tenfrei.*
▪ **Preiskategorie: 0€**

 **PRIENAVERA
Erlebnisbad**
47.863478 , 12.366238
83209 Prien am Chiemsee
Seestraße 120
Tel. +49(0)8051 609570
www.prienavera.de
Öffnungszeiten: Mo bis Fr
10.00-22.00 Uhr
▪ *Bei schlechtem Wetter ist das
große Innenbad eine gute Alternative.*
▪ **Preiskategorie: €**

 Strandbad Schöllkopf
47.835471 , 12.372241
83209 Prien am Chiemsee
Schöllkopf 1
Öffnungszeiten: Im Sommer
täglich bis 18.00 Uhr
▪ *Große Badewiese unter schattigen Bäumen am alten Bauernhof. Kleiner Kiosk und WC am
Platz. Hunde nicht erlaubt*
▪ **Preiskategorie: €**

 Heimatmuseum
47.856127 , 12.343635
83209 Prien am Chiemsee
Valdagno-Platz 2
Tel. +49(0)8051 92710
www.prien.de
Öffnungszeiten: Di bis So 14.00-
17.00 Uhr
▪ *Im Heimatmuseum befindet
sich die historische Galerie der
Chiemseemaler.*
▪ **Preiskategorie: €**

 **Fischerei Schaber & Re-
staurant Fischer am See**
47.839903 , 12.371415
83209 Prien am Chiemsee
Harrasser Straße 143
Tel. +49(0)8051 4485
www.fischeramsee.de
Öffnungszeiten: Tägl. geöffnet
von 8.00-23.30 Uhr. Im Winter
Mo geschlossen. Im Restaurant
nachfragen, wann der Laden
geschlossen ist.
▪ *Im Laden werden geräucherte*

Fische aus dem See verkauft und auf der Gartenterrasse lässt es sich herrlich schlemmen
- Preiskategorie: €€.

9 Frauen-chiemsee

 Gasthaus Linde
47.873027 , 12.425762
83256 Fraueninsel im Chiemsee
Tel. +49(0)8054 90366
www.linde-frauenchiemsee.de
- Ob im Sommer oder im Winter zu einer Weihnachtsganserl - das Hotel Linde ist immer einen Besuch wert.
- Preiskategorie: €€

10 Herren-chiemsee

 Das alte Schloss-Museum im Augustiner-Chorherrenstift
47.867653 , 12.396589
83209 Herrenchiemsee
www.herrenchiemsee.de
Öffnungszeiten: April bis Ende Okt. 9.00-18.00 Uhr, Ende Okt. bis März 10.00-16.45 Uhr
- Hunde dürfen nur angeleint auf die Insel. Im alten Schloss ist ein Museum und die Gemäldegalerie Julius Exter untergebracht.
- Preiskategorie: €

 Restaurant und Biergarten des Schlosshotels
47.867991 , 12.396858
83209 Herrenchiemsee
Schlosshotel 5
Tel. +49 (0)8051 9627670
www.herrenchiemsee-schloss-hotel.de
- Preiskategorie: €€

 Neues Schloss Herrenchiemsee
47.860505 , 12.401556
Öffnungszeiten:
tägl. geöffnet. geschlossen:
1. Jan, Faschingsdienstag, 24., 25. und 31. Dezember.
April - Ende Oktober: 9-18 Uhr
letzte Führung: ca. 17 Uhr
Ende Okt. - März: 9.40-16.15, letzte Führung: ca. 15.40 Uhr.
- Besichtigung im Neuen Schloss nur mit Führung, Eintrittskarten direkt am Schiffsanleger kaufen.

11 Übersee

 Parker Outdoor Baum-hochseilgarten
47.847417 , 12.476504
83236 Feldwies
Julius-Exter-Promenade 23
Tel. +49 (0)8642 5955650
www.parkeroutdoor.com
Öffnungszeiten: Mo Ruhetag.
23.03.-03.11. tägl. ab 10.00 Uhr
- Im großen Hochseilgarten kann man bis 11 m Höhe seine Geschicklichkeit unter Beweis stellen.
- Preiskategorie: €€

 Exter Kunsthaus
47.83593 , 12.484098
83236 Übersee, Blumenweg 5
Tel. +49(0)8642 895083
www.uebersee.com/exter-kunsthaus
Öffnungszeiten: Bei Ausstellungen Frühjahr bis Herbst von 17.00-19.00 Uhr, montags geschlossen
- Der Münchner Künstler hat sich in seinem wunderschönen Garten in Feldwies zu seinen schönen Blumenbildern inspirieren lassen.
- Preiskategorie: €

 Hotel Chiemgauhof
47.846589 , 12.477057
83236 Übersee
Julius-Exter-Promenade 21
Tel. +49 (0)8642 8987
chiemgauhof.de
- Feinschmeckerrestaurant, Biergarten & Beach Club. Der Chiemgauhof bietet den schönsten Sonnenuntergang am See.
- Preiskategorie: €€

 Wirtshaus D`Feldwies
47.836506 , 12.485431
83236 Feldwies
Greimelstraße 30
Tel. +49(0)8642 595715
www.wirtshaus-feldwies.de
Öffnungszeiten:
Mo, Di und Do 11.00-23.00 Uhr, Fr, Sa, So 10.00-23.00 Uhr, Mittwoch Ruhetag
- Das wunderschöne alte Gasthaus wurde von der Dorfgemeinschaft liebevoll restauriert.
- Preiskategorie: €€

12 Aschau

 **Kampenwandseilbahn & Sonnenalm**
47.764487 , 12.325045
83229 Aschau
An der Bergbahn 8
Tel. +49(0)8052 4411
www.kampenwand.de
Öffnungszeiten: Sommer tägl. 9.00-16.30 Uhr. Winter tägl. 9.00-17.00 Uhr
- Die Kampenwandbahn bringt einen schnell und bequem auf 1.500 Meter Höhe. Direkt oben an der Bergstation befindet sich der Berggasthof Sonnenalm, von dessen Aussichtsterrasse man einen sensationellen Panoramablick auf den Alpenhauptkamm hat.
- Preiskategorie: €€

Natur-Freischwimmbad
47.790025 , 12.331208
83229 Aschau
Über Höhenbergstraße anfahren
Tel. +49 (0)8052 1618
www.aschau.de
Öffnungszeiten: Mai bis September von 10.00-19.00 Uhr
- *Das Freischwimmbad bezieht das Wasser vollständig aus dem Grundwasser des Prientales und ist daher sehr sauber und frisch. Hunde sind leider nicht erlaubt.*
- **Preiskategorie: €**

 Bistro Pinot
47.775349 , 12.324637
83229 Aschau
Kampenwandstr. 20
Tel. +49(0)8052 4454
www.bistro-pinot.de
Öffnungszeiten: Di bis So 18.00-24.00 Uhr, Montag Ruhetag
- **Preiskategorie: €€**

 Residenz Heinz Winkler
47.779042 , 12.321445
83229 Aschau
Kirchplatz 1
Tel. +49(0)8052 17990
www.residenz-heinz-winkler.de
Öffnungszeiten: Kein Ruhetag, 12.00-14.00 Uhr und von 18.30-22.30 Uhr
- *Heinz Winkler zieht mit seiner erstklassigen Sterneküche Gourmets und Prominente an. Reservierung unbedingt erforderlich.*
- **Preiskategorie: €€€**

 Seiseralm & Hof
47.797245 , 12.360313
83233 Bernau am Chiemsee
Reit 4-6, Tel. +49(0)8051 9890
www.seiserhof.de
Öffnungszeiten: tägl. geöffnet
- *Cafe & Restaurant mit sensationellem Blick auf den Chiemsee. Wohnmobil-Stellplätze direkt beim Restaurant.*
- **Preiskategorie: €€**

 Café Pauli
47.791939 , 12.329851
83229 Aschau
Höhenberg 3
Tel. +49(0)8052 90740
www.cafe-pauli.de
Öffnungszeiten: Dienstag Ruhetag. Im August und Weihnachten kein Ruhetag!
- *Traditionelles Café im Grünen mit wunderschönem Ausblick auf die Kampenwand und Hohenaschau.*
- **Preiskategorie: €€**

 Nils Holger Moormann
47.766929 , 12.323108
83229 Aschau
An der Festhalle 2
Tel. +49(0)8052 90450
www.moormann.de
- *Im Hauptsitz des deutschen Designers kann man all seine Möbel und Objekte in den alten Stallungen besichtigen und vielleicht im Outlet ein Schnäppchen machen.*
- **Preiskategorie: €€**

13 Unterwössen

 Deutsche Alpensegelflugschule
47.732064 , 12.441884
83246 Unterwössen
Streichenweg 40
Tel. +49 (0)8641 698787
www.dassu.de

Strandbad & Seestüberl Wössner Weiher
47.72693 , 12.472647
83247 Unterwössen
Hacklau 2
Tel. +49(0)8641 695598
www.woessner-see.de
- *Das Seestüberl liegt direkt am Badesee Wössner Weiher und versorgt hungrige Schwimmer bis zur Dämmerung.*
- **Preiskategorie: €**

 Hofwirth zur Post
47.75687 , 12.465346
83250 Marquartstein
Alte Dorfstr. 5
Tel. +49 (0)8641 698000
- **Traditionshaus mit gehobener Küche**
- **Preiskategorie: €€**

 Gasthof Zellerwand
47.725612 , 12.442023
83259 Schleching
Raitener Straße 46
Tel. +49(0)8649 217
www.gasthof-zellerwand.de
Öffnungszeiten: Di und Mi Ruhetag. Do bis Mo von 11.00-24.00 Uhr
- *Die vorzügliche bayrische Küche lässt sich in der urigen Stuben oder im alten Biergarten genießen.*
- **Preiskategorie: €€**

 Gasthof Litzelau
47.717861 , 12.479618
83246 Oberwössen, Litzelau 2
Tel. +49 (0)8640 797418
www.camping-litzelau.de
Öffnungszeiten: Mittwoch Ruhetag. Warme Küche von 12.00-14.00 und 17.30-20.30 Uhr
- *Einfaches, aber gutes Restaurant mit Biergarten direkt beim Campingplatz Litzelau.*
- **Preiskategorie: €**

 Gasthaus Klobenstein
47.689043 , 12.395533
6345 Kössen / Österreich
Klobensteiner Straße 73
Tel. +43(0)664 5138178
www.gasthaus-klobenstein.com
Öffnungszeiten: Ostern bis Allerheiligen ohne Ruhetag
- *Neben dem Wallfahrtsort Klobenstein, gute Wildgerichte.*
- **Preiskategorie: €€**

Stromspender

EF☺Y
ENERGY FOR YOU

365 TAGE
frei von der Steckdose!

EFOY COMFORT

Wo Sie auch sind, bei jedem Wetter! Die EFOY COMFORT lädt Ihre Bordbatterie auf. Mehr als 25.000 Nutzer vertrauen der Erfahrung des Marktführers.

MADE BY **SFC** ENERGY

www.efoy-comfort.com

Blick auf Schloss Neuschwanstein und den Forggensee

König Ludwig Land & Blaues Land

Highlights König Ludwig Land

In der Lieblingslandschaft von König Ludwig II.

6 **Linderhof**
Vom Bauernhaus zum prächtigen
Schlossbau

7 **Garmisch-Partenkirchen**
Am Fuße des höchsten deutschen
Gipfels

8 **Füssen**
Hier thronen Ludwigs
bekannteste Königsschlösser.

Lieblingsplätze König Ludwig II.

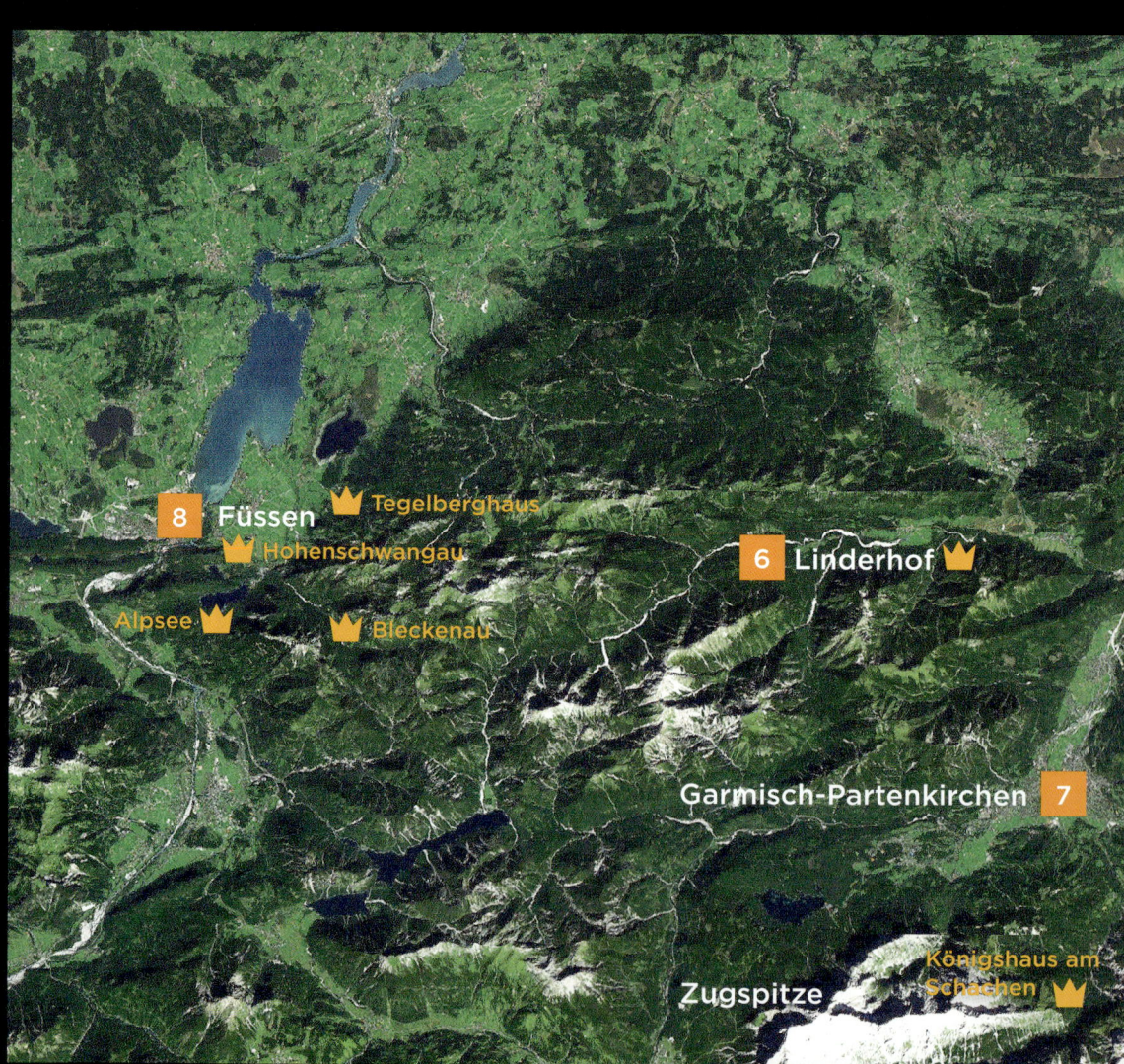

& Blaues Land

Viele Künstler wurden von der Landschaft rund um Murnau inspiriert

1 Murnau & Staffelsee
Das Herz des ›Blauen Landes‹

2 Glentleiten & Benedikt-beuern
Zeitreise & Blick ins Blaue Land

3 Kochelsee
Technikdenkmal und die Kunst des
›Blauen Reiter‹

4 Walchensee
Bergsee-Idyll und Traumaussicht

5 Vorderriß
Isar-Wildbach Landschaften inmitten
imposanter Gipfel

2 Glentleiten & Benediktbeuern

1 Murnau & Staffelsee

3 Kochelsee

Herzogstand

Walchensee 4

Hochkopfhütte Altlach

5 Vorderriß

Herzogstand
Über den Wolken

Diesen Blick liebte schon König Ludwig II.

Blick vom Freilichtmuseum zur Benediktenwand

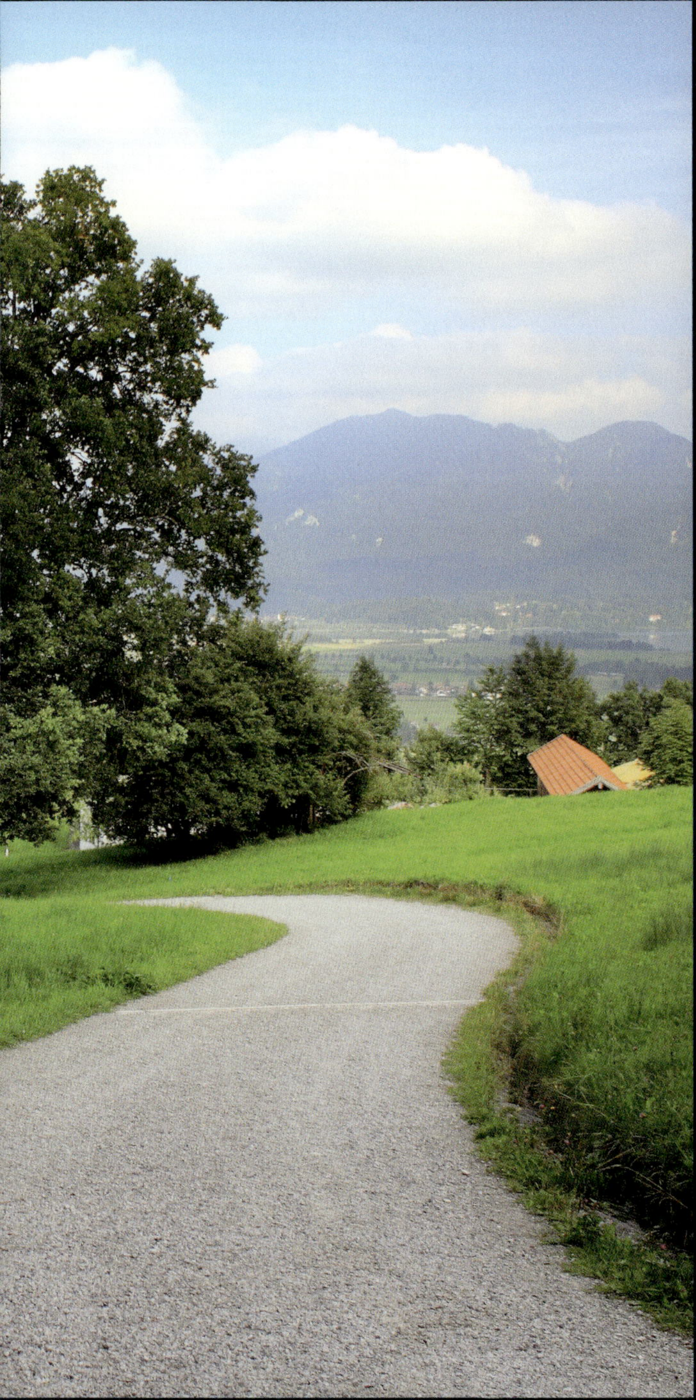

Die alte Mühle

Alte Bauernhäuser

Weg durch das Freilichtmuseum

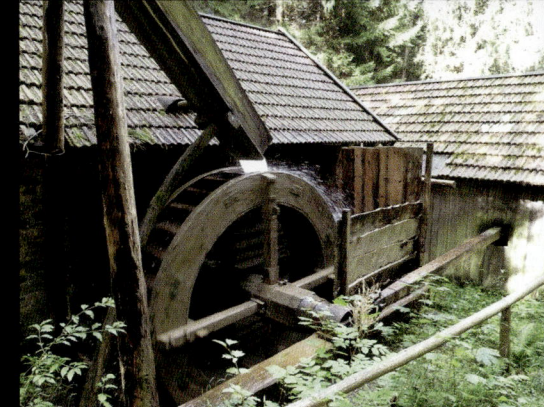

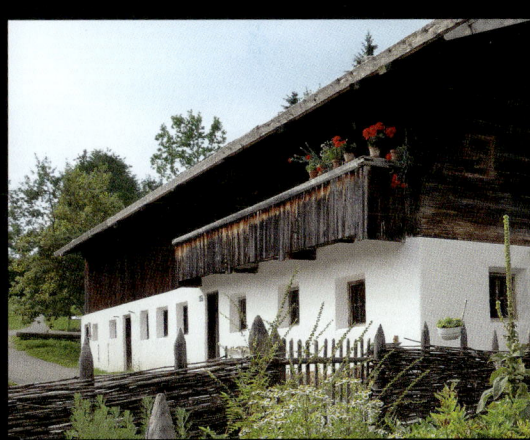

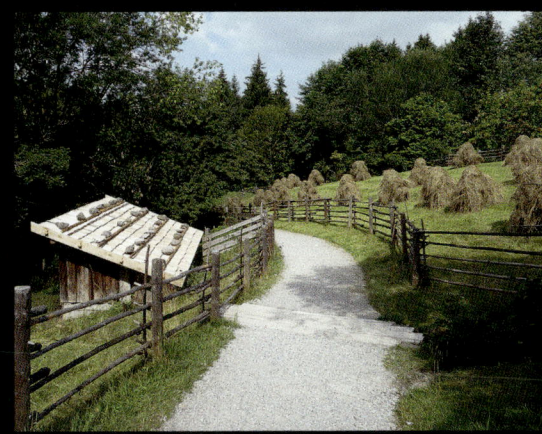

Wildfluss Isar
Ursprünglich wie in Kanada

Bei Vorderriß ist die Isar noch ganz wild

Blaues Land
Kunstinspiration am Kochelsee

Malerisch liegt der Kochelsee im ›blauen Licht‹

Der Kochelsee

Sonnenaufgang mit Blick in das ›Blaue Land‹

Der Wittelsbacher Ludwig II. Otto Friedrich Wilhelm von Bayern (umgangssprachlich auch ›Kini‹ genannt), 1845 auf Schloss Nymphenburg in München geboren, wurde nach dem Tod seines Vaters König Maximilian I. von Bayern im Alter von 18 Jahren (1864) zum König von Bayern gekrönt und starb mysteriös am 13. Juni 1886 im Starnberger See bei Schloss Berg.

Die Zeiten des Wandels und der Monarch in einer neuen Welt

Der ›Märchenkönig‹ lebte in einer Zeit des Wandels. Die Politik war ein hartes Geschäft, das einen ›Eisernen Kanzler‹ hervorbrachte und der Krieg war ein Mittel der Politik. Alles dies war dem König zuwieder. Gerade deshalb war er bei seinen Untertanen beliebt, aber dies führte auch dazu, dass er seine Macht verlor und am Ende das Opfer einer Intrige wurde.

Das allseits bekannte Bild des Königs: Seine Vorbilder waren die großen Könige des Mittelalters und der französische Sonnenkönig Ludwig der XIV. (*1638 - †1715). Doch nun, 150 Jahre nach dem Sonnenkönig, hatten die Regenten in Europa nicht mehr die absolutistische Macht, die Ministerialbürokratie hatte sie übernommen. Otto von Bismark und Montgelas übernahmen die Führung und die Monarchie wurde nur noch zu Repräsentati-

onszwecken ›gehalten‹. Nachdem Ludwig II. dies erkannt hatte, zog er sich zurück und baute seine eigene Welt. Er vertiefte sich in die Kunst und förderte Theater und Oper; mit Richard Wagner pflegte er einen engen Umgang. Auch in der Architektur lebte er seine Vorstellungen aus. Hier zeigte er sich sehr interessiert am technischen Fortschritt und verwendete die modernsten Techniken in seinen Bauten. Daher üben die Bauwerke auch heute noch eine starke Anziehungskraft auf die Besucher aus, da sie immer noch faszinierend aktuell sind. In Neuschwanstein und Linderhof sind Richard Wagners Sagenwelten von Tannhäuser und Lohengrin Stein geworden und die Vision ein ›Neuen Versailles‹ zu erschaffen realisiert er in Herrenchiemsee - eine Hommage an den Sonnenkönig und zugleich eine Demonstration modernster Technik.

Dieses Traumreich, das sich Ludwig II. schaffte, verschlang Unsummen, und das

Könighaus verschuldete zusehens. Als die Schulden selbst für die Regierung bedrohlich wurden, ersann man den Plan, sich des Königs zu entledigen. Wenn man sich die heutige Verschuldung der öffentlichen Hand anschaut, war Ludwig II. auch da wieder mal seiner Zeit voraus.

Da sich der König in den letzten Jahren immer mehr zurückgezogen hatte, und auch die Gerüchte immer weiter streuten, er würde den Pflichten seiner Regierungsarbeit nicht mehr nachkommen, da sein jüngerer Bruder Otto wegen einer Geisteskrankheit regierungsunfähig war.

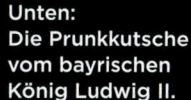

Die Wahrheit über den Märchenkönig

Das Bild des Königs und die Umstände die zu seinem Tod führten, haben sich im Laufe der Zeit gewandelt. Als die Wittelsbacher noch an der Macht waren (bis 1918), wurde der Mythos des verklärten Märchenkönigs gepflegt. Danach wurde die Sichtweise kritischer, auch seine Homosexualität wurde nicht mehr als Krankheit dargestellt.

hatten die Politiker ein leichtes Spiel, um ihn mit Hilfe von psychiatrischen Gutachten zu demontieren. Man ließ ihn für unzurechnungsfähig erklären - und drei Tage später fand er, aus nie geklärten Umständen zusammen mit dem Irrenarzt Obermedizinalrat Dr. von Gudden, den Tod im Starnberger See. Nach seiner Entmündigung am 10. Juni 1886, übernahm, wie geplant, sein Onkel Luitpold als Prinzregent die Regierungsgeschäfte,

Oben:
Die Votivkapelle
König Ludwig II.
am Ufer des
Starnberger Sees

Rechte Seite
Mitte:
Der König auf-
gebahrt in der
alten Kapelle
der Münchner
Residenz

Unten:
Schloss Berg
so wie es zur Zeit
von König Ludwig
II. ausgesehen hat

Er wurde als abwesender Märchenkönig dargestellt und als Menschenfeind, der seine Diener misshandelte. Seine Abneigung gegen Militarismus bis hin zum Pazifismus galt in dieser Zeit als unvereinbar mit dem Thron, sein Tier- und Naturschutz traf auf Unverständnis, und sein Versuch mit dem Fliegen zu experimentieren, zeigte augenscheinlich seine Verwirrtheit.

In Wirklichkeit war Ludwig II. ein großer Naturfreund. Er liebte und förderte die Kunst, hier wurden die Grundlagen für die Künstler und Handwerker der Prinzregentenzeit gelegt. Die Architektur mit modernsten Elementen und neuesten technischen Lösungen zu bereichern, war ihm eine Herzensaufgabe. Man kann sagen, er war ein konservativer mit fortschrittlichem Denken und der Vision Neues zu schaffen. Oder nach Visconti: › Ein Herr-scher, der lieber mit der Kunst als mit der Politik regieren wollte‹.

Entgegen aller Bezichtigungen hat der König stets seine Ausfahrten und Bergtouren geplant und regelmäßig unternommen - nur die Stadt war ihm ein Gräuel. Er hat sich nachweisbar, bis zwei Tage vor seinem Tod aktiv an den Regierungsgeschäften beteiligt.

Die modernen Forschungsergebnisse ergeben keinen Hinweis auf eine psychisch bedingte Krankheit und Menschenscheu. König Ludwig der II. war zwar introvertiert und exzentrisch, aber sicher nicht verrückt.

Die Todesumstände

Seinem Tod geht ein politisches Komplott voraus. Ein psychiatrisches Gutachten wird in aller Eile unter der Leitung des Obermedizinalrats Dr. von Gudden er-

stellt, in dem er, ohne Untersuchung, an der Paranoia (Verrücktheit) leidend bezeichnet wird. Der Vorsitzende des Ministerrates, Freiherr von Lutz, betrieb nun die Entmündigung des Königs durch den Onkel Prinz Luitpold voran. Eine Kommission wurde bestimmt, die dem König seine Absetzung mitteilt und ihn von Neuschwanstein nach Schloß Berg am Starnberger See zur geschlossenen Unterbringung bringt. Hier geht er am frühen Abend des 13. Juni 1886 mit Dr. von Gud-

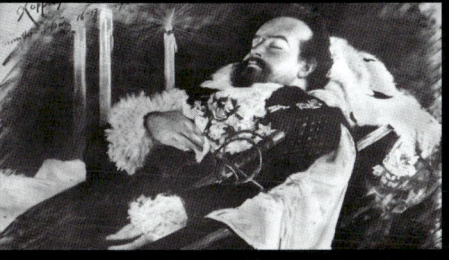

den am Ufer des Sees spazieren - das Ergebnis ist bekannt: zwei Tote und die Erklärung, Ludwig II. hätte Dr. von Gudden umgebracht und sich danach selbst im 1 m tiefen Wasser ertränkt.
Gegen 23 Uhr fanden der Fischer Lidl, Assistenzarzt Dr. Müller und Schlossverwalter Huber die Leichen von König und Arzt, nachdem sie sich in einem Ruderboot auf die Suche begeben hatten.
Im Gegensatz dazu, die Version von Prof. S. Wichmann:
Ein Mord wurde als Selbstmord getarnt, so seine These. Ludwig II. soll hinterrücks durch einen Lungenschuss im Park erschossen worden sein, und Dr. von Gudden war in diesen Plan eingeweiht. Zeitgleich kommen der Leibarzt, zwei Stallmeister und der Hofmaler in einem Kahn, um den König zu befreien. Sie kommen jedoch genau 5 Minuten zu spät, finden den erschossenen König vor, es kommt zu

einem Kampf mit Dr. Gudden, in dem dieser erdrosselt wird, und fliehen.
Die vielen Ungereimtheiten über weitere Augen- und Zeitzeugen bleiben auch weiterhin bestehen. Der Fischer Lidl wurde nach dem Tod Ludwig II. plötzlich reich, sogar Ehrenbürger von Berg und schließlich noch Bürgermeister.

Letztlich ist die genaue Todesursache nicht zu belegen. Fakt ist jedoch, dass durch die Absetzung und Entmündigung sowie der psychiatrischen Internierung der König seiner Lebensfreude auf einen Schlag beraubt wurde.

Oben:
Die Fischerhütte vom Leibfischer Lidl birgt einige Geheimnisse. Von hier aus brachte der Fischer die königlichen Briefe zu Sissi auf die Roseninsel - und der Leichnam des Königs soll, nach seinem Auffinden, hier aus nicht geklärten Gründen 4 Stunden aufgebahrt gewesen sein, ehe er ins Schloss Berg gebracht wurde

Links:
Die Stelle, an dem der ›Kini‹ im Starnberge See gefunden worden sein soll, trägt heute dieses Gedenkkreuz

1 **Murnau & Staffelsee:** Das Herz des Blauen Landes

Bunte Häuserzeilen machen Lust aufs Bummeln

Die Gemeinde Murnau entstand ab dem 12. Jahrhundert um die Burg Murnau. Der Ort liegt eingebettet zwischen dem

GAP 02 SP Bahnhof Murnau* XL

GPS: 47.684647 , 11.193071

Schmuckkästchen. Die Fußgängerzone zwischen Obermarkt und Untermarkt, mit den bunten Häusern, Cafés, Restaurants und Ladengeschäften, lädt zum Flanieren ein. Bei schönem Wetter sieht es so aus, als ob die Berge direkt hinter der Fußgängerzone anfangen. Unbedingt besuchen sollte man beim Stadtbummel die **Brauerei Griesbräu**, die einem mit gemütlicher Gastlichkeit empfängt. Unter den kupfernen Braukesseln schmeckt das Bier und die Speis ›griebig guat‹.

Künstlerpaare machten Murnau weltbekannt

Die beiden Künstlerpaare Gabriele Münter & Wassily Kandinsky und Marianne von Werefkin & Alexej Jawlensky haben Murnau berühmt gemacht.
Von 1908 bis 1914 malten sie hier in und um Murnau Gemälde, die zur Künstlerbewegung des ›Blauen Reiter‹ gehören. Der russischstämmige Kandinsky war mit Franz Marc Initiator der Gruppe und das **Münter-Haus** ihr vielbesuchter Treffpunkt.
Von den Einheimischen wurde das schöne kleine Haus am Hang deshalb nur ›das Russenhaus‹ genannt. Heute zählt es mit dem **Murnauer Schloss** zu den Attraktionen der Stadt. Mit Voranmeldung können die Räume besichtigt werden. Das Schlossmuseum im Zentrum stellt Bilder der Künstlergruppe ›Blauer Reiter‹ und von Gabriele Münter aus.

Oben:
Die farbenfrohe Fußgängerzone lädt zum Flanieren ein

Mitte:
Die Traditionsbrauerei-Griesbräu

Staffelsee, dem Riegsee und dem großen Murnauer Moos. Im Süden liegen die Ammergauer Alpen die Walchenseeberge, und von hier sind es keine 20 km bis nach Garmisch-Partenkirchen.
Aber nicht nur die Lage ist ideal, sondern auch die Innenstadt wirkt mit ihren farbenfrohen Häusern fast wie ein kleines

Ausflug zum Staffelsee

Der Staffelsee - rechts im Bild - hat ein ganz besonderes Flair, geheimnisvoll und nicht gleich zu erfassen. Auf einer seiner sieben Inseln kann jeder seine eigene Robinsonade erleben. Die MS Seehausen bringt einen über den See oder man mietet sich ein Ruderboot.

Der Rundweg um den See ist 22 km lang und birgt hinter jeder Biegung neue Aussichten auf eine der Inseln. Etwas beson-

ders Schmackhaftes gibt es im **Fischer Stüberl** direkt am Staffelsee. Wie der Name verrät, zaubert die Küche Fischspezialitäten wie Zander in Mandelbutter oder die weitbekannten Fischpflanzerl aus Edelfischen. Für die Brotzeit gibt es geräucherten Fisch direkt beim **Fischer Matschl**.

Wer lieber unter Kastanien im Biergarten eine frisch gegrillte Haxn essen möchte, der ist ›grad recht‹ im **Gasthof Stern**. Stehen kann man auf dem **Parkplatz in Seehausen (GAP 07)** (< 7m), am **Strandbad (GAP 05)** oder auf dem schön gelegenen **Campingplatz Halbinsel Burg (GAP 06)** direkt ›im‹ See.

Oben:
Der Künstlertreff im sogenannten ›Russenhaus‹ gehört zu den vielbesuchten Attraktionen Murnaus

 ### GAP 06 Campingplatz Halbinsel Burg* XL / C

GPS: 47.684993 , 11.178347

Der wunderschön gelegene, ruhige Campingplatz liegt auf der Halbinsel Burg umgeben vom Staffelsee.

Übernachtungsplätze in der Nähe:
GAP 01   CP Brugger / Riegsee** 7 km
GAP 10   SP Glentleiten** 12 km

LY

2 Glentleiten & Benediktbeuern:
Zeitreise & Blick ins Blaue Land

Oben:
Alte originalgetreue Bauernstube im Freilichtmuseum Glentleiten

Oben:
Auch fast ausgestorbene Brillenschafe bekommt man hier zu Gesicht

Tag verbringen und auf dem Parkplatz in einem ruhigen Eck bestens übernachten. Etwas weiter bergauf kommt man zum traditionellen **Alpengasthof Kreut-Alm**, in dem es beste bayrische Küche und einen atemberaubenden Blick über das Blaue Land von der Aussichtsterrasse und dem Biergarten gibt. Hier ist es so schön, dass bereits die ganze bayrische Politprominenz zu Gast war. Wunderschön gelegen unter Heimgarten, Herzogstand und Rötlstoa können von hier aus viele Wanderungen für alle Ansprüche starten.

Kloster Benediktbeuern

Unweit des Kochelsees liegt das Benediktinerkloster Benediktbeuern, das im Jahre 725 gegründet wurde. Schon von weitem sind die Zwiebeltürme der Basilika sichtbar. Die barocken Teile der großen Klosteranlage entstanden im 17. Jh. und wurden von den berühmten Künstlern Georg Asam und Johann Baptist Zimmermann ausgeführt.
Die Säkularisation 1803 bedeutete vorerst das Ende des Benediktinerklosters.

Inmitten einer traumhaften Landschaft, hoch schwebend über dem Kochelsee, liegt das **Freilichtmuseum Glentleiten**. Der Begriff Museum kann aber kaum verdeutlichen, was einen hier erwartet: eine Zeitreise 100 Jahre zurück in die Vergangenheit.
Hier versteht man, wie die Urahnen in Oberbayern gelebt und gearbeitet haben. In mehr als 60 originalen Gebäuden wird das bäuerliche Leben mit Handwerksvorführungen wiederbelebt. Der Schmied, der Müller und der Köhler sowie viele andere zeigen ihre Handwerks-Kunst. Alte, zum Teil vom Aussterben bedrohte Nutztierrassen wie Werdenfelser Rinder, Brillenschafe oder Gänse beleben das Gelände und eine Gaststätte mit Biergarten sorgt für das leibliche Wohl. Hier kann man gut einen ganzen

Links:
Die Zwiebeltürme des Klosters Benediktbeuern sind weithin sichtbar

GAP 08 Stellplatz Benediktbeuern*

GPS: 47.698829 , 11.415971

Seit 1930 ist die katholische Ordensgemeinschaft der Salesianer Don Boscos im Kloster beheimatet, die sich weltweit für junge Menschen einsetzt. Führungen durch das Kloster und die Basilika beginnen am Klosterladen. (Sa, So, Feiertag, teilweise auch Di, Do um 14.30 Uhr - sommers auch 11.00 Uhr).
Das Trachten-Informationszentrum (TIZ)

im Kloster Benediktbeuern hat den größten Bestand an oberbayerischen Bekleidungskultur - in dieser Art weltweit einzigartig. Zu besichtigen jeden Donnerstag von 9 bis 16 Uhr oder nach Vereinbarung.
Natürlich gehört zu einem Kloster auch ein **Kloster Bräustüberl**.
Unter dem Kreuzgewölbe des früheren Jungrinderstall des Anwesens gibt es nun gepflegte bayrische Gastlichkeit im gemütlichen Bräustüberl oder Bei Sonne draußen im herrlichen Biergarten.
Stellplatz beim Kloster (GAP 09).

Links:
Wunderschönes Vogelhaus auf dem Museumsgelände

Linke Seite:
Spazierweg zu einem der 60 originalen Bauernhäuser des Museums

GAP 10 Stellplatz Glentleiten XL**

GPS: 47.664950, 11.285050

Direkt beim Bauernmuseum gelegener, sehr ruhiger Stellplatz mit schöner Aussicht, ohne Ver- und Entsorgung.

Übernachtungsplätze in der Nähe:
GAP 11 Stellplatz Kreut-Alm* 0,5 km
GAP 15 CP Kesselberg** 12 km

3 **Kochelsee:** Technikdenkmal und die Kunst des ›Blauen Reiter‹

Oben:
Der Kochelsee im typischen nebeligen blauen Licht

⊚ **GAP 12 Stellplatz Kochel am See***

GPS: 47.645768 , 11.362735

Oben:
Im Gasthaus Klosterbräu Schlehdorf kann man mit Blick auf die Berge wunderbar speisen

Der See und die Natur unterhalb des Herzogstands beeindrucken schon seit Jahrhunderten mit überwältigender Schönheit.

Die Verbindung vom Kochelsee über die Kesselbergstraße zum Walchensee war schon zu frühen Zeiten eine wichtige Handelsroute. Von hier ging es weiter ins Voralpenland über das obere Isartal zum Brenner- und Reschenpass nach Italien. Um München besser in den Venedig-Handel einzubinden baute Herzog Albrecht IV. von Bayern-München (reg. 1465-1508) die Kesselbergstraße als Hauptverkehrsstraße aus.

Nach dem Niedergang Venedigs ebbte auch der Handel ab, so dass die überregionale Bedeutung der Straße verschwand. Prinzregent Luitpold (reg. 1886-1912) ließ in den Jahren 1893-1897 eine leichter befahrbare Trasse anlegen, auf der zu Beginn des 20. Jahrhunderts

die Berg-Motorsportrennen in Mode kamen. Berühmte Fahrer wie Hans Stuck und Rudolf Caracciola brausten über die bekannte Straße. Etwa zur gleichen Zeit kam hier aber auch noch eine andere Technik an.

Wasserkraftwerk mit Geschichte

Der Gründer des Deutschen Museums, Oskar von Miller, hatte Anfang des letzten Jahrhunderts die Idee Bayern und die bayerischen Bahnen zu elektrifizieren. Erst 1918 genehmigte der bayerische Landtag hierzu den Bau des **Kraftwerks Walchensee**. Das Kraftwerk nutzt seit 1924 die 200 m Höhenunterschied zwischen dem Walchensee und dem Kochelsee zur Erzeugung elektrischer Energie. Es gehört zu einem der größten und ältesten Hochdruck-Wasserkraftwerke Deutschlands. Seine sechs Druckleitungen treiben sechs Turbinen und Generatoren an, die eine Leistung von 124.000 Kilowatt erzeugen. Hiermit werden Haushalte und die Deutsche Bundesbahn mit Strom versorgt. Das Wasserkraftwerk kann besichtigt werden und bietet Informationen zur Technik

Links:
Der moderne Bau des Franz Marc Museums

und Geschichte sowie ein Bistro und Biergarten zur Stärkung.

Falls das Wetter mal nicht mitspielt und man die vielen Wander- oder Radtour-Möglichkeiten nicht nutzen kann, bietet das **Schwimmbad Kristall trimini** in Kochel ein großes Innenbecken und eine schöne Sauna. Bei schönem Wetter hat man vom großen Außenbecken auch einen traumhaften Blick auf den Kochelsee.

Das Franz Marc Museum

In dem modernen Ausstellungsgebäude werden die Werke Franz Marcs auf 700 qm in den Zusammenhang mit den Werken seiner Zeitgenossen, wie den ›Brücke‹-Künstlern, gestellt. Die Sammlung zeigt die gesamte Breite des künstlerischen Schaffens des visionären Künstlers. Das angegliederte **Restaurant Blauer Reiter** ist so gut, dass viele auch ohne Museumsbesuch hierher finden. Im heimeligen Gastraum oder auf der schönen Terrasse gibt es kreative Küche mit Fischen aus den umliegenden Seen, Bio-

Oben:
Von der Terrasse des Museums-cafés hat man einen schönen Blick zum See

Fleisch oder Wildschweinragout. Dazu gibt es saisonale Spezialitäten und besten Kuchen. Das auch sehr empfehlenswerte **Gasthaus Klosterbräu** steht mitten in Schlehdorf, ca. 5 km von Kochel enternt an der Landstraße Richtung Murnau. Hier gibt es bayrische Küche und mediterrane Köstlichkeiten im sehr gemütlichen Ambiente. Von der Terrasse hat man einen schönen Blick zu den Bergen und über den Kochelsee.

Stehen kann man in Kochel auf den freien **Stellplätzen Kochel am See (GAP 12)** und **Trimini (GAP 13)** oder auf dem schönen **Campingplatz Kesselberg. (GAP 15)**. Der kostenpflichtige Parkplatz am Franz Marc Museum ist leider offiziell für Wohnmobile gesperrt - es wird aber nicht streng reglementiert.

④ Walchensee & Herzogstand:
Bergsee-idyll und Traumaussicht

Oben:
Mit der Herzog-
standbahn geht
es hinauf auf
1.627 Meter

**GAP 17 Parkplatz
Herzogstand***

GPS: 47.596252 , 11.317717

Oben:
Im Wikingerdorf
›Flake‹ stehen
fünf Original-
Filmhütten aus
dem bekannten
Kinofilm von
Bully Herbig

Der Walchensee ist ein wahres Juwel der Natur. Der dunkelblaue bis dunkel-grüne Gebirgssee liegt eingebettet zwischen hohen Bergen und ist 16,4 qkm groß. Mit 192 m Tiefe ist er auch einer der tiefsten Seen Deutschlands und hat die höchste Wasserqualität, wovon auch die reiche Fischwelt profitiert. Der See ist so schön, dass Goethe auf seiner Reise nach Italien hier an den Walchensee-ufern mehrere Tage Rast machte.

Der See kann rundum umwandert werden und an den kaum besiedelten Ufern im Süden und Osten findet jeder seine perfekte Badestelle.

Das glasklare Wasser des Sees ist leider sehr kalt, was die vielen Taucher in ihren Neoprenanzügen nicht weiter stört. Unzählige Surfer und einige Segler sind dank einer immer guten Brise fast das ganze Jahr hier anzutreffen.

Die südliche Uferstraße ist eine Maut-straße, was den Verkehr reduziert, aber auch dafür sorgt, dass an den Ufern nicht mit dem Fahrzeug übernachtet werden kann. Dafür gibt es den **Nacht-stellplatz Einsiedel (GAP 16)**.

Wikingerlandschaft – nicht nur im Film

Für Kids gibt's am See etwas Spannendes zu sehen: Der Kinofilm ›Wickie und die starken Männer‹ von Bully Herbig wurde am und auf dem Walchensee gedreht, und im Ort Walchensee steht das **Wikingerdorf ›Flake‹** mit fünf Original-Filmhütten. Außer im Winter ist ›Flake‹ täglich zu besichtigen.

Herzogstand – vielbesucht von König Ludwig II.

Wenn man die grandiose Rundumsicht auf dem Gipfel erlebt hat, weiß man auch, warum dieser Berg einer von König Ludwigs Lieblingsausflugszielen war. Im Gegensatz zu früher ist der Aufstieg heute um einiges schneller: Die **Herzogstandbahn** bringt die Besucher in nur knapp zehn Minuten zum Fahren-bergkopf auf 1.627 m Höhe.

Ein paar Schritte weiter auf 1.575 m liegt

das **Berggasthaus Herzogstand**, das nach einem Brand 1992 wieder neu aufgebaut wurde. Es lädt mit seiner schönen Sonnenterrasse zum Einkehren ein, bevor es danach auf den Herzogstand mit 1.731 m Höhe weitergeht.

Hier wird der kurze, aber steile Anstieg mit einem atemberaubenden Rundumblick auf Karwendel, Wettersteingebirge mit Zugspitze, Ammergebirge und zurück weit ins Flachland belohnt. König Ludwig II. schätzte die schöne Lage des Herzogstandes so sehr, dass er 1865 das so genannte ›Königshaus‹ erbauen ließ. Leider wurde es ein Raub der Flammen und heute findet sich zur Erinnerung an seiner Stelle ein kleines König-Ludwig-Denkmal.

Wintersport am Herzogstand

Für Skifahrer hat der Herzogstand eine fast fünf Kilometer lange Abfahrt hinunter zum Walchensee zu bieten.
Tiefschnee, präparierte und naturschneebelassene Pisten sorgen für Abwechslung auf der wildromantischen Strecke.
www.kochel.de

Oben:
Neben dem Berggasthaus führt der steile Weg zum Gipfel des Herzogstandes auf 1.731 m

Links:
Blick auf den Ort Walchensee, dessen traumhafte Umgebung schon in einigen Spielfilmen zur Geltung kam

5 **Vorderriß:** Isar-Wildbach Landschaften inmitten imposanter Gipfel

Oben:
Die ruhige Isar wird zum reißenden Fluss, wenn die Schneeschmelze beginnt

Unten:
Blick auf das Karwendel

Nur ein paar Kilometer südlich des Walchensees kommt man zum kleinen malerischen Ort Wallgau mit vielen Lüftlmalereien an den Hausfassaden.
Von hier geht es über die Risserstraße (Mautstraße) hinein in die Wildbachlandschaft der Isar.
Hier steht man mittendrin in einer imposanten Bergkulisse, aus der die Isar entspringt. Der Blick geht über das Karwendelgebirge im Süden, der breiten Wand des Wettersteins und der Zug-

◎ **GAP 19 Parkplatz Vorderriß Isartal***
GPS: 47.532089 , 11.312483

spitze im Westen, bis hin zu den Gipfeln des Estergebirges im Nordwesten.
Das Isarbett ist hier noch breit und gewunden und die breiten Schotterflächen zeigen, welche Kraft der Fluss während der Schneeschmelze hat.
Die Abgeschiedenheit und Ruhe sowie der Blick auf die Natur ohne jegliche Zeichen der Zivilisation lässt einen fast denken, man sei in den Weiten Kanadas. Hier kann man auf einer von neun Parkmöglichkeiten **(GAP 19)** direkt am Flussbett stehen und von hier aus seine Erkundungen starten. Leider hat die Gemeinde ein Nachtparkverbot erlassen, so dass man leider außerhalb des schönen Gebietes übernachten muss.
Der schmalen Straße folgend kommt man über Vorderriß zum Sylvenstein-

Stausee. In Vorderriß liegt das **Gasthaus Post-Vorderriß** (GAP 20), in dem die Stube oder der Biergarten mit bayrischen Schmankerln lockt.

Der Ahornboden lockt mit ›Alpen Indian Summer‹

Von hier gibt es ein sehr lohnenswertes Naturziel. Ein Abstecher nach Österreich, immer entlang des Rißtales, führt über eine kleine Mautstraße bis hin zum **Großen Ahornboden**. Als Teil des Karwendel-Naturparks wächst hier eine botanische Rarität. Bergahorn-Bäume ste-

hen hier in 1.200 Meter Seehöhe über ein Gebiet von etwa 240 Hektar verteilt. Im Herbst ist die Laubfärbung - auch ›Alpen Indian-Summer‹ genannt - sensationell. Informationen unter: www.engalm.at

Die Tour geht weiter

Entlang des türkisfarbenen Sylvenstein-Stausees, der die Isarkräfte das erste Mal bändigt, kommt man weiter Isarabwärts nach Lengries und ins schöne Tölzer-Land. Weiter dem Sylvenstein folgend geht es hinein ins Kreuther Tal und danach zum Tegernsee mit seinen vielen Attraktionen.

Oben:
Ein schöner Herbsttag ist ideal, um die Gegend zu erkunden

Links:
In der Gaststube Post-Vorderriß kann man nach einer Wanderung wunderbar einkehren

 GAP 21 Stellplatz Sylvensteinsee**

GPS: 47.570156 , 11.533702

Waldparkplatz mit geschotterten Untergrund. Sehr schön und ruhig nahe zum See und der Gaststätte Jäger vom Fall gelegen.

Alternative Übernachtungsplätze:
M 36 HF Bad Tölz** 25 km
GAP 26 CP Alpen-Tennsee*** 26 km

6 Linderhof: Vom Forsthaus zum prächtigen Schlossbau

Unten:
Das Schloss liegt in wunderbarer Kulisse wie einst das einfache Försterhäuschen seines Vaters

GAP 23 Parkplatz Linderhof*

GPS: 47.569183 , 10.954967

König Ludwig II. hatte große Pläne für das idyllische Graswangtal vor dem Ammergebirge. Zuerst sollte hier ein großes, dem französischen Versailles nachempfundenes Schloss in der Talebene entstehen, doch die Dimensionen waren einfach zu groß - so steht es heute in Herrenchiemsee. Auch ein großer byzantinischer Palast kam nicht zur Ausführung.

So wurde das ehemalige Försterhäuschen seines Vaters Maximilian II. zum Ausgangspunkt der Umbauten und der stückweisen Verwirklichung von Schloss Linderhof. Dieses typisch bayrische Holzhaus wurde durch U-förmige Erweiterungsgebäude ergänzt, die auch heute noch das Fundament für den Kern des Schlosses bilden.

Interessant ist, dass die Holzgeschosse des sogenannten ›Almhüttenbaus‹ einfach mit festem Mauerwerk umbaut und mit einem neuen Dach versehen wurden und danach die innere Holzverschalung abgerissen wurde.

Nach Fertigstellung der Bauarbeiten wurde das alte Försterhäuschen an seinen heutigen Platz um 200 m versetzt.

Ein einfaches Holzhaus wurde zum Rokoko-Schloss

Nach und nach nahm Schloss Linderhof Form an und wurde immer weiter ausgebaut. Bis 1886 dauerte es, bis das Rokoko-Schloss und sein Garten fertig gestellt war. Im Linderhof hielt sich dann der König auch am häufigsten auf.

Wie verspielt der König an die Umsetzung seiner Vorstellungen ging, kann man an den einzelnen Attraktionen, wie der berühmten Venusgrotte, dem Maurischen Kiosk mit dem Pfauenthron, dem Marokkanischen Haus und der Hundingshütte erkennen.

Technikinnovationen und Theaterkulissen

Aber auch die damals verbaute Technik lässt einen heute noch staunen: die Venusgrotte, eine künstliche Tropfsteinhöhle mit See und Wasserfall, konnte beheizt werden, auf dem See wurden künstliche Wellen erzeugt und die Grotte war bereits mit elektrischen Lampen ausgeleuchtet. Der Strom dafür wurde vor Ort in einem der ersten bayerischen Elektrizitätswerke erzeugt.

Heute besuchen jährlich mehr als 450.000 Interessierte Schloss Linderhof - so ist die Wahl des eigenen Besuchszeitpunkts wichtig. Auf dem großen Parkplatz kann man tagsüber stehen.

Tipp: Sparen beim Schlossbesuch

Mehrtageskarten und Jahreskarten oder das Kombiticket ›Königsschlösser‹ loh-

nen sich, wenn man mehrere Schlösser besichtigen möchte. Sie können vorab auch im online Buchshop der Schlösserverwaltung gekauft werden. So spart man sich auch die Schlange an der Kasse: www.bsv-shop.bayern.de unter Schlösser oder unter www.schloesser.bayern.de unter Jahreskarte.

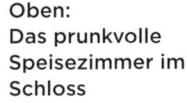

Oben:
Das prunkvolle Speisezimmer im Schloss

Links:
Postkarte mit dem König: Die künstliche Grotte im Linderhof konnte verschiedenfarbig illuminiert werden

7 **Garmisch-Partenkirchen:** Am Fuße des höchsten deutschen Gipfels

Oben:
Schöne Fassaden
und schöne
Kirchen

Oben:
Richard Strauss
ist Ehrenbürger
der Stadt

> **⊙ GAP 25 Parkplatz**
> **Eissportstadion* XL**
>
> **GPS: 47.489182 , 11.093871**

Garmisch-Partenkirchen besticht durch seine Lage, eingebettet in die steilen Hänge der Berge, im Tal der Flüsse Loisach und Partnach.

Es bietet sich ein atemberaubendes Panorama auf das Ammergebirge im Nordwesten, Estergebirge im Osten und dem Wettersteingebirge, mit Deutschlands höchstem Berg, der Zugspitze (2.962 m NN), im Süden. GAP ist keine Stadt, sondern ein Kreis und Garmisch und Partenkirchen sind selbständige Ortsteile mit eigenen Bürgermeistern und zwei Ortskernen. Die beiden Ortsteile haben sich schon immer unterschieden: Partenkirchen war zur Blütezeit Venedigs eine wichtige Handelsstation auf dem Weg zwischen Augsburg und Venedig und profitierte stark davon. Garmisch war ärmer und hatte nur die Flößerei auf der Loisach als Haupteinnahmequelle. Erst 1935 erfolgte die ›Zwangsehe‹. 1936 wurden hier die Olympischen Winterspiele ausgetragen und die Sportstadien veränderten das Gesicht des Ortes. Der Traum, die Spiele 2018 wieder hierher zu holen, ging nicht in Erfüllung. Heute zählt GAP zu einem der beliebtesten Reiseziele Deutschlands, wobei Garmisch neben dem sportlichen Tourismus nun auch ver-

Links:
Kurhaus in
Garmisch mit
Michael Ende
Erlebnisaus-
stellung

stärkt auf den heilklimatischen Kurort- und Wellnesstourismus setzt. Daher gibt es hier auch den Kurpark und die Fußgängerzone, in der sich Geschäfte und Cafés abwechseln. Partenkirchen steht dem in nichts nach, deshalb gibt es hier auch einen Kurpark und die Ludwigstraße mit reich verzierten und geschmückten Häusern.

Kulturelle Vielfalt

In Partenkirchen hat Anfang des 19. Jh. Richard Strauss lange Zeit gelebt und gearbeitet; dem Ehrenbürger ist das Strauss Institut gewidmet und das jährlich im Juni abgehaltene Richard Strauss Festival. Wer es etwas bodenständiger mag, für den gibt es das **Bauerntheater Partenkirchen**, eines der ältesten Laientheater Bayerns. Aufführungen in bayerisch-charmanter Manier lassen das Publikum herzlich lachen. Moderner geht's beim **Kulturbeutel** auf der Bühne U1 zu: Kabarett, Comedy, Kleinkunst und Konzerte erfreuen hier das Publikum.
Musik im Park: Von Mitte Mai bis Anfang Oktober gibt es täglich im **Michael-Ende-Kurpark** oder im **Konzertsaal Richard Strauss** Live-Konzerte mit bayerischer Musik, Klassik oder Swing. Außerdem gibt es Special-Events mit bekannten Instrumental- oder Gesangssolisten und jeden Donnerstag die ›After Work Party‹.

Rauf auf die Berge

Alpspitzbahn

Die Alpspitzbahn geht von 750 m NN auf 2.050 m NN hinauf. Hier oben steht das Alpspix. Eine Aussichtsplattform in X-Form, die 13 Meter über den Abgrund hinausragt durch das Bodengitter fällt der Blick fast 1.000 Meter in die Tiefe. Schöne Wanderungen und die Besteigung der Alpspitze (2.600 m) sind von hier aus möglich.

Hochalmbahn

Ein ruhiger Weg führt von der Bergsta-

Oben:
Von der Aussichtsplattform geht der Blick 1.000 m in die Tiefe

GAP 24 Hafen AlpenCamp Wank***

GPS: 47.505700 , 11.107487

Terrassenförmiger Stellplatz mit Grünstreifen und Blick auf die Zugspitze. Cafe & Restaurant mit Biergarten vorhanden. Anmeldung und Bezahlung im ›Wank-Stüberl‹.

Übernachtungsplätze in der Nähe:
GAP 27 CP Pure-Camping** 7 km
GAP 35 SP Mittenwald** 19 km

LY

Oben:
Das Neujahrs-
springen der
Vierschanzen-
tournee

tion der Alpspitzbahn zur Hochalm, alternativ nimmt man die Hochalmbahn.

Kreuzeck

Von der Hochalm gibt es einen kurzen, fast ebenen, Wanderweg zum Kreuzeck (1.638 m). Von dort geht's wieder bergab mit der Kreuzeckbahn. Die Talstationen der Alpspitzbahn und der Kreuzeckbahn liegen direkt nebeneinander.

Wankbahn (nur Sommer!)

Der Wank wird nicht mehr als Skiberg genutzt, aber im Sommer lohnt der traumhafte Rundblick auf Karwendelgebirge und natürlich der Zugspitze.

Eckbauer

Eine kleine Seilbahn führt vom Skistadion zum Gasthof Eckbauer. Die 1956 erbaute Kabinenbahn ist nicht zuletzt wegen ihres Alters und dem tollen Blick auf die Olympiaschanze immer einen Ausflug wert.

Graseck-Bahn

Ein ebensolches Schätzchen verbirgt sich auch bei der Partnachklamm. Hier führt eine Pendelbahn mit Kabinen für jeweils 4 Personen hinauf auf das Graseck (ca. 1.300 Meter Seehöhe).
Von dort oben kann man entweder durch die Partnachklamm nach unten oder zu weiteren tollen Wanderungen aufbrechen.

Bayrische Zugspitzbahn

Per Zahnradbahn geht es bequem vom Zugspitzbahnhof Garmisch-Partenkirchen über Grainau und Eibsee auf das Zugspitzplatt und von dort weiter mit der Gletscherbahn auf den Zugspitz-Gipfel.

Eibsee-Seilbahn

1962 gebaut, galt die Eibsee-Seilbahn als Wunderwerk der Technik, denn sie überwindet die 1.950 m Höhenunterschied in einer Sektion und hat somit den größten je verwirklichten Höhenunterschied aller Pendelbahnen. So hat sie auch den spektakulärsten Tiefblick ins Tal - nicht ganz Schwindelfreie nehmen doch besser die Zahnradbahn.

Sportmöglichkeiten auf olympischen Niveau

Die olympischen Sportstädten liegen südlich von Partenkirchen. Das hufeisenförmige Sportstadion beherbergt die Ski-Sprungschanzen: die neue große **Olympiaschanze** wurde 2007 an der Stelle der Alten gebaut und hat einen stylischen, frei herausragenden Anlaufturm mit über 60 m Höhe. Hier wird auch das alljährliche Neujahrspringen veranstaltet. Deutschlands Wintersportort Nr. 1: das Skigebiet Zugspitze in 2.000 - 2.830 m NN, das 7 Monate im Jahr in Betrieb ist. Rund um Deutschlands einzigem Gletscher sorgen leichte bis mittelschwere Pisten auf insgesamt 22 Kilometern für Ski- und Snowboardvergnügen. Im Alpspitz ›Classic-Gebiet‹

stehen weitere 19 Bergbahnen und Abfahrten bis ins Tal, mit einer Länge von 40 km bereit. Weltbekannt sind die Olympia- und die Kandahar-Abfahrt. Im gesamten Skigebiet laden zahlreiche Berggasthäuser und Hütten zum Einkehrschwung ein.

Erholen im warmen Wasser

Das **Alpspitz-Wellenbad** bietet Badevergnügen auf 2.200 qm Wasserfläche im Innen- und Außenbereich. Ruhe und Erholung gibt es im 32° C Warmwasser-Bewegungsbecken mit vielen Sprudel- und Massagedüsen. In der Sauna-Landschaft kann man sich in der Finnischen Sauna, einer Bio-Sauna und einem Dampfbad wieder aufwärmen.

Nightlife & Kulinarik

Das **Musikcafe**, die große Disco mit Cocktailbar und einem Restaurant, liegt direkt am Marienplatz, dem Zentrum

von Garmisch.

Der **Gasthof zum Lamm** ist ein alter Traditionsgasthof mit Biergarten auch direkt im Herzen von Garmisch, hier gibt's zünftige Bayrische Speisen.

Etwas feiner geht es im **Restaurant Reindls** zu: hier gibt's Steinpilzcarpaccio mit Rehrückenmedaillons aus dem Werdenfelser Land oder Krautwickerl vom Staffelseezander mit Gambas in Noilly Prat-Sauce.

Übernachtungsplätze

Stehen kann man sehr komfortabel auf dem **Alpen-Caravanpark Tennsee (GAP 26)**, dem **Pure-Camping (GAP 27)** oder dem **Reisemobilstellplatz Alpencamp (GAP 24)** an der Wankbahn.

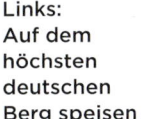

Links:
Auf dem höchsten deutschen Berg speisen

Oben:
Mit der Zugspitzbahn geht es bequem nach oben

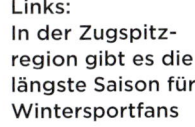

Links:
In der Zugspitzregion gibt es die längste Saison für Wintersportfans

König Ludwig II. und seine Reisen

Ludwig II. reiste den größten Teil des Jahres einem festen Plan folgend von Residenz zu Residenz. Hierzu zählten nicht nur die berühmten Schlösser, sondern auch seine einfachen Berghütten. Den Winter (November bis April) verbrachte Ludwig II. in München, in Hohenschwangau und in Linderhof. Ab Mai begab er sich dann nach Schloss Berg an den Starnberger See oder nach Linderhof. Von dort aus unternahm er seine Bergfahrten. Ab 1881 kam dann jährlich Ende September / Anfang Oktober noch ein etwa einwöchiger Aufenthalt in Herrenchiemsee dazu.

Die Königlichen Berghütten

Zwölf ›Bergresidenzen‹ besaß Ludwig II. im Gebirge zwischen Lech und Isar. Die bescheidenen Hütten besuchte der König im Jahreslauf regelmäßig. Nicht alle sind mehr erhalten oder dienen nun einem anderen Zweck.

Allgäu

- Königshaus am Tegelberg (1.707 m), nahe Hohenschwangau
- Schweizerhaus in der Bleckenau (1.167 m), nahe Hohenschwangau

Wettersteingebirge

- Königshaus am Schachen (1.865 m), mit Anreise über Schloss Elmau

Ammergebirge

- Haus am Pürschling (1.565 m)
- Haus am Brunnenkopf (1.602 m)
- Halbammerhütte beim ›Wilden Jäger‹ (980 m) im Halbammertal
- Kenzenhütte im Kenzengebiet (ca. 1.250 m) bei Halblech, nahe Hohenschwangau

Isartal und Karwendel

- Königshaus am Herzogstandsattel (1.575 m)
- Königshaus in der Vorderriß (809 m), am Zusammenfluss von Rißbach und Isar
- Hochkopfhütte (1.299 m) am Altlacher Hochkopf
- Haus am Grammersberg (1.550 m) über der Ortschaft Fall beim heutigen Sylvensteinspeicher
- Soiernhaus (1.610 m) unterhalb der Schöttlkarspitze

Wer die Hütten erwandern möchte, findet Informationen hierzu auf: www.tourenwelt.info

Ausflüge im König Ludwig II. Land

Nachfolgend sollen einige Ziele vorgestellt werden, wo man auf den Spuren des Königs wandeln kann:

1. Schloss Hohenschwangau

Das neogotische Schloss seiner Eltern, das durch Wiederaufbau der zerstörten Burg Schwanstein entstand. Dieses Schloss war Sommerresidenz der königlichen Familie und hier verbrachte Ludwig II. seine Kindheit.
www.hohenschwangau.de

2. Museum der bayerischen Könige - Hohenschwangau

Das ehemalige Hotel am Alpsee zeigt auf einer Ausstellungsfläche von 1.200 qm, die Geschichte der Wittelsbacher Dynastie und ihrer bayerischen Könige. Die Spanne umfasst 68 Regenten: von der Herzogszeit bis zum Ende des Königreichs Bayern. Hauptsächlich wird das Leben der Könige Maximilian II. und Ludwig II. beleuchtet.
www.hohenschwangau.de

3. Bootstour Alpsee

Der Alpsee war der Lieblingssee des jugendlichen Ludwigs und ist direkt neben dem elterlichen Schloss gelegen. Seinen 20. Geburtstag feierte Ludwig hier 1865 mit Arien aus dem ›Lohengrin‹. Besonders schön ist auch heute eine Bootsfahrt auf dem Alpsee. Die Bootvermietung Wassersportschule Oberallgäu im Bühler Hafen vermietet Boote und betreibt den Alpsee-Segler Santa Maria Loreto. www.alpsee-segler.de

4. Schloss Neuschwanstein

Das Märchenschloss, von 1869 bis 1886 als idealisierte Vorstellung einer mittelalterlichen Ritterburg gebaut, hieß ursprünglich einfach ›Neue Burg Hohenschwangau‹.
www.neuschwanstein.de

5. Das Tegelberghaus

Das ehemalige königliche Jagdhaus wurde 1835 von Maximilian II. dem Vater von Ludwig II. erbaut. Nun ist es eine gemütliche Berghütte am Tegelberg auf 1.707 Metern Höhe.
www.tegelberghaus.de

6. Berggaststätte Bleckenau

Ehemaliges Jagdhaus von Ludwigs II. Vater Maximilian errichtetes ›Schweizerhaus‹ (nach dem Vorbild des ›Mariannen Cottage‹ in Schlesien). König Ludwig II. nutzte es für seine Bergtouren.
Es liegt in einem Naturschutzgebiet im Ammergebirge auf 1.167 m NN; heute ist hier die Bergwirtschaft Bleckenau.
www.berggasthaus-bleckenau.de

7. Schloss Linderhof

Park und Schloss Linderhof, 1869-1886 anstelle des sogenannten ›Königshäuschens‹ errichtet, war der Lieblingsort König Ludwigs und das einzige Schloss, dessen Fertigstellung er erlebt hat. www.linderhof.de

8. Königshaus am Schachen mit Alpengarten

Auf der Schachenalpe bei Garmisch-Partenkirchen liegt das 1872 errichtete ›Schweizerhaus‹. König Ludwig II. hielt sich hier oft im Gebirge auf. Von außen unscheinbar, von innen überraschend mit ›Türkischem Saal‹ und nebenan der Alpengarten des Botanischen Gartens München auf 1.860 m Höhe mit über 1.000 Pflanzenarten. www.schachenhaus.de

9. Berggasthof Herzogstand

Die Bayern-Könige Max II. und Ludwig II. hatten hier Jagdhäuser. Der Herzogstand war einer der Lieblingsplätze von Ludwig II., den er auch mit der Kutsche erreichen konnte. Die historischen Gebäude sind abgebrannt, eine Gedenktafel erinnert an den König. www.berggasthaus-herzogstand.de

10. Hochkopfhütte Altlach

Die ehem. Jagdhütte von König Maximilan II. von Bayern. Hier feierte König Ludwig II. ab 1866 seinen Geburtstag und den Richard Wagners, der hier auch am ›Parsival‹ arbeitete. Später Jagd- und Diensthütte des Forstamtes Fall. Anfahrt bis zum Parkplatz an der Brücke von Altlach. www.jachenau.de

11. Der Starnberger See

Schloss Berg, die Roseninsel und Possenhofen. Das heute nicht mehr zugängliche
Schloss Berg versteckt sich hinter einer hohen Mauer in der Gemeinde Berg am Starnberger See. Es kann nur vom See aus betrachtet werden. Im Schloss Possenhofen
verbrachte Prinzessin Elisabeth in Bayern
(auch bekannt als Sissi) ihre Kindheit. Es
kann nicht besichtigt werden, da es heute
private Appartments beherbergt. Doch ein
Spaziergang im den einstigen Schlosspark
lohnt sich immer.

ten aus 1001 Nacht. Leider wurde der Winter-
garten abgerissen.

13. Schloss Nymphenburg in München

Die Ursprünge des Schlosses gehen zurück
ins 17. Jh. und unter Kurfürst Max Emanuel
(1679 bis 1726) erhielt es seinen heutiges
Aussehen. Schloss Nymphenburg zählt zu
den großen Königsschlössern in Europa und
war die Lieblingsresidenz der bayerischen
Könige. Ludwig II. wurde hier am 25. August
1845 geboren. Franz Herzog von Bayern das
heutige Oberhaupt der Wittelsbacher lebt
noch heute hier.

12. Die Münchner Residenz

Der Wohn- und Regierungssitz der bayerischen Herzöge, Kurfürsten und Könige. Dieser prunkvolle Herrschersitz mit dem Hofgarten lässt erstaunen und erahnen, wie es am
Hofe zuging. 1869 ließ König Ludwig II. auf
dem Dach des Festsaalbaus einen riesigen
Glaskuppel-Wintergarten errichten. Ausgestattet mit exotischen Pflanzen, üppiger Ve-
getation, einem großen Teich mit Wasserfall
und märchenhaften Bühnenbildern mit Wel-

14. Herrenchiemsee

1873 erwarb König Ludwig II. die Herreninsel.
Hier sollte das deutsche Abbild von Versailles
als Huldigung an den französischen Sonnenkönig entstehen, den der bayerische Monarch über alles verehrte. 1878 wurde mit dem
Bau begonnen, aber König Ludwig II. erlebte
die Fertigstellung nicht mehr. Das Schloss
wurde nach seinem Tode nicht mehr vollendet, aber die heute sichtbaren Monumente
sind atemberaubend schön.

8 Füssen: Hier thronen Ludwigs bekannteste Königsschlösser

Oben:
Blick vom Hohen Schloss über die schöne Altstadt

Unten:
Schloß Hohenschwangau, die Kinderstube von König Ludwig II. von Bayern

Füssen - Spätgotik und Barock

Hoch über der Stadt Füssen am Lech thront das spätgotische **Hohe Schloss**. Einst die Sommerresidenz der Fürstbischöfe von Augsburg, ist es nun Museum und Finanzamt. Sehenswert sind die Illusionsmalereien im Hof, die Bayerische Staatsgemäldesammlung und die Städtische Galerie.

Die kleine Altstadt liegt unterhalb des Schlosses und die verwinkelten Gassen sind Zeugen einer mittelalterlichen

 GAP 33 Parkplatz Königsschlösser* XL
GPS: 47.557892 , 10.740067

Stadt. Schöne Bürgerhäuser aus Spätgotik und Barock säumen die Fußgängerzone und in den zahlreichen Läden, Cafés, und Restaurants herrscht bei schönem Wetter ein lebhaftes Treiben. Ein schöner Wander- oder Radausflug geht entlang des Lechuferwegs bis hinein ins ruhige, grüne Faulenbachtal. Der Weg führt vorbei an idyllischen Seen, artenreichen Blumenwiesen und faszinierenden Felsformationen. Nicht weit entfernt liegt auch der Lechfall: Hier wird der Wildfluss über fünf Stufen aus dem Gebirge entlassen und fließt dann gezähmt in den Forggensee.

Dem Lech flussabwärts folgend kommt man zum **Festspielhaus Füssen** am Ufer des Sees. Der schöne Barockgarten mit Blick auf Schloss Neuschwanstein lädt zum Flanieren ein. Hier spielte das Kö-

nig-Ludwig-Musical, und viele weitere Veranstaltungen wie Musicals, Konzerte, Theater und Comedies finden hier statt.

Perle des Barocks

Eine besondere Barockarchitektur befindet sich im ehemaligen **Benediktinerkloster St. Mang**, in dem das Museum der Stadt Füssen untergebracht ist. Höhepunkte der Barockanlage sind der reich mit Stuck verzierte Kaisersaal und die ovale Klosterbibliothek mit der Bodenöffnung, die einen Blick ins Refektorium, dem Speisesaal der Mönche, ermöglicht. Die prächtig ausgestatteten Säle lassen den früheren Wohlstand des Benediktinerstiftes erahnen.

Die Märchenschlösser

Die eigentlichen Hauptattraktionen liegen jedoch knapp 3 km von Füssen entfernt: die Märchenschlösser Hohenschwangau und Neuschwanstein. Hier verbrachte König Ludwig II. seine Kindheit und baute sich seine ideale Welt in einer modernen Ritterburg, die jährlich 1,4 Mio. Besucher aus aller Welt anzieht. Wer selber wie ein Ritter speisen möchte, der sollte im **Gasthof Krone** einkehren. Hier sitzt man in mittelalterlichem Ambiente und auch die Bedienung ist in mittelalterliche Kostüme gekleidet. Die Speisen sind allgäuisch-bayrisch deftig gut. Wer gehobene regionale Küche bevorzugt, ist im **Restaurant des Hotel Hirsch** bestens bedient. Hier gibt es Spezialitäten-Wochen mit Wild oder Steaks und bei schönem Wetter sitzt man bestens im Hirschengarten unter alten Kastanienbäumen.

Oben:
Wunderschöner Bibliothekssaal im Kloster St. Mang

Links:
Weltbekanntes Highlight in den bayrischen Alpen: Schloss Neuschwanstein

LY

1 Murnau & Staffelsee

 Schlossmuseum Murnau
47.677369 , 11.203559
82418 Murnau am Staffelsee
Schlosshof 2-5
Tel. +49(0)8841 476207
schlossmuseum-murnau.de
Öffnungszeiten: Di-So 10.00-
17.00 Uhr, Mo geschlossen
▪ *Werke von Gabriele Münter, von Künstlern des Blauen Reiters sowie die Kunst- und Kulturgeschichte Murnaus.*
▪ **Preiskategorie: €**

 Münter-Haus Murnau
47.674566 , 11.196632
82418 Murnau am Staffelsee
Kottmüllerallee 6
Tel. +49(0)8841 628880
Öffnungszeiten: Di-So tägl.
14.00-17.00 Uhr
▪ *Das Wohnhaus von Wassily Kandinsky und Gabriele Münter wurde früher ›Das Russenhaus‹ genannt.*
▪ **Preiskategorie: €**

Brauerei Griesbräu
47.679728 , 11.201033
82418 Murnau, Obermarkt 37
Tel. +49(0)8841 1422
www.griesbraeu.de
▪ *Schöne Brauerei mit traditionellen Gerichten.*
▪ **Preiskategorie: €**

Fischer Stüberl
47.687279 , 11.179885
82418 Seehausen am Staffelsee
Johannisstraße 18
Tel. +49(0)8841 1418
www.fischerstueberl-seehausen.de
Öffnungszeiten: Di Ruhetag,
Mi bis Mo ab 10.00 Uhr
▪ *Hier gibt es Fischspezialitäten*

wie Zander in Mandelbutter oder die weitbekannten Fischpflanzerl aus Edelfischen.
▪ **Preiskategorie: €€**

Fischer Matschl
47.688498 , 11.181788
82419 Seehausen am Staffelsee
Dorfstraße 21
▪ *Für die Brotzeit gibt es hier geräucherten Fisch zu kaufen.*
▪ **Preiskategorie: €**

2 Glentleiten

 Freilichtmuseum Glentleiten
47.665535 , 11.284862
82439 Großweil
An der Glentleiten 4
Tel. +49(0)8851 1850
www.glentleiten.de
Öffnungszeiten: Von 19. März bis 11. November; Di - So 9.00-18.00 Uhr
▪ *Über 60 alte Bauernhäuser und Mühlen sind auf dem weitläufigen Gelände zu besichtigen.*
▪ **Preiskategorie: €**

Alpengasthof Kreut Alm
47.66184 , 11.282851
82439 Großweil/Kreut
Kreutstraße 1
Tel. +49(0)8841 5822
www.kreutalm.de
Öffnungszeiten: Mo Ruhetag
▪ *Almgasthof mit sensationeller Sicht auf das blaue Land und den Kochelsee.*
▪ **Preiskategorie: €€**

2 Benedikt-beuern

 Kloster Bräustüberl
47.707672 , 11.401437

83671 Benediktbeuern
Zeilerweg 2
Tel. +49(0)8857 9407
www.klosterwirt.de
Öffnungszeiten:
tägl. 10.00-23.00 Uhr
▪ *Im früheren Jungrinderstall gibt es gepflegte bayrische Gastlichkeit im gemütlichen Bräustüberl oder draußen im herrlichen Biergarten.*
▪ **Preiskategorie: €€**

3 Kochelsee

 Schwimmbad Kristall trimini
47.655943 , 11.354493
82431 Kochel am See, Seeweg 2
Tel. +49(0)8851 5300
www.kristall-trimini-kochel-am-see.de
Öffnungszeiten: Sommer 9.00-21.00 Uhr, Winter 10.00-21.00 Uhr, Montag Ruhetag
▪ *Bei schönem Wetter hat man vom großen Außenbecken einen traumhaften Blick auf den Kochelsee.*
▪ **Preiskategorie: €€**

 Kraftwerk Walchensee
47.630564 , 11.339019
82432 Kochel am See
Altjoch 21
Tel. +49(0)8851 770
www.walchensee.net
Öffnungszeiten: Info-Zentrum geöffnet Mo–Fr von 8.45–13.30 Uhr
▪ *Das Kraftwerk gehört zu einem der größten und ältesten Hochdruck-Wasserkraftwerken Deutschlands.*
▪ **Preiskategorie: €**

 Franz Marc Museum
47.650631 , 11.365037
82431 Kochel am See
Franz Marc Park
Tel. +49(0)8851 924880

www.franz-marc-museum.de
Öffnungszeiten: Di bis So 10.00-18.00 Uhr (Winter 17.00 Uhr)
- In dem modernen Ausstellungsgebäude werden die Werke Franz Marcs auf 700 qm in Zusammenhang mit den Werken seiner Zeitgenossen wie den ›Brücke‹-Künstlern gestellt.
- **Preiskategorie: €€**

 Gasthaus Klosterbräu
47.655639 , 11.316185
82444 Schlehdorf
Seestraße 2
Tel. +49(0)8851 286
klosterbraeu-schlehdorf.de
- Das Gasthaus bietet bayrische Küche und mediterrane Köstlichkeiten in sehr gemütlichem Ambiente.
- **Preiskategorie: €€**

 Restaurant Blauer Reiter
47.693877 , 11.404495
82431 Kochel
Franz Mark Park 8-10
Tel. +49(0)8851 9292860
restaurant-blauerreiter.de
Öffnungszeiten: Di bis So 9.30-18.30 Uhr
- Das Restaurant ist sehr gut, viele Gäste kommen extra von weit her.
- **Preiskategorie: €€**

4 Walchen-see

 Wikingerdorf ›Flake‹
47.59525 , 11.318674
82432 Walchensee
Seestraße 1
www.kochel.de
Öffnungszeiten: Mo-Do 9.00-17.00, Fr-So 9.00-19.00 Uhr
- Im Ort Walchensee steht das Wikingerdorf ›Flake‹ mit fünf

Original-Filmhütten. ›Flake‹ befindet sich zwischen Café Bucherer und der Wasserwacht.
- **Preiskategorie: €**

 Herzogstandbahn & Berggasthaus Herzogstand 47.596317 , 11.317945
82432 Walchensee
Am Tanneneck 6
Tel. +49(0)8858 236
www.herzogstand.kochel.de
Öffnungszeiten: Mo-Fr 9.00-17.15 Uhr, Sa und So 9.00-17.45 Uhr im Sommer, Winterbetrieb s. Internet
- Die Herzogstandbahn bringt die Besucher in nur knapp zehn Minuten zum Fahrenbergkopf auf 1627 m Höhe.
- **Preiskategorie: €€**

5 Vorderriß

 Engalm Bauernladen & Rasthütte
47.472424 , 11.466545
A-6215 Vomp, Hinterriß 11
Tel. +43(0)5245 226
www.engalm.at
- Die größte Melkalm Österreichs verarbeitet täglich Milch zu Butter und Käse. In der Rasthütte gibt es nicht nur den eigenen Käse, sondern auch selbstgemachten Kuchen.

 Gasthaus Post-Vorderriß
47.559131 , 11.436364
83661 Lenggries
Vorderriß 5
Tel. +49(0)8045 277
www.post-vorderriss.de
- In der gemütlichen Stube des Gasthauses oder im Biergarten kann man sich mit bayrischen Schmankerln stärken.
- **Preiskategorie: €**

6 Linderhof

 Schloss Linderhof
47.569183 , 10.954967
82488 Ettal
Linderhof 12
Tel. +49(0)88 22 92 030
www.schlosslinderhof.de
Öffnungszeiten: tägl. geöffnet von April bis 15. Okt. 9-18 Uhr, 16. Okt.-März: 10-16 Uhr
- In diesem prunkvollen Rokoko-Schloss hielt sich Ludwig II. am liebsten auf.
- **Preiskategorie: €€**

7 Garmisch-Partenkirchen

 Bauerntheater Partenkirchen
47.493653 , 11.111201
82467 Garmisch-Partenkirchen
Ludwigstraße 45
Tel. +49(0)8821 55598
www.partenkirchner-bauerntheater.de
- In einem der ältesten Laientheater Bayerns kann man herrlich über volkstümliche Geschichten schmunzeln.
- **Preiskategorie: €€**

 Kulturbeutel e. V.
47.494792 , 11.092044
82467 Garmisch-Partenkirchen
Richard-Strauss-Platz 1
Tel: +49(0)8821 7301995
www.kulturbeutel-gap.de
- Kabarett, Comedy, Kleinkunst und Konzerte erfreuen hier das Publikum.
- **Preiskategorie: €€**

 Michael-Ende-Kurpark
47.494802 , 11.092076
82467 Garmisch-Partenkirchen
Richard-Strauss-Platz 2

Tel. +49(0)8821 2390
www.gapa.de/Michael-Ende-Kurpark
Öffnungszeiten: Di bis So 11.00-18.00 Uhr
- *Im Kurhaus befindet sich die Michael-Ende-Erlebnisausstellung ›Der Anfang vom Ende‹.*
- **Preiskategorie: €**

 Olympiaschanze
47.482757 , 11.117224
82467 Garmisch-Partenkirchen
Wildenauer Straße 19
Tel: +49(0)8821 180700
www.gapa.de/Olympia-Ski-sprungschanze
Öffnungszeiten: Führungen zur großen Olympiaschanze samstags. Anmeldungen zur Führung jeweils bis zum Vortag 15 Uhr
- *Das alljährliche Neujahrs-springen zieht Jahr für Jahr das Publikum an.*
- **Preiskategorie: €**

 Alpspitz-Wellenbad
47.48772 , 11.094646
82467 Garmisch-Partenkirchen
Klammstraße 47
Tel. +49(0)8821 753313
www.gemeindewerke-garmisch-partenkirchen.de
Öffnungszeiten: Mo bis Sa 9.00-21.00, So 9.00-19.00 Uhr
- *Badevergnügen auf 2.200 qm Wasserfläche im Innen- und Außenbereich.*
- **Preiskategorie: €€**

 Gasthof zum Lamm
47.49251 , 11.085239
82467 Garmisch-Partenkirchen
Forstamtweg 1
Tel. +49(0)8821 2750
www.zum-lamm-garmisch.de
- *Der Traditionsgasthof mit Biergarten ist im Herzen von Garmisch zu finden.*
- **Preiskategorie: €€**

 Restaurant Reindls
47.4921 , 11.10089
82467 Garmisch-Partenkirchen
Bahnhofstraße 15
Tel. +49(0)8821 943870
www.reindls.de
Öffnungszeiten: Mo-So 12.00-14.30 und 18.30-23.00 Uhr
- *In dem feinen Restaurant kann man zwischen wertvollen Antiquitäten und Kunstobjekten aus Karl Reindls Sammlung speisen.*
- **Preiskategorie: €€€**

8 Füssen

 Hohe Schloss
47.567141 , 10.698322
87629 Füssen, Magnusplatz 10
Tel. +49(0)8362 903146
www.stadt-fuessen.de
Öffnungszeiten: Mo. Ruhetag, April bis Okt. 11.00-17.00 Uhr, Nov. bis März 13.00-13.00 Uhr
- *Sehenswert sind die Illusionsmalereien im Hof, die Bayerische Staatsgemäldesammlungen und die Städtische Galerie.*
- **Preiskategorie: €€**

 Festspielhaus Füssen
47.586748 , 10.708263
87629 Füssen, Im See 1
Tel. +49(0)8362 50770
www.das-festspielhaus.de
- *Der schöne Barockgarten des Festspielhauses mit Blick auf Schloss Neuschwanstein lädt zum Flanieren ein. Hier spielte das König-Ludwig-Musical und viele weitere Veranstaltungen wie Musicals und Konzerte.*

 Benediktinerkloster St. Mang
47.566643 , 10.699667
87629 Füssen, Lechhalde 3
www.fuessen.de
- *Höhepunkte der Barockanlage sind der reich mit Stuck verzierte Kaisersaal und die ovale Klosterbibliothek.*
- **Preiskategorie: €€**

 Gasthof Krone
47.568473 , 10.701142
87629 Füssen
Schrannengasse 17
Tel. +49(0)8362 7824
www.krone-fuessen.de
- *Hier kann man wie ein Ritter im mittelalterlichen Ambiente speisen.*
- **Preiskategorie: €€**

 Hotel Restaurant Hirsch
47.569025 , 10.702333
87629 Füssen
Kaiser-Maximilian-Platz 7
Tel. +49(0)8362 93980
www.hotelfuessen.de
- *Die gehobene bayrische Küche kann man an schönen Tagen im Biergarten unter alten Kastanien genießen. Hunde erlaubt.*
- **Preiskategorie: €€**

 Schloss Neuschwanstein Schloss Hohenschwangau
47.555174 , 10.739581
87645 Schwangau
Alpseestrasse 12
Tel. +49(0)8362 930830
www.neuschwanstein.de
www.hohenschwangau.de
Öffnungszeiten Neuschwanstein: Mitte März bis Mitte Okt. 8.00-17.30 Uhr, ab 16.10. von 9.00-15.30 Uhr
Öffnungszeiten Hohenschwangau: Mitte März bis Mitte Okt. 9.00-18.00 Uhr, ab 16.10 von 10.00-16.00 Uhr
Eintrittskarten sind nur im Ticketcenter Hohenschwangau unterhalb der Schlösser erhältlich. Kombi-Ticket und online-Kartenservice sind verfügbar.
- **Preiskategorie: €€**

Alles Gute für die Fahrt

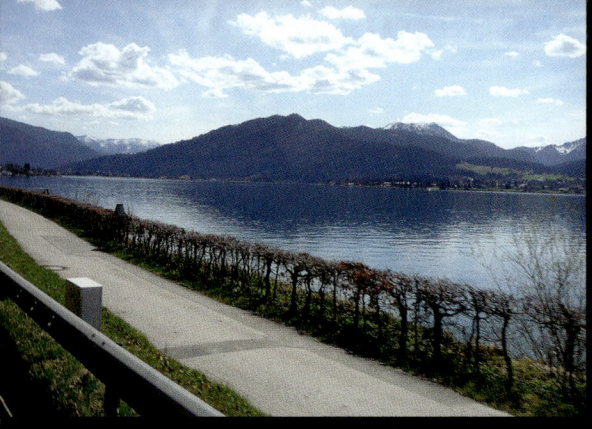

Fahrt entlang des Tegernsees

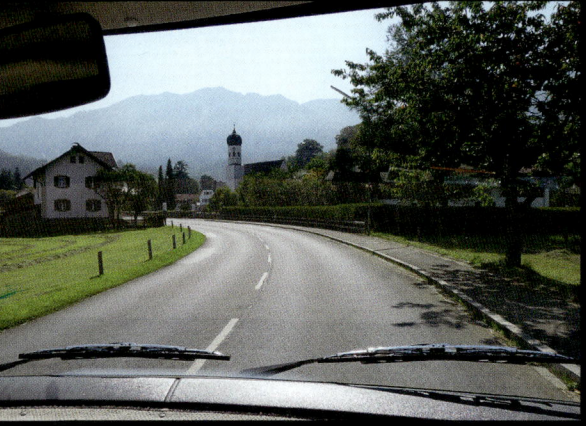

Hier geht es Richtung Kampenwand

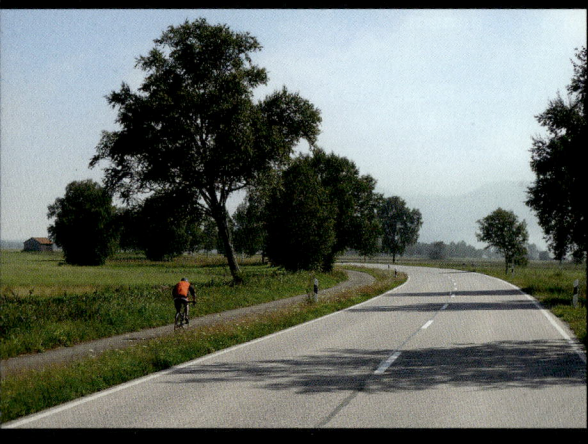

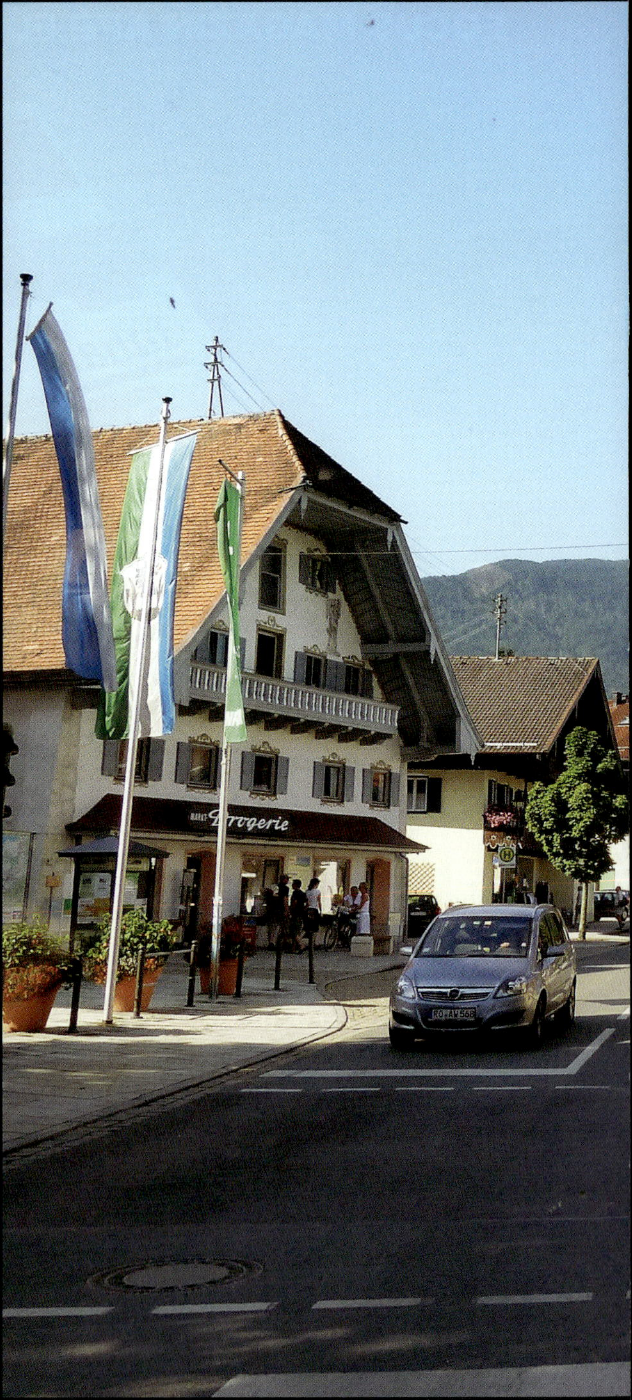

Grassau: ein oberbayrisches Bilderbuchdorf

Bayrische Verkehrseigenarten

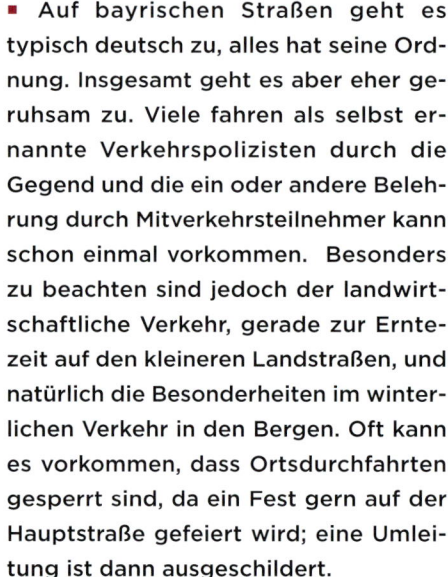

- Auf bayrischen Straßen geht es typisch deutsch zu, alles hat seine Ordnung. Insgesamt geht es aber eher geruhsam zu. Viele fahren als selbst ernannte Verkehrspolizisten durch die Gegend und die ein oder andere Belehrung durch Mitverkehrsteilnehmer kann schon einmal vorkommen. Besonders zu beachten sind jedoch der landwirtschaftliche Verkehr, gerade zur Erntezeit auf den kleineren Landstraßen, und natürlich die Besonderheiten im winterlichen Verkehr in den Bergen. Oft kann es vorkommen, dass Ortsdurchfahrten gesperrt sind, da ein Fest gern auf der Hauptstraße gefeiert wird; eine Umleitung ist dann ausgeschildert.

Nicht ärgern! Einfach die schöne Landschaft genießen

Regeln und Strafen

Generell sind die Strafen bei Verkehrsregelübertretungen in Deutschland hoch.

- Radarfallen gibt es mittlerweile viele: auf Autobahnen, Schnell- und Landstraßen, teilweise fest installiert, z.B. an Schilderbrücken, oder auch getarnt. Mobile Laserpistolen kommen auch zum Einsatz. Es kommt auch vor, dass mehrere Radarfallen hintereinander stehen und in beiden Fahrtrichtungen gemessen wird. Die Geschwindigkeitslimits sollten daher genau eingehalten werden.
- Wer ein Radarwarn- oder Laserstörgerät betreibt oder auch nur mitführt, kann mit 75 € Bußgeld, 4 Punkten und Beschlagnahme des Gerätes rechnen.
- Außerorts ab 21 km/h zu schnell: 70 € bis zu 600 € und Fahrverbot, innerorts ab 21 km/h zu schnell: 80 € bis zu 680 € und Fahrverbot.
- Gurt ist in Deutschland auf allen Sitzplätzen Pflicht.

Warnen und Erkennen

- Ladung darf nicht nach vorn über das Fahrzeug hinausragen, nach hinten darf die Ladung bis zu 1,5 m hinausragen. Ragt die Ladung mehr als 1 m über die Rückstrahler des Fahrzeugs nach hinten hinaus, so ist sie durch eine hellrote, nicht unter 30 x 30 cm große, durch eine Querstange auseinandergehaltene Fahne, Schild oder Zylinder mit 35 cm Durchmesser zu kennzeichnen.
- Eine Warnweste ist in Deutschland nicht Pflicht, aber dennoch sinnvoll.
- Außerorts besteht keine Pflicht mit Abblendlicht zu fahren.
- Ein Nationalitätenaufkleber oder ein EU-Kennzeichen ist vorgeschrieben.

Alkohol am Steuer

Die Alkoholgrenze beträgt 0,5 Promille und wird streng überprüft, die Strafen sind hoch!

- 0,3 bis 0,5 g/l – strafbar bei Anzei-

Die Tempolimits sind (km/h):

	Autobahnen	Schnellstraße	Außerorts	Innerorts
Wohnmobil weniger als 3,5 t	130 empfohlene Richtgeschwindigkeit	110 / 90 *je nach Beschilderung	100	50
Wohnmobil ab 3,5 t	100	100 *	80	50

chen von Fahrunsicherheit oder bei
Beteiligung an einem Unfall mit 7 Punk-
ten und Geld- oder Freiheitsstrafe und
Führerscheinentzug
- 0,5 bis 1,1 g/l – auch ohne Unfall:
500€, 4 Punkte, 1 Monat Fahrverbot
- Mehr als 1,1 g/l – auch ohne Unfall:
Geldstrafe oder Freiheitsentzug, 7
Punkte, 6 Monate bis 5 Jahre Entzug
der Fahrerlaubnis.
Bei Fahranfängern und Jugendlichen
unter 21 gilt eine Alkoholgrenze von
Null Promille.

Verwarnungen

Ordnungswidrigkeiten werden mit Ver-
warnungen von 5 € bis 35 € geahndet.
Auf Ihnen sind die Überweisungsdaten
angegeben, mit deren der Betrag innerhalb einer Woche bei Bank und Post ein-
gezahlt werden kann. Sofern das Ver-
warnungsgeld bezahlt wird, hat der
Betroffene sein Einverständnis zur Ver-
warnung gegeben und das Verfahren ist
beendet. Andernfalls wird eine Recht-
fertigung für die Ordnungswidrigkeit
schriftlich angefordert und die Behörde
prüft, ob das Verfahren einzustellen ist.
Für den Fall, dass eine Einstellung nicht

erfolgt, wird das Verwarnungsgeldver-
fahren in ein Bußgeldverfahren überge-
leitet. Danach wird es teurer und Buß-
gelder über 70 € werden seit Oktober
2010 EU-weit eingetrieben.

Unterwegs im weiß-blauen Land Oberbayern

Spezielles

- In Deutschland sind die Ampelphasen:
Wechsel von Rot auf Grün - mit Rot-
gelb-Zwischenphase, Wechsel von Grün
auf Rot, mit Gelb-Zwischenphase -diese
bedeutet: nicht Einfahren - Kreuzung
frei machen.
- In den Kreisverkehren müssen Einfah-
rende die Vorfahrt achten, beim Verlassen des Kreisverkehrs wird geblinkt.
- Bayern ist ein gebirgiges Land - bei
entsprechenden Bedingungen sind Winterreifen oder Ketten erforderlich.
In Deutschland gibt es eine sog. Winter-
reifenpflicht, die besagt, dass M+S-Rei-
fen (›Matsch & Schnee‹) bei Glatteis,
Schneeglätte, Schneematsch oder Reif-
glätte Pflicht sind. Eine Winterreifen-
pflicht für einen bestimmten Zeitraum
gibt es jedoch nicht, die Reifen können
auch Ganzjahresreifen mit M+S Kennzeichnung sein.
- Ein Reservekanister mit bis zu 20 l
Kraftstoff darf mitgeführt werden.

Gefeiert und kontrolliert wird immer und überall in Ober- bayern

In Deutschland kennzeichnen blaue Schilder Autobahnen

Autobahnen
Straßenschilder in Deutschland
Die Hintergrundfarbe auf den Schildern:
- Blau ist die Hintergrundfarbe für Autobahnschilder
- Kraftfahrstraßen (Schnellstraßen) haben ein quadratisches blaues Schild mit weißem PKW
- Gelbe Schilder betreffen in Deutschland Landstraßen
- Gelb sind Ortsschilder, Innerorts-Hinweise bzw. untergeordnete Straßen
- Braune Schilder verweisen auf Sehenswürdigkeiten in der Nähe

Auf Autobahnen und Kraftfahrstraßen mit mehreren Spuren gilt ein Rechtsfahrgebot, welches auch geahndet wird.

Aktuellen Verkehrsinformationen für deutsche Autobahnen
Auf der Website des ADAC kann man die aktuelle Verkehrssituation für die geplante Route abrufen, hier gibt es auch Alpenstraßeninfos. www.adac.de unter Verkehrsinformationen schauen.

Kraftstoff
Die Diesel-Preise in Deutschland liegen im Vergleich zu anderen europäischen Ländern im Mittelfeld, nur in Österreich und Luxemburg ist der Diesel billiger als in Deutschland. In Italien und der Schweiz liegt das Preisniveau deutlich höher als in Deutschland. In Frankreich, Niederlande und Dänemark ist das Preisniveau etwa gleich.

Bei Super-Benzin liegt der Preis in Deutschland höher als im europäischen Durschnitt. In der Schweiz und Luxemburg ist es billiger, in Italien, Dänemark und Niederlande deutlich teurer und in Frankreich auf gleichem Niveau. Aktuelle Übersicht auf www.avd.de unter Kraftstoff.

Hilfe im Notfall

Eine Mitgliedschaft im ADAC, insbesondere eine Plus-Mitgliedschaft, kann sehr empfohlen werden. Eine Hilfe bei einer Panne oder in schlimmeren Notfällen ist damit sichergestellt.

Generalkonsulat von Österreich
Ismaninger Straße 136
81675 München
Tel. +49 (0)89 998 150
Mo-Fr 8-16 Uhr

Schweizerisches Generalkonsulat
Brienner Strasse 14
80333 München
Tel. +49 (0)89 2866200
Telefonische Auskünfte
Montag-Donnerstag 08.30-12.30 Uhr, 13.30-16.00 Uhr
Freitag 08.30-12.30 Uhr, 13.30-15.30 Uhr

Land	Rettung	Polizei	Pannenhilfe
Deutschland	112	110	ADAC 0180 22 22 22 mobil 22 22 22
Österreich	112 oder 144	112 oder 133	ÖAMTC 120
Schweiz	144 oder 117 mobil 112	117 mobil 112	TCS 140 Mobil 0318505311

Parken und Halten

Parken / Campen und Innen-städte

- In Deutschland darf man mit dem Wohnmobil überall parken, wo es laut Straßenverkehrsordnung nicht verboten ist. Dieses Verbot wird durch entsprechende Zusatzzeichen angegeben.
- Der Unterschied zwischen parken als rasten oder campen ist fließend. Wer die Markise ausfährt und Tisch und Stühle aufstellt campt, manchmal reicht schon das Aufstellen der Außenfenster. Im Fahrzeug dürfen die Einrichtungen aber benutzt werden.

Rechtlich ist ein Rasten zur Wiederherstellung der Fahrtüchtigkeit bis zu 10 h erlaubt.

- Das Parken auf Gehwegen ist grundsätzlich nur für Fahrzeuge unter 2,8 Tonnen Gesamtgewicht erlaubt.
- Zu beachten ist, dass man auf Privatgeländen wie Restaurants, Tankstellen, Skilifte nur parken darf, wenn es der Grundstückbesitzer erlaubt.
- In Bayern sind Wohnmobil-Verbotsschilder leider allgegenwärtig, die meisten Ortszentren sind verkehrsberuhigt und mit Feinstaubzonen belegt.
- In München sind die meisten Innenstadtgebiete in Anwohnerparkzonen aufgeteilt, in denen man kaum weitere kostenpflichtige Parkplätze findet. Alle Parkplätze, auch die an den U-Bahnen sind mittlerweile kostenpflichtig und es wird stark kontrolliert.

Während des Oktoberfestes gibt es einen ›Wohnmobilsperrring‹ rund um die Theresienwiese, der das Parken und Nächtigen im Wohnmobil verbietet. Zu anderen Zeiten wird das einmalige Übernachten auf einigen Insider-Stell-plätzen, wie Parkplätze an Parks oder Bädern, geduldet.

Parkverbot für Wohnmobile

- Sind Parkplätze so beschildert, ist alles in Ordnung, denn dann gibt es keine speziellen Beschränkungen. Mit einem Zusatzschild werden die Einschränkungen gekennzeichnet.
- Mit dem Zusatzschild nur Wohnmobile, dürfen PKW hier nicht parken.
- Zusatzschild nur PKW ist das Parken für alle anderen Fahrzeugtypen verboten. Wenn das Fahrzeug als ›Sonderfahrzeug Wohnmobil‹ zugelassen ist, spielt das Gewicht keine Rolle. Selbst ein VW Bus unter 2,8 t zugelassenem Gesamtgewicht gilt dann nicht als PKW.
- Parken dürfen nur Kraftfahrzeuge mit einem zulässigen Gesamtgewicht über 3,5 t, einschließlich ihrer Anhänger und Zugmaschinen. Ausgenommen sind Personenkraftwagen und Kraftomnibusse.

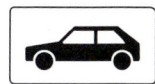

Stellmöglichkeiten

In Bayern ist die Stellplatzdichte im Vergleich zu anderen Gegenden sehr gering, daher muss man entweder frei stehen oder einen der Campingplätze aufsuchen. Einige Bauernhöfe bieten mittlerweile Stellplätze für Wohnmobile an, bei den meisten ist die Qualität der Versorgung und Unterbringung jedoch auf niedrigem Niveau. Die Gastfreundschaft in Bayern ist hoch - bei den meisten Landgasthöfen freundlich angefragt, ist sicher eine Übernachtung möglich. Weitere Möglichkeiten gibt es zumindest außerhalb des Winters an den Parkplätzen der Skilifte und viele Wanderparkplätze bieten Platz.

Beim nächsten Tunnel sollten Sie wissen, wie hoch ihr Wohn-mobil ist

Tipps für die Reise

Schreiben Sie sich vor der Fahrt Höhe, Breite und Gewicht des Fahrzeuges auf, damit Sie an der nächsten Brücke oder Engstelle wissen, ob es passt.

Legen Sie vor der Fahrt die 10 Punkte Start- Checkliste ins Cockpit legen, und für die Reisevorbereitung am besten eine Packliste verwenden, damit auch alles mit an Bord ist.

Beides findet man zum Ausdrucken auf www.landyachting.de unter Bonus.

Zwischenstopps und Ankunft

Suchen Sie sich schon vorher attraktive Ziele zur Rast auf der langen Anreise aus, die Stellplätze auf oder nahe der Autobahn sollten nur Notlösungen sein. Niemals hungrig später als 18.00 Uhr in einer fremden Stadt ankommen und sich erst dann auf die Suche nach einem passenden Stellplatz machen - dies artet immer in Stress aus und Enttäuschungen sind vorprogrammiert.

Viel besser ist es, vormittags am vorher ausgesuchten Stellplatz anzukommen und den Tag zu genießen. Vormittags sind die Stellplätze noch frei, denn abends sind alle anderen auf der Suche. Das Fahrzeug waagerecht stellen, die orangenen Auffahrkeile und der Wagenheber sowie die Fahrzeugstützen leisten gute Dienste, wenn man nicht immer im Bett auf eine Seite rollen will. Spät abends kann man auch Keile oder Decken unter die Matratze schieben - das geht als Notlösung schneller.

Sicherheit

Generell ist Diebstahl und Überfall statistisch gesehen nur ein sehr geringes Risiko beim Wohnmobilreisen.

Da Wohnmobile serienmäßig nicht besonders gesichert sind und darüber hinaus anzunehmen ist, dass die gesamte Reisekasse und andere wertvollen Sachen im Mobil unterwegs sind, sollten dennoch einige besondere Verhaltensregeln beachtet werden.

Vorsicht beim Tankstopp

Der kurze Halt an der Tankstelle oder am Supermarkt sollte nicht unterschätzt werden. Insbesondere auf Autobahnen ist das die Gelegenheit für Langfinger. Also sollte immer einer am Fahrzeug bleiben und die hintere Tür immer verschlossen sein.

Typische Wohnmobil-Schwachstellen:

Die Heckleiter:

Dies ist die bequeme Einstiegshilfe übers Dach - daher Leiter in den Stauraum oder anschließen.

Schiebe- und Ausstellfenster:

Diese können ganz einfach aufgehebelt werden und dann kann die Tür ganz schnell entriegelt werden. Immer darauf achten, dass das Fenster ganz geschlossen und auch verriegelt ist. Eine weitere mechanische Aufschiebesperre ist von großem Nutzen.

Alle Türen und relevante Stauraumklappen kann und sollte man mit stabilen **Zusatzsicherungen** nachrüsten, wenn die Reise in eine Region führt, in der man auch einen PKW nur auf überwachten Parkplätzen abstellen würde.

Ein Sicherungs-Ei in der Anhängerkupplung verhindert unbefugtes ›Abschleppen des Anhängers‹.

Diebstahlschutz wie bei Autos

Alarmanlage und Zusatzsicherungen, wie Lenkradsperre oder Radkralle sichern das Fahrzeug bei längerer Abwesenheit. Bei der Alarmanlage gibt es mittlerweile viele Systeme: Radar-, Infraschallmelder, Türkontakte, GPS / GSM-Ortung und -Meldung etc.

Gasdetektor

Ein Gasangriff ist sehr selten, da er sowohl sehr umständlich als auch für den Kriminellen ebenso gefährlich ist. Ein Aufkleber mit ›Vorsicht Alarmanlage‹ hat sicher eine größere Wirkung. Dennoch könnte ein Gas-/Brandmelder wie zu Hause, vor Risiken warnen, die mit der Gasanlage verbunden sind. Da jedoch die Wohnmobile ohnehin alle 2 Jahre zur Gasprüfung müssen, ist ein Sicherheitsgewinn dennoch sicher nicht allzu groß.

Wohnmobil-Tresor

Die kleinen oder größeren Tresore unter den Fahrersitzen oder zum Einbau in die Möbel sind natürlich nicht so einbruchssicher wie ein Panzerschrank. Dennoch sind die meisten Diebe auf eine schnelle Beute aus, daher sind sie doch sehr empfehlenswert.

Vorbeugende Maßnahmen

Trotz der technischen Vorkehrungen ist die Wirkungsvollste das eigene Verhalten - gesunde Vorsicht hilft.
Schauen Sie sich Ihren Stellplatz bei Tageslicht an. Von Autobahnraststätten als Stellplatz ist generell abzuraten. Ein bewachter Platz ist natürlich am sichersten. Unbeleuchtete Stellen oder Plätze zwischen LKWs sind nicht ideal.
Großstädte und Sehenswürdigkeiten mit

10 Punkte Start-Checkliste

Vor jeder Fahrt durchgehen:
1. Gas abgestellt
2. Fahrräder gesichert, abgeschlossen und Warntafel
3. Alles drinnen, orange Auffahrkeile einpacken, keine Stühle etc. unter dem Wagen vergessen
4. Treppe eingefahren
5. Markise drin und Dachluke zu
6. Schubladen gesichert
7. Kühlschrank sichern und auf 12 V umstellen
8. Küchenartikel alle klapperfest verstaut (Kissen in den Schränken – helfen)
9. Keine Gegenstände mehr auf Tischen, Ablagen und im Bad liegen lassen
10. Ausstellfenster zu oder auf kleiner Stellung arretiert

vielen Touristen sind immer Hauptarbeitsplätze von Ganoven. Die kleineren Orte oder ein Platz beispielsweise vor der Kirche oder in der Nähe einer Polizeiwache sind da sicherer.
Der Geldgurt oder der Brustbeutel ist immer noch ein einfaches, aber sicheres Mittel. Wertsachen können im Tresor der Rezeption des Campingplatzes deponiert werden.
Im Fahrzeug sollten die Wertsachen an verschiedenen Stellen gut versteckt aufbewahrt werden; Konservendosen mit doppeltem Boden (aus dem Zubehörhandel) bieten gute Dienste. Lassen Sie nichts offen sichtbar im Fahrzeug liegen. Machen Sie sich Kopien von allen wichtigen Dokumenten, für den Fall der Fälle.
Vorbeugung ist generell angeraten, denn der Hausrat im Wohnmobil ist normalerweise über die reguläre Hausratversicherung und Reisegepäckversicherung nicht versichert.

Präzise Navigation und das GPS-System

Das Global Positioning System – GPS hat die Welt der Navigation verändert und ist heute aus den Reisemobilen nicht mehr wegzudenken. Es gibt einem die Möglichkeit, wirklich frei zu reisen. Denn nun benötigt man keine langen, ausführlichen Wegbeschreibungen mehr, sondern nur noch die präzisen Koordinaten des gewählten Zieles. Alles was man tun muss, ist die Koordinaten einzugeben - darauf soll hier ausführlich eingegangen werden. Darüber hinaus wird eine Kurzanleitung für die bekanntesten Gerätemarken der GPS Navigationsgeräte angegeben.

Das GPS-System

Das Global Positioning System (GPS) wird durch das US-Militär betrieben und auch für die zivile Nutzung bereitgestellt. Das System besteht aus 30 (24 genutzten) kleinen Satelliten (Gewicht ca. 2000 kg), welche in einer Höhe von 20.200 km die Erde umkreisen. Der kreisrunde Orbit ist gegenüber dem Äquator um 55° geneigt und die Konstellation ist in Gruppen von vier Satelliten in sechs Bahnen aufgeteilt. Damit überfliegt jeder Satellit alle 24 Stunden die gleiche Bahn auf der Erde.
So kann jeder Empfänger auf dem Boden theoretisch zwischen 5 und 8 Satelliten sehen. Jeder Satellit befindet sich in seiner spezifischen bekannten Position: Durch Triangulation mit Hilfe der Laufzeit des GPS-Signals, d.h. einer Entfernungsmessung von mindestens drei Satelliten, ist der Punkt auf der Erde genau bestimmbar, eine vierte Messung bestimmt die Höhe und weitere tragen

zur Verbesserung der Genauigkeit bei. Die Entfernung wird mit Hilfe der Radiosignale ermittelt. Hierbei wird mit der Satelliten-Atomuhrzeit die Laufzeit des Signals bis zum Empfänger ermittelt. Die Signalreisezeit wird als Differenz zwischen der Zeit bei der Aussendung und der Zeit beim Empfang gemessen – multipliziert mit der Lichtgeschwindigkeit ergibt sich die Distanz. Die Genauigkeit der Positionsbestimmung liegt im Durchschnitt zwischen 10 und 15 Metern. Das europäische Satellitennavigationssystem Galileo soll etwa 2014 in Betrieb gehen. Vorteile sind eine etwas verbesserte Genauigkeit sowie eine zivil betriebene und gesicherte Funktion des Systems. Zukünftige Navigationsgeräte werden beide Signale - Global Positioning System und Galileo - empfangen können.

Die Koordinaten

Leider werden die Koordinaten-Angaben auf unterschiedliche Weise dargestellt. Das geographische Koordinatensystem der Erde wird durch rechtwinklig schneidende Längen- und Breitenkreise beschrieben. Die Breitengrade zählen vom Äquator aus, die Längengrade werden vom Nullmeridian in Greenwich, London nach Osten und Westen gezählt. Jeder Ort kann genau durch die Angabe von Breite und Länge bestimmt werden

Die Angabe erfolgt in:
Grad°, Minuten' und Sekunden''
Breite: Nördlich (N auch +) sowie Südlich (S auch –)
Länge: Westlich (W auch –) oder Östlich (E auch +)

Unsere Erde und das Koordinatensystem, der 0° Längengrad läuft durch Greenwich, London, der 0° Breitengrad ist der Äquator

Der Umfang der Erde am Äquator beträgt ca. 40.000 km d.h. ein Grad 1° entsprechen 40.000/360=111 km und eine Minute 1' (111/60) entspricht 1,852 km (= 1 Seemeile).

Die Koordinaten in Grad, Minuten und Sekunden können auf unterschiedliche Art geschrieben werden.

1. Grad° Minuten' Sekunden'':
   GG° MM' SS''
2. Grad° Minuten, Dezimale von Minuten':
   GG° MM,MMM'
3. Grad, Dezimale von Grad°:
   GG,GGGGG°

Präzision der Koordinaten

Die Koordinatenangaben
45° 34' 58'' N oder **45°34,966' N** oder **45,58276° N** sind identisch und bezeichnen den gleichen Punkt.

Die meisten Navigationsgeräte können Wegpunkt und Zielkoordinaten laden und sind meist auf die Angabe im Format **GG° MM,MMM'** oder **GG,GGGGG°** eingestellt.

Stellen Sie sicher, dass das Eingabeformat des Navigationsgerätes und das angegebene Wegpunkt-Koordinatenformat gleich sind, andernfalls kommt es zu einer erheblichen Abweichung.

Wenn Sie die Koordinaten **45° 34' 58''** z.B. fälschlicherweise in ein Gerät mit dem Format **GG° MM,MMM'** eingeben, kommt es zu einer Abweichung von ca. 714 Metern, dies kann bedeuten: finden oder nicht finden. (0,1' Fehler entspricht in unseren Breiten 18 m Abweichung).

Links:
Das Global-Positioning-System Navigations-satellit im Weltall

Umrechnungsbeispiele

GG° MM' SS'' → **GG° MM,MMM'**		Grad und ganze Minuten bleiben gleich, multipliziere die Sekunden
45° 34' 58'' → **45°34,966'**		mit 100 und teile durch 6. 58 x 100 = 5800 / 6 = 966
GG°; MM.MMM' → **GG°; MM'; SS''**		Grad und ganze Minuten bleiben gleich, multipliziere die Tausendstel
45°34,966' → **45° 34' 58''**		mit 6 und teile durch 100. 966 x 6 = 5820 / 100 = 58,2
GG° MM,MMM' → **GG,GGGGG°**		Grad bleiben gleich, dividiere die Minuten durch 60
45°34,966' → **45,58276°**		34,966 / 60 = 0,58276
GG,GGGGG° → **GG°MM.MMM'**		Grad bleiben gleich, multipliziere die Dezimale von Grad mit 60
45,58276° → **45°34,966'**		0,58276 x 60 = 34,966'

Bedienungshinweise für Navigationsgeräte

Die meisten Geräte arbeiten mit den zwei Formaten: **GG° MM' SS,SS''** oder **GG,GGGGG°.**

Wir bevorzugen die Angabe in **GG,GGGGG°,** da man hier nicht noch zwischen Minuten und Sekunden unterscheidet und einfach nur 5 Nachkommastellen eingeben muss.

Es sollten immer 5 Nachkommastellen eingegeben werden, denn eine Falscheingabe von 0,0001 entspricht schon einer Abweichung von 11 Metern.

Die meisten Navis sind auf dieses Format voreingestellt oder das Eingabeformat kann leicht umgestellt werden.

Alle Ziele in diesem Buch und in unserer Datenbank sind in dem Format **GG.GGGGG°** angegeben (Punkt statt Komma). Dies hat den Vorteil, dass die Koordinaten in diesem Format direkt in Internet-Karten wie www.maps.google.de oder www.bing.com/maps eingegeben werden können. Bei manchen Navis wird an Stelle des Punktes ein Komma geschrieben.

Bedienungs-Schema

Die meisten Navigationsgeräte haben ein Bedienungs-Menü nach dem folgenden Schema:

1. wählt man ›Navigieren zu‹ oder ›Zieleingabe‹
2. wählen von ›Koordinaten‹ oder ›Breiten-/Längengrad‹
3. Eingabe separat von ›Breiten- und Längengrad‹ (hierbei auf das richtige Format **GG.GGGGG°** achten)

Falls das Format der Eingabe geändert werden muss, geht das meist direkt in diesem Eingabe-Menü oder im separaten Menü ›Einstellungen/Formate/Koordinaten‹.

Garmin: Einstellung des richtigen Eingabeformats für die GPS-Koordinaten

1. ›Koordinaten-Button‹ suchen

2. Mit ›Format‹ zum Koordinaten-Menü

3. Koordinaten-Angabe festlegen

4. Koordinaten eingeben

Bedienungshinweise Smartphone & Pad

Da sich heutzutage Smartphones und Pads immer mehr durchsetzen, hier kurz einige Worte zu ihrer Bedienung in Sachen Navigation.

Auf den Apple-Geräten iPhone/iPad und auf den Android-Geräten ist die gut funktionierende App ›Google-Maps‹ vorinstalliert. Das Icon heißt ›Karte‹ oder ›Map‹. Das Prinzip der Bedienung ist bei Apple- und Android-Geräten das gleiche, nur die Symbole sind etwas unterschiedlich.

Bedienung

▪ 1. Den jetzigen Standort anzeigen:

Auf das kleine Pfeilsymbol tippen und der eigene Standort wird auf der Karte angezeigt.

▪ 2. Den Zielort suchen:

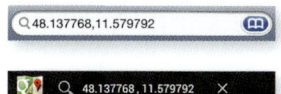

z. B. Das Hofbräuhaus in München hat folgende Koordinaten-Angaben:
48.137768 , 11.579792
In die obere Eingabezeile mit der Lupe gibt man ein:
(auf Punkt und Komma achten)
48.137768,11.579792 dann auf ›Suchen‹ tippen und der Zielort wird angezeigt.

▪ 3. Eine Route vom jetzigen Standort zum Zielort berechnen:

Wenn man nun auf den Button ›Route‹

tippt und dann nochmals mit ›Route‹ bestätigt, wird die Route vom jetzigen Standort zum Zielort berechnet.

Nun kann man noch wählen, ob man per Auto, Bahn oder zu Fuß unterwegs ist. Eventuell werden noch alternative Routen angezeigt, aus denen man auswählen kann. Mit ›Start‹ beginnt man die aktive Routenführung und muss nur noch der blauen Linie bis zum Ziel folgen.

Datenverbindung

Da für die Nutzung von Google Maps eine Datenverbindung erforderlich ist, sollte das Smartphone oder Pad über eine Datenflat oder einen anderen günstigen Datentarif verfügen.

Weiteres Wissenswertes über mobile Datennutzung (auch im Ausland) finden Sie in: LandYachting ›Alpen-Adria‹ Band 1 im Kapitel Multimedia.

Oben:
Routenführung

Unten:
Dank Smartphone und Pad mobil das Ziel finden

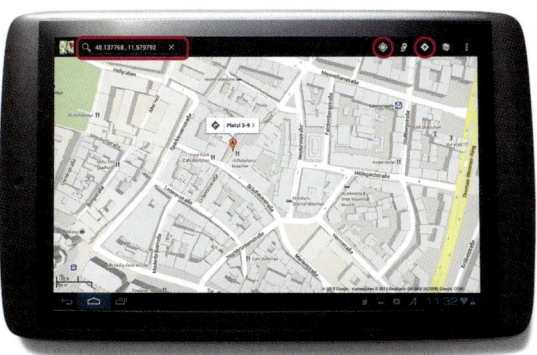

TIPP: Unsere interaktiven Stellplatzkarten können mit Smartphone oder Pad genutzt werden. Link: www.landyachting.de unter ›Interaktive Karten‹

Reisen im Winter

290

Oben:
Das ober-
bayrische Alpen-
vorland ist auch
im Winter ein
attraktives Reise-
gebiet

Für viele ist der Winter die schönste Zeit im Wohnmobil. In die verschneite Landschaft schauen, vom Mobil direkt in die Loipe oder in die Bergbahn. Mit etwas technischer Vorbereitung klappt dies mit den heutigen Wohnmobilen bestens. Darüber hinaus sind die Camping- und Stellplätze in der Region Oberbayern speziell darauf vorbereitet um Ihnen einen angenehmen Aufenthalt im Winter zu ermöglichen. Es gibt winterfeste Ver- und Entsorgungsmöglichkeiten, den Trockenraum für die Kleidung und einen warmen Badbereich, oft auch mit Sauna. Bevor es losgeht, sollte man jedoch einige Vorkehrungen für das Mobil treffen.

Vorbereitungen vor dem Start:

- Da Gasschläuche bei minus Temperaturen verspröden: vorher auf Risse untersuchen und wenn nötig tauschen.
- Funktion von Heizung und Gebläse testen.
- Alle Batterien checken und laden.
- Kühlwasser und Scheibenwasser: Frostschutz prüfen und ergänzen
- Externe Wassertanks (Frisch- und Schmutzwasser), Leitungen, Pumpe und Ventile frostsicher machen: Heizfolien, Heizband oder Heizstäbe anbringen.
- Tür-/Fensterdichtungen mit Talkum, Vaseline oder Silikonspray behandeln.
- Schlösser mit Silikonspray behandeln.
- Fußmatten für das Fahrerhaus und zusätzlichen Teppichboden für den Wohnbereich besorgen.
- Kaminverlängerungen (30 - 40 cm) erstehen, die Abluft muss immer über den Schnee geführt werden.
- Gesamtes Mobil inkl. Schränke und Stauräume vor der Fahrt langsam vorheizen.

Gas:

- Gasflaschen tauschen, mit zwei vollen Flaschen starten - bringt Überblick und Sicherheit, oder den Gastank füllen. Gasfülladapter mitnehmen.
- Der Gasverbrauch steigt stark auf ca. 3 kg/Tag (3 - 4 Tage pro Flasche). Der Verbrauch hängt stark von den verwen-

deten Gasverbrauchern ab: Generell verbrauchen die komfortablen Warmwasserheizungen etwa das Doppelte an Gas als Warmluftheizungen, Gasgrills haben naturgemäß einen hohen Bedarf, während Kühlschränke sehr genügsam mit dem Gas sind. Auch die Warmwasserbereitung schlägt zu Buche.

- Im Winter nur Propangas verwenden, Butangas wird bei Temperaturen unter 0°C nicht gasförmig.
- Eine Gasflaschenumschaltautomatik verhindert Gasflaschenwechsel mitten in der Nacht, und ein Heizgerät am Gasflaschendruckregler verhindert ein Einfrieren des Ventils.
- Schon vor Reisebeginn klären, auf welchem Campingplatz im Zielgebiet man Gasflaschen tauschen kann oder wo der Gastank wieder gefüllt wird.

Heizen:

- Die Standheizung muss zuverlässig durchlaufen und je nach Mobilgröße eine Wärmeleistung von min. 2 - 4 KW haben. Die Temperatur sollte nicht unter +5°C absinken. Eine Dieselstandheizung funktioniert nur zuverlässig bis zu einer Höhe von 1500 m NN.

- Einen elektr. Heizlüfter oder eine elektr. Konvektionsheizung mitnehmen, falls die Standheizung einmal ausfällt - nur als Notlösung und Kurzersatz bei ganz tiefen Temperaturen.
- Nicht mit Katalytheizungen oder Infrarot-Gasstrahlern heizen! Es besteht Erstickungsgefahr.
- Erste Regel: Kondenswasser vermeiden!
- Während der Aufheizphase alle Schranktüren, Stauklappen und Staukästen öffnen, um Kondenswasserbildung zu vermeiden. Unterschiedliche Klimazonen ebenso vermeiden.
- Regelmäßig stoßlüften: Für einige Minuten Fenster und Tür öffnen, damit feuchte Luft durch frische, trockene Luft ersetzt wird.
- An schlecht belüfteten Außenwänden, z.B. hinter den Rückenpolstern oder Matratzen und Schränken regelmäßig auf Feuchtigkeit kontrollieren und ggf. trocknen.

Strom:

Für das Wintercamping ist genügend Strom unabdingbar. Entweder über eine externe 230 V Versorgung, mit einem

Links:
Die Zugspitz-Region hat eine lange Schneesaison zu bieten

Oben:
Viele Wohnmobilstellplätze in Oberbayern haben auch im Winter geöffnet

Kabel mit ausreichendem Querschnitt, bei dem der Stromverbrauch für die elektr. Zusatzheizung zu berücksichtigen ist. Oder, falls keine externe Stromversorgung zur Verfügung steht, muss man genügend Kapazität an Bord haben, und über eine autarke Stromversorgung verfügen. Dazu mehr im Kapitel Energie an Bord.

Eine Dieselstandheizung hat einen Stromverbrauch von ca. 3 A und eine Truma-S-Gasheizung von ca. 1 A. Nimmt man nur die Gasheizung und setzt eine 90 Ah-Batterie voraus, ist diese schon nach knapp 2 Tagen auf 50% der theor. Kapazität gefallen und sollte geladen werden.

Frisch- und Abwasser:

■ Leitungen, die im Innenraum an Außenwänden verlegt sind, können auch einfrieren. Falls nötig mit elektr. Heizfolie umwickeln.

■ Notkanister mit 5 l Trinkwasser frostsicher im Innenraum verstauen.

■ Bei Minustemperaturen Abwasser aus nicht-isolierten oder ungeheizten Tanks immer sofort in einen Eimer unter dem permanent geöffneten Ablasshahn ablassen.

Diesel

Normaler Winterdiesel kann unter minus 18° ausflocken. Filter und Einspritzung sind dann meist verstopft, auch die Dieselstandheizung kann dadurch ausfallen. Abhilfe schaffen ein paar Liter Benzin im Dieseltank oder ein spezieller Dieselzusatz, wenn es wirklich kalt werden sollte.

Die Sicherheit geht im Winter vor:

■ Bei winterlichen Witterungsverhältnissen sollte man nicht frei stehen. Die Überraschung am nächsten Morgen kann ein Weiterfahren unmöglich machen, und ohne Hilfe wird es meist schwierig, sich aus tiefem Neuschnee wieder zu befreien. Vielerorts gibt es wintergerechte Wohnmobilstellplätze und Campingplätze.

An Seilbahnstationen und Restaurants kann man oft auch stehen, hier sollte man jedoch vorher fragen.

■ In einer Gruppe von Wohnmobilfahrern kann man sich gegenseitig helfen und auch die Sicherheit ist höher.

■ Niemals in ein schneebedecktes Gelände oder Parkplatz einfahren, das vorher nicht besichtigt wurde. Unter dem Schnee kann vieles verborgen sein. Ist es nur eine verschneite Wiese als Aushilfsparkplatz, kann schweres Gerät notwendig sein, um das festgefahrene Mobil wieder zu befreien.

■ Abstand halten von Schneelasten auf Bäumen oder Dächern, ebenso von steilem Gelände, Abgründen und Bächen. Schneeabgänge oder Überschwemmungen können drohen.

■ Bretter unter Rädern und Stützen verhindern das Einsinken.

■ Stromkabel kenntlich machen oder so verlegen, dass sie auch nach Schneefall durch das Räumen nicht beschädigt werden.

■ Handbremse lösen - Einfriergefahr.

■ Be- und Entlüftungen von Schnee freihalten - Erstickungsgefahr.

■ Bei starkem Schneefall: regelmäßig Dächer und Vorzelten von Schnee befreien.

Das größte Problem ist die Feuchtigkeit

Es gibt zwei Quellen der Feuchtigkeit:
Erste Quelle:

▪ Feuchtigkeit, die von draußen mit Schuhen, Kleidung und Ausrüstung in das Fahrzeug gebracht wird. Abhilfe: möglichst viel davon im Vorzelt oder Heckgarage lassen, besser noch im Trockenraum unterbringen. Ansonst:

▪ Kleidung und Skischuhe vor dem Fahrzeug von Schnee befreien.

▪ Nasse Kleidungsstücke vor dem Heizungsauslass der Dusche zum Trocknen aufhängen und dabei lüften.

Zweite Quelle:

▪ Feuchtigkeit, die durch Kondensation entsteht. Sie bildet sich wenn die lokale Temperatur an schlecht isolierten Stellen (Metallteile, Türen und Scheiben oder Schränke) unter dem Taupunkt liegt und die Feuchtigkeit sich niederschlägt.

▪ Abhilfe: Stoßlüften und versuchen, eine gleichmäßige Temperaturverteilung im Mobil zu erreichen sowie keine große Temperaturschwankungen tags und nachts entstehen zu lassen.

▪ Alle Flächen/Teile, an denen über Nacht Kondenswasser oder Eiskristalle entstanden sind, mit einem Lappen abtrocknen.

▪ Gegen die Feuchtigkeit in den Schränken: Schränke nicht voll beladen und Salz-Entfeuchter aufstellen.

▪ Starke Wasserdampfentwicklung beim Kochen vermeiden.

Die erforderliche Ausrüstung:

▪ Winterreifen - nie ohne losfahren!

▪ Schneeketten - für die Sicherheit auf den Straßen, aber auch zum Anfahren.

▪ Klappspaten - zum Ausgraben des Wohnmobils, kurze Bretter zum Unterlegen / Anfahren.

▪ Fußmatte und Handfeger - damit der Schnee von den Schuhen abgefegt werden kann.

▪ Leiter, Besen und Schneeschaufel (Schneeschieber) - zum Freischaufeln des Wohnmobils, falls viel Schnee gefallen ist

▪ Abschleppseil , Starthilfekabel , Scheibenenteiser.

▪ Waschwasserzusätze für die Scheibenwaschanlage (unverdünnt).

▪ Frostschutzmittel für das Kühlwasser.

▪ Isoliermatten/folie für die Front- und Seitenscheiben für Fahrerhaus. Isolierfolie innen und außen. Beitseitig hat den Vorteil, dass sich keine Eisschicht im Innenraum bildet, wie es bei fehlender Außenfolie vorkommen kann.

▪ Vorzelt mit steilem Dach und mit Boden als Klimazone, Trockenraum und Ablagefläche.

Oben: Schneeketten sollte man auch schon im Spätherbst in den Alpen dabei haben

Autarke Energieversorgung

Oben:
Viele schöne
Plätze in Ober-
bayern haben
leider oft keinen
Stromanschluss

Gerade in Oberbayern ist man öfter einmal angewiesen, frei zu stehen, daher ist das Thema: ›Autarke Stromversorgung‹ hier besonders wichtig.

Autarkie in der Stromversorgung bedeutet: wie viele Tage kann ich ohne externen Landstrom (230 V) meinen Energieverbrauch sicherstellen.

Dies hängt von drei Faktoren ab:
1. Wie groß ist mein Stromspeicher, die Batterie?
2. Wie groß ist mein täglicher Stromverbrauch?
3. Wie und mit welcher Leistung kann nachgeladen werden?

Der Reihe nach:

1. Die Bordbatterie:

Autarkie fängt mit der Bordbatterie an, denn hier wird der benötige Strom gespeichert. Zuerst stellt sich die Frage nach der Größe der Wohnraumbatterie. Batterien werden mit einer Kapazität von 90 Ah bis zu 235 Ah und mehr angeboten. Diverse Bauformen gibt es, die sich durch die verwendete Technologie und dem inneren Aufbau unterscheiden. Die Eigenschaften differieren entspre-

chend in Langlebigkeit, Zyklenfestigkeit, Wartungsaufwand, Einbaulage und Notwendigkeit einer Entlüftung sowie Hochstrom- und Tiefenentladungsfähigkeit.

Von einfach bis teuer:

Offene Blei-Säure-Akkus wie sie schon der Großvater kannte - sie sind die preisgünstigste Variante mit Nachteilen in allen obigen Eigenschaften.

Gel-Vlies Batterien

Bei Gel-Batterien ist der Elektrolyt eine Gelsubstanz, daher kann kein Säurenebel oder Flüssigkeit nach außen dringen. Die Batterie kann in beliebigen Einbaulagen eingesetzt werden und ist wartungsfrei und auslaufsicher.

Gel-Batterien vertragen eine höhere Entladung und sind zyklenfester als Säurebatterien. Ein Nachteil ist, dass die Gel-Batterie größer ist und zum Laden ein spezielles Ladegerät mit bestimmter Ladekennlinie benötigt wird. Auch die Anschaffungskosten sind höher.

AGM-Batterien (Absorbent Glass Mat), hier ist der Elektrolyt durch ein Glasfaservlies gebunden.

Die einzelnen Zellen sind in den Akku gepresst, Abschlammungen, wie sie auch bei Blei-Gel-Batterien vorkommen, werden reduziert. Aufgrund der hohen Packungsdichte wird der Innenwiderstand verringert und dadurch können auch hohe Ströme entnommen werden (für Wechselrichter und hohen Verbraucheranlaufstrom geeignet).

Weitere Vorteile der AGM Batterie sind die hohe Rüttelfestigkeit und Zyklenbeständigkeit sowie Robustheit gegenüber Tiefentladungen. Daher ist die Lebensdauer ca. dreimal so hoch, als bei einem normalen Blei-Akku. Nachteile sind der hohe Preis und dass auch AGM-Batterien spezielle Ladegeräte benötigen. Neue Akku-Typen wie Lithium-Ionen oder Lithium-Eisen-Phosphat haben entscheidende Vorteile, was die gespeicherte Energiedichte pro kg Akku anbelangt (bis 70% weniger Volumen und Gewicht), aber ihr zur Zeit noch sehr hoher Preis erschwert einen Einsatz im Mobil.

Unterschieden wird auch noch zwischen einer Starterbatterie und einer Bordbatterie: erstere muss schnell hohe Startströme liefern, die zweite für lange Zeit auch kleine Ströme abgeben und dies bis die Batterie fast entleert ist (die sog. Zyklenfestigkeit) und dabei keinen Schaden zu nehmen. Daher unterscheidet sich der innere Aufbau beider Batterietypen voneinander.

Bei den meisten Mobilen ist eine Wohnraumbatteriekapazität von 90-120 Ah (= 1.080 - 1.440Wh) verbaut, große Mobile haben bis zu 500 Ah (= 6.000 Wh) an Bord.

Die Energiekapazität von Batterien wird in Amperestunden (Ah) angegeben, physikalisch ist dies die sogenannte Nennladung. Erst die Nennladung mit der Spannung multipliziert ergibt das Energiespeichervermögen eines Akkumulators in Wattstunden (Wh).

2. Der Verbrauch:

Erst einmal sollte man sich einen Überblick verschaffen, wie viel Energie man verbraucht. Der **durchschnittliche Tagesverbrauch** ist die wichtige Größe.

Energieverbrauch Musterrechnung:
Da jedes Mobil anders ausgestattet und das Nutzungsverhalten immer unterschiedlich ist, ist es erforderlich, dass jeder seine eigene Musterrechnung anstellt. Licht, wenn noch nicht auf LED-Technik umgestellt, und der elektr. (Absorber-) Kühlschrank, sowie die 230 V Verbraucher über Wechselrichter, sind die größten Verbraucher.

An diesem Beispiel erkennt man erkennt schnell, dass eine 90 Ah Batterie nicht sehr lange reicht.

Die Hauptverbraucher können leicht identifiziert werden und welcher Verbraucher eventuell nicht eingeschaltet wird, um Energie zu sparen.

Verbraucher	Leistung	Berechnung	Stromaufnahme	Nutzungszeit	Berechnung	Tages-Verbrauch	Energiebedarf / Tag
TV- SAT	70 W	70 W / 12 V =	5,83 A	2,5 h	5,83 A x 2,5 h =	14,57 Ah	175 Wh
Licht	30 W	30 W / 12 V =	2,5 A	4 h	2,5 A x 4 h =	10 Ah	120 Wh
Wasserpumpe	40 W	40 W / 12 V =	3,33 A	0,5 h	0,5 A x 1h =	1,66 Ah	20 Wh
Computer	90 W	90 W / 12 V =	7,5 A	1 h	7,5 A x 1h =	7,5 Ah	90 Wh
Kompr. Kühlschrank	12 W/h	12W / 12 V =	1 A	24	1 A x 24 h =	24 Ah	290 Wh
Wechselrichter	1.500 W	1.500 W / 12 V =	125 A	0,1 h	125 A x 0,1 h =	12,5 Ah	150 Wh
Heizung / Gebläse	12 W	12 W / 12 V =	1 A	12 h	1 A x 12 h =	12 Ah	144 Wh
Sonstige							
Gesamt						82,23 Ah	989 Wh

W = Watt, V = Volt, A = Ampere, Ah = Amperestunden, Wh = Wattstunden
82,23 Ah bei 12 V entsprechen einem gesamten Tages-Energiebedarf von ca. 990 Wh.

**Oben:
Oberbayern hat
1.400 bis 1.700
Sonnenstunden
pro Jahr**

Strom zum Nach-
laden

Diese unterschiedlichen Systeme gibt es, um das Bordnetz wieder aufzuladen:
1. Solaranlage
2. Brennstoffzelle
3. Generator

Jedes besitzt seine Vor- und Nachteile und wird im Folgenden beschrieben:

Das Solarmodul:

Die einfachste Art Strom zu erzeugen ist die Solarzelle. Das System ist einfach aufgebaut, wartungsfrei und benötigt keine Betriebsmittel.

Das Solarmodul gibt es in mehreren Leistungsklassen / Größen, von 40 Watt bis über 250 Watt. Es wird auf das Dach geklebt, benötigt nur die Kabelverbindung zu dem Regelmodul, welches direkt mit der Wohnraumbatterie verbunden wird und dieses selbsttätig ohne weitere Bedienung lädt.

Problem ist der Platzbedarf auf dem Dach, da Dachluken, Antennen oder andere Aufbauten / Lasten auch Platz benötigen und die Module nicht abschatten sollten.

Weitere Besonderheiten sind: Im Sommer sucht man meist einen schattigen Platz unter Bäumen, nur dort wird kaum Strom produziert. Im Winter sind die Sonnenscheinstunden, wenn sie überhaupt scheint, sehr kurz und bei Regenwetter wird kein Strom produziert. Diese Besonderheiten gilt es in der Auslegung der Leistung der Solaranlage und der Batteriekapazität zu berücksichtigen.

Die Leistung eines Solarmoduls wird in Watt angegeben, meist sieht man auch die Abkürzung Wp, sie bedeutet die Spitzen-Nennleistung eines Solarmoduls (in Watt Peak = Wp) unter Laborbedingungen.

Der tägliche Ertrag hängt stark von der Jahreszeit und dem Einstrahlwinkel der Sonne ab. Ein der Sonne direkt zugewandtes Modul hat zwischen 0,5 h (an einem trübem Wintertag) und 7 h (an einem langen Sommertag) Vollertrag. Das heißt, ein 100-Watt-Modul bringt zwischen 50 Wh und 700 Wh Tagesertrag. Im Süden Europas sind die Ertragswerte generell besser als im Norden.

Damit ergibt sich folgende Kategorisierung als Richtwert für die Größe der Module:

▪ Für kleine Mobile reicht eine Anlage von 80 - 90 Watt
(Mittlerer Ertrag ca.
320-360 Wh / Tag)

▪ Mittlere Mobile benötigen
100 - 150 Watt
(Mittlerer Ertrag ca.
400 - 600 Wh / Tag)

▪ Große Mobile und /oder Mobile im Ganzjahres-Einsatz benötigen
min. 150 - 250 Watt
(Mittlerer Ertrag ca.
600 - 1.000 Wh / Tag)

Man sieht, um den moderaten Musterverbrauch von oben zur Gänze abzudecken, müsste schon die größte Kategorie der Solarmodule eingesetzt werden. Aus diesem Grund wird meist auch noch eine zweite Energieerzeugung parallel genutzt, um die Schwächen der Solarmodule auszugleichen.

Die Brennstoffzelle:

Das Prinzip der Brennstoffzelle kennt man schon lange. Bereits 1839 hat Sir William Robert Grove eine ›galvanische Gasbatterie‹ vorgestellt, die durch sogenannte ›Kalte Verbrennung‹ von Wasserstoff und Sauerstoff Strom erzeugen konnte. Da jedoch die Herstellung von Wasserstoff aufwendig und der Energieertrag in der Brennstoffzelle gering war, haben sich bis heute der Verbrennungsmotor und der Generator durchgesetzt. Aber dies ändert sich nun langsam. Der Vorteil der Brennstoffzelle ist der geräuschlose 24-h-Betrieb, ihr hoher Wirkungsgrad und kaum Abgase. Nachteile sind nach wie vor die Kosten für die Zelle selbst und die Anforderungen an den ›Brennstoff‹.

Mittlerweile etablieren sich einige Hersteller von Brennstoffzellen für die Nutzung im Reisemobil; der Hauptunterschied liegt im genutzten Brennstoff: Campinggas oder ein spezielles flüssiges Methanolgemisch.

Die Firma SFC mit ihren EFOY Brennstoffzellen sind am längsten auf dem Markt und setzen auf die Methanollösung. Dies bietet den Vorteil, dass die Geräte einen wesentlich kleineren Platzbedarf haben und somit leichter zu integrieren sind. Die Versorgung mit den Methanol-Kanistern ist durch ein flächendeckendes Händlernetz in Europa sichergestellt und der Verbrauch ist gering: 5 l Methanol reichen für ca. 5.500 Wh. Die Brennstoffzellen gibt es in den Leistungsklassen 40 W, 72 W und 105 W, was einer maximal produzierten Ener-

giemenge von 960 Wh, 1.680 Wh oder 2.520 Wh pro Tag entspricht. Das Gewicht liegt zwischen 7 kg und 8,2 kg, plus dem 5 l Methanolkanister à 4,3 kg (Preis: 2600 € - 5500 €).

Die Firmen Truma und Enymotion sind technologisch einen anderen Weg gegangen und nutzen das an Bord vorhandene Gas (Propan, Butan) für die Brennstoffzelle. Der Vorteil ist, dass man keinen extra Brennstoff für die Zelle mitführen muss. Die Nachteile sind die Baugröße der Geräte und der Einbauaufwand. Das kommt daher, dass das Gas erst aufbereitet werden muss, damit es in der Zelle verstromt werden kann. Erst wird das Gas mit einem Filter entschwefelt und danach wird Wasserstoff

aus dem Kohlenwasserstoff-Gas reformiert. Dafür benötigen die Systeme Wasser, welches im laufenden Betrieb aus dem Prozess gewonnen wird.

Das Truma Vega Brennstoffsystem leistet 250 Watt und hält 20 A Ladestrom bereit, was einer maximalen täglichen Energiemenge von ca. 6.000 Wh/Tag entspricht. Der Gasverbrauch im Ladebetrieb liegt bei knapp 400 g Gas pro 1.000 Wh. Das Gewicht liegt bei ca. 40 kg (Preis: 7000 €).

Das System Enyware 200, soll maximal 200 Watt bei maximal 16 A leisten, was einer Energiemenge von 4.800 Wh pro

Tag entspricht. Wiegen soll sie 39 kg und der Verbrauch wird mit 500 g Gas pro 1.000 Wh angegeben.

Vor- und Nachteile:

Die Methanol-Brennstoffzelle ist kleiner und leichter, benötigt kaum Einbauaufwand und ist in 10 Jahren Nutzungsdauer wartungsfrei. Nachteile sind die im Vergleich kleinere Leistung und der besondere Treibstoff. Die Methanol-Brennstoffzelle muss länger pro Tag laufen und so die Energie nach und nach erzeugen, die der Nutzer aus der Wohnraumbatterie entnommen hat.

Die Ladeströme der Gas-Brennstoffzellen sind viel höher, so kann die Batterie schnell fast voll geladen werden, was batterieschonender ist. Nachteile sind das Gewicht, der Einbauaufwand, eine regelmäßige Wartung der Filter (ca. alle 3 Jahre) und der höhere Preis.

Beide Systeme sind im Betrieb sehr leise und nahezu abgasfrei, die benötigte Prozesswärme ist gering und dringt nicht an das Gehäuse der Brennstoffzellen. Allerdings hat solch eine Premiumtechnik bei beiden Systemen berechtigterweise ihren Preis.

Der Generator:

Auch hier gibt es mehrere Systeme: Mobile- und Einbaugeneratoren sowie unterschiedliche Brennstoffe: Benzin, Diesel und Gas. Der Vorteil der Generatoren ist, dass die chemisch gespeicherte Energie in den Brennstoffen enorm groß ist und damit auch kleine Generatoren große Energiemengen an preisgünstigem Strom erzeugen können. Die Hauptnachteile sind Lärmentwicklung, Abgas, Abwärme, Geruch und Gewicht. Es sind Verbrennungsmotoren und be-

nötigen daher Schmierstoff und regelmäßige Wartung - und die Toleranz der Nachbarn. Der Marktführer für tragbare Generatoren ist Honda mit Benzingeneratoren in Leistungsklassen von 700 W bis zu 3.000 W Spitzenleistung, Gewicht 12 kg bis 35 kg. Dies ist sicher die preisgünstigste Art Strom zu erzeugen (ab ca. 800 €), aber auch die lauteste.

Die Dauerleistung, die ein solcher Generator über einen längeren Zeitraum abgeben kann beträgt 80-90 % der Spitzenleistung. Große Benzin- oder Diesel-Einbau-Generatoren erzeugen maximale Leistungen zwischen 2.000 und 5.000 Watt und können auch stromfressende Klimaanlagen betreiben. Sie haben jedoch ein hohes Gewicht und alle oben genannten Nachteile. Das Preisniveau bewegt sich in etwa auf dem der Brennstoffzelle, und der Einbauaufwand ist nicht unerheblich. Ein Beispiel für einen Benzin Einbaugenerator ist der Telair 2510 B mit 2.500 W Leistung, einer Lärmemission von 58 dBA (in 7m), einem max. Verbrauch von: 1,2 l/h Benzin und einem Gewicht von 56 kg (Preis ca. 3500 €).

Als Diesel-Beispiel sei der Telair 2510D mit 2.200 W Leistung, einer Lärmemission von 63 dBA (in 7m), einem max. Verbrauch von 0,7 l/h Diesel und einem Gewicht von 90 kg (Preis ca. 5550 €) genannt. Gas-Generatoren bieten einige Vorteile im Vergleich zu ihren Benzin- oder Diesel-Gegenstücken:

Sie werden mit dem an Bord vorhandenen Gas betrieben, sind leiser und das Abgas ist unproblematisch.

Kleine, gekapselte Einbaugeneratoren mit Gasbrennstoff (z.B. von Gasperini) erzeugen 240 bis 300 Watt.

Der Gasverbrauch liegt bei 270 g/h oder

295 g/h, die Geräuschentwicklung liegt bei 51 dB und das Gewicht beträgt 19 kg bei geringen Einbaumaßen (Preis ca. 3000 €). Große Einbau Gasgeneratoren erzeugen weitaus mehr Energie:

der Telair ENERGY 2510 G erzeugt maximal 2.500 W bei einem Gasverbrauch von 800 g/ h, die Lautstärke wird mit 58 dBA angegeben und das Gewicht mit 60 kg (Preis ca. 4000 €).

3. Wie und mit welcher Leistung kann nachgeladen werden?

Je nach Größe und Art der installierten Anlage:

	Leistung - Ertrag pro Tag
Solaranlage	320 - 1.000 Wh
Brennstoffzelle:	
Methanol	960 Wh - 2.520 Wh
Gas	4.800 Wh - 6.000 Wh
Generator:	(alle bei 90 % Leistung und 12 h Betrieb)
tragbare Benzingenerator	7.560 Wh bis zu 32.400 Wh
Benzin/Diesel Einbaugenerator	27.000 Wh
Gas Einbaugenerator klein	2.600 Wh
Gas Einbaugenerator groß	18.000 Wh

Fazit:

Man sieht, dass die Solaranlage im Vergleich wenig Energie erzeugen kann, dabei auch noch wetterabhängig. Das bedeutet, dass zur wirklich autarken Versorgung eine weitere Energiequelle mit an Bord muss. Ausschlaggebend für die weitere Auswahl sind Gewicht der Anlage, der Anschaffungspreis und die laufenden Kosten. Das optimale System gibt es nicht, daher müssen in die Abwägung weitere Faktoren einbezogen werden, die rein individuell zu entscheiden sind:

- Die Lärmentwicklung spielt sicher eine größere Rolle, wenn man oft an Plätzen mit Nachbarn steht, als wenn man in entlegenen Gebieten unterwegs ist.
- Eine Gewichtslimitierung ist vom eigenen Fahrzeug abhängig.
- Die einfache Versorgung mit Brennstoff ist abhängig vom Fahrtengebiet, in dem man unterwegs ist.
- Will man ein weiteres service- und wartungsintensives System an Bord haben.

Als preisgünstige Lösung bei moderatem Verbrauch bietet sich eine Kombination aus Solarmodul und einer kleinen Methanol-Brennstoffzelle oder einem kleinen Einbau-Gasgenerator an. Bei hohem Verbrauch bietet sich eine Kombination von Solaranlage und Gas-Brennstoffzelle oder einem Gas-Einbaugenerator an.

Die Entscheidung für sein eigenes optimales System kann getroffen werden, wenn man den eigenen typischen Tagesverbrauch ermittelt und die individuellen Faktoren der Nutzung sowie die eigenen Technikpräferenzen berücksichtigt.

Stellplatz-Finder

Wintergeeignete Plätze

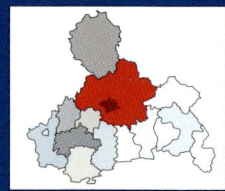

Region München und Umland

Kürzel	Koordinaten	Ausstattung	Beschreibung	Preis
M 01	Hafen Ferienhof Kirschner**XL / C 48.46987 , 12.994838 84347 Pfarrkirchen Asbach 5 Tel.+49(0)8565 655 www.fewo-rottal.de	ganzjährig 5 Standplätze Ver- und Entsorgung Strom / WC / Dusche WLAN	Ruhig beim typisch bayrischen Vierseithof gelegen, steht man auf Kiesuntergrund hinterm Hof. Ein Abenteuerspiel-platz für die Kleinen ist vorhanden. In nur 10 Mi-nuten geht es zur Rottal-Therme in Bad Birnbach	€€
M 02	Stellplatz Der Freistaat Caravaning* XL 48.28267 , 11.26084 85254 Sulzemoos Ohmstraße Tel.+49(0)8135 937100 www.derfreistaat.de	ganzjährig 40 Standplätze Ver- und Entsorgung WC beleuchtet	Stellplätze direkt am Freistaat-Einkaufs-zentrum für Caravaning	0€
M 03	Hafen Therme Erding** XL 48.292249 , 11.886015 85435 Erding Thermenallee 2 Tel.+49(0)179 7042455 www.therme-erding.de	ganzjährig 55 Standplätze Ver- und Entsorgung WC-Container beleuchtet	Hafen direkt bei der Therme, geschotterte, abgeteilte Stellflächen. Bäckerei und Gastrono-mie in der Therme. Bushaltestelle, S-Bahn-Station in 3 km	€
M 04	Stellplatz Oktoberfest* XL 48.127394 , 11.521782 80331 München / Laim Siegenburger Straße 58	nur während des Oktoberfestes 250 Standplätze Ver- und Entsorgung WC 24 Stunden bewacht beleuchtet	Großer Parkplatz bei der Rudi-Sedlmayer-Halle. 30 Gehminuten zum Oktoberfest oder mit dem Stadtbus	€€
M 05	Stellplatz Olympia-gelände* XL 48.176103 , 11.546382 80809 München Einfahrt über Sapporo-bogen		Auf dem großen Park-platz können auch Wohnmobile stehen, da es keine Höhenbe-schränkung gibt	€€

Kürzel	Koordinaten	Ausstattung	Beschreibung	Preis
M 06	Campingplatz Obermenzing** XL / C 48.175072 , 11.446594 81247 München Lochhausener Straße 59 Tel.+49(0)89 8112235	15. März-31. Oktober 170 Standplätze Ver- und Entsorgung Strom / WC / Dusche beleuchtet	Der Campingplatz liegt in einem ca. 50.000 qm großem Park. 6 km von München entfernt, S-Bahn-Anschluss	€
M 07	Parkplatz Müller'sches Volksbad* 48.132295 , 11.588784 81667 München Zellerstraße	ganzjährig 20 Plätze beleuchtet	Hinter dem Volksbad kann man mit etwas Glück einen kleinen Parkplatz ergattern	€
M 08	Stellplatz Neues Messegelände* XL 48.133487 , 11.709875 80331 München / Riem De-Gasperi-Bogen Tel.+49(0)89 94920720	geöffnet während des Oktoberfestes und verschiedener Messen 1.000 Standplätze Ver- und Entsorgung Strom / WC / Dusche beleuchtet	20 min mit öffentlichen Verkehrsmitteln ins Zentrum	€€€
M 09	Parkplatz Floßlände* XL 48.094818 , 11.546647 81379 München Zentralländstraße 27	ganzjährig 250 Standplätze	Großer Parkplatz, nicht offiziell, aber stehen wird hier geduldet. Gegenüber Restaurant Floßlände und Naturbad Maria Einsiedel, kurz vor dem Campingplatz Thalkirchen	0€
M 10	Campingplatz Thalkirchen** XL / C 48.090887 , 11.544720 81379 München Zentralländstraße 49 Tel.+49(0)89 7231707 camping-muechen.de	ganzjährig	Sehr großer Campingplatz an der Isar. Schöner Ausgangspunkt für Spaziergänge, Radtouren und Badevergnügen am Fluss. Mit dem Bus 135 in 15 Minuten ins Stadtzentrum. 1,3 km sind es bis zum Tierpark Hellabrunn	€€
M 11	Hafen Allianz-Arena* XL 48.221854 , 11.624597 80939 München Werner-Heisenberg-Allee 25	ganzjährig Ver- und Entsorgung nur bis Frostbeginn 110 Standplätze Ver- und Entsorgung Strom beleuchtet	An und vor Spieltagen und während des Oktoberfestes steht der Platz nicht zur Verfügung, Bus ins Zentrum	€

Kürzel	Koordinaten	Ausstattung	Beschreibung	Preis
M 12	Parkplatz Kunstareal* 48.149305 , 11.570384 80333 München Theresienstraße 41	ganzjährig beleuchtet	Sonntag früh kann man hier bei den Museen noch einen Parkplatz ergattern; nichts für XL-Mobile	€
M 13	Stellplatz Englischer Garten** 48.163631 , 11.606796 80805 München Gyßlingerstraße	ganzjährig 20 Plätze Hundewiese	Stellplatz im Grünen, mitten im Englischen Garten, unweit der Bier-gärten Hirschau und Mini-Hofbräuhaus	0€
M 14	Parkplatz Maria-Theresia-Straße* 48.145656 , 11.599608 81675 München Maria-Theresia-Straße 29	ganzjährig 20 Plätze	Parkreihe direkt am Isar-Hochuferpark	0€
M 15	Parkplatz Michaelibad U-Bahn* 48.119411 , 11.630658 81671 München St.-Michael-Straße 130	ganzjährig 20 Plätze beleuchtet	Nur 15 min braucht man vom Parkplatz in die In-nenstadt. Nur für kleine Mobile	€
M 16	Parkplatz Neubiberg S-Bahn* XL 48.076902 , 11.657683 85579 Neubiberg Rosenheimer Landstraße 3	ganzjährig >20 Plätze	Nur 20 min mit der S-Bahn braucht man vom Parkplatz in die Innen-stadt	0€
M 17	Stellplatz Hohenbrunn S-Bahn* XL 48.045593 , 11.700235 85662 Hohenbrunn Bahnhofstraße 15	ganzjährig, beleuchtet 	Stellplatz direkt an der S-Bahn. 30 min nach München. Der schöne Gasthof ›Alter Wirt‹ mit Biergarten ist gleich um die Ecke	0€
M 18	Stellplatz Isarufer* XL 48.043652 , 11.518438 82031 München-Grünwald Emil-Geis-Straße/bei der Grünwalder Brücke	ganzjährig 	Der große Parkplatz liegt direkt an der Isar. Ideal zum Baden	0€

Kürzel	Koordinaten	Ausstattung	Beschreibung	Preis
M 19	Stellplatz Dulipphof* XL/C 48.039959 , 11.620744 82024 Taufkirchen Hochstraße 3 Tel.+49(0)89 6121266 www.dulipphof.de	ganzjährig 8 Standplätze Ver- und Entsorgung Strom	Ferienhof mit Blick auf die Berge, Wiesenfläche, Brötchenservice 14 km ins Zentrum Münchens	€
M 20	Parkplatz Alte Brauerei* 47.971736 , 11.781031 85653 Aying Zomedinger Straße	ganzjährig 20 Plätze	Auf dem großen Parkplatz hinter der alten Brauerei findet sich meistens ein Parkplatz	0€
M 21	Stellplatz Deininger Weiher* XL 47.967951 , 11.524984 82064 Straßlach-Dingharting Deininger Weiher 4 www.waldhaus-deininger weiher.de	ganzjährig 20 Plätze	Parkplatz am schönen Deininger Weiher mit Restaurant und Biergarten	0€
M 22	Parkplatz Herrmanns-dorf** XL 47.991921 , 11.897452 85625 Glonn Herrmannsdorf 7 Tel.+49(0)8093 90940	ganzjährig, 4 Plätze	Auf dem Parkplatz des Gutes Herrmannsdorf kann man übernachten, allerdings ohne Versorgung. Die Lieferwagen fahren von hier frühmorgens aus	0€
M 23	Parkplatz Braustüberl Maxlrain** XL 47.897916 , 11.987912 83104 Tuntenhausen Stachöderweg 2	ganzjährig, 30 Plätze	Großer Parkplatz am Braustüberl	0€
M 24	Parkplatz Golfplatz Maxlrain* 47.901247 , 11.993298 83104 Tuntenhausen Maxlrainer Freiung	im Winter geschlossen 2 Plätze	Parkplatz des Golfplatzes mit gutem Restaurant, nicht zum Übernachten	0€
M 25	Stellplatz Weihenlinden Kirchplatz* XL 47.887395 , 11.957239 83052 Weihenlinden Lindenstraße 49	ganzjährig 30 Standplätze	Der große Parkplatz liegt zwischen Kirche und Gasthof	0€

Kürzel	Koordinaten	Ausstattung	Beschreibung	Preis
M 26	Parkplatz Zentrum Bad Aibling* 47.866008 , 12.009880 83043 Bad Aibling Hofmühlstraße	ganzjährig 10 Plätze beleuchtet	Ruhige Straße mit Park-plätzen am kleinen Flüsschen mitten im Zentrum. Leider nichts für XL-Mobile	€
M 27	Hafen Therme Bad Aibling** XL 47.85639 , 12.00583 83043 Bad Aibling Heubergstraße 1 therme-badaibling.de	ganzjährig 25 Standplätze Ver- und Entsorgung Strom beleuchtet	50 m zur Therme, ruhig am Waldrand ge-legen. Ebene Plätze auf Gittersteinen	€
M 28	Stellplatz Haag Naturbad** XL 48.154053 , 12.176577 83527 Haag in OB Freibadstraße 10		Der Parkplatz am Natur-freibad ist absolut ruhig, aber auch dunkel. Ganzjährig geöffnet	0€
M 29	Parkplatz Gasthaus zum Hofgarten* 48.159791 , 12.180951 83527 Haag in OB Hofgartenstr. 2	ganzjährig beleuchtet	Der Parkplatz an der Burg liegt eben unter schattigen Bäumen	0€
M 30	Stellplatz Unter der Rampe* XL 48.061534 , 12.225263 83512 Wasserburg a. Inn Schopperstattweg www.wasserburg.de/de/ buerger/verkehr/park-moeglichkeiten	ganzjährig 10 Standplätze beleuchtet	Stellflächen im hinteren Bereich, nicht separat markiert	0€
M 31	Stellplatz Badria* XL 48.050578 , 12.226422 83512 Wasserburg a. Inn Alkorstraße 14 Tel.+49(0)8071 8133 www.badria.de	ganzjährig 3 Standplätze Strom am Münzautomat beleuchtet	Vom Stellplatz vor dem Badria-Erlebnisbad sind es nur 1 km zur Altstadt. Auch der Stadtbus hält direkt am Bad	0€
M 32	Parkplatz Am Gries* 48.061282 , 12.235183 83512 Wasserburg a. Inn	ganzjährig 2 Standplätze beleuchtet	Der Parkplatz liegt im Zentrum	0€
M 33	Camping Erlensee** XL /C 47.924866 , 12.135550 83135 Schechen Rosenheimer Str. 63 Tel.+49(0)8039 1695 camping-erlensee.de	ganzjährig 15 Standplätze Ver- und Entsorgung Strom beleuchtet	Der Platz liegt direkt an einem Baggersee. Der Badeplatz und eine Gaststätte sind direkt nebenan	€€

Kürzel	Koordinaten	Ausstattung	Beschreibung	Preis
M 34	Parkplatz Museum für Automobilgeschichte XL 47.995730 , 12.307733 83123 Amerang Wasserburger Straße 38 www.efa-automuseum.de	ganzjährig 20 Parkplätze	Parkplatz des Automobilmuseums	0€
M 35	Stellplatz Kloster Reutberg** XL 47.814055 , 11.637718 83679 Sachsenkam Am Reutberg 3	ganzjährig 50 Parkplätze	Stellplatz am Fuße des Klosters Reutberg	0€
M 36	Hafen Bad Tölz Zentrum** XL 47.762520 , 11.551420 83646 Bad Tölz Bürgermeister-Stollreit-her-Promenade Königsdorfer Straße	ganzjährig, 30 Plätze Ver- und Entsorgung/WC	Ruhiger Parkplatz P4, direkt an der Isar, maximal 3 Nächte inkl. Kurkarte. 800 m ins Zentrum, Schotterplatz an der Isarpromenade	€
M 37	Stellplatz Bad Tölz Buchbergstubn** XL 47.760320 , 11.513770 83646 Bad Tölz Buchberglift 1 Tel.+49(0)8041 8695 buchbergstueberl.com	ganzjährig 4 Plätze	3 km von Bad Tölz entfernt liegt dieser urige Berggasthof mit großem Parkplatz, Einkehr obligatorisch	0€
M 38	Parkplatz Bad Tölz Alpamare* 47.757311 , 11.548985 83646 Bad Tölz Schützenstraße 21	ganzjährig 30 Plätze	Auf der Schützenstraße und am alten Schießstand sind Parkplätze vorhanden	€
M 39	Stellplatz Camping Demmelhof** 47.750621 , 11.499884 83646 Stallau / Bad Tölz Stallau 148 Tel.+49(0)8041 8121 www.campingplatz-demmelhof.de	ganzjährig 12 Standplätze Ver- und Entsorgung Strom / WC beleuchtet eingezäunt	Schön gelegener Campingplatz am Moorsee	€
M 40	Parkplatz Seilbahn Brauneck* XL 47.676976 , 11.556049 83661 Lenggries Gilgenhöfe 28 brauneck-bergbahn.de	ganzjährig >100 Plätze WC beim Lift	Stehen auf dem Bergbahnparkplatz, Restaurant vorhanden	0€

LY

Kürzel	Koordinaten	Ausstattung	Beschreibung	Preis
M 41	Camping am Soyensee** XL / C 48.104415 , 12.205980 83564 Soyen (Obb) Seestraße 28 Tel.+49(0)8071 3860 www.soyensee.de	ganzjährig 85 Plätze Ver- und Entsorgung Strom / WC Hunde erlaubt beleuchtet eingezäunt	Ruhiger, schöner Platz direkt am See	€

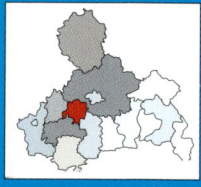

Region Fünfseenland

Kürzel	Koordinaten	Ausstattung	Beschreibung	Preis
STA 01	Parkplatz Weßling* 48.072329 , 11.245722 82234 Weßling Meilinger Weg 18	ganzjährig beleuchtet	Der Parkplatz ist nur wenige Meter vom Café am See entfernt. Idealer Ausgangspunkt für eine Seeumrundung zu Fuß oder per Rad	0€
STA 02	Parkplatz Steinebach Rathaus XL** 48.068591 , 11.200829 82237 Steinebach Seestraße 67	ganzjährig beleuchtet	Der kostenlose Parkplatz liegt direkt neben dem Rathaus	0€
STA 03	Campingplatz Wörthsee** XL / C 48.046456 , 11.179919 82229 Seefeld Wörthseestr. 29 Tel.+49(0)8152 3962586 www.campingplatz-am-woerthsee.de	geöffnet: 1.4. - 30.10. Ver- und Entsorgung	Der schöne Platz liegt direkt am See. Frühstücksservice ab 8 Uhr mit frischem Gebäck	€
STA 04	Campingplatz Strandbad Pilsensee** XL / C 48.030260 , 11.199021 82224 Seefeld Am Pilsensee 1 Tel.+49(0)8152 7232 www.toerring-seefeld.de	ganzjährig 100 Standplätze Ver- und Entsorgung Strom beleuchtet	Der Platz liegt direkt am Pilsensee mit großem Strandbad. Ein Kiosk und ein Biergarten sind vorhanden. Mit der nahen S-Bahn kommt man gut nach München	€€
STA 05	Parkplatz Schloss Seefeld* XL 48.030608 , 11.206365 82229 Seefeld Birkenstraße	ganzjährig beleuchtet	Der Parkplatz liegt auf der Höhe des Schlosses, unten gibt es noch den großen Schlossparkplatz	0€

Kürzel	Koordinaten	Ausstattung	Beschreibung	Preis
STA 06	Parkplatz Hochseil-garten* XL 48.02961 , 11.094804 86919 Utting am Ammersee Fahrmannsbachstraße	ganzjährig 100 Standplätze	Der große Parkplatz liegt 1 km vom Strand-bad entfernt	0€
STA 07	Campingplatz Utting am Ammersee** XL / C 48.027612 , 11.095053 86919 Utting am Ammersee Seestr. 36 Tel.+49(0)8806 7245 www.ammersee-cam-ping.de	geöffnet: 1.4. - 15.10 Ver- und Entsorgung Strom beleuchtet	Der gepflegte Camping-platz liegt direkt am Ammersee. Im Ein-gangsbereich befindet sich ein kleiner Laden für den täglichen Bedarf. Ein modernes Sanitär-haus ist vorhanden. 650 m ins Zentrum	€€
STA 08	Parkplatz Carl-Orff-Schule / Fritz-Walter-Atelier* XL 47.950005 , 11.092393 86911 Dießen a. A. Buzallee 6	ganzjährig	Wer beim Fritz-Walter-Atelier keinen Parkplatz findet kann auf den 700 m entfernten Schulpark-platz ausweichen	0€
STA 09	Hafen Seestraße/Win-dermere-Straße** XL 47.952209 , 11.105895 86911 Dießen a. A. Seestraße/ Windermere-Straße Tel.+49(0)8807 929417 www.diessen.de/357.html	ganzjährig 12 Standplätze Ver- und Entsorgung Strom beleuchtet 	Gleich beim Bahnhof ist der städtische Wohnmo-bil-Stellplatz. Die Plätze sind auf Kies und zum See ist es nicht weit. WC und behindertengerech-tes WC sind im Bahnhof	€
STA 10	Parkplatz Herrsching Zentrum* 47.991135 , 11.172376 82211 Herrsching Mühlfelder Straße 70	ganzjährig	Der Parkplatz befindet sich direkt an der See-promenade im Zentrum	€
STA 11	Stellplatz Alter Camping-platz Herrsching** XL 47.986306 , 11.165542 82211 Herrsching Mühlfeld 11	20 Standplätze	Auf dem alten Camping-platz steht man auf einer gemähten Wiese direkt am See. Einfache Du-schen und Toiletten sind am Platz	€

Kürzel	Koordinaten	Ausstattung	Beschreibung	Preis
STA 12	Stellplatz Zum Staudenwirt* 48.017864 , 11.018477 86923 Oberfinning / Ammersee Staudenweg 6 Tel.+49(0)8806 92000 www.staudenwirt.de	ganzjährig 3 Standplätze Wasserversorgung	Stellplatz beim Wirtshaus, bayrisch-moderne Küche, Einkehr obligatorisch, warme Küche bis 21.30 Uhr	0€
STA 13	Stellplatz Kloster Andechs** XL 47.974823 , 11.186635 82346 Andechs Seefelder Straße 21 www.andechs.de	ganzjährig 15 Standplätze beleuchtet	Im hinteren Bereich des Parkplatzes am Kräutergarten stehen Wohnmobile. Ein WC ist am Platz	0€
STA 14	Parkplatz Bahnhofsplatz* 47.997457 , 11.346532 82319 Starnberg Bahnhofsplatz 2-4	ganzjährig	Der Parkplatz ist im Zentrum Starnbergs gelegen. Gebührenfrei. Offen nur während der Nahverkehrsfahrzeiten	0€
STA 15	Parkplatz Kaiserin Elisabeth Museum* 47.962173 , 11.307278 82343 Pöcking-Possenhofen Schloßberg 2	ganzjährig	Parkplatz direkt am Bahnhof beim Kaiserin Elisabeth Museum. Vom Museum sind es zum Schloss Possenhofen nur 800 m	€
STA 16	Parkplatz 2 Kaiserin Elisabeth Museum P2* 47.962079 , 11.306277 82343 Pöcking-Possenhofen, Schafflergraben	ganzjährig	Parkplatz direkt am Bahnhof beim Kaiserin Elisabeth Museum	€
STA 17	Parkplatz Gaststätte Maisinger Seehof* 47.981620 , 11.282776 82343 Pöcking-Possenhofen Seestraße 14	ganzjährig	Parkplatz beim Maisinger Seehof	0€
STA 18	Stellplatz Restaurant Biergarten Ilkahöhe** XL 47.899215 , 11.25505 82327 Tutzing Oberzeismering 2	ganzjährig	Auf dem fast ebenen Parkplatz des Restaurants steht man ruhig mit tollem Blick auf den See. Einkehr obligatorisch	0€

Kürzel	Koordinaten	Ausstattung	Beschreibung	Preis
STA 19	Stellplatz Berg** XL 47.971551 , 11.353810 82335 Berg Waldstraße 12	ganzjährig beleuchtet	2 Minuten bis zum See und zum Schlosshotel Berg, 5 Minuten bis zur Votivkapelle. Hier kann man auch nachts ruhig stehen	0€
STA 20	Stellplatz Arzthaus** XL 47.873072 , 11.334371 82541 Münsing Pilotyweg	ganzjährig	Vom großen Parkplatz sind es nur 3 min zum See und zum Fischmeister. Der Geheimtipp!	0€
STA 21	Stellplatz Pizzeria Pinocchio* XL 47.89947 , 11.361782 82541 Münsing Hartlweg 16-18	ganzjährig	Beim Sportplatz an der Pizzeria steht man ruhig auf schrägem Unter- grund. Morgens wird die Ruhe von Milchwagen unterbrochen	0€
STA 22	Campingplatz Hirth* XL / C 47.854261 , 11.338196 82541 Ambach Am Schwaiblbach 3 Tel.+49(0)8177 546 campingplatzhirth.de	1.1. - 30.11. 70 Standplätze Ver- und Entsorgung Strom beleuchtet	Hunde an der Leine sind erlaubt. Die Plätze sind zur seeabgewandten Seite. Tagsüber etwas lauter durch die Nähe zur Hauptstraße, nachts ruhig	€
STA 23	Campingplatz Beim Fischer** XL / C 47.826615 , 11.339183 82541 St. Heinrich Buchscharnstr. 10 Tel.+49(0)8801 802 www.camping-beim-fischer.de	76 Standplätze Ver- und Entsorgung Strom beleuchtet Elektorad-Verleih	Eigener Badestrand und Fischerei. Mit dem Seni- orchef kann man mor- gens zum Angeln hinaus fahren. Der Platz liegt ru- hig im Grünen vom See nur durch die Uferstraße getrennt. Angebot von Surf- und Catamaran-Kursen sowie Heißluftballon-Fahrten	€
STA 24	Parkplatz LIDL* 47.916195 , 11.285474 82327 Tutzing Hauptstraße 103	ganzjährig beleuchtet	Der große Parkplatz bietet sich an, um ins Nordbad oder in Härings Biergarten zu gehen. Sa, So & abends geöffnet	0€

Kürzel	Koordinaten	Ausstattung	Beschreibung	Preis
STA 25	Parkplatz Evangelische Akademie* 47.90973 , 11.281695 82328 Tutzing Schloßstraße 3	ganzjährig beleuchtet	In Tutzing gibt es nur wenige Parkplätze, mit etwas Glück kann man einen vor der Ev. Akademie ergattern. Dort steht man nahe zum Ortsmuseum und Park	0€
STA 26	Parkplatz Südbad Tutzing* XL 47.897929 , 11.272712 82329 Tutzing Seestraße 10	ganzjährig	Auf der großen Parkfläche am Sportzentrum und Strandbad liegt der offizielle Busparkplatz in Tutzing. Von hier sind es 1,7 km bis ins Zentrum	€
STA 27	Stellplatz Buchheim-Museum* XL 47.873688 , 11.28298 82347 Bernried Am Hirschgarten 1 Tel.+49(0)8158 99700 buchheimmuseum.de	ganzjährig beleuchtet	Auf dem riesigen Parkplatz steht man ruhig auf ebenem Untergrund	0€
STA 28	Parkplatz Osterseen** XL 47.771919 , 11.314914 82393 Iffeldorf Jägergasse 18	ganzjährig 60 Parkplätze	5 Minuten bis zu den Osterseen. Ebener Kiesgrund. 2 min ins Dorf. Nachts stehen ist hier leider nicht erlaubt	€
STA 29	Campingplatz Fohnsee** XL / C 47.778635 , 11.316480 82393 Iffeldorf Fohnseeweg Tel.+49(0)8856 7874 www.campingplatz-fohnsee.de	Mitte April bis Mitte Oktober 40 Standplätze Ver- und Entsorgung Strom / WC / Dusche beleuchtet	Der Platz liegt direkt am See, mitten im Naturschutzgebiet der Osterseen. 10 min zu Fuß nach Iffeldorf	€
STA 30	Stellplatz Höhlmühle** XL 47.711844 , 11.284240 82418 Riegsee Höhlmühlstr. 1	ganzjährig keine V & E	Parkplatz oberhalb des Restaurants, Einkehr ist obligatorisch	0€

Kürzel	Koordinaten	Ausstattung	Beschreibung	Preis
STA 31	Stellplatz Village* 47.727747 , 11.291606 82392 Habach Obermühle 2	ganzjährig	Parkplatz bei der Jazz- & Bluesbühne ›Village‹ im Kulturtal Obermühle. Für XL-Mobile ist die Straße hinunter zur Mühle leider zu schmal	0€
STA 32	Stellplatz Inning am Ammersee* XL 48.077755 , 11.131309 82266 Inning am Ammersee Landsberger Straße 82	ganzjährig >40 Plätze WC	Großer Parkplatz an der Schiffsanlegestelle. Nähe zur A96. Nachts ruhig, Restaurants in der Nähe	0€
STA 33	Parkplatz Bootswerft Berg* 47.960114 , 11.346629 82335 Berg Parkweg 9	20 Plätze	Unbefestigter Parkstreifen bei der Bootswerft, im Sommer voll, dann lässt der Bauer auch auf der Wiese parken	0€
STA 34	Campingplatz Dießen St. Alban* XL / C 47.964156 , 11.105600 86911 Dießen Seeweg-Süd 85 Tel.+49(0)8807 7305 camping-ammersee.de	>100 Plätze Ver- und Entsorgung Strom / WC / Dusche	Campingplatz direkt am Ufer des Ammersees gelegen	€
STA 35	Stellplatz Feldafing Strandbad* XL 47.950219 , 11.305488 82340 Feldafing Seestraße 30	ganzjährig 30 Plätze	Kleiner Waldparkplatz, im Sommer schon früh voll, am besten abends anfahren, Restaurant Forsthaus am See in 200 m, 400 m nördlich auf der Königinstraße nochmals 100 Plätze	0€
STA 36	Campingplatz Seeshaupt** XL / C 47.819783 , 11.325010 82402 Seeshaupt St.-Heinricher-Straße 127 Tel.+49(0)8801 1528 www.campingplatz-seeshaupt.de	April - Oktober >100 Plätze Ver- und Entsorgung Strom / WC / Dusche Hunde erlaubt beleuchtet eingezäunt	Kleiner Platz in schöner Lage mit eigenem Zugang zum Strand und altem Baumbestand für schöne, schattige Plätze	€€
STA 37	Parkplatz Lido Starnberger See* XL 47.819151 , 11.320964 82402 Seeshaupt St.-Heinricher-Straße 113 www.lido-restaurant.de	ganzjährig 50 Plätze	Parkplatz am Seerestaurant Lido, Badewiesen, Biergarten und Restaurant	0€

Kürzel	Koordinaten	Ausstattung	Beschreibung	Preis
CG 01	Parkplatz Sportplatz Weyarn* 47.854138 , 11.803205 83629 Weyarn Mangfallweg 24	ganzjährig 20 Plätze	Am Sportplatz mit der Musikgaststätte WeyHalla	0€
CG 02	Stellplatz Maxlmühle** XL 47.878326 , 11.783994 83626 Valley Mühltal 1 Tel.+49(0)08020 1772 www.maxlmuehle.de	ganzjährig, 20 Plätze	Parkplatz am Restaurant Maxlmühle, Zufahrtstraße ist eng	0€
CG 03	Stellplatz Wasserwerke Weyarn* XL 47.834059 , 11.808301 83629 Weyarn Reisachstraße	ganzjährig 10 Plätze	Wander-/ Rad-Parkplatz vor dem Wasserwerkhof	0€
CG 04	Stellplatz Gmund Fischerweg** XL 47.748296 , 11.737726 83703 Gmund Fischerweg	ganzjährig 20 Standplätze WC	Zentraler Parkplatz	0€
CG 05	Parkplatz ehem. Hotel Lederer* 47.715892 , 11.727862 83707 Bad Wiessee Bodenschneidstraße 9	ganzjährig >10 Plätze	Vor dem ehemaligen Hotel Lederer gibt es einige Parkplätze auf der Straße	0€
CG 06	Stellplatz Bad Wiessee** XL 47.720899 , 11.725695 83707 Bad Wiessee Am Strandbad Tel.+49(0)8022 86020	ganzjährig 10 Plätze	Schöne, ruhige Lage, geschotterter Untergrund, Schatten durch hohe Bäume. Am Ufer des Tegernsees beim Strandbad und Yachthafen. Maximal 3 Tage	€
CG 07	Parkplatz City Rathaus* 47.71050 , 11.724995 83707 Bad Wiessee Rathausweg 8	ganzjährig 20 Standplätze	Der zentrale Parkplatz ist am Wochenende frei, da er für die Rathaus-Mitarbeiter reserviert ist	0€

LY

Kürzel	Koordinaten	Ausstattung	Beschreibung	Preis
CG 08	Camping Wallberg** XL / C 47.688236 , 11.749754 83696 Weißach Rainerweg 10 Tel.+49(0)8022 5371 campingplatz-wallberg.de	ganzjährig Ver- und Entsorgung Strom/WC/Dusche	2 km von Bad Wiessee und 3 km von Rottach-Egern entfernt liegt der ruhige Platz	€
CG 09	P Sölbachparkplatz* XL 47.702314 , 11.719477 83707 Bad Wiessee Söllbachtalstraße 34	ganzjährig >20 Plätze	Der Waldparkplatz ist Ausgangspunkt für Wanderungen	€
CG 10	Stellplatz Wallberg Seilbahn* 47.675271 , 11.775962 83700 Rottach-Egern Wallbergstraße 26	ganzjährig >50 Plätze	Parkplatz an der Wallbergbahn	0€
CG 11	Stellplatz Rottach-Egern Sportplatz* XL 47.689482 , 11.784558 83700 Rottach-Egern	ganzjährig <10 Plätze	Offizieller Wohnmobilstellplatz, leider stehen hier oft auch Baufahrzeuge	0€
CG 12	P Zentraler Parkplatz Rottach-Egern* 47.690800 , 11.772332 83700 Rottach-Egern Ludwig-Thoma-Straße 4	ganzjährig >100 Plätze	Zentraler Parkplatz in Rottach-Egern, keine Wohnmobil-Beschränkung, abends ist das Stehen kostenlos	€
CG 13	Parkplatz Café Angermaier** XL 47.689450 , 11.803124 83700 Rottach-Egern Berg 1	ganzjährig 30 Plätze 	Parkplatz vor dem Café Angermaier, übernachten ist möglich	0€
CG 14	Stellplatz Moni Alm** XL 47.655981 , 11.832085 83700 Rottach-Egern Sutten 42	ganzjährig 100 Plätze	Stellplatz an der Moni Alm / Sessellift (Sutten-Bahn)	0€
CG 15	Stellplatz Forsthaus Valepp** 47.620079 , 11.891246 83727 Schliersee Valepp 1	10 Plätze	Über enge Straßen kommt man zum Gasthof Forsthaus Valepp. In beeindruckender Natur steht man hier direkt am Bach, 400 m vor dem Gasthaus	0€

Kürzel	Koordinaten	Ausstattung	Beschreibung	Preis
CG 16	Parkplatz Einkaufs-zentrum* XL 47.710231 , 11.755843 83684 Tegernsee Am Sommerkeller 4	ganzjährig 50 Plätze	Parkplatz vom Einkaufs-zentrum, hinter dem Kur-park, mitten im Ort	0€
CG 17	Parkplatz Im Brauhof* 47.708004 , 11.755912 83684 Tegernsee Schloßplatz	ganzjährig >100 Plätze	Auf dem kostenpflichti-gen P des Brauhauses oder am Sa, So im Arbeitshof der Brauerei	€
CG 18	Stellplatz Tegernsee** XL 47.701805 , 11.759533 83684 Tegernsee Überfahrtweg 1	ganzjährig >20 Plätze 	Im hinteren Teil des Parkplatzes kann man auf der Wiese vor dem Sportplatz stehen	€
CG 19	Parkplatz Sassa Bar* 47.702428 , 11.767559 83684 Tegernsee Leebergstraße	ganzjährig 4 Plätze	Unterhalb des Leeberg-hofs gibt es einige Plätze an der Straße	0€
CG 20	Camping Lido** XL / C 47.728018 , 11.850954 83727 Schliersee Westerbergstraße 27 Tel.+49(0)8026 6624 www.camping-lido.de 	Mitte April bis Oktober 100 Standplätze Ver- und Entsorgung Strom beleuchtet eingezäunt	500 m ins Zentrum, schöner ruhiger Cam-pingplatz direkt am Schliersee, beheizter, moderner Sanitärbe-reich, Bistro und Kiosk am Platz	€
CG 21	Stellplatz beim Camping Lido* XL 47.727785 , 11.85047 83727 Schliersee Westerbergstraße 26	10 Plätze	Parkplatz direkt bei der Einfahrt zum Camping-platz an den Bahnschie-nen der Oberlandbahn	0€
CG 22	Parkplatz Schliersee Zentrum* 47.736717 , 11.862168 83727 Schliersee Schönauerstraße	10 Plätze	Ausgeschilderter Wohn-mobil-Parkplatz, hier stehen oft LKWs und die Gaststätte ist oft laut	0€

Kürzel	Koordinaten	Ausstattung	Beschreibung	Preis
CG 23	Stellplatz Schliersee Perfallstraße** XL 47.733996 , 11.854926 83727 Schliersee Perfallstraße 36 D	50 Plätze Keine Ver- und Entsorgung	Großer Parkplatz am Bach und See, Schatten durch Bäume	0€
CG 24	Stellplatz Bauernhof Museum XL 47.706163 , 11.875721 83727 Schliersee Brunnbichl 1A	30 Plätze Keine Ver- und Entsorgung	Parkplatz vom Bauernhof und Wintersport-Museum	0€
CG 25	Stellplatz Gasthof Café zum Moar** XL 47.821402 , 11.918838 83737 Irschenberg Wilparting 1 Tel.+49(0) 8064 340 www.wilparting.de	ganzjährig 5 Stellplätze unbeleuchtet	Stellplatz beim Gasthaus mit atemberaubenden Blick auf das Wendelsteingebirge. Schönes Restaurant mit Biergarten. Einkehr obligatorisch	0€
CG 26 ❄	Camping Tenda Camping-Park** XL / C 47.78982 , 12.009804 83075 Bad Feilnbach Reithof 2 Tel.+49(0) 8066 884400 www.tenda-camping.de	ganzjährig 600 Stellplätze Ver- und Entsorgung Strom / Dusche / WLAN Schranke beleuchtet	Sehr großer ruhiger 4-Sterne-Campingplatz, idyllisch am Jenbach gelegen	€€€
CG 27	Stellplatz Bad Feilnbach* 47.764760 , 12.038570 83075 Bad Feilnbach Aiblinger Straße 95	ganzjährig 3 Standplätze	Stellplatz Bad Feilnbach an der Landstraße	0€
CG 28	Stellplatz Schwimmbad Au* XL 47.794289 , 11.983926 83075 Bad Feilnbach Kreuthweg 30-31	ganzjährig >40 Plätze	Stellplatz am Schwimmbad Bad Feilnbach	0€
CG 29 ❄	Camping Wolfsee** XL / C 47.712803 , 11.945266 83730 Fischbachau Tel.+49(0)8028 868 wolfsee-camping.de	ganzjährig, Kurze Pause von 07.11.2011 - 15.12.2011 80 Stellplätze Ver- und Entsorgung WC / Strom / Dusche Schranke beleuchtet	Campingplatz am Badesee mit Blick auf den Wendelstein. Gaststätte und Kiosk am Platz. Mit der Kurkarte werden kostenlose Busfahrten im Umkreis angeboten	€

LY

Kürzel	Koordinaten	Ausstattung	Beschreibung	Preis
CG 30	Parkplatz Wendelstein-Seilbahn* XL 47.687904 , 11.979784 83735 Bayrischzell Alpenstraße	ganzjährig >100 Plätze	Stellplatz an der Wendelsteinseilbahn	0€
CG 31	Stellplatz Gasthof Sonnenkaiser* XL 47.740846 , 11.952706 83730 Elbach Leitzachtalstraße 116 Tel.+49(0) 8028 90530 www.sonnenkaiser.de	10 Standplätze	Einkehr im Wirtshaus ist obligatorisch	0€
CG 32	Stellplatz Biobauernhof Wohlschlagerhof** 47.761098 , 11.916185 83730 Fischbachau Schreiern 10 Tel.+49(0) 8028 2376 urlaubaufdembauernhof.de/wohlschlagerhof	April - Oktober 3 Standplätze Ver- und Entsorgung Strom / Dusche	11 km zum Schliersee, schöne Lage, ebene Flächen unter Obstbäumen	€
CG 33	Parkplatz Am Warm-Freibad Fischbauchau* 47.723787 , 11.948457 83730 Fischbauau Badstraße 13	>50 Plätze	Parkplatz am Freibad Fischbachau	0€
CG 34 ❄	Hafen Bayrischzell** 47.671901 , 12.010159 83735 Bayrischzell Seebergstraße 15 www.bayrischzell.de/unterkuenfte/wohnmobil-stellplatz.html	ganzjährig >20 Plätze Ver- und Entsorgung Strom	Wohnmobilhafen ruhig gelegen, Zufahrt eng über Brücke, ebenes Kiesgelände ohne Schatten. Sanitäranlagen / Duschen in 300 m bei der Sportalm Bayrischzell	€
CG 35	Camping Stein** XL / C 47.884010 , 12.269410 83093 Bad Endorf See 10 oder Seepfad 10 Tel.+49(0)8053 9349 www.camping-stein.de	geöffnet: 1.4. - 15.10. 100 Standplätze Ver- und Entsorgung Strom, WLAN beleuchtet	Der gepflegte Campingplatz liegt direkt am Simssee mit eigenem Badestrand. Vom 1. Juli bis 1. September sind keine Hunde erlaubt	€

Kürzel	Koordinaten	Ausstattung	Beschreibung	Preis
CG 36	Stellplatz Strandbad Schraml*** XL 47.853976 , 12.367021 83209 Prien Harrasser Straße 43 schraml-chiemsee.de	ganzjährig 20 Standplätze Strom / WC, beleuchtet	Wohnmobile können von 18.00 bis 10.00 Uhr hier stehen. Tagsüber kann man auf der Hauptstraße beim Strandbad kosten-los stehen. Schöne Lounge-Bar sowie ein Bootsverleih und kostenloses Strandbad	€ *LY*
CG 37	Parkplatz Schiffsanleger* XL 47.860340 , 12.364124 83209 Prien Harrasser Straße 6	>200 Plätze	Großparkplatz am Schiffsanleger - Abfahrt zu den Inseln	€€
CG 38	Panorama Camping Harras* XL / C 47.840713 , 12.372299 83209 Prien a. Chiemsee Harrasser Straße 135 Tel.+49(0)8051 904613 www.camping-harras.de	Ver- und Entsorgung Strom / WC / Dusche beleuchtet	Der Campingplatz liegt auf einer Halbinsel im See, sodass fast rundum Wasser ist	€
CG 39	Stellplatz Chiemgauhof** XL 47.846035 , 12.477002 83236 Übersee Julius-Exter-Promenade 21	ganzjährig	Großer, schattiger Park-platz direkt am See mit Badeplatz neben dem Chiemgauhof. Abends keine Parkgebühr	€
CG 40	Campingplatz Rödl-gries*** XL / C 47.841239 , 12.471605 83236 Übersee Rödlgries 1 Tel.+49(0) 8642 470 chiemsee-camping.de	geöffnet: 1.4. - 31.10. Ver- und Entsorgung Strom / WC / Dusche / WLAN beleuchtet	Die 100 qm großen Wohnmobil-Stellplätze haben Ver- und Entsor-gung am Platz auf ebe-ner Fläche mit Kies. Keine Hunde	€€ *LY*
CG 41	Stellplatz Wirtschaft D'Feldwies* 47.836506 , 12.485431 83236 Übersee Greimelstraße 30	ganzjährig	Direkt beim Wirtshaus gibt es ein paar große Parkplätze. Einkehr obli-gatorisch	0€
CG 42	Campingplatz Chiemgau Lambach** XL / C 47.928101 , 12.450937 83358 Seebruck am Chiemsee	April-Okt, 80 Plätze Ver- und Entsorgung Strom / WC / Dusche WLAN beleuchtet	Kleiner Platz direkt am See - eigener Bade-strand, moderne sanitäre Anlagen mit Sauna	€€

Kürzel	Koordinaten	Ausstattung	Beschreibung	Preis
CG 43	Campingplatz Kupfer-schmiede** XL / C 47.929945 , 12.492677 83339 Arlachingen am Chiemsee Trostberger Straße 4	April-Oktober 81 Plätze Ver- und Entsorgung Strom / WC / Dusche / WLAN / Restaurant	Schöner Platz mit Schatten unter alten Bäumen und ein zünftiger Gasthof	€€
CG 44	Parkplatz Festhalle* XL 47.766914 , 12.322742 83229 Aschau An der Festhalle 2	ganzjährig 30 Standplätze beleuchtet	Vom großen Parkplatz an der Festhalle kann man das Schloss und den Design-Store von Nils Holger Moormann erkunden	0€
CG 45	Stellplatz Seiseralm & Hof** 47.797287 , 12.359608 83233 Bernau am Chiemsee Reit 4-6 Tel.+49(0)8051 9890 www.seiserhof.de	ganzjährig 10 Standplätze Entsorgung Strom beleuchtet	5 km vom Zentrum Aschaus entfernt liegt der Stellplatz hoch über dem Chiemsee. Ebener Asphalt, kein Schatten. Idealer Ausgangspunkt für Wanderungen. Sauna und Duschen im Hotel	€€
CG 46	Stellplatz Moorbad / Café Pauli** XL 47.790077 , 12.331219 83229 Aschau Höhenberg 3	ganzjährig 10 Standplätze	Der Stellplatz liegt unterhalb des Café Pauli und gleich neben dem Moorbad. Ruhige Lage unter schattigen Bäumen. Ebener Kiesgrund	0€
CG 47	Parkplatz Kampenwand-seilbahn* 47.764069 , 12.324857 83229 Aschau An der Bergbahn 8 www.kampenwand.de	ganzjährig 20 Stellplätze beleuchtet	Auf dem großen Parkplatz an der Bergbahn kann man auf ebenem Untergrund stehen	€
CG 48	Campingplatz Marien-grund** XL / C 47.816865 , 12.363003 83233 Bernau Priener Str. 42 Tel.+49(0)8051 7894 www.campingplatz-ma-riengrund.de	Mai bis Oktober Ver- und Entsorgung Strom beleuchtet	7 km von Aschau entfernt liegt das größe Gelände mit XXL-Stellplätzen. Einfache Sanitäranlagen. Hunde kostenlos. In der Nähe der Autobahn A8	€

Kürzel	Koordinaten	Ausstattung	Beschreibung	Preis
CG 49	Landstellplatz Bauernhof Schmid** XL 47.812500 , 12.488400 83236 Übersee Stegen 4	12 Plätze Ver- und Entsorgung Strom / WC / Dusche	Auf geschotterter Fläche Platz für 12 Mobile vor dem Bauernhof. Schön und ruhig gelegen	€
CG 50	Landstellplatz Bauernhof Steiner* XL 47.809588 , 12.492184 83236 Übersee Almfischer 11 Tel.+49(0)8642 1383	10 Plätze Ver- und Entsorgung Strom / WC / Dusche	Stellplatz am Bauernhof mit schönem Blick. Achtung im Sommer ist hier das Reggae-Festival-Gelände	€
CG 51 ❄	Campingplatz Litzelau*** XL / C 47.717904 , 12.47925 83246 Oberwössen Litzelau 4 Tel.+49(0) 8640 8704 www.camping-litzelau.de	ganzjährig 40 Standplätze Ver- und Entsorgung Strom / WC / Dusche / WLAN beleuchtet	Gepflegter, ruhiger Campingplatz mit vielen Bäumen. 15 Minuten mit dem Rad zum Badesee Wössner Weiher. Reisemobilstellplätze vor dem Gelände	€€ _LY_
CG 52	CP Strandcamping am See*** XL / C 47.943717 , 12.750973 83329 Waging a. See Am See 1 Tel.+49(0) 8681 552 www.strandcamp.de	geöffnet: 01.03. - 31.10. 01.11. - 28.02. 700 Plätze Strom / WC / Dusche / WLAN Hunde erlaubt beleuchtet	Großer Komfort-Campingplatz mit allen Annehmlichkeiten, gehört zu den ›leading campings Europe‹	€€€ _LY_
CG 53	Campingplatz Gut Horn*** XL / C 47.946843 , 12.755668 83329 Waging a. See Gut Horn Tel.+49(0) 8681 227 www.gut-horn.de	geöffnet: 01.03. - 30.11. 350 Plätze Ver- und Entsorgung Strom / WC / Dusche / WLAN Hunde ok beleuchtet	Stehen im Garten eines Gutshofes, sehr schöner Platz mit Ambiente und allen Annehmlichkeiten	€€ - €€€
CG 54	Stellplatz Kössen (A)* 47.662432 , 12.419485 A- 6345 Kössen Hüttfeldstraße 65a	nicht im Winter 2 Plätze	Kleine Parbucht in einer Stichstraße am Fluss, neben dem Rafting-Center	0€

Kürzel	Koordinaten	Ausstattung	Beschreibung	Preis
GAP 01	Campingplatz Brugger / Riegsee** XL / C 47.707058, 11.218430 82447 Spatzenhausen Seestraße 1 Tel.+49(0)8847 728	Mai bis Oktober 20 Standplätze Ver- und Entsorgung Strom / WC /WLAN	Leicht geneigtes Wiesengelände direkt am Riegsee	€€
GAP 02	Stellplatz Murnau Bahnhof* 47.684647 , 11.193071 82418 Murnau Bahnhofsplatz	ganzjährig 4 Standplätze Ver- und Entsorgung Strom / WC beleuchtet	1 km ins Zentrum, maximaler Aufenthalt 3 Tage	€
GAP 03	Parkplatz Murnau am Schloss* 47. 677266 , 11.203758 82418 Murnau Schloßbergstraße 22	ganzjährig 6 Plätze	Parkplatz direkt am Schloss, nur kleine Mobile	€
GAP 04	Parkplatz Kirche St. Niklaus* 47.676647 , 11.202511 82418 Murnau Mayr-Graz-Weg 1	ganzjährig 4 Parkplätze	Parkplatz vor der Kirche, 50 m zum Schloß und zur Fußgängerzone, nur kleine Mobile	0€
GAP 05	Parkplatz Am Strand-bad** 47.679789 , 11.188544 82418 Murnau Seestraße 27	ganzjährig	Freier Parkplatz direkt am Ufer vom Strandbad Murnau	0€
GAP 06	Campingplatz Halbinsel Burg** XL / C 47.684993 , 11.178347 82418 Seehausen am Staffelsee Burgweg 41 Tel.+49(0)8841 9870 camping-staffelsee.de	26. Dez. bis Nov. 50 Standplätze Ver- und Entsorgung Strom / WC / Dusche beleuchtet	Der ruhige Campingplatz liegt auf der Halbinsel Burg umgeben vom See	€

LY

Kürzel	Koordinaten	Ausstattung	Beschreibung	Preis
GAP 07	Parkplatz Seehausen* 47.687740 , 11.181394 82418 Seehausen a. Staffelsee Johannisstraße 7	100 Parkplätze	Parkplatz in der Ortsmitte, bei schönem Wetter voll, nur kleine Mobile	€
GAP 08	SP Benediktbeuern am Sportzentrum** 47.698829, 11.415971 83671 Benediktbeuren Schwimmbadstr. 37 www.benediktbeuern. de/tourismus/gastgeber/ wohnmobilstellplatz.html	April bis Oktober 16 Standplätze Ver- und Entsorgung Strom beleuchtet	Stellplatz am Alpenwarmbad, 1 km ins Zentrum, nachts ruhig	€
GAP 09	Parkplatz Kloster Benediktbeuern* XL 47.709029 , 11.399881 83671 Benediktbeuren Don-Bosco-Straße 8	100 Parkplätze	Großer Parkplatz direkt am Kloster unter Bäumen	0€
GAP 10	Stellplatz Glentleiten** XL 47.664950 , 11.285050 82439 Großweil An der Glentleiten 4 www.glentleiten.de	ganzjährig abends ab 18.00 Uhr frei 50 Standplätze	Direkt beim Bauernmuseum gelegener, sehr ruhiger Stellplatz	0€
GAP 11	Stellplatz Kreut-Alm* XL 47.661861 , 11.282861 82439 Großweil Kreut 1 Tel.+49(0)8841 5822 www.kreutalm.de	ganzjährig 40 Standplätze Strom / WC beleuchtet	7 km nach Kochel am See, ruhiger Platz direkt neben dem Wirtshaus mit Biergarten, Einkehr obligatorisch	0€
GAP 12	Stellplatz Am See* XL 47.645768 , 11.362735 82431 Kochel Mittenwalder Straße 61	ganzjährig 20 Plätze	Parkplatz direkt am See unter Bäumen, 1 km bis zum Franz Marc Museum	0€

Kürzel	Koordinaten	Ausstattung	Beschreibung	Preis
GAP 13	Stellplatz Trimini Kochel* XL 47.657854 , 11.356370 82431 Kochel Trimini Straße 6	ganzjährig >100 Plätze WC im Bad	Stellplatz direkt am Ufer und am Trimini-Bad	0€
GAP 14	Parkplatz Franz Marc Museum* 47.648651 , 11.362351 82431 Kochel Mittenwalderstraße 59 Tel.+49(0)8851 615505	ganzjährig 50 Parkplätze	Parkplatz unterhalb des Franz-Mark-Museums, Gehbehinderte sollten wegen des steilen Aufgangs direkt beim Museum parken	€
GAP 15	Campingplatz Kesselberg** XL 47.636723 , 11.348892 82431 Kochel Altjoch 2 1/2 Tel.+49(0)8851 464 www.campingplatz-kesselberg.de	im Winter geschlossen 100 Plätze Ver- und Entsorgung Strom / WC / Dusche 	Naturbelassener Campingplatz umgeben von Bergen, idyllisch direkt am Ufer des Kochelsees gelegen	€€
GAP 16	Stellplatz Einsiedl** 47.569599 , 11.302393 82432 Jachenau An der B11 www.nachtparkplatz-einsiedl.de	ganzjährig 80 Standplätze Wasser / Strom 	500 m ins Zentrum, Badestrand nebenan, keine Entsorgung	€
GAP 17	Parkplatz Seilbahn Herzogenstand* 47.596252 , 11.317717 82432 Kochel am See Am Tanneneck 2-4	ganzjährig >300 Plätze	Parkplatz direkt an der Seilbahn	€€
GAP 18	Campingplatz Walchensee** XL 47.582449 , 11.309533 82432 Walchensee Lobisau Tel.+49(0)8858 929168 camping-walchensee.de	geöffnet von: 01.05. - 15.09. 120 Stellplätze Ver- und Entsorgung Strom / WC / Dusche / Internetraum beleuchtet	Herrliche Lage direkt am Walchensee. In den Ort Walchensee sind es 10 Gehminuten	€
GAP 19	Parkplatz Isartal*** XL 47.532089 , 11.312483 82499 Wallgau-Vorderriß Risser Straße	im Winter geschlossen	Wunderschöne Lage im jungen Isartal, 9 verschiedene Parkplätze auf der Mautstraße, Nachtparkverbot	€

Kürzel	Koordinaten	Ausstattung	Beschreibung	Preis
GAP 20	Stellplatz Gasthaus Post Vorderriß* XL 47.559384 , 11.436314 83661 Lenggries Vorderriß 5 Tel.+49(0)8045 277 www.post-vorderriss.de	5 Plätze	Stellplatz an der Straße ins Rißtal vor dem Gasthof	0€
GAP 21	Stellplatz Fall/Sylvensteinsee** XL 47.570156 , 11.533702 83661 Lenggries-Fall Dürrachstraße Tel.+49(0)8042 50180 www.lenggries.de/de/ wohnmobilstellplatz-lenggries-fallsylvensteinsee	Im Winter nur teilweise geräumt 20 Stellplätze Ver- und Entsorgung kein Strom WC-Häuschen	Waldparkplatz, geschotterter Untergrund. Sehr schön gelegen und nahe zum See und Gaststätte ›Jäger vom Fall‹	€
GAP 22 ❄	Campingpark Oberammergau** XL / C 47.590368 , 11.071686 82487 Oberammergau Ettaler Str. 56b Tel.+49(0)8822 94105 www.campingpark-oberammergau.de	>100 Plätze Ver- und Entsorgung Strom / WC / Dusche / WLAN	Campingplatz direkt an der Ammer, 1 km vom Ortszentrum entfernt, Wander- und Radtouren sowie Langlaufloipen gehen direkt vom Platz ab	€
GAP 23	Parkplatz Linderhof* XL 47.569183 , 10.954967 82488 Ettal Linderhof 12 Tel.+49(0)8822 92030 www.linderhof.de	>100 Plätze	Parkplatz für Busse und Mobile, nicht für die Nacht	€
GAP 24 ❄	Hafen Alpencamp Wank*** XL 47.505700 , 11.107487 82467 Garmisch-Partenkirchen Wankbahnstraße 2 Tel.+49(0)8821 9677805 www.alpencamp-gap.de	110 Stellplätze Ver- und Entsorgung Strom / WC / Dusche / WLAN/ Waschmaschine/Trockner/ Gasflaschen	Terrassenförmiger Stellplatz mit Grünstreifen, Blick zur Zugspitze. Backwaren & Zeitungen, Café & Restaurant mit Biergarten, Anmeldung und Bezahlung im ›Wankstüberl‹. Mit der Kurkarte kann man kostenlos Bus fahren und das Alpspitz-Wellenbad besuchen	€

Kürzel	Koordinaten	Ausstattung	Beschreibung	Preis
GAP 25	Parkplatz Eissport-stadion* XL 47.489182 , 11.093871 82467 Garmisch-Parten-kirchen Olympiastraße 15	>200 Plätze	Großer Parkplatz mit Bäumen	€
GAP 26 ❄	Hafen & Campingplatz Alpen-Caravanpark Tennsee*** XL / C 47.490409 , 11.255063 82494 Krün Am Tennsee 1 Tel.+49(0)8825 170 camping-tennsee.de	ganzjährig >200 Plätze Ver- und Entsorgung Strom / WC / Dusche/ Gas/ WLAN / Hundedu-sche/ Waschmaschine Trockner / Privat-Bäder	Komfort-Campingplatz mit Reisemobilhafen, mit allem Luxus ausge-stattet	€€€ *LY*
GAP 27 ❄	Hafen & Campingplatz Pure-Camping** XL / C 47.479762 , 11.053919 82491 Grainau Griesener Straße 4 Tel.+49(0)8821 9439111 www.pure-camping.de	ganzjährig 150 Plätze Ver- und Entsorgung Strom / WC / Dusche/ Bistro	Campingplatz mit Mobilhafen unter neuer Leitung. Neues Luxus-Camping-Resort nebenan	€€
GAP 28	Hafen & Campingplatz Via Claudia** XL / C 47.711690 , 10.818720 86983 Lechbruck am See Via Claudia 6 Tel.+49(0)8862 8426 via-claudia-camping.de	ganzjährig >200 Plätze Ver- und Entsorgung Strom / WC / Dusche / WLAN /Hundedusche 	Direkt am See gelegenes Vier-Sterne Camping. Separater Stellplatz für Wohnmobile	€€ *LY*
GAP 29	Stellplatz Rieden am Forggensee* XL 47.643273 , 10.730519 87669 Rieden	ganzjährig >20 Plätze Ver- und Entsorgung Strom / WC / Dusche	Plätze vor dem Wirts-haus am Tiefental. Der Stellplatz hat keinen Zu-gang zum See. Camping-platz direkt nebenan	€
GAP 30	Campingplatz & Hafen Bannwaldsee** XL / C 47.5919392 , 10.7732432 87645 Schwangau Münchner Straße 151 Tel.+49(0)8362 93000 camping-bannwaldsee.de	ganzjährig 24 Plätze Ver- und Entsorgung Strom / WC / Dusche Hunde erlaubt	Stellplatz vor dem Cam-pingplatz Bannwaldsee, nahe Ortszentrum, Cam-pingplatz sehr schön ge-legen	€€

Kürzel	Koordinaten	Ausstattung	Beschreibung	Preis
GAP 31 ❄	Hafen Füssen am Sport-center** XL 47.582478 , 10.703395 87629 Füssen Abt-Hafner-Str. 2	ganzjährig >40 Plätze Ver- und Entsorgung Strom / WC / Dusche / Hunde erlaubt	Gut ausgestatteter Platz. Der Platz ist geschottert, gute Sanitäranlagen, nahe Zentrum und Ein-kaufsmöglichkeiten	€
GAP 32 ❄	Hafen Füssen Camper´s Stop*** XL 47.58225 , 10.700864 87629 Füssen Abt-Hafner-Str. 9 Tel.+49(0)8362 940104 wohnmobilplatz-fuessen.de	ganzjährig 120 Standplätze Ver- und Entsorgung Strom / WC / Dusche / WLAN /Hundedusche	Erstklassiger Reisemobil-stellplatz für 120 Wohn-mobile mit Café und Restaurant am Platz. Platz ist geschottert. 2 km bis zur Stadtmitte	€€
GAP 33	Parkplatz Königs-schlösser* 47.557892 , 10.740067 87645 Schwangau Schwangauer Straße 3	ganzjährig >100 Plätze Keine Ver- und Entsor-gung	Tagesparkplatz. Nah und zentral an den Königsschlössern Neuschwanstein und Hohenschwangau gelegen	€
GAP 34	Parkplatz Kristalltherme* 47.575404 , 10.727053 87645 Schwangau Am Ehberg 16	ganzjährig >50 Plätze	Tagesparkplatz an der Kristalltherme in Schwangau. Parkplatz ohne V & E, absolut ru-hig und schön gelegen, ab 22 Uhr für Wohnmo-bile gesperrt	0€
GAP 35	Stellplatz Mittenwald**XL 47.437537 , 11.264091 82481 Mittenwald karwendelstellplatz.de	ganzjährig 30 Plätze Ver- und Entsorgung Strom beleuchtet Hunde erlaubt	Bahnhofgroßparkplatze nahe zum Zentrum	€€
GAP 36 ❄	Naturcampingpark Isarhorn** XL / C 47.472648 , 11.278034 82481 Mittenwald Am Horn 4 camping-isarhorn.de	ganzjährig, Ver- und Entsorgung Strom / WC / WLAN	Direkt an der Isar, Rad- und Wanderwege, Nahe Bade- und Skimög-lichkeiten	€€

Weitere Plätze in Bayrisch Schwaben & im Allgäu

Kürzel	Koordinaten	Ausstattung	Beschreibung	Preis
ALG 01	Stellplatz Am Schwalten-weiher* XL 47.650848 , 10.57788 87637 Seeg Tel.+49(0)8364 416	ganzjährig 20 Plätze Abwasser- und Müllent-sorgung über das Café keine V&E	Schöner, ruhig gelege-ner Stellplatz direkt am Ufer des Schwalten-weihers, auf der Wiese stehen	0€
ALG 02	Stellplatz Alpspitzbahn** XL 47.619992 , 10.497724 87484 Nesselwang	ganzjährig 50 Plätze Ver- und Entsorgung Strom / WC / WLAN	Schöner, ruhig gelege-ner Stellplatz, Bäcker kommt im Sommer vorbei, nahe zum Orts-zentrum	€
ALG 03	Hafen Pfronten** XL 47.598274 , 10.552539 87459 Pfronten Am Wiesele	ganzjährig 44 Plätze V& E / Strom / WC / WLAN beleuchtet	Schöne Lage, Wander- und Radwege & Loipe direkt am Platz	€
ALG 04	Camping Waldruh** XL/C 47.657933 , 11.044033 82433 Bad Kohlgrub	März- November 16 Plätze, V & E Strom / WC Hunde erlaubt	Blick auf die Ammergau-er Alpen mit Wellness-Angeboten im Hotel	€€
ALG 05	Stellplatz Schongau* XL 47.808345 , 10.897900 86956 Schongau Lechuferstraße www.schongau.de	März- November >50 Plätze V & E, Strom / WC beleuchtet Hunde erlaubt	Festplatz direkt am Lech, Schotteruntergrund, wenig Schatten, nahe zum Zentrum, Erlebnisbad Plantsch und Diskothek	€
ALG 06	Stellplatz Burggen ** XL 47.784965 , 10.817895 86977 Burggen Auf der Burg 12 www.gasthaus-fichtl.de	ganzjährig 5 Plätze Ver- und Entsorgung Strom Hunde erlaubt	Ruhige Lage mit Blick auf die Alpen	0€
ALG 07	Stellplatz Kaufbeuren* XL 47.898830 , 10.616432 87600 Kaufbeuren Buronstraße	ganzjährig 8 Plätze Ver- und Entsorgung Strom / WC / Hunde erlaubt	An der Wertach, Supermarkt in der Nähe, 3 km ins Zentrum	0€
ALG 08	SP Memmingen** XL 47.995312 , 10.182470 87700 Memmingen Colmarer Str./Hemmerle-Str.	ganzjährig 20 Plätze Ver- und Entsorgung Strom / WC Hunde erlaubt	Schön am Ex-Landes-gartenschaupark. Nahe zur Memminger Altstadt	€

Stellplatz-Atlas & Freizeitkarten

Die große Anzahl von Stellplatz-Empfehlungen in der Region sorgt für den optimalen Übernachtungsplatz, ganz nach Ihren individuellen Wünschen.

Übersichtskarte: So finden Sie den idealen Platz

Suchen Sie einfach im Stellplatz-Atlas nach Ihrem Reiseziel und einem Stellplatz (pinkes Reisemobil-Symbol) in der Nähe. Merken Sie sich das Platzkürzel und schauen Sie dann im großen Stellplatz-Finder (Gelbe Seiten) nach den Einzelheiten.

Der alphabetische Stellplatz-Ortsindex am Ende dieses Kapitels hilft bei der Suche nach einem Stellplatz an einem bestimmten Ort und leitet Sie an die entsprechende Seite im Stellplatz-Finder (Gelbe Seiten) weiter. Geordnet nach dem Platzkürzel finden Sie im Stellplatz-Finder den Platz samt Adresse, GPS und allen relevanten Informationen.

Tour-Vorschläge in Oberbayern

Sechs regionale Tour-Vorschläge führen Sie zu den schönsten Destinationen in Oberbayern.

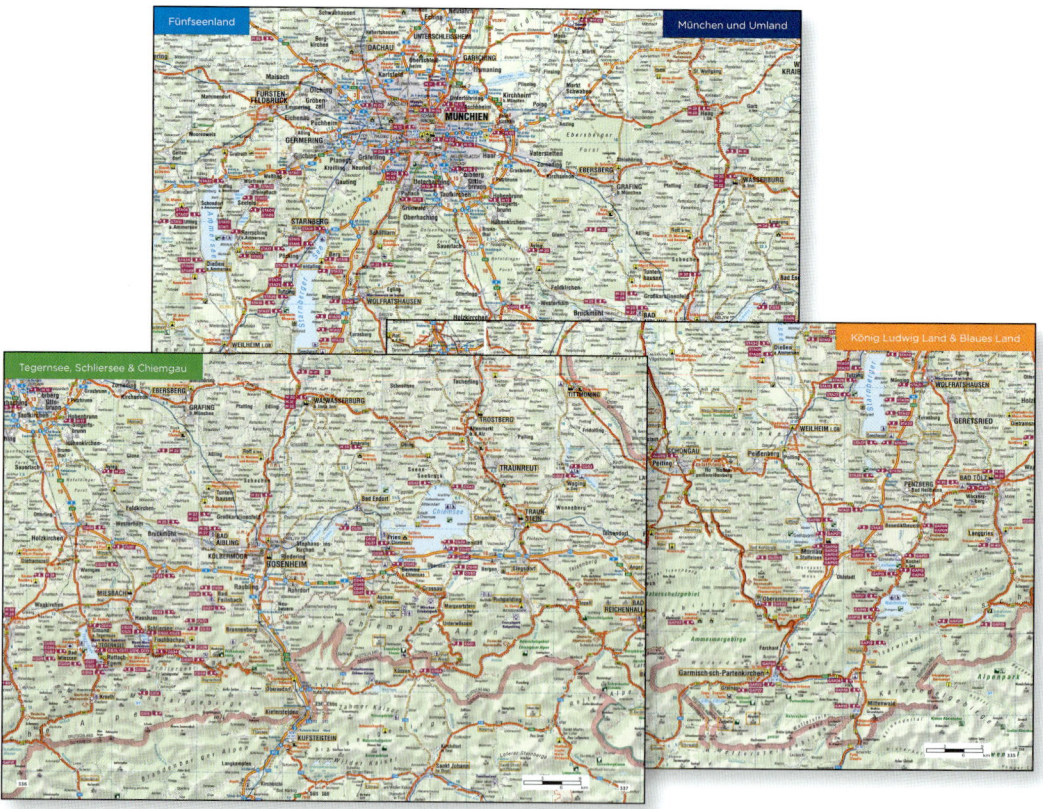

Straßenkarten © Kunth Verlag GmbH & Co. KG, München

Kartenlegende

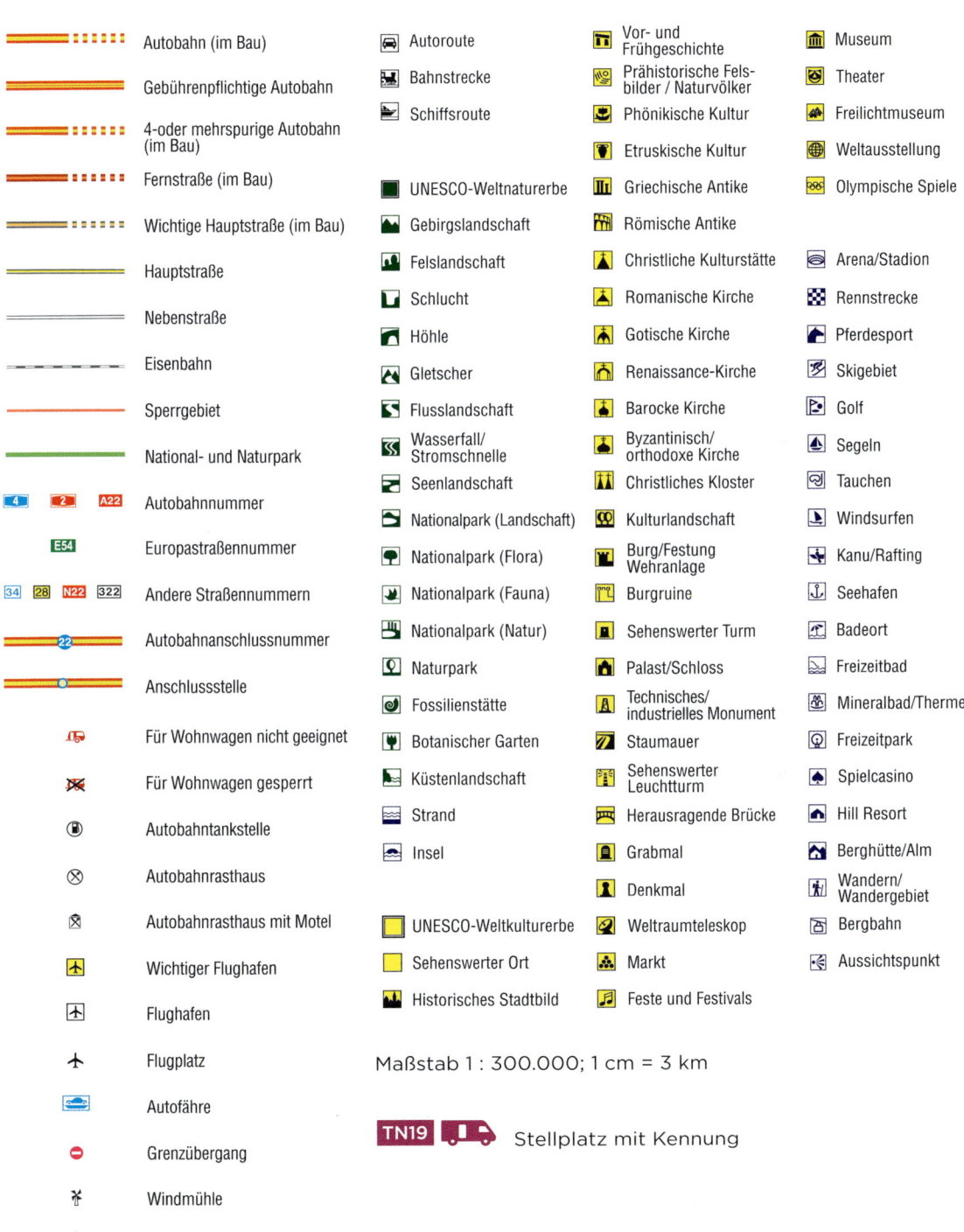

Autobahn (im Bau)

Gebührenpflichtige Autobahn

4-oder mehrspurige Autobahn (im Bau)

Fernstraße (im Bau)

Wichtige Hauptstraße (im Bau)

Hauptstraße

Nebenstraße

Eisenbahn

Sperrgebiet

National- und Naturpark

Autobahnnummer

Europastraßennummer

Andere Straßennummern

Autobahnanschlussnummer

Anschlussstelle

Für Wohnwagen nicht geeignet

Für Wohnwagen gesperrt

Autobahntankstelle

Autobahnrasthaus

Autobahnrasthaus mit Motel

Wichtiger Flughafen

Flughafen

Flugplatz

Autofähre

Grenzübergang

Windmühle

Leuchtturm

Autoroute

Bahnstrecke

Schiffsroute

UNESCO-Weltnaturerbe

Gebirgslandschaft

Felslandschaft

Schlucht

Höhle

Gletscher

Flusslandschaft

Wasserfall/Stromschnelle

Seenlandschaft

Nationalpark (Landschaft)

Nationalpark (Flora)

Nationalpark (Fauna)

Nationalpark (Natur)

Naturpark

Fossilienstätte

Botanischer Garten

Küstenlandschaft

Strand

Insel

UNESCO-Weltkulturerbe

Sehenswerter Ort

Historisches Stadtbild

Vor- und Frühgeschichte

Prähistorische Felsbilder / Naturvölker

Phönikische Kultur

Etruskische Kultur

Griechische Antike

Römische Antike

Christliche Kulturstätte

Romanische Kirche

Gotische Kirche

Renaissance-Kirche

Barocke Kirche

Byzantinisch/orthodoxe Kirche

Christliches Kloster

Kulturlandschaft

Burg/Festung Wehranlage

Burgruine

Sehenswerter Turm

Palast/Schloss

Technisches/industrielles Monument

Staumauer

Sehenswerter Leuchtturm

Herausragende Brücke

Grabmal

Denkmal

Weltraumteleskop

Markt

Feste und Festivals

Museum

Theater

Freilichtmuseum

Weltausstellung

Olympische Spiele

Arena/Stadion

Rennstrecke

Pferdesport

Skigebiet

Golf

Segeln

Tauchen

Windsurfen

Kanu/Rafting

Seehafen

Badeort

Freizeitbad

Mineralbad/Therme

Freizeitpark

Spielcasino

Hill Resort

Berghütte/Alm

Wandern/Wandergebiet

Bergbahn

Aussichtspunkt

Maßstab 1 : 300.000; 1 cm = 3 km

TN19 Stellplatz mit Kennung

Regionale Tour-Empfehlungen

Sechs Tour-Empfehlungen verbinden die Highlights der Region

Die Touren sind meist um die 100 km lang. Die benötigte Zeit hängt ganz davon ab, wie ausführlich die Highlights in den einzelnen Destinationen besucht werden oder wie ausgedehnt
die sportlichen Aktivitäten sind. Herrenchiemsee braucht eben mehr Aufmerksamkeit als ein
kleines Dorf, und der Besuch auf der Zugspitze braucht auch seine Zeit.
Jede Tour kann leicht innerhalb von einer Woche bereist werden. Manche Ziele sind jedoch
schon allein eine Reise mit mehreren Tagen Aufenthalt wert.

Tour 1: Münchens schönes Umland

- **München**

- **Haag in OB** · Brauerei, Baden

- **Wasserburg** · Altstadt, Kunst

- **Amerang** · Automobil-Museum

- **Egstätter Seen** · Natur, Sport

- **Prien** · Natur, Baden, Herrenchiemsee

Gesamtlänge Tour 1: 104 km
→ Anschluss an Tour 4

Tour 2: Rund ums Fünfseenland

- **Wörthsee** · Natur, Baden, Biergarten
- **Seefeld** · Schloss, Einkaufen
- **Utting** · Wassersport, Baden
- **Dießen** · Natur, Baden
- **Herrsching** · Seepromenade
- **Andechs** · Kloster, Biergarten
- **Starnberg** · Museum, See-Club
→ Starnberger See - Westküste
   Possenhofen, Tutzing, Bernried
   Sissi, See-Club, Museum
→ Starnberger See - Goldküste
- **Ambach, Berg** · Kulinarik, Votivkapelle

Gesamtlänge Tour 2: 87 km (100 km)
→ Anschluss an Tour 5 über Seeshaupt

Tour 3:
Durch das Oberland

- **München**
- **Aying** · Dorf, Brauerei
- **Kloster Reutberg** · Kulinarik
- → **Abstecher Bad Tölz** · Altstadt
- **Gmund** · Papier, See
- **Bad Wiessee** · Casino, Wandern
- **Rottach-Egern** · Kulinarik, Shopping
- **Tegernsee** · Brauhaus, Wandern
- **Schliersee** · See, Natur, Museum
- **Wendelstein & Bayrischzell** · Natur

Gesamtlänge Tour 3: 139 km
→ Anschluss an Tour 4 via Prien

Tour 4:
Das bayrische Meer & Alpen

- **via Wasserburg oder München**
- **Prien** · Inseln, Baden, Schlösser
- **Seebruck** · Museum, Sport
- **Übersee** · Strand, Kunst
- **Unterwössen** · Sport, Baden
- **Kössen (A)** · Natur
- **Walchsee (A)** · Natur
- **Aschau** · Kampenwand, Kulinarik

Gesamtlänge Tour 4: 113 km
→ Anschluss an Tour 3

Tour 5:
Blaues-Land-Seen Tour

- **Osterseen / Iffeldorf** · Natur, Baden
- **Habbach /Riegsee** · Essen, Baden
- **Murnau / Staffelsee** · Altstadt, Natur
- **Glenleiten** · Bauernmuseum
- **Kochel** · Museum, Wasser-Kraftwerk
- → **Benediktbeuern** · Kloster, Wandern
- **Walchensee** · Herzogstand, Sport

Gesamtlänge Tour 5: 60 km
→ Anschluss an Tour 6 über Wallgau

Tour 6:
Wildes Karwendel

- **Lenggries** · Brauneck, Almwanderung
- **Sylvenstein Speicher** · Fall, Isar
- **Isarwinkel** · Junge wilde Isar
- → **Abstecher Eng-Alm** · Ahornboden
- **Mittenwald** · Geigenbau, Wandern
- **GAP** · Kunst & Kultur, Zugspitze
- **Linderhof** · Schloss

Gesamtlänge Tour 6: 144 km
→ Anschluss über Plansee / Reutte
  nach Füssen (69 km)

Fünfseenland

332

Stellplatz-Ortsindex

Ort	Kürzel	PLZ	Kreis	Region	Seite
Ambach	STA 22	82541	Bad Tölz	Fünfseenland	309
Amerang	M 34	83123	Rosenheim	München und Umgebung	305
Andechs	STA 13	82346	Starnberg	Fünfseenland	308
Arlachingen am Chiemsee	CG 43	83339	Traunstein	Teg.see, Schl.see, Chiemgau	318
Aschau	CG 44	83229	Rosenheim	Teg.see, Schl.see, Chiemgau	318
Aschau	CG 46	83229	Rosenheim	Teg.see, Schl.see, Chiemgau	318
Aschau	CG 47	83229	Rosenheim	Teg.see, Schl.see, Chiemgau	318
Aying	M 20	85653	München	München und Umgebung	303
Bad Aibling	M 26	83043	Rosenheim	München und Umgebung	304
Bad Aibling	M 27	83043	Rosenheim	München und Umgebung	304
Bad Bayersoien	ALG 08	84235	GAP	König Ludwig & Blaues Land	326
Bad Endorf	CG 35	83093	Rosenheim	Teg.see, Schl.see, Chiemgau	316
Bad Feilnbach	CG 26	83075	Rosenheim	Teg.see, Schl.see, Chiemgau	315
Bad Feilnbach	CG 27	83075	Rosenheim	Teg.see, Schl.see, Chiemgau	315
Bad Feilnbach	CG 28	83075	Rosenheim	Teg.see, Schl.see, Chiemgau	315
Bad Kohlgrub	ALG 04	82433	GAP	König Ludwig & Blaues Land	326
Bad Tölz	M 36	83646	Bad Tölz	München und Umgebung	305
Bad Tölz	M 37	83646	Bad Tölz	München und Umgebung	305
Bad Tölz	M 38	83646	Bad Tölz	München und Umgebung	305
Bad Wiessee	CG 05	83707	Miesbach	Teg.see, Schl.see, Chiemgau	312
Bad Wiessee	CG 06	83707	Miesbach	Teg.see, Schl.see, Chiemgau	312
Bad Wiessee	CG 07	83707	Miesbach	Teg.see, Schl.see, Chiemgau	312
Bad Wiessee	CG 09	83707	Miesbach	Teg.see, Schl.see, Chiemgau	313
Bayrischzell	CG 30	83735	Miesbach	Teg.see, Schl.see, Chiemgau	316
Bayrischzell	CG 34	83735	Miesbach	Teg.see, Schl.see, Chiemgau	316
Benediktbeuern	GAP 08	83671	Bad Tölz	König Ludwig & Blaues Land	321
Benediktbeuren	GAP 09	83671	Bad Tölz	König Ludwig & Blaues Land	321
Berg	STA 19	82335	Starnberg	Fünfseenland	308
Berg	STA 33	82335	Starnberg	Fünfseenland	311
Bernau am Chiemsee	CG 48	83233	Rosenheim	Teg.see, Schl.see, Chiemgau	318
Bernau am Chiemsee	CG 45	83233	Rosenheim	Teg.see, Schl.see, Chiemgau	318
Bernried	STA 27	82347	Weilheim	Fünfseenland	310
Burggen	ALG 05	86977	Weilheim	König Ludwig & Blaues Land	326
Dießen am Ammersee	STA 34	86911	Landsberg	Fünfseenland	311
Dießen am Ammersee	STA 08	86911	Landsberg	Fünfseenland	307
Dießen am Ammersee	STA 09	86911	Landsberg	Fünfseenland	307
Elbach / Fischbachau	CG 31	83730	Miesbach	Teg.see, Schl.see, Chiemgau	316

Stellplatz-Ortsindex

Ort	Kürzel	PLZ	Kreis	Region	Seite
Lenggries	GAP 20	83661	Bad Tölz	König Ludwig & Blaues Land	323
Lenggries-Fall	GAP 21	83661	Bad Tölz	König Ludwig & Blaues Land	323
Memmingen	ALG 07	87700	Memmingen	König Ludwig & Blaues Land	326
Mittenwald	GAP 35	82481	GAP	König Ludwig & Blaues Land	325
Mittenwald	GAP 36	82481	GAP	König Ludwig & Blaues Land	325
München	M 04	80331	München	München und Umgebung	300
München	M 05	80809	München	München und Umgebung	300
München	M 06	81247	München	München und Umgebung	301
München	M 07	81667	München	München und Umgebung	301
München	M 08	80331	München	München und Umgebung	301
München	M09	81379	München	München und Umgebung	301
München	M 10	81379	München	München und Umgebung	301
München	M 11	80939	München	München und Umgebung	301
München	M 12	80333	München	München und Umgebung	302
München	M 13	80805	München	München und Umgebung	302
München	M 14	81675	München	München und Umgebung	302
München	M 15	81671	München	München und Umgebung	302
München	M 18	82031	München	München und Umgebung	302
Münsing	STA 20	82541	Bad Tölz	Fünfseenland	309
Murnau	GAP 02	82418	GAP	König Ludwig & Blaues Land	320
Murnau	GAP 03	82418	GAP	König Ludwig & Blaues Land	320
Murnau	GAP 04	82418	GAP	König Ludwig & Blaues Land	320
Murnau	GAP 05	82418	GAP	König Ludwig & Blaues Land	320
Nesselwang	ALG 02	87484	Ostallgäu	König Ludwig & Blaues Land	326
Neubiberg	M 16	85579	München	München und Umgebung	302
Oberammergau	GAP 22	82487	GAP	König Ludwig & Blaues Land	323
Oberfinning / Ammersee	STA 12	86923	Landsberg	Fünfseenland	308
Oberwössen	CG 51	83246	Traunstein	Teg.see, Schl.see, Chiemgau	319
Pfarrkirchen	M 01	84347	Rottal-Inn	München und Umgebung	300
Pfronten	ALG 03	87459	Ostallgäu	König Ludwig & Blaues Land	326
Pöcking Possenhofen	STA 15	82343	Starnberg	Fünfseenland	308
Pöcking Possenhofen	STA 16	82343	Starnberg	Fünfseenland	308
Pöcking Possenhofen	STA 17	82343	Starnberg	Fünfseenland	308
Prien	CG 36	83209	Rosenheim	Teg.see, Schl.see, Chiemgau	317
Prien	CG 37	83209	Rosenheim	Teg.see, Schl.see, Chiemgau	317

Ort	Kürzel	PLZ	Kreis	Region	Seite
Prien	CG 38	83209	Rosenheim	Teg.see, Schl.see, Chiemgau	317
Rieden	GAP 29	87669	Ostallgäu	König Ludwig & Blaues Land	324
Riegsee	STA 30	82418	GAP	Fünfseenland	310
Rottach-Egern	CG 10	83700	Miesbach	Teg.see, Schl.see, Chiemgau	313
Rottach-Egern	CG 11	83700	Miesbach	Teg.see, Schl.see, Chiemgau	313
Rottach-Egern	CG 12	83700	Miesbach	Teg.see, Schl.see, Chiemgau	313
Rottach-Egern	CG 13	83700	Miesbach	Teg.see, Schl.see, Chiemgau	313
Rottach-Egern	CG 14	83700	Miesbach	Teg.see, Schl.see, Chiemgau	313
Sachsenkam	M 35	83679	Bad Tölz	München und Umgebung	305
Schechen	M 33	83135	Rosenheim	München und Umgebung	304
Schliersee	CG 15	83727	Miesbach	Teg.see, Schl.see, Chiemgau	313
Schliersee	CG 20	83727	Miesbach	Teg.see, Schl.see, Chiemgau	314
Schliersee	CG 21	83727	Miesbach	Teg.see, Schl.see, Chiemgau	314
Schliersee	CG 22	83727	Miesbach	Teg.see, Schl.see, Chiemgau	314
Schliersee	CG 23	83727	Miesbach	Teg.see, Schl.see, Chiemgau	315
Schliersee	CG 24	83727	Miesbach	Teg.see, Schl.see, Chiemgau	315
Schliersee	CG 59	83727	Miesbach	Teg.see, Schl.see, Chiemgau	359
Schongau	ALG 05	86956	Weilheim	König Ludwig & Blaues Land	357
Schwangau	GAP 30	87645	Ostallgäu	König Ludwig & Blaues Land	326
Schwangau	GAP 33	87645	Ostallgäu	König Ludwig & Blaues Land	325
Schwangau	GAP 34	87645	Ostallgäu	König Ludwig & Blaues Land	325
Seebruck am Chiemsee	CG 42	83358	Traunstein	Teg.see, Schl.see, Chiemgau	317
Seefeld	STA 03	82229	Starnberg	Fünfseenland	306
Seefeld	STA 04	82224	Starnberg	Fünfseenland	306
Seefeld	STA 05	82229	Starnberg	Fünfseenland	306
Seeg	ALG 01	87637	Ostallgäu	König Ludwig & Blaues Land	326
Seehausen a. Staffelsee	GAP 06	82418	GAP	König Ludwig & Blaues Land	320
Seehausen a. Staffelsee	GAP 07	82418	GAP	König Ludwig & Blaues Land	321
Seeshaupt	STA 36	82402	Weilheim	Fünfseenland	311
Seeshaupt	STA 37	82402	Weilheim	Fünfseenland	311
Soyen (Obb)	M 41	83564	Rosenheim	München und Umgebung	306
Spatzenhausen	GAP 01	82447	GAP	Teg.see, Schl.see, Chiemgau	320
St. Heinrich	STA 23	82541	Bad Tölz	Fünfseenland	309
Stallau / Bad Tölz	M 39	83646	Bad Tölz	München und Umgebung	305
Starnberg	STA 14	82319	Starnberg	Fünfseenland	308

Stellplatz-Ortsindex

Ort	Kürzel	PLZ	Kreis	Region	Seite
Steinebach	STA 02	82237	Starnberg	Fünfseenland	306
Straßlach-Dingharting	M 21	82064	München	München und Umgebung	303
Sulzemoos	M 02	85254	Dachau	München und Umgebung	300
Taufkirchen	M 19	82024	München	München und Umgebung	303
Tegernsee	CG 16	83684	Miesbach	Teg.see, Schl.see, Chiemgau	314
Tegernsee	CG 17	83684	Miesbach	Teg.see, Schl.see, Chiemgau	314
Tegernsee	CG 18	83684	Miesbach	Teg.see, Schl.see, Chiemgau	314
Tegernsee	CG 19	83684	Miesbach	Teg.see, Schl.see, Chiemgau	314
Tuntenhausen	M 23	83104	Rosenheim	München und Umgebung	303
Tuntenhausen	M 24	83104	Rosenheim	München und Umgebung	303
Tutzing	STA 18	82327	Starnberg	Fünfseenland	308
Tutzing	STA 24	82327	Starnberg	Fünfseenland	309
Tutzing	STA 25	82328	Starnberg	Fünfseenland	310
Tutzing	STA 26	82329	Starnberg	Fünfseenland	310
Übersee	CG 39	83236	Traunstein	Teg.see, Schl.see, Chiemgau	317
Übersee	CG 40	83236	Traunstein	Teg.see, Schl.see, Chiemgau	317
Übersee	CG 41	83236	Traunstein	Teg.see, Schl.see, Chiemgau	317
Übersee	CG 49	83236	Traunstein	Teg.see, Schl.see, Chiemgau	319
Übersee	CG 50	83236	Traunstein	Teg.see, Schl.see, Chiemgau	319
Utting am Ammersee	STA 06	86919	Landsberg	Fünfseenland	307
Utting am Ammersee	STA 07	86919	Landsberg	Fünfseenland	307
Valley	CG 02	83626	Miesbach	Teg.see, Schl.see, Chiemgau	312
Waging a. See	CG 52	83329	Traunstein	Teg.see, Schl.see, Chiemgau	319
Waging a. See	CG 53	83329	Traunstein	Teg.see, Schl.see, Chiemgau	319
Walchensee	GAP 18	82432	Bad Tölz	König Ludwig & Blaues Land	322
Wallgau - Vorderriß	GAP 19	82499	GAP	König Ludwig & Blaues Land	322
Wasserburg a. Inn	M 30	83512	Rosenheim	München und Umgebung	304
Wasserburg a. Inn	M 31	83512	Rosenheim	München und Umgebung	304
Wasserburg a. Inn	M 32	83512	Rosenheim	München und Umgebung	304
Weihenlinden	M 25	83052	Rosenheim	München und Umgebung	303
Weißach am Tegernsee	CG 08	83696	Miesbach	Teg.see, Schl.see, Chiemgau	313
Weßling	STA 01	82234	Starnberg	Fünfseenland	306
Weyarn	CG 01	83629	Miesbach	Teg.see, Schl.see, Chiemgau	312
Weyarn	CG 03	83629	Miesbach	Teg.see, Schl.see, Chiemgau	312

Index

LandYachting - Community

Shop
Einfach und sicher einkaufen
- Immer aktuell
- Schnell & direkt nach Hause
- Attraktive Konditionen
- Leseproben

News
Immer wissen wohin
- Reisetipps
- Ankündigungen
- Stellplatztipps
- Freizeit- empfehlungen

Aus- tauschen
Hier treffen sich die LandYachting Freunde
- Leser-Community
- Bildergalerien
- Videogalerien

LandYachting.de

Mit- machen
Von Lesern für Leser
- Aktualisierungen
- Vorschläge
- Leser-Tipps
- Links & Highlights

Service
Alle Informationen rund ums Reisemobil
- Interaktive Stellplatzkarten
- Downloads
- Bonus Material, Checklisten...
- Zusatzinformationen

Immer gut informiert & vernetzt - die LandYachting Leser-Plattform

www.landyachting.de

Impressum

Alle Angaben in diesem Band sind gründlich recherchiert, sorgfältig aufbereitet und mit größter Sorgfalt geprüft. Dennoch können inhaltliche Fehler nicht ausgeschlossen werden und wir müssen im Sinne der Produkthaftung darauf hinweisen. Daher erfolgen alle Angaben ohne Garantie des Verlages oder der Autoren und Beide übernehmen keine Verantwortung oder Haftung für eventuelle Folgen.

Alle Nennungen von Firmen oder ihren Produkten und ihre Reihenfolge sind nicht als Wertung zu verstehen. Klassifizierungen von Stellplätzen, Restaurants oder weiteren Empfehlungen geben ausschließlich die subjektive Sicht der Autoren wieder.

Das Fehlen einer Kennzeichnung von Marken oder Warenzeichen berührt nicht deren Schutzrechte.

LandYachting Bücher bekommen Sie in jeder Buchhandlung oder direkt über unseren Shop im Internet. Alle Details zu unseren Titeln, Hintergrundinformationen, Tipps & Empfehlungen, Aktualisierungen und vieles mehr finden Sie unter:
www.landyachting.de

Der Viate Verlag
Spezialisiert auf besondere Reisemobil-Literatur

Werden Sie Autor:
Ständig ergeben sich Veränderungen, Plätze werden verlegt, Restaurants wechseln den Besitzer oder Sehenswürdigkeiten sind wegen Renovierung länger geschlossen.
Haben Sie ihren Lieblingsplatz gefunden, ein besonders empfehlenswertes Restaurant oder einen schönen Wanderweg? Bitte lassen Sie es uns wissen! Wir freuen uns sehr, wenn Sie uns Hinweise zu Korrekturen, Ergänzungen und Verbesserungen geben.
Bitte schreiben Sie an die Verlagsadresse oder per E-mail an: redaktion@viate.eu sowie über unsere Internet-Seite: www.landyachting.de
Veröffentlichte Verbesserungen erhalten ein Autoren-Honorar, weitere Informationen hierzu finden Sie auf unserer Homepage. Ihre Rückmeldung ist uns sehr wertvoll und hilft, die LandYachting Philosophie weiter zu entwickeln.
Vielen Dank!

Herausgeber:

Viate Verlag   D - 70182 Stuttgart
Gertrud Eisele   verlag@viate.eu
Danneckerstr. 45   www.viate.eu